网络文学名家名作导读丛书

耳根 与

《一念永恒》

第三辑

陈定家 著

肖惊鸿 主编

作家出版社

网络文学名家名作导读丛书

主　　编：肖惊鸿

第三辑编委：欧阳友权　夏　烈　陈定家　张丽军

张慧伦　林庭锋　侯庆辰　杨　晨

杨　沾　瞿笑叶

序

20世纪90年代以来，文学与这个伟大的时代一道，经历了巨大的发展变化，其中一个标志性的现象，就是网络文学的兴起。以通俗大众文学之魂，托互联网与媒介新革命之体，网络文学如同一个婴儿，转眼已成为青年。网络作家们朝气勃发，具有汪洋恣肆的创造力，架构了种种可能的和不可能的世界。科技与商业裹挟着巨大变革中释放的青春、激情和梦想奔腾向前。时至今日，作者是有的，作者群体大到过千万人；作品是有的，作品总量已逾两千万部；读者就更多了，读者群体数以亿计。

网络文学是新生事物，也是一片充满活力的文化热土，是中国特色社会主义文学生机勃勃的组成部分。习近平总书记高度重视包括网络文学在内的网络文艺的发展，勉励广大网络作家加强精品创作，以充沛的正能量满足人民群众特别是青年一代对美好精神文化生活的新期待。

所以，这套《网络文学名家名作导读丛书》生逢其时，它将有助于探索网络文学艺术规律，凸显网络文学的艺术价值和社会价值，推动网络文学的主流化、精品化；同时，它也是精确的导航，通过这套丛书，我们将能够比较清晰地认识网络文学的重要作家和重要作品，比较准确地把握网络文学的发展历程和发展前景。

这套书的入选作者是目前公认的网络文学名家，入选作品是经过一段时间检验的代表作，而导读部分由目前活跃的网络文学评论家群体担纲。预计这套丛书的体量将达到10辑至20辑、全套50册至100册。无疑，这是一项浩大的工程，但也是值得耐心地、持续地做下去的工作。网络文学必须证明自己不是即时的快消品，它需要沉淀、甄别、整理，需要积累经验，逐步形成自身的传统谱系，需要展开自身的经典化过程。这套丛书就是向着经典化做出的努力。

这套丛书的主编肖惊鸿长期从事网络文学相关的研究和组织工作，她的眼光和能力值得信赖。尽管网络文学的理论建设近年来已经取得重大进展，但是，将理论落实为面对作品的、具体的分析和判断，实际上仍然是艰巨的课题，也是网络文学理论评论工作的薄弱环节。希望肖惊鸿和其他评论家们深入学习贯彻习近平新时代中国特色社会主义思想，以习近平总书记关于文艺工作和网络文艺的重要论述为指导，自觉运用历史的、人民的、艺术的、美学的观点评判和鉴赏作品，向现在的读者，也向未来的读者交出一份令人信服的答卷。

李敬泽

2019年3月7日

于北京

目录

导读

第一章
"至尊大神"的修炼：耳根其人其作

> 她是出生于民间，为民众所写作，且为民众而生存的。她是民众所嗜好、所喜悦的；她是投合了最大多数的民众之口味的。……其想象力往往是很奔放的，非一般正统文学所能梦见，其作者的气魄往往是伟大的，也非一般正统文学的作者所能比肩。

> ——郑振铎

有关著名网络作家耳根，起点中文网为他发布的简洁"名片"中拥有三顶"桂冠"：

（1）阅文集团白金作家；

（2）网络文学代表性人物之一；

（3）中国作协第九届全委会委员。

这三个头衔只有屈指可数的网络文学大神同时拥有。作为起点中文网白金作家，耳根喜爱中国古典神话故事，并以此为基础，创作了大量富有传统文化特色、为广大读者喜闻乐见的网络小说，其主要作品《仙逆》《一念永恒》等，受到海内外数以千万计的读者喜爱，其中不少铁杆粉丝更是对其才华钦佩之至，对其作品珍爱万分。迄今为止，耳根创作的五部长篇小说，一直在起点仙侠类小说月票榜中占据着极为显赫的位置。如今，他已成为当代网络仙侠类小说的一面重要旗帜。

我们凭什么说耳根是仙侠小说的一面重要旗帜呢？我们又凭什么要以《一念永恒》为例介绍耳根的小说创作呢？对于这两个问题，《一念永恒》的众多粉丝自然可以找出千万条理由来，但在这里，我们暂且只说说下面这一条理由（其他理由请容我们在后面的章节里慢慢道来）：

"起点中文网"仙侠小说最新的"人气榜单"(2020-02-08.18:08)：

NO.1：耳根的《一念永恒》(4291885)；

NO.2：忘语的《玄界之门》(2172350)；

NO.3：我吃西红柿的《飞剑问道》(1699909)；

NO.4：鹅是老五的《不朽凡人》(1547305)；

NO.5：秃笔居士的《大唐仙医》(1330039)；

NO.6：跃千愁的《道君》(1149574)；

NO.7：忘语的《凡人修仙传》(1140217)；

NO.8：言归正传的《我师兄实在太稳健了》(1090449)；

NO.9：耳根的《我欲封天》(1058913)；

NO.10：我吃西红柿的《星辰变》(980448)。

（注：括号内为"收藏数"）

从榜单上看，NO.1《一念永恒》和NO.9《我欲封天》都是耳根的作品。耳根有两部作品进入"人气排行榜"前十名，这足以说明耳根何以被粉丝称为仙侠小说的旗帜。《一念永恒》名列名作收藏榜榜首，收藏数几乎是第二名的两倍，这一点至少说明，迄今为止耳根的作品中最受欢迎且影响最大的正是《一念永恒》。

一 "仙侠小说的一面旗帜"

走近耳根，我们不能不说他是一位低调且多少有些神秘的作家。一般读者从网络上所能寻找到的耳根的信息极为有限，大众媒体上有关这位大神日常生活中的逸闻趣事也少之又少。尽管作品中形形色色的人物是那样多姿多彩，但现实生活中的耳根，在不少粉丝眼中或许只是一个埋头写书、准时更新的好作家，一个想象力无限丰富而日常生活多少有些乏味的劳模式人物。

网站评价耳根"写作认真、人品好、能坚持不断更新",这类评语当然不能满足读者对耳根的好奇心,长年追更的粉丝自然会通过各种途径了解更多有关耳根的信息(对于不少具有传奇色彩的故事,凡是未经证实者,在此暂不提及)。其实,对于一个作家来说,作品数量多寡和质量高低才是其存在价值的根本体现。耳根之所以受到广大读者的喜爱和尊重,其根本原因自然是他写出了一系列优秀的长篇小说,至于他那"浓眉虎目,帅气不凡"的相貌,究竟收获了多少红颜青眼,这类问题姑且留给耳根的粉丝们作为茶余饭后的谈资吧。

对粉丝来说,耳根太过"吝啬",他的"自我介绍"可谓惜墨如金,没有给粉丝们留下任何八卦的由头。对那些期望了解作者生活状态的粉丝,耳根的回答则不太含蓄,几乎不给人留下任何"念想":"我的年纪不小,已经成家,有一可爱的女儿,为人喜好交友,爱喝啤酒……"对那些想关心作者内涵与外貌的粉丝,他的回答就露出了东北人特有的俏皮和幽默:"至于相貌,那当然是典型的东北大汉,浓眉虎目,帅气不凡……书中吡虎(《仙逆》中的人物),便是俺的原型!"当问他为何爱上网络写作时,他的问答依然是写实主义的一套:"大学四年,看书无数,毕业后工作多年,闲暇时心痒难耐,便萌生了写书的想法,这一写,没想到成了专职。"

截至 2019 年年底,耳根已完结的作品有《天逆》《仙逆》《求魔》《我欲封天》《一念永恒》,从《仙逆》始,篇篇大火,另一部连载中的《三寸人间》,正以其独特的文风和绝好的 RP(人品)延续了此前的传奇,人称"三寸人间",俘获"人间万众"!总之,耳根的这些作品,以其性格鲜明的人物刻画、奇幻多彩的场景布局和扣人心弦的情节描写,在仙侠小说中独树一帜。

创作《一念永恒》时,耳根已有一千多万字的"修仙"经验,因此,他深感自己有责任为仙侠小说创作开辟一条新的道路。当有人问及他的仙侠小说与传统仙侠小说有何不同时,他回答说,仙侠小说的重点不在于仙,而在于侠。他说自己"一直不敢去写侠,怕写不好"。这种谦虚的说法,实际上也说明他对"写侠"的谨慎和认真。他在向媒体介绍《一念永恒》时宣称，这本书想表达的是"勇气"，一个"怕死胆小"的人在爆发出"勇气"之后的故事。

的确，有关"勇气"的说法抓住了《一念永恒》的核心观念，"勇气说"或许是我们理解《一念永恒》的一把钥匙。诚然，要真正读懂《一念永恒》这样一部洋洋数百万字的鸿篇巨制，仅从"勇气"看问题，肯定远远不够。耳根小说，已经形成了一个庞大的仙侠修真体系，要想读通读透他的任何一部小说，都必须从整体上了解其创作概貌。因此，在阅读《一念永恒》的过程中，我们最好对耳根的基本情况尤其是与《一念永恒》相关的其他小说有一个基本了解。为此，我们本着知人论世的态度，对耳根的一些基本信息作一个粗略的介绍。

耳根，原名刘勇，黑龙江人。2009 年开始专职创作前，他是牡丹江市的一名英语老师。

2009 年 6 月 8 日，耳根开始了《仙逆》第一章《离乡》的创作，一直到 2012 年 1 月 8 日，他写完了该书第 2088 章《蓦然回首·结局》。在创作这部 650 多万字的《仙逆》过程中，耳根也渐渐成长为千万网友心目中的"大神"。在其咬牙坚持的心灵长跑之漫漫征途上，英语老师刘勇慢慢红了，一步一个脚印地实现了他"红到耳根"的梦想。一个默默无闻的教育工作者成为名震江湖的网络大神，"起点中文网"有关《仙逆》获取的一系列"荣誉徽章"，见证了耳根"成神"所经历的一路风雨、十年沧桑（参见下一节《耳根的"成神之路"》）。

2015 年，耳根凭借另一部仙侠作品《我欲封天》，以"月票、点击、收藏榜三榜第一"摘得当年"福布斯中国原创文学风云榜"年度桂冠。这一部作品，还创造了曾经轰动一时的纪录——"粉丝单人对其打赏超过 100 万人民币"。

2016 年 4 月 27 日，湖北互联网文学高峰论坛暨 IP 交易会在武汉举行。阅文集团携旗下作家亮相交易会，耳根的《一念永恒》IP 影视版权以 1000 万元在汉成交，对于耳根来说，这应该是一件具有里程碑意义的大事。对于媒体来说，此时的《一念永恒》还只能算是作者的"一念"而已，虽然作者宣称已有几万字的书稿，但毕竟此时网上尚未开书。根据"起点"记载，《一念永恒》第一章《他叫白小纯》的

3059 字发布时间为 2016 年 4 月 28 日，也就是说，"千万 IP"成交于"开书"之前！诚然，这在网文界早已不足为奇，但下面"爆料"的，或许才是耳根"成神之路"上真正具有里程碑意义的大事件。

2016 年 11 月 30 日，中国文学艺术界联合会第十次全国代表大会、中国作家协会第九次全国代表大会在北京人民大会堂开幕。耳根当选为"中国作协第九届全委会委员"。"文代会"期间，耳根在自己的微博上写了这样一段话："中国作协第九次全国代表大会在北京召开，很高兴在会上当选为中国作协第九届全委会委员。近年来网络文学的发展有目共睹，身为其中的一份子，很感谢中国作家协会对网络文学的重视，还有各位道友对耳根的支持，也希望在今后的创作中和大家一起加油，让优秀的文学作品不受网络的局限，获得更多的支持和关注。"[①] 不少书迷为耳根的当选感到喜悦与自豪。

2017 年 1 月 10 日，2016 年度"福布斯中国原创文学风云榜"揭晓，耳根凭借《一念永恒》再度摘星，探花及第。上榜评语："短时间内，打破纪录的仙侠大作，通吃各大平台渠道的经典巨著。"

2017 年 2 月，第二届网文之王评选中位列"五大至尊"。

2017 年 8 月，耳根荣登橙瓜《网文圈》杂志第 7 期封面人物。

2018 年 5 月，第三届"橙瓜网络文学奖"评选中再次位列"五大至尊"。

2018 年 5 月，第三届"橙瓜网络文学奖"评选中荣获"年度最受欢迎作家"之"年度仙侠作家"。

2018 年 5 月，第三届"橙瓜网络文学奖"评选中《一念永恒》荣获"年度百强作品奖"。

[①] 耳根微博，2016-12-3 11:38，这次"作代会"一共产生了二百一十位全国委员会委员，其中有八位网络作家当选，分别是唐家三少、天蚕土豆、血红、蒋胜男、耳根、天下尘埃、阿菩、跳舞。这个数字已经是历史性突破，第一次有如此多的网络作家进入全委会。参见"中国作协网"2018 年 5 月 8 日。

二 耳根的"成神之路"

在讨论耳根的"成神之路"之前，请让我们"重播"一下《一念永恒》被"一响天开影业"高价购买版权的新闻。为什么要"重播"这段新闻呢？因为在此之前，耳根的影响力还主要局限在仙侠小说书迷中间，这则"千万元 IP 改编费"的新闻，让许多对网络文学嗤之以鼻的普通大众真切地记住了耳根这个名字。时至今日，仍有不少不拿正眼看网文的人认为，所谓大神云云，不过是供网上的乌合之众起哄的噱头而已。但 1000 万元的大 IP 价格，有如在万头攒动的广场上空，爆出一束耀眼的烟花，瞬时引爆大众关注。

可以想象这样的场面，一个被这束烟花惊着的观众，忙不迭地点开百度，想看看这个耳根究竟何许人也。他耐心地看完耳根的经历，不禁感叹："哦，难怪！"趁此机会，让我们也扫一眼耳根的简历吧。

耳根是"起点中文网"白金作家，主要作品《仙逆》《我欲封天》等长期占据起点仙侠类小说月票榜的前列。截至 2016 年 2 月，小说《我欲封天》在"起点中文网"上已连载完毕，在收费阅读状态下，共有 2000 余万次的点击量。这部作品在 2015 年一整年中，始终占据各大网络小说排行榜头把交椅！耳根更是凭借此作荣获"2015 年福布斯中国原创文学风云榜"冠军的称号，被业内称为名副其实的仙侠第一 IP。[①] 当然，在《我欲封天》之前，耳根就已被读者"封神"了，因为《仙逆》早已让他誉满天下，事实上，人们提起耳根，必然首先会想到《仙逆》。

《仙逆》所获得的认同和荣誉，实在太多。仅仅是原发"起点中文网"上的"荣誉记录"就多达 120 项，如登上了"起点"首页的强力推荐榜（2009-08-02）、首页热点封面推荐（2009-10-07）、累积获得五千万点击（2018-10-22）等。这类网络上自发生成的记录，真实客观地记录着耳根一路奔跑的足迹，这每一项记录，都浸透了耳根的心血与汗水，也包含着耳根书迷的欢呼与惊喜。特别是在"起点中文网"

---

① 王爽婧：《网络文学作家耳根新作影视版权以 1000 万元在汉成交》，2016 年 4 月 28 日，来源：凤凰网湖北。

著名的"六大徽章"中，《仙逆》的记录包含着不少光彩夺目的亮点，这些了不起的数据，既是耳根本人的荣誉，也是耳根的"九峰"书迷们的骄傲。

（1）"习惯性爆发"：正式章节 10 次以上日更万字（2012-06-27 10:38）；

（2）"日进斗金"：单天获得 100 万起点币的打赏（2012-03-15 09:36）；

（3）"谢主隆恩"：获得过 10000 次打赏（2012-03-14 14:36）；

（4）"月票第一"：曾经获得过单月月票榜第一（2012-03-13 13:15）；

（5）"精品频道"：被收录入精品频道（2012-03-12 09:51）；

（6）"百盟争霸"：拥有 100 个及以上盟主级别粉丝（2012-02-24 16:37）。

也许有人会说这些大多不过是些"主体缺席的虚拟化荣誉"，其实也不尽然。例如，2018 年 5 月 19 日，第三届"橙瓜网络文学奖"在杭州市滨江区白马湖举办了隆重的线下颁奖典礼，作为一场网络文学领域的民间交流盛会，此次典礼上，揭晓了新一届的"网文之王"（我吃西红柿）、"五大至尊"（耳根、蝴蝶蓝、梦入神机、忘语、烽火戏诸侯）、"十二主神"（月关、烟雨江南、骷髅精灵、妖夜、血红、跳舞、柳下挥、风凌天下、酒徒、骠骑、善良的蜜蜂、子与2）以及"百强大神"等获奖作家。值得注意的是，耳根是第二次获得"至尊大神"称号，在这一次的"五大至尊"中排名第一。耳根在同行与粉丝心目中的地位，由此可见一斑。主办方表示，"橙瓜网络文学奖"作家奖这个头衔不仅是一份荣耀，也是一份责任。希望这一身份能时刻鞭策和警醒获奖作家以更高的标准要求自己，起到网络文学群体标杆的作用，写出更多更优秀的作品。

如前所述，耳根开始全职写作之前，从事教学工作，这使他拥有大量的阅读时间，作为一个文学爱好者，他趣味广泛，阅读了大量经典作品，并对网络小说产生了浓厚兴趣，在阅读网文的过程中，他渐渐产生了亲自动手写一写的念头，不久之后，他就静下心来开始写自己的小说了。他写着写着，就受到了越来越多读者的喜爱，于是一发而不可收拾，想停都停不下来。就这样，一边工作，一边写作，颇为自得。由于节奏掌握得较好，一开始舞步还是比较轻盈的，但时间长了，他慢慢产生了难以兼顾或疲于应付的感觉。但他也没想太多，就于2009年辞去了工作，做起了专职作家。一开始家人和朋友对他放弃教书铁饭碗有些疑惑，但转入全职写作之后，状态越来越好。对耳根来说，能一门心思写作当然是一件极为快乐的事情，他的成功和自信，很快就获得了家人和朋友们的支持，粉丝群体也越来越大。作为一个计划周密、作风稳健、年富力强且才华横溢的作家，他几乎是毫无悬念地就走到了网络文学原创队伍的前沿阵地。

2017年2月，在第二届"网文之王"评选中，耳根就顺利地跻身网络文学作家"五大至尊"的行列！此时的耳根虽然已是有了八年征战经历的老兵，在江湖上也算得上是位颇有名气的大佬，但他一亮相，仍旧收获了不少媒体人士的惊奇感叹，以及仙侠书迷之外的广大粉丝的目光。众所周知，首届"五大至尊"大神的名单是唐家三少、辰东、猫腻、梦入神机、我吃西红柿，每位"至尊大神"的笔名都有特殊含义。当橙瓜记者问及"耳根"这一笔名的含义时，他说，自己只是想讨个"彩头"，因为人一激动就可能脸红，更厉害的还会"红到耳根子"，他写小说，当然希望能大红大紫，所以就取了这个名字。当进入《一念永恒》的写作过程时，耳根早已是至尊级的大神了。不少粉丝亲切地称他为"耳大"或"根大"。而耳根一般也会在新书每日更新的章节最后，写几句话跟读者们交流，偶尔也会用微信和QQ群跟书迷们说些贴心话。此外，善解人意的耳根还会不定时地举办一些书迷聚会。

不少网络大神有自己的"书迷团"（有时也称"粉丝团"或"亲友团"），而且这些"书迷团"一般也都要有自己的名字。耳根的"书迷团"叫"九峰"，当记者问及耳根"为什么取这么一个名字呢？这中间有没有故事？"时，耳根回答说，这是他的一部作品中的一个地名，即《求魔》里的九峰，九峰其实是一座山，它是主人公苏铭初入宗门的所在地。在那里，有他的师父、师兄和师弟，有他其乐融融的美好记忆。耳根认为，粉丝团以"九峰"命名，应该是那段情节让读者有触动，书迷们希望大家也能保持书中那种"同门的情谊"。

正是有情有爱的书迷们成就了耳根，耳根心中也时刻装着他的书迷："在我码字生涯当中，我认为他们是我的朋友，更是激励我和鼓励我的人，是我写作生涯当中不可缺少的一部分，尤其我从事网络文学创作，跟读者的接触更多，如果没有他们，我可能也不会写到现在了。……感谢大家在这些年来一如既往地支持耳根，我希望能够一直写到老，也希望大家一直看我的书看到老，正如《求魔》里的一句话：这么一路走下去，或许我们就走到了白头。"每每说到取得的成绩时，耳根最先想到的都是读者；每每说到写作中所遇的阻力时，耳根表达出来的满是"我有兄弟们的支持，所以我没有后顾之忧"的自豪感。写了十多年仙侠的东北大汉，似乎自身也带上了一股侠气，众多"九峰"书迷团队的老铁都是耳根的兄弟姐妹，是耳根最信任依赖的坚强后盾。[1]

必须强调的是，耳根写作一丝不苟，"坑品极好"，更文准时守约，像小蜜蜂一样勤奋执着，但在日常生活中他却是一个颇有情趣的人，码字之余，除了读读网络上榜小说，看看电影、电视剧之外，也会参加一些作协和相关圈子里的活动，一有机会他还会忙里偷闲，和朋友们聊聊天、打打牌、喝喝酒。他甚至还会抽出大量时间给自己的掌上明珠讲故事、做游戏……总之，耳根不仅善于创造美好生活，而且善于享受美好生活。某些媒体小编想当然地认为，作为一个长年累月被数以万计的读者苦苦追更的网络大神，耳根必定生活单调，作息刻板，整天宅在家中，一边敲击键盘，一边冥思苦想。毕竟要日更新数千言，对于一般网络写手来说，就算不伤不病，也一定是焦头烂额。"至尊大神"的压力自然超乎常人，长年坚持写作的耳根、成天窝在书房里呕心沥血的耳根，即便不能说惶惶不可终日，想必也是满面愁容，性情古怪！

如果有人这么想，那我们只能说他一点儿也不了解我们可爱的"耳大"！耳根曾不无风趣地对某些担忧网络作家身心健康的书友说："网络作家并不是你们想象的那样熬夜码字，面黄肌瘦，我们也是朝九晚

---

① 未署名：《第三届橙瓜网络文学奖　各项作者奖颁发实至名归》，来源：《人民日报》海外网 2018-06-01。

五的上班族，也像大家一样，健康快乐地生活着。"在接受"澎湃新闻"专访时，他也说过类似的话："我希望大家了解，我们网络作家并不是每天宅在家里写个两三万字，然后电脑旁放一桶泡面，完了面黄肌瘦。"从心理学的角度讲，这或许是耳根对部分粉丝希望浓眉大眼、心宽体胖的"耳大"保持大神强健体格的回应吧，耳根不愿以"面黄肌瘦"的宅男形象示人，他的这种不无调侃的语气，给人以健康向上、乐观旷达的印象。

三 耳根的创作经历与经验

作为"起点中文网"的白金作家，耳根的 logo 是仙侠，他的大多数故事创作灵感来源于中国古典神话故事，因此也有研究者将其作品归类于东方玄幻类。有读者宣称，读耳根的作品，"就像听一位智慧长者的谆谆教诲，温厚的嗓音娓娓道来，道理如细水长流般沁入心底，让你在不知不觉中受到洗礼与教化"。知道为什么吗？这位书友可能忘记了这样一个事实："耳大"曾经是一位优秀的人民教师。其实，他现在依然无愧于这个光荣称号。

关于《仙逆》的创作，耳根曾经说过这样一段话："奇幻修真小说《仙逆》讲述的是一个平庸的少年，踏入仙途，一步一步走向巅峰，凭一己之力，扬名修真界的故事。《天逆》和《仙逆》几乎同一时间开始在"起点"上传，本对《天逆》寄予厚望，岂料《仙逆》一鸣惊人，故专心作之。""废材"逆袭为"天骄"，可以说是大多数网络小说屡试不爽的灵丹妙药。耳根的所有小说都没有离开这个基本"配方"。如果仅仅看耳根上述有关《仙逆》的一句话介绍，换部作品，同样适用。譬如说，《一念永恒》，"讲述的是一个平庸的少年，踏入仙途，一步一步走向巅峰，凭一己之力，扬名修真界的故事"，对于只读过耳根一本书的读者来说，这样的介绍似乎都是实用的，但认真读过他的所有小说的读者，一定会体会到不同"废材"成长为不同"天骄"的不同"况味"。

根据网站对耳根作品的介绍，《天逆》讲述的是一个"废材"异术超能的故事。一个监狱岛众多实验体中的失败品，他的肌肉、骨骼、经脉、大脑只有一项符合正常标准，被所有人都认为是废物的他，踏入凡尘，开始了不平凡的一生。在强者林立的大陆，为了生存，他时刻谨慎，为了活下去，他必须变强。不少读者认为《天逆》与《仙逆》是一本书的两个不同的名字，或者是一本书的姊妹篇，为此，耳根特别强调说："《天逆》与《仙逆》，一毛钱的关系都没有，完全就是两本不同的书，所以也不用琢磨了，纯粹就是我当时懒了，名字写顺手了，于是《仙逆》也就用的王林，什么珠子啊，司徒南啊，都是为了图省事。"尽管如此，无论粉丝是否熟读过这两部作品，还是常常会把两部书搁到一起说事。

《求魔》是耳根继《仙逆》之后的又一修真力作。"求之一字，有两解，一为哀求，一为追求。但魔却并非魔头，作者将为主角苏铭打开一扇全新的修真求魔之门。魔前一叩三千年，回首凡尘不做仙。"

《一念永恒》在"小说类别"栏目里所贴的标签是"幻想修仙"，其他作品的"标签"分别是"修真"或"仙侠"。但无论是修真还是仙侠，抑或是魔幻或玄幻，《一念永恒》就像耳根的其他仙侠小说一样，在一个纯属虚构的想象世界里，一群驭剑飞升的神仙魔鬼，超越时空，不拘礼法，演绎出了无数惊世骇俗的"非凡故事"。

"一念成沧海，一念化桑田。一念斩千魔，一念诛万仙。唯我一念……永恒！"

这是耳根在此前多部仙侠小说中始终未变的"一念"，他给自己的第五部书命名为《一念永恒》，与其说是他的灵机一动，不如说是他出道以来和粉丝们日日夜夜交流中所心心念念、时刻未忘的一个"执念"。《一念永恒》中的白小纯和耳根其他小说的主人公一样，也是一位多灾多难却意志坚强的寒门子弟，在艰难成长的修真路上，尽管磕磕绊绊，屡遭白眼，时或伤痕累累，甚至九死一生，但无论经受多少挫折与失败，却总能像狮子抖搂鬃毛上的露珠一样，忘却痛苦与烦恼。无论是《天逆》《仙逆》中的王林、《求魔》中的苏铭，还是《我欲封天》中的孟浩，抑或是《一念永恒》中的白小纯，他们个个不惧千难万险，而且总是愈挫愈勇，但他们也与一般武侠小说中的英雄好汉不同，大多数时候，他们都能忍辱负重，能屈能伸，但当报仇雪恨的机会来临时，也会毫不留情地露出心狠手辣的一面。

有趣的是，耳根善于描绘天崩地裂、倒海翻江的大战场景，但有时也会切换出一些清风明月、鸟语花香的浪漫镜头。无论多么悲壮惨烈的氛围，他都能做到不虐心；无论多么暴烈阴损的情节，他总是坚持不虐主的原则。他像一位杀伐果断却颇有恻隐之心的武林高手，给人一种看似绝情却总是手下留情的印象："放心吧，我有分寸。"无论多么惊心动魄的危难时刻，濒临绝境的主人公总能化险为夷，让焦虑的读者及时长出一口气。即便是在那种明显叫天天不应、叫地地不灵的无助时刻，耳根必定会让读者心爱的人物有惊无险地活下来，并在一系列的"奇遇与重生""畅想与梦幻"中"再塑传奇人生"。从"逆天""仙逆"到"求魔""封天"，直到"一念永恒"和"三寸人间"，耳根的风格一以贯之，仍然是天马行空的绮丽想象，仍然是气势如虹的超级长篇。

十几年以来，耳根在仙侠小说领域，几乎天天"坚持着自己的坚持"，像他一系列作品中的主人公那样，展现出超常的恒心和毅力。细读耳根小说，字里行间都能让人感受到赵翼对李白诗歌的评价："神识超迈，飘然而来，忽然而去，不屑屑于雕章琢句，亦不劳劳于镂心刻骨，自有天马行空不可羁勒之势。"

耳根之作，自然不能与李白诗歌相提并论，但耳根描绘的仙侠世界，具有包举宇内、席卷八荒的气势，其字里行间弥漫着妙绝天下的奇幻想象，充斥着睥睨一切的仙侠魔力，尤其是他笔下的那些奇山异水的神姿仙态，常常呈现出一种青冥天开、彩错如画的梦幻境界。耳根不仅仅在讲述惊险刺激的神仙故事，他也描绘出了一个令人心往神驰的"仙界桃花源"。

和不少书友一样，笔者关注耳根，也是从《仙逆》开始的，这部仙侠小说，让许多书迷拿起来就放不下。书中很多桥段，令人一读难忘。例如，火焚国与李慕婉的初次相遇，在修魔海为了复活李慕婉不惜逆天改命。为了复仇，屠尽藤家，鸡犬不留，只为祭奠父母在天之灵。向往化神之位，不惜磨砺红尘数十载，化神先化凡，锤炼道心，从雨的降落中，终于悟出生命的意义……纵观《仙逆》一书，经典片段数不数胜，或平淡如水，或轻快如风，或激情似火，或志坚如钢，如万花筒，如交响乐，起承转合，流转自如。粉丝说《仙逆》是不可磨灭的网文经典，让人心有戚戚！

此后的《求魔》一样扣人心弦，其结局更是令人怅然若失。这部书以压抑始，且以压抑终，一种莫名的悲壮与悲怆的英雄豪气，在字里行间一派滚出。苏铭以大无畏的牺牲，拯救众人的生命，他对人生与世界的种种探究与反思，不乏触及灵魂的天问。因此网友称《求魔》是"耳根的巅峰"，《仙逆》是"耳根的经典"，这应该是耳根早期书迷的一种真情流露。

不少粉丝认为，读《我欲封天》和《一念永恒》，仍然可以找到《仙逆》与《求魔》的影子。譬如有人说，"孟浩化妖魔"似曾相识，"许清的泪滴"更是如此熟悉，那个骄傲的楚玉嫣身上，分明可见出李倩梅的影子。

如今，耳根的新书《三寸人间》正火热上线，我们有理由相信，这部小说一定能带给读者新的惊喜，尽管可能也会夹杂着一些失望的叹息。毕竟耳根拥有数以千万计的书迷，这部书，在其热身的几章开始后不久，点击量就达到了几十万，可谓风头强劲，方兴未艾。有位书友说："耳根的这部新书，风格和《一念永恒》差不多，前面还是有些腹黑、搞笑，主角王宝乐，不得不说这个名字，起得真的是很随意，比白小纯还要随意！王宝乐，是个典型的胖子，而且还是一个一直哭着喊着要减肥的胖子，他腹黑、搞笑，有点小无耻，也有点小不要脸！刚看到王宝乐的时候，我的第一印象，这个人说的不就是耳根自己吗？"[1] 是的，从一定意义上说，耳根笔下的主人公，写的都是耳根自己。如果我们从互文性理论看，耳根所有作品的主题和人物等，都存在着一种彼此关联、互相渗透的关系，就其实质而言，他们原本就是一个你中有我、我中有你的超级互文系统。

---

[1] 文化达人：《耳根厉害了，竟然把自己都写进小说里面了？》，发布时间：2018-06-01。

第二章
耳根仙侠小说的互文性解读

> 伟大的作品不是重写即为修正，一首诗、一部戏剧或一部小说，无论多么急于直接表现社会关怀，它都必然是前人作品催生出来的。

——哈罗德·布鲁姆：《西方正典》

如前所述，耳根成名于《仙逆》，他自己也多次说过："没有《仙逆》，就没有耳根。"当《仙逆》线下结集出版时，媒体对该书的宣传广告语说，这部小说凭借"独特的构思、新颖的文风、鲜活的创意和深切的悲悯"在网络原创界"一鸣惊人"，"开创了"仙侠写作的新格局，受到数千万网友追读热捧，收获极佳口碑，并由此"奠定仙侠小说巅峰之作的地位"。要知道，这不过是耳根初试锋芒的作品。谁能想到他一出手就创作了"巅峰之作"！看上去，这个说法多少有些夸张，但此后的事实证明，耳根在玄幻仙侠小说这个竞争激烈的领域，的确不愧为"天骄"式的选手。

我们先看看《仙逆》是一部什么样的小说。打开网页，我们看到的是这样几行文字："自古顺天者，为天地之宠儿，这宠儿的背后，却是蝼蚁之身！我之道，非顺天，而是以心中之感动，逆天而行，逆仙而修，求的不仅是长生，更多的却是摆脱那背后的蝼蚁之身，此为逆！道在人为，少年王林几经转折，以平庸的资质踏入修真仙途，历经坎坷风雨，凭着其聪睿的心智，终于成就仙古大道！顺为凡，逆则仙，只在心中一念间……修真，到底是修的什么？修道，修仙，修真。

神通，道法，仙法。"这是"起点中文"对《仙逆》所做的官宣式的"内容简介"。

2012 年出版的实体书对上述"官宣"做了这样的补充："报仇、战场、梦道、洞府、仙罡……看王林如何一步一步走向巅峰，凭一己之力，扬名修真界。《仙逆》书中'化凡'一段尤为精彩，历来为人称道。该书在连载时多次拿下"起点"月票榜第一。耳根更是凭借此书一跃成为白金作家，同时耳根也逐渐成为网络仙侠类小说的一面旗帜。"在涉及《仙逆》的无数赞颂之语中，"巅峰""旗帜"这类"刺激认知系统"的词汇，令人印象深刻。

令人印象更为深刻的是，上述赞颂《仙逆》的"大词"，后来反复出现在《求魔》和《我欲封天》的评介文字中，尤其是当我们在搜集整理《一念永恒》的研究与批评材料时，有关《仙逆》的评介似乎已成为"耳评"的标准版本——当代网络仙侠小说的"巅峰""旗帜"。

一 "耳根：网络仙侠小说的一面旗帜"

首先，让我们以《仙逆》始发网站"起点"提供的资料为起点吧。现将耳根成名作的基本信息摘录如下：（1）小说类型：仙侠，玄幻；（2）首发平台：起点中文网；（3）上架日期：2009-06-08；（4）完结日期：2012-01-08；（5）总字数：651.55 万，若以书面出版计算，当在 800 万字以上；（6）完结时章节总数：2088 章；（7）线下出版时间与出版社：2012 年 8 月云南教育出版社；（8）完结时网络点击数：5105 万；（9）英文译名：*Renegade Immortal*（小说外译本正走红海外网站"武侠世界"）。上面这些信息，是网站介绍著名网络小说的基本选项。作者历时近三年，创作了将近七百万字，两千多个章节，点击数高达五千多万……如果以传统文学的眼光看，这里的每一个数字都堪称"奇迹"！

就文学史而言，仙侠文学至少可追溯到秦汉巫风和魏晋志怪，但直到唐代传奇问世之后，中国小说意识才真正逐渐苏醒。鲁迅说，唐代传奇"虽尚不离于搜奇记逸，然叙述宛转，文辞华艳，与六朝之粗陈梗概者较，演进之迹甚明，而尤显者，乃在是时则始有意为小说"。如果说晋代干宝的《搜神记》在神祇灵异、神仙五行之外，还只是"偶有释氏说"，到了唐代传奇中，佛教观念甚为流行，尤其是佛教"无常母题""因果报应""人生如梦""命运天定"等观念对民众心理影响极为深刻，此时的佛教在人心教化等方面与儒道两家形成了分庭抗礼的局面。这种文化观念的演变在明清小说中留下了深刻的印痕。鲁迅指出："历来三教之争，都无解决，互相容受，乃曰'同源'，所谓义利邪正善恶是非真妄诸端，皆混而又析之，统于二元，虽无专名，谓之神魔，盖可赅括矣……当时的思想，是极模糊的。在小说中所写的邪正，并非儒和佛，或道和佛，或儒释道和白莲教，单不过是含糊的彼此之争，我就总括起来给他们一个名目，叫作神魔小说。"

鲁迅先生还有许多精彩论断对我们理解网络小说尤其是玄幻修仙类小说，具有极为重要的启示作用。例如，他曾说过："中国根柢全在道教。""以此读史，有许多问题可以迎刃而解……懂得此理者，懂得中国大半。"英国学者李约瑟显然认同鲁迅的这个说法，他说："中国文化就像一棵参天大树，而这棵大树的根在道家。"如果要从文化史的视角看，玄幻与仙侠小说的"根柢"不也正在道家与道教吗？虽然我们不敢肯定地说，从道家观念来解读仙幻仙侠小说，许多问题必然可以迎刃而解，但有一点却是肯定的，那就是谈论网络仙侠小说，必然要涉及道家与道教文化。

当然，中国的玄幻与仙侠小说所承传的文学资源异常丰富，"从盘古开天辟地、女娲造人补天的上古神话，到巫士鬼神的《楚辞》、荒诞不经的《山海经》，从神异鬼怪的魏晋南北朝志怪小说，到鬼神仙侠的唐传奇，从满天仙佛的明代神魔小说，到神狐鬼魅的清代《聊斋志异》"[①]，真可谓数不胜数。由此可见，当代玄幻仙侠小说所创造的如情似梦的奇幻空间，看似天马行空无所依傍，实则渊源有自，上述远古神话、魏晋志怪、唐传奇、宋话本、明神魔、清武侠，不仅与之气脉相连，而且在其转化与改造过程中不断焕发出新的光彩。

---

① 李如、王宗法：《论明代神魔小说对当代网络玄幻小说的影响》，《明清小说研究》2014 年第 3 期。

在众多有关《仙逆》的评介文字中，我们比较认同这样一种说法：这是一部修真界的风云人物奋斗史，一部"修心"的名人传。主角王林在这个充满血雨腥风的仙侠故事中，伴随着接踵而至的灾难和阴谋，在无数的失败和挫折、无数的仇恨和追杀、无数的生死和离别、无数的孤独和落寞、无数的血泪和辛酸中一直勇往直前。面对这些仙侠中的"仙逆与人逆"，王林从来没有畏惧，没有退缩，没有放弃，他依靠自己的勤劳和睿智，自己的汗水和勇气，自己的那颗百折不挠的心灵，在这些"逆境"中创造出一个又一个名震修真界的不朽传奇！

　　在耳根粉丝团队的讨论中，我们看到了这样一个句式："我们为什么喜欢看耳根的作品？因为我们从中看到了善良的人性与奋斗的希望。"按照这个有趣的句式，整理一下网友们关于《仙逆》的造句，能够比较直观地看到《仙逆》在粉丝心目中是一部什么样的作品。

　　我们为什么喜欢看《仙逆》？因为我们从中看到了至真至纯的感情："当光离开了暗，当海守望着天，我唯愿以身躯化为大地，承载你疲累的双足，万载不变，有黎明，有黑夜，有碧海，有蓝天。"我们看《仙逆》看的是孤独与忧伤："历尽一生孤独，方见求道之心。但这孤独的滋味，又有几人真能品味，就如这酒，入口辛辣，进腹却化作热流。"

　　我们为什么喜欢看《仙逆》？因为我们从中看到了逆天逆命的不屈与霸气："本君雨仙界清水，来此，取故物，灭此界"，"天要杀人，我要灭天！你要杀我，我便弒仙"。我们为什么喜欢看《仙逆》？因为我们从中看到了永恒的信念："自古顺天者，为天地之宠儿，这宠儿的背后，却是蝼蚁之身！我之道，非顺天，而是以心中之感动，逆天而行，逆仙而修，求的，不仅是长生，更多的，却是摆脱那背后的蝼蚁之身，此，使之为逆。"浓浓深情，满腔热血，满心酸楚，尽在《仙逆》。

　　是的，《仙逆》对人生的洞见与彻悟让人读来有如醍醐灌顶："这雨，出生于天，死于大地，中间的过程，便是人生，我看这雨水，不看天，不看地，看的也不是雨，而是这雨的一生。"《仙逆》给我们的思索与感悟让人刻骨铭心："你心中的天，便像这圆圈，你心中有天，自然这天也就存在，你把自己当成天地牢笼内的一介蝼蚁，挣扎欲要破开天地而出，这是道念，也是信念，但你即便从那圆圈内走出，又有何用，圈外，不过是另一圈罢了。"这些看似梦呓的文字，非"耳根迷"或许不知所云，但它们却是耳根及其书迷之间同声相应、同气相求的见证。

2012年8月，600多万字的《仙逆》前三本：《仙逆·天逆珠子》《仙逆·修魔内海》《仙逆·古神之秘》由"起点中文网"出版中心和云南教育出版社联合推出。同年8月下旬，出版方分别在北京西单图书大厦和上海书城举办了新书发布会暨签售会，会上的新闻稿称，《仙逆》为云南教育出版社"倾力打造的又一传世经典"，此前该社推出的《斗破苍穹》《武动乾坤》《吞噬星空》《全职高手》在市场上均获得了可观的收益。

云南教育出版社相关负责人认为："作者深厚的文字功底，严密的叙述结构和作品中鲜活的创意和深切的悲悯，以及修仙过程中处处贯穿的励志精神，使其在原创界一鸣惊人，在开创仙侠写作新格局的同时，更引发了网络上数十万粉丝的追捧，这正是出版社选择出版的重要原因。"在诸多并非纯属"溢美之词"的评语中，笔者渐渐不再惊异于这样的说法：耳根作为"起点中文网"的旗帜性作家，《仙逆》被网友誉为"奠定仙侠小说的巅峰之作"。2012年《仙逆》实体书的这次实地发布与签售，引起了京沪两地书迷的广泛关注，签售现场更是一度场面火爆。此外，《仙逆》的漫画版于2012年3月在《特优漫画》杂志开始连载，其网页游戏也在2011年由成都页游科技有限责任公司推出。

读者为什么喜欢耳根，当然不只是因为《仙逆》，其实《仙逆》不过是风头正健的耳根一系列超级长篇小说的"序篇"，从"开书"时间先后顺序看，《仙逆》稍稍晚于《天逆》，从一定意义上说，《仙逆》的成功不应忘记《天逆》投石问路所提供的经验教训。此后的《求魔》《我欲封天》直到《一念永恒》和正被书迷热捧的《三寸人间》，从主体上看，都沿袭了《仙逆》"重仙轻侠"的套路。尽管耳根一再强调，仙侠小说重点在侠不在仙。

当我们讨论读者为什么喜欢耳根的时候，实际上也是在讨论为什么读者喜欢仙侠。关于这个问题，有人从"武侠缘何变仙侠"的视角进行了深刻的分析。首先，突飞猛进的城市化进程下的个体生存压力，为武侠热向仙侠热的转变提供了新的空间。后工业时代巨变，使年轻人在生存重压下渴望心灵的放飞，"理想与现实的落差、人世纷争的不平、奔波忙碌中的自我迷失、漂泊异乡的孤独苦闷，使每个个体的精神与心灵亟待找到一个可以安放的空间。亦真亦幻的仙侠世界在继承了武侠侠义精神的基础上，在富于神话色彩的奇幻世界中为每个个体安放心灵、寻找自我，提供了新的可能"。[①] 具体说来，年青一代读者对前辈正统化、革命化叙事语境已深感隔膜，大多仙侠读者是伴随着动画动漫成长起来的，他们对神话传说浪漫色彩的仙侠题材感到格外熟悉和亲切，尤其是那些初入职场的新人，很容易在仙侠奇幻世界中寻找到缓解现实挫败感的心灵抚慰。此外，"仙侠小说在融合了武侠小说侠义精神的基础上，在叙事空间、法术法宝、情境设置等方面进行了较大突破，加之神秘色彩、不同法术法宝想象的纵情发挥、三世轮回与六界往复的时空延展、仙家妖界芸芸众生的万象森罗，无一不为读者带来新的审美关注点。这些特征契合了碎片化阅读的时代特征，迎合了'快餐文化'下读者的娱乐诉求与猎奇心理"。[②]

耳根始终以修仙类大神的身份奋力前行，从《天逆》《仙逆》到《求魔》《我欲封天》，再到《一念永恒》，他在这条崇尚原创精神的高速路上，一直小心翼翼、谨终慎始地保持着自己这辆"仙侠牌"豪车的方向与速度，他深知自己稍有闪失就会失去大量忠实的跟随者。表面上看，耳根作品中的人物，依旧专心修炼，他们为了修炼忍辱负重，为了修炼谨小慎微，为了修炼出生入死，唯有得道长生才是耳根主人公的"永恒"之"一念"。

二 《一念永恒》的"重写"与"新编"

重写是荷兰当代文论家与批评家佛克马提出的一个概念。他说：

① 陈婧杰：《从武侠热到仙侠热：看通俗小说出版风向的变化》，《中华读书报》2019年1月30日。

② 同上。

"所谓重写（rewriting）并不是什么新时尚，它与一种技巧有关，这就是复述与变更。它复述早期的某个传统典型或主题（或故事），那都是以前的作家们处理过的题材，只不过其中也暗含着某些变化的因素——比如删削，添加，变更——这是使得新文本之为独立的创作，并区别于前文本（pretext）或潜文本（hypertext）的保证。重写一般比前文本的复制要复杂一点，任何重写都必须在主题上具有创造性。"[①]

纵观中外文学史，几乎所有的经典作品都是"重写"与"被重写"的结果，如维吉尔《埃涅阿斯纪》对《伊利亚特》的"重写"，莎士比亚对普鲁塔克的"重写"，《新约全书》中四福音书之间的"重写"与"被重写"都是如此。我们注意到，在耳根的一系列小说中，"重写性"是最鲜明的特点之一。

以具体作品为例，先说《天逆》与《仙逆》。姑且不说二者并行更新，具有互为参照的"彼此重写"意味，单是故事结构、人物设置、行文风格等相似性，就足以让读者看出二者有如孪生兄弟。尽管耳根声称这两部小说一毛钱的关系都没有，但两本都有"王林""天逆珠"和"司徒南"等标志性的人和物，无论多么粗心的读者也不会视而不见。一些浅尝辄止或望文生义的匆匆过客，往往会在跟帖中张冠李戴，这应该说是情理之中的事情。毕竟"二逆"之间具有一望而知的"重写性"特征。

有位书迷提出了一个有趣的说法，说耳根的《天逆》和《仙逆》，让人想到蒙古族的呼麦。这是蒙古人喜爱的一门古老的歌唱艺术，歌者用一种奇特的泛音唱法，一人竟然能同时唱出两种声音，就像二重唱一样。从上述"重写论"的意义上说，我们是否可以说，耳根的这两部书联袂上线，有点像一个蒙古族汉子演唱呼麦，或者干脆就是一种"二重写"？有书迷猜测说，耳大想把《天逆》和《仙逆》捏在一起变成个"大坑"，《天逆》为核心那种，结果《仙逆》火起来了，就把《天逆》放弃了，好好写《仙逆》，然后"仙神魔鬼妖"五部曲的"巨

---

① ［荷兰］杜威·佛克马：《中国与欧洲传统中的重写方式》，范智红译，《文学评论》1999 年第 6 期。

坑"就开始了……《天逆》强行结尾之后的事，应该留给《仙逆》了吧，后来说明天逆珠子是从苏老魔那儿诳来的，然后《天逆》就不了了之了，或许修真写完后，耳根会续写《天逆》，谁知道呢，毕竟像耳根这样有追求有理想的作者转个型也挺正常。也不知耳根是否认同这位书迷的看法，当然这并不重要，毕竟一千个读者心中就有一千个王林嘛。

鉴于《仙逆》稍稍晚于《天逆》，有人推测《仙逆》借鉴《天逆》的可能性要大一些。一位读过《仙逆》的读者在接着读《天逆》时说，还未读到一半，就发现两本书很多情节是一样的。如套路、功法，甚至有些人名字都是一样的，像是共用一个模子生产的。"首先我们不考虑此王林是不是认识彼王林，司徒南是不是认识另一个司徒南，两个王林为什么都有黑色的天逆珠，也不考虑'黄泉升窍诀'是不是穿越过来的，就光看剧情，王林躲避凤凰族追杀的那段怎么这么眼熟，仔细一想，藤厉不就是这么死的吗？然后修炼'黄泉升窍诀'找极阴之地的时候一切经历都是一模一样的。""二逆"雷同之处当然还有很多。有人替耳根解释说，情节相似很好理解，作者相同，情节相似这不很正常吗？类型化小说中不同作者之间的相似情节可谓俯拾即是。

某些词语的频繁使用，如"表情古怪""高手姿态"等，某些句式如"我白小纯弹指一挥，××灰飞烟灭"等，这些文体修辞方面的一再复现，是耳根语言风格形成的基本元素，欺凌者反被欺凌、碾压者反被碾压等桥段一再重复，也是耳根叙事套路的重要组成部分。例如：

> "你们三个在这里堵住我，不担心门规？"白小纯看着陈飞，好奇地问道。
>
> "门规？哈哈，这里已是宗门外，况且你技不如人，骨断筋伤也怨不得旁人，大不了我等回头道个歉也就结束了！"陈飞得意地笑道，他甚至可以想象白小纯接下来的面色，一定会非常难看，甚至他都准备好了后续的嘲讽。
>
> （《一念永恒》第39章）

曾因白小纯而失去晋升内门弟子机会的陈飞，对白痛恨入骨，一直伺机报复，当白走出山门时，他不失时机地纠集同伙，决心把仇家狠狠教训一顿。于是就有了上面的对话。结果，他们这次还是小看了白小纯，并出现了书中一再出现的"碾压者"反被"碾压"的精彩场面：

> 眼看白小纯如凶兽一样再次扑来，陈飞发出凄厉之音。
>
> "白小纯，你就不怕违反门规?！"
>
> "门规？哈哈，这里已是宗门外，况且你技不如人，骨断筋伤也怨不得旁人，大不了我等回头道个歉也就结束了！"白小纯干咳一声，把对方的话再次重复一遍后，上前一脚踢出。
>
> （《一念永恒》第 39 章）

在白小纯修仙晋级的道路上，每升级一次，都是一次"柔弱胜刚强"这一古老智慧的形象化呈现。核心观念只有一个，故事变化却万万千千。"俗话说，'戏法人人会变，各有巧妙不同。'其实是许多年间，总是这一套，也总有人看。"（鲁迅《现代史》）仙侠读者都知道，修真者有个千篇一律的套路：凝气、筑基、结丹、元婴、天人、半神……这是修行入门者拾级而上的台阶，书中人物，都得按照套路"进步"，在《一念永恒》中，仅凝气就多达十个级别，每晋升一个级别都是千百次修炼、失败、再修炼、再失败的循环往复，直至成功晋级，于是又开始新一轮的循环。类型小说成功的不解之谜或许正在于此，"许多年间，总是这一套，也总有人看"。当《仙逆》中的王林从"废柴"一步步修炼成仙时，耳根就需要"重新打鼓另开张"了。于是，《求魔》开始了，一个以苏铭为核心的同心圆螺旋圈在上述循环过程中不断扩大，当大饼大到托盘无法承载时，就再摊一张《我欲封天》，接着是《一念永恒》，再接着是《三寸人间》……

当然，任何创作意义上的"重写"，必然是有所超越的"新编"。事实上很多人注意到了耳根试图突破仙侠小说写作瓶颈的诸多努力。在《一念永恒》中，耳根的变化如此明显，以至有不少读者深感诧异。"白小纯甫一出场便与修真小说主角的经典形象不同，他既非沉默寡言，也非谨慎沉稳，倒像是隔壁家常气得大人直跳脚的熊孩子。偷吃长老炼药用的灵草也就罢了，连宗内豢养的灵鸡也不放过，短短一月'偷鸡狂魔'之名响彻全宗。在开发出自己身上古怪的炼丹天赋之后，更是一发不可收拾，今日引天雷砸这个山头，明日唤酸雨毁那个山峰，待被人发现，叫人来捉时，这位始作俑者早已在一道道'白小纯！'的含怒泣血声中抱头窜远了。有书友抓狂，说这男主角怎么都修炼几百年了还跟个孩子似的？不错，白小纯并不是'冷酷的成人'，而是'顽劣的孩童'，耳根这次要在《一念永恒》中塑造的，正是一位自始至终都能保有'赤子之心'的男主角。"①

必须说明的是，诗学范畴的"重写"概念与媒体意义上的"重复"完全不同，与媒体所谓的"抄袭""洗稿""融梗"等更是分属不同体系。美国著名文论家哈罗德·布鲁姆说过："伟大的作品不是重写即为修正，一首诗、一部戏剧或一部小说，无论多么急于直接表现社会关怀，它都必然是前人作品催生出来的。"② 我们现在当然还无法断定《一念永恒》是否能算得上"伟大的作品"，但其"重写"与"新编"的叙事策略，肯定算得上类型小说互文性研究的经典个案。其实，从互文性的视角看，文学史上无数经典与非经典的作品，几乎都是"重写"与"被重写"的结果。杜甫所谓"递相祖述复先谁"强调的无非是"转益多师"的鉴古，黄庭坚所谓"无一字无来处"也同样是肯定"以故为新"的继承。从耳根作品对古代文化资源大量的"重写"式创新与改造看，他无疑是"转益多师"的网文高手，深谙"以故为新"的转化之道。

三　从互文性视角看耳根的"仙侠系列"

越来越多的年轻学者开始以"互文性视角"研究网络小说。例如，有些青年学子以引用、仿作、戏拟、拼贴等常见的互文性手法在《诛

---

① 田彤：《〈一念永恒〉："凡人流"的突围之作》，《文学报》2018年1月4日。
② ［美］哈罗德·布鲁姆：《西方正典》，江宁康译，译林出版社2005年版，第8页。

仙》中的具体表现，提出了许多令人耳目一新的见解。这些方法同样可以被用于《仙逆》和《一念永恒》的研究。因为耳根塑造的诸多形象中，不少是以中国的神话传说及志怪小说中的形象为蓝本的。事实上，有关玄幻小说互文性研究的成果，大多适用于仙侠小说。

互文性理论原本就起源于小说研究，前文提及的耳根的"重写"就可以归入互文性理论范畴，至少二者之间具有明显的"家族相似性"。事实上，二者所指向的是同一种文学现象。当然，二者的差异性也是不言而喻的。"重写"是一种方式，一种技巧，它关注特定的潜文本以及重写文本的创造性，而"互文性"则是对重写方式的一种哲学阐释，从互文性概念出发可以像罗兰·巴特一样得出"作者死了"的结论，"重写"则强调写作主体的职责，在考察重写问题时，不能忽视作者的主体性。重写不像互文性理论，它应该同时被看成一种文学史现象和一个技术术语，互文性强调同，而重写强调异，重写是有差异的重复，它是引起惊讶的差异，是看待事物的新方法。[①]

西方有句谚语："太阳底下没有新东西。"这话可能有些绝对化，但其合理性也是显而易见的。单就耳根的仙侠小说而言，我们不仅可以看出古代神话、魏晋志怪、唐代传奇和明清小说的深刻影响，他对《蜀山》《诛仙》《凡人修仙传》的借鉴也是显而易见。

网络上流行一个颇得"重写"与"新编"之精髓的段子。为了节省篇幅，笔者对其进行了"重写"与"新编"：

> 许仲琳：各位大佬，《封神演义》开书了。美女、阴谋、神仙、渡劫、天才、地宝……各种元素应有尽有，不虐主，绝对爽，开辟神魔小说高维度！
>
> 吴承恩：无耻许老贼！你居然剽窃我的创意。读者朋友们，《西游记》了解一下哈，收藏、推荐、月票走一波啊，绝对原创，带你走进神魔新世界！
>
> 元人杨讷（景贤）不干了，他大喝一声：无耻吴承恩！居然

---

① 祝宇红：《"故"事如何"新"编：论中国现代重写型小说》，北京大学出版社2010年版，第3页。

对我的剧本胡编乱造！

宋人沉不住气了，冷笑一声说：大胆杨景贤，你说吴承恩无耻，我看你更无耻！竟然把我朝《大唐三藏取经诗话》糟蹋得一塌糊涂，言辞粗鄙，不堪入目。

唐朝辩机（闻言大笑）：真正无耻的是你们宋人！你们连玄奘法师的《大唐西域记》也敢恶搞戏说，不怕遭天谴吗？

唐玄奘的弟子慧立、彦琮实在忍不住了，他们站起来庄严地宣告说：各位看官，玄奘取经，正版在此！请看《大唐大慈恩寺三藏法师传》，它记录了玄奘法师真实西行见闻，我们可以负责地说，除"法师传"外，所有玄奘取经书籍，全部都是抄袭、洗稿、融梗、盗版、蹭热点！

今人似乎以为慧立、彦琮会为后人的"抄袭、洗稿、融梗、盗版、蹭热点"痛心疾首，但实际情况恰恰相反，古人书中常有与今人反盗版意识相反的诉求："如若翻印，功德无量。"文艺作品原本也是这样，如果没有感染"资本病毒"而成为追名逐利的"商品"，只要看官您喜欢，任你"抄洗融盗蹭"，纵使万川月印，何损一轮朗照！毕竟，真正的经典必定模仿过前人，且注定要被后人模仿。"世上原本没有热点，蹭的人多了，冷点也能蹭成热点。"（这话是不是也蹭了"世上本没有路"的名言？）所以说呢，无人蹭热点的经典何以成其为经典／热点？

从蹭热点的意义上说，耳根在玄幻仙侠正热的时候出山，可谓得其天时。天赋、毅力等因素固然重要，但离开了时势造英雄的"热点效应"，也许根本就不会出现我们所喜欢的耳根。耳根小说虽然具有许多与众不同的特异性，但作为仙侠类小说，总体上仍然没有超脱玄幻的一些基本模式与套路。例如《一念永恒》，和大多数同类小说一样，也可以说是"以主人公的成长推动故事情节，亦有复仇、修炼、争霸、升级等模式。侠客行侠时，武力是解决矛盾冲突的唯一方案，并由此生发出对武道的探索以及对比武较技的津津乐道，而暴力化和简单化决定着武侠小说中'二元对立'的江湖运行法则，正邪、黑白、爱恨、恩仇、强弱、生死等世间百态均被囊括其中"。① 但耳根对一切都靠武力解决的老套路深感不满，就像白小纯常说的，总是打打杀杀的有啥意思，就不能换换花样吗？职是之故，洋洋数百万字的《一念永恒》中居然找不到一个"侠"字。

当然，耳根对"侠"字的刻意回避，这是隐形互文性的惯用手法，耳根谙熟文本"重写"之"拟与避"的语法规则，在几部小说类似情节的微妙变化中，作者表现出了高超的匿避技巧。尤其在《天逆》与《仙逆》的互文性"二重奏"中表现尤为突出。其实《仙逆》前期，与当时大红大紫的《凡人修仙传》确有共用套路，以致被误解为抄袭，这也看出类型文套路的彼此渗透、交互为用现象是何等得普遍。

当然，在耳根所有作品之间，这种互文性书写也是极为明显的。所谓草蛇灰线，伏脉千里，耳根的几部作品之间看似没有关系，实则关系密切，作品类型、写作手法、语言风格等明显的耳根特色姑且不论，即便是故事情节，相互之间也未必毫无瓜葛。我们注意到，粉丝们在讨论耳根书中五个主角关系时，有位名叫傲世孤鸿的书迷以小说人物经历为线索，提出阅读耳根的"合理顺序"，即先读《求魔》和《仙逆》，再读《我欲封天》，然后再读《一念永恒》。这么说的依据在哪里呢？这个线索隐藏在灭生老人和罗天的交集之中。灭生老人出现在《求魔》中，答应苏铭去逆尘界找秃毛鹤，即到王林的那个世界去找秃毛鹤。关于这一点，《求魔》的"后记"提供了依据。然后灭生死在《一念永恒》的永恒大界中。而追杀灭生的那个人说过，苍茫大界已成过去，要避免出现第二个罗天。罗天的手指，曾被苏铭（魔）、王林（神）和身份不明的鬼各斩去一指，然后死于孟浩之手，孟浩可以说是取代罗天控制整个苍茫的人，此时王林、苏铭早就走远，再后来，在《一念永恒》的后记里面，白小纯还捡到了孟浩留下的漂流瓶。凡此种种，诸多线索将耳根不同作品连成了一个整体。

单就《一念永恒》与前三部书的联系而言，不少人认为，《仙逆》写的是神，《求魔》主角是魔，《我欲封天》写的是妖，而《一念永恒》所讲述的显然是一个中规中矩的修仙故事，称其主人公白小纯为"仙"

① 赵依：《网络小说与仙侠传统》，《文艺报》2015年1月21日，第2版。

似无不可，但他这个鬼头鬼脑的"黑大污"被称为"鬼"似乎更为贴切。诚如所言，《仙逆》深刻地描绘了修真世界的尔虞我诈，几段化凡经历和神通感悟，也的确写得十分精彩，无论伏笔还是悬念，耳根都能够做到收放自如，恰到好处。作者在虚构仙侠世界里尽情地放飞想象，可谓"精骛八极，心游万仞"，呈现出一种海阔凭鱼跃的自由和天高任鸟飞的旷达，主人公王林最终成为第四步踏天修士，且成功实现了复活爱妻的心愿，使紧紧地揪着一颗心的读者终于可以长舒一口气。

尽管《仙逆》并非人人看好，但众多铁杆粉丝却坚信这样一个论断："《仙逆》之后，再无仙侠！"在他们看来，读《仙逆》就是读人生，"当我们沉浸在王林的感情经历中，跟着他一起体悟思想的升华，一起思考人生的意义，一种声应气求的共鸣感，一次次潮水般地把我们淹没！"令人难以忘怀的是，《仙逆》主角王林不仅性格坚忍，杀伐果敢，而且胆大心细，沉着冷静，能在凶残狠毒的强敌之间巧妙周旋，就算遇到女性敌人也决不拖泥带水，即便像红蝶这种情丝屡屡的红颜知己，也总是拿得起，放得下。

此外，小说配角塑造也各具特色，有些与王林性格相反，形成鲜明对照；有些与王林形成互补，较好地起到映衬作用。如司徒南、徐立国、刘金彪、二代朱雀、散灵上人、疯子等，三教九流，数不胜数，任凭提起一个，都有耳根印迹。《仙逆》最出彩的地方是主角悟道时遭受的千难万险。"不经一番寒彻骨，怎得梅花扑鼻香？"但耳根并不贩卖励志鸡汤，情节推进一向干净利索。

但在《一念永恒》中，耳根似乎舍弃了《仙逆》的"苦寒"模式，让吊儿郎当的白小纯一再不费力气地获得战力，并一再依靠古怪的丹药青云直上，直到炼成打破至尊桎梏的不死长生功，但实际上白小纯的每次转折，都有忘我地苦炼丹药的经历，如果从这个角度看，似乎也可以说，白小纯的成长仍然没有超脱"苦寒"套路。

至于耳根新书《三寸人间》，有粉丝宣称："把王胖子的名字替换成《一念永恒》中黑大污，竟然毫无违和之感。感觉李婉儿和红尘女差不多，小白兔和黑大污身边那个傻白甜差不多，还有'小毛驴'和'小乌龟'也都有那么点似曾相识的感觉。"两书之间的互文性"重写"与"被重写"的关系，至此昭然若揭。

第三章

白小纯：通往"永恒仙域"之旅

"橙瓜"记者：

"如果进入自己书中，最想成为哪个人物？"

耳根（毫不迟疑地）：

"白小纯！"

——《网络文学仙侠代表作家——耳根》

耳根作品除 66 万字的《天逆》外，皆为数百万字的超级长篇。《仙逆》650 万字、《求魔》450 万字、《我欲封天》500 万字、《一念永恒》380 万字，正在热更的《三寸人间》目前也直逼 300 万字，照现在的势头估计至少也得接近《一念永恒》的字数吧？我们看到，《三寸人间》同《一念永恒》类型基本一致，风格也大致相同，庄严悲壮的色彩渐渐变淡，开心逗乐的戏份悄然增长。不虐主，不悲情，尽量不让读者揪心。正如网友所说的，"没有苦情戏，看着很欢乐"。小说一开始就营造出浓厚的幽默气氛，进入学院比赛之后，则更是包袱连连，笑点不断。网传耳根曾预告自己只写五本小说，《仙逆》写神、《求魔》写魔、《我欲封天》写妖、《一念永恒》写鬼、《三寸人间》写仙（亦说写人）。

当然，《三寸人间》究竟是写仙还是写人，这个其实并不重要，重要的是耳根的第五部书进程近半，如果他当初真的许下诺言要为读者写五部书的话，那他应该说基本上兑现了自己的诺言。为什么说基本上兑现了诺言呢？因为有人预测耳根或许在爆红的时候金盆洗手，以

《三寸人间》作为收山之作。这当然是一个并未得到耳根确认的传闻，我们姑且视作书迷们帮耳根推广新书制造的噱头吧，但愿耳根不会就此封笔，即便他真的宣布过五部之后不再写，那也没有关系，当年宫崎骏不是一次次宣布"这是最后一部作品"吗？毕竟耳根曾多次表示要一直写到老，和"九峰"的老铁们一直走下去。就像《求魔》里说的："这么一路走下去，或许我们就走到了白头。"我们期待耳根继续写下去，并尽快突破3000万字大关，如果一定要设立一个目标，我们希望他能像血红一样：不写一亿字，坚决不退休！

一 "仙侠小说如何能开出不同的花朵"

对于网络小说创作来说，3000万字是个什么概念呢？这么说吧，我曾经考察过当前产量最高的大神。当我在第一届"杭州网络文学周"大会上听到血红说自己的目标是写一亿字时，吃惊不小。据说2019年年底，他创作的字数就超过5000万了，这个数字非同小可。2019年年底，在"第二届茅盾文学新人奖·网络文学新人奖"颁奖会上，我正巧为血红颁奖，当面问及此事，血红微笑着给予了肯定答复。就字数来说，血红是圈内公认的劳模标杆，至2018年他就创作了4800万字，媒体宣称"血红可能是全世界创作字数最多的作家"。血红是2003年开始专职写作的，耳根出山则是2009年。耳根创作的总字数虽然少了许多，但他的写作速度几乎可以与血红并驾齐驱了。

不管怎么说，在耳根直逼3000万字的作品中，已经塑造了上千个人物形象，在这上千个人物中，最受欢迎的似乎是王林，毕竟耳根最初的两本书的主人公都叫王林。至于苏铭、孟浩，不用说，他们也都是拥有万千粉丝的天神般的人物。但当有人问耳根"如果进入自己书中，最想成为哪个人物"时，耳根却毫不迟疑地回答说："白小纯！"

诚然，王林是耳根的处女作《天逆》和成名之作《仙逆》的灵魂人物，作者也因此被粉丝和出版商说成是仙侠小说的旗帜。于是，"仙侠"似乎也就成了"耳根网文制造公司"的"商标"。谁都知道，口碑来之不易，品牌更是需要精心维护。耳根显然珍惜粉丝们的信任，他几乎是欣欣鼓舞地沿着《仙逆》开辟的道路，日夜兼程，一直在仙侠小说创作的道路上奔跑着。于是有了《求魔》，于是有了《我欲封天》，于是有了《一念永恒》，于今，他仍然在这条路上奔跑着。他在写作《一念永恒》的时候说，自己最喜欢的人物是白小纯。这肯定是一句真心话，因为那时候他满脑子只有白小纯。

但在新书《三寸人间》开书之际，耳根在"卷首语"里说了这样一段话：

"新书对我来说，是一次很大很大的挑战，我始终在考虑，仙侠小说如何能开出不同的花朵。我曾经在之前的多本书里，加入了很多元素，也取得了一些成绩，可心里总是觉得，有些不大满意，我认为仙侠小说，是可以写出更好、更精彩，甚至不同背景的故事。"

新书《三寸人间》的男一号是缥缈道院新生王宝乐，一生梦想是成为联邦总统，小的时候父亲经常语重心长地拍着他的头说："宝乐，还是当官好啊，你要记得，钱虽然可以解决一切，但还是会被人欺负，想要不被人欺负，只有当官，成为人上人。"这是小说"定调"式的背景，不难看出，耳根是把在《我欲封天》中就已开始尝试转型、在《一念永恒》中形成的幽默搞笑的风格进行了更加深入的探索。

如果有人此时问耳根最愿意成为其作品中的哪个人物。他会不会说最喜欢新书中的王宝乐呢？这大约要看故事是如何发展的。从作者对王宝乐"最大理想是当官"的人设看，幽默与讽刺的风格已经超出了机灵乖巧的白小纯所能发挥的空间了。

如前所述，在《一念永恒》中，耳根小说的风格与背景都发生了很大的改变，他甚至冒着失去部分书迷的危险，将白小纯这样一个永远长不大的"调皮鬼"代替此前的王林、苏铭那样卧薪尝胆式的苦心人，想必耳根对这个决定也有过犹豫与纠结。事实证明他的确失去了不少老粉丝，但同时也赢得了不少新书迷，这样的成功无疑是令人钦佩的，他的这种勇气和自信更值得我们钦佩。

其实，耳根要在仙侠中创造性地加入喜剧元素，这在《我欲封天》中就已经有了可贵的尝试，只是到了《一念永恒》中，这种戏剧化风格才真正开始成为主导因素了。不少读者说过，白小纯的人设，让人想起《鹿鼎记》中的韦小宝。他和韦爵爷一样，聪明伶俐，目光如炬，神识一扫就能把对方看个底儿掉。他谨小慎微却又不拘一格，还善于脑筋急转弯，说话办事常常出人意料。他的幽默搞笑和调皮捣蛋并非刻意为之，而常常是其率性而为的结果。认真品读《一念永恒》，我们不难发现，耳根在白小纯这个人物身上寄托着极为丰富的人性关怀和生活哲学。

如前所述，白小纯出场时，是个白白净净、身着青衫的少年，一脸乖巧，人畜无害的样子。因为从小父母双亡，所以一心追求长生。尽管平时吊儿郎当、贪生怕死、内心腹黑，但当道友遇到生命危险时，却能舍生忘死，奋力营救。

众所周知，作为仙侠主角，天资与战力一向备受关注。白小纯显然不是那种天赋异禀的奇才，但耳根也未按照惯常套路把他写成废材，他能修得异乎寻常的战力，深得"凡修"中道之意趣。

关于白小纯的"战力"描述，"百度百科"的简介如此简洁，简直就像一个专业词典的"目录"：

在天道元婴大圆满时碾压三位凡品天人初期；成天人后，与星空道极宗三位地品天人中期和道河院、星河院的两位凡品天人初期战斗，斩杀两位凡品天人，重伤三位地品天人中期；后在世界法宝内吸收鬼脸生机，达到了肉身半神，恢复力逆天，战星空道极宗老祖不败，虽仅仅是半神初期，但是半神境内罕有人可以击杀；后因被天尊欲要炼成不死长生丹，完成守陵人最终计划，修成不死卷和长生卷，修为达到准天尊，施展长生卷五大道法和水泽国度，可与天尊初期一战；在圣皇朝成就天尊，后通过宝扇的太古之光和不灭主宰拳可与太古一战；已凭借仙界最后一丝气运晋升太古境界，继承了时间主宰的道，可施展本源道法引杀之术，可召唤两位太古奴，后以生之念将生机点亮宇宙，成为主宰，足以与逆凡相抗衡，最终决战，领悟一丝永恒本源，战胜逆凡，后重造万物生机起源，引导众生完全领悟永恒，进入时光长河。

将这部300多万字的小说压缩为300多字的概要，没有读过原作的读者或许一头雾水，但这不要紧，下文还有白小纯同志"光辉业绩及战斗一生"的详细记述。其实，修仙故事再多，公式只有一个，即"从奴隶到将军"，过程都是"苦斗"，万变不离其宗。

必须强调的是，白小纯并非那种光芒万丈的天才人物，也不是那种自带流量的克里斯玛。但作为全书的核心，他的名字，在书中前后出现了40820次，也就是说，光是"白小纯"这三个字在书中的字数就超过了12万字，这还不算众多其他称号（如小乌龟、掌门师弟、夜葬、逆河宗少祖等近20个身份）。如果按照传统文学的标准看，仅仅主人公的名字就与一部长篇小说的字数不相上下了。仅此一点就不难看出，书中其他人物，无论多么优秀，也只能充当白小纯的配角或陪练。但是，书中形形色色的配角或陪练，并没有因为"不在C位"就缺少仙侠人物应有的光彩。恰恰相反，书中数以百计的"金人玉佛""牛鬼蛇神"，虽不能说个个精彩绝伦，但确是个个都不乏可圈可点之处。《一念永恒》所描绘的这个"众神狂欢"的"群英谱"，气象万千，波澜壮阔，令人浮想联翩，不胜神往。

耳根笔下这个人神相通的世界是一个极为复杂的体系。就其荦荦大端而言，这个世界可以划分为几个不同系列，其中"三朝四宗"最为有趣。所谓"三朝"，即"邪皇朝""圣皇朝"和"魁皇朝"；在"三朝"中，白小纯与原通天世界修士建立的"魁皇朝"是小说中主要人物中心舞台，而"邪皇朝"与"圣皇朝"，只是作为陪衬或影子；所谓"四宗"，即东脉下游四大州的四个最强宗门——"血溪宗""丹溪宗""玄溪宗"和"灵溪宗"。四大宗门中的三教九流各有各的归属，例如白小纯虽然是一向不局限于宗门的活跃分子，但领他由凡入仙的灵溪宗始终牢牢地占据着他心目中的最神圣位置。

二 修仙路上的"开挂人生"

什么是修仙？《现代汉语词典》的解释是"炼丹服药，安神养性，以求长生不老（迷信）"。这种迷信观念，源于古代的养生思想。为道之士决意超凡入圣，谢绝尘俗，"飘渺绝迹，幽隐山林"，希望通过"远彼腥膻，即此清净"等方式，达到长生久视、不死不灭的神仙境界。这种观念的虚妄性自不待言。但是，向往神仙生活，渴望长生不老，作为一种幻想似无可厚非。

诚然，"人的本质是一切社会关系的总和"。人是社会性实践活动过程中的生成物，人之所以为人，其社会性特征具有决定性意义。从这个意义上讲，修仙之士的远离尘嚣与超凡脱俗本质上是与世俗社会划清界限，所谓"跳出三界外，不在五行中"，就是要斩断一切社会关系，不食人间烟火，趋近长生之境。由此可见，耳根的"天逆""仙逆"中的这个"逆"字，可谓大有深意存焉。

当然，尽管白小纯及其他的一切社会关系与人间社会现实生活完全隔离开了，但神仙世界毕竟是按照人间景象虚构出来的，所以，我们阅读白小纯及其仙朋道友的传奇故事时，仍然能够感受到浓浓的人间烟火味，字里行间也无非是芸芸众生所熟悉的喜怒哀乐情。

那么，耳根最喜欢的白小纯究竟是一个什么样的人呢？一个肉眼凡胎的俗人，竟然真诚地相信自己能修成永生不死的神仙！白小纯就是这样一个单纯可爱却又异想天开的传奇人物。当然，书中的传奇故事并非毫无现实依据，譬如"血溪宗"的强者为王、赢家通吃的血腥场面，几乎可以说是当今某些行业恶性竞争的神话寓言版本；又如修真界的传音玉简几乎就是今天的手机，不仅具有即时通讯功能，甚至还可以"微信支付"，书中的"灵石""神识"等概念皆能找到现代生活的对应物，至于白小纯的盗窃行为、隐藏功力、开拍卖会、举行各种竞赛等等，都与当今时代形形色色的社会活动没有本质差别。总之，白小纯即便修成神仙形状，但依然只是一副凡人心肠。从总体上看，白小纯完全可以说是教科书中那种典型的"熟悉的陌生人"。

耳根介绍这个古灵精怪的"调皮鬼"时，多次使用过这样两个有趣的词语："一脸乖巧"和"人畜无害"。白小纯看上去是个白白净净的小小少年，有时还让人觉得聪明可爱、天真无邪。但这只是表面现象。看似人畜无害，实际上是个"所到之处寸草不生"的"害人精"！从"帽儿山"、"灵溪宗"、"血溪宗"、"逆河宗"、"星空道极宗"、"蛮荒"……直到永恒仙域，无论他到哪里，都要留下一场场人为灾难。不管是多么庄严神圣的地方，都会被他闹腾得狼奔豕突、鸡飞狗跳，人人自危，神鬼不宁。有时他会因待遇不公要寻机搞点恶作剧，像弼马温孙悟空偷吃蟠桃、盗用仙丹那样偷吃灵鸡、盗吸灵气。有时他又因忍受不了清规戒律的约束犯忌犯禁，有时他甚至纯粹只因嘴馋而惹下花和尚大闹五台山那样的祸端……但是，这不是他的本质，这也只是这个复杂人物的另一个侧面。

我们注意到，在一个个惹是生非的事件背后，似乎都隐含着纯真善良的动机或情非得已的因由，白小纯似乎总能站在"道义制高点"上，维护"仙侠精神"的神圣不可侵犯性，因而总是让那些对其乖谬言行恨得牙根痒痒的人无可奈何。有网友评论说："这个家伙却很有头脑，很腹黑，往往都站在理上，又或者是钻门规的漏洞，这让被他气得半死的人想找他麻烦都很难，就连接引他入灵溪宗的李青候都拿他没办法。"白小纯的种种荒唐行为背后是一个更为荒唐的仙侠世界。

初入宗门的白小纯，有如一棵"无人知道的小草"，但在平定落陈家族叛乱的战争中，他一鸣惊人，一时间成了宗门四周两千多弟子热议的人物，尤其是听了杜凌菲的诉说，宗门弟子无不动容。白小纯等人摆脱落陈家族追杀的惨烈过程，几乎成了灵溪宗最动人的英雄传说。冯炎为了保护同门而战死，精疲力竭的侯云飞与杜凌菲，幸靠白小纯的舍命掩护才得以死里逃生。落陈家族，竟派出了两拨人，数个凝气八层，还有凝气九层穷追不舍。遭遇如此凶险的追杀，一向胆小如鼠的白小纯竟敢虎口拔牙，独自引开强敌，殒身不恤，视死如归。

尤其是杜凌菲对宗门长老们描述的"烈士"的英雄事迹，白小纯简直就是有胆有识、义薄云天的一代"天骄"。他本可以独自逃走，可却冒死迎敌，救下同门，并奇迹般地越阶击杀数位高手，然后一路奔波，带着两个重伤同伴，风餐露宿半月余，艰难跋涉近万里。

平时一贯贪生怕死，战时居然舍生忘死，他把生的希望让给别人，把死的危险留给自己，为杜凌菲传信宗门创造了机会，否则宗门根本就不知道落陈家族的叛变之事。此战之后，胆小懦弱的白小纯，在众人眼里摇身一变为"孤胆英雄"。自此白小纯的身影，在所有内门弟子心中已高大无比——一个情深义重、智勇双全的铁血汉子。

但是，白小纯就是白小纯，他的性格要比此前的耳根英雄们复杂得多。不久之后，宗门上下便开始领教白小纯的厉害了，这个行为怪僻性乖张的家伙瞎折腾起来，几乎让所有人抓狂。器灵童子有句话，道出了大家的心声："无耻的白小纯，你这么卑鄙的家伙，居然叫白小纯……你对不起你的名字，你应该姓黑，你应该叫大污，该死的黑大污！"（第1223章《头痛的白小纯》）"令人头痛"的白小纯就是这样一个"是非真假难分辨，善恶妍媸相混成"的矛盾人物。

哲学家黑格尔说过："每个人都是一个整体，本身就是一个世界，每个人都是一个完满的有生气的人，而不是某种孤立的性格特征的寓言式的抽象品。"白小纯正是这样一个真假难分、美丑泯绝的"完满的有生气的人"。"人之所有，我无所不有！"为什么这么说呢？我们不妨先看看耳根和书友们为白小纯撰写的"履历"。

故事的缘起：灵溪宗李青候与白家祖上有旧，留下一根灵香，承诺点燃后会来收一名白家血脉修仙。后由白小纯点燃，被其带入灵溪宗，开始了修仙之路。

和此前的仙侠主角一样，白小纯也是外貌清秀、风神俊朗的青年人，但在性格方面与王林、苏铭和孟浩这种悲情英雄有明显的差异。"因为从小父母双亡，一心追求长生不死。平时吊儿郎当、胆小如鼠，认真起来也帅不过五秒，喜好放嘴炮并以此沾沾自喜。心智犹如孩童，似乎永远不会成熟。行事被动，很少占据主动。"但就是他这样一个看似粗鄙浅薄且毫无背景的孤儿，偏偏拥有一路开挂的人生。

他光辉履历的开始是在十五岁，被李青候带入灵溪宗，入火灶房任伙计，排名老九，被称为白九胖。两年后，居然具备"万药阁十碑第一"的实力。十八岁时，因卷入落陈家族叛变事件，九死一生，被宗门封为"荣耀弟子"，幸得守陵人相救，意外回归宗门，并戏剧性地成为"掌门师弟"。不久后因炼成"发情丹"而令众人刮目相看，此后因试毒丹、闹酸雨等一连串与之相关的天灾人祸，被李青候丢入"万蛇谷"。

出谷后，移居北岸，在试炼台完胜三千挑战者，折服北岸四山。二十八岁时，勇闯隓剑深渊，斩赵柔、方林，重伤六大天骄，灭杀数十凝气，天道巅峰筑基。因机缘巧合，获得《紫气通天诀》，修成通天法眼。三十一岁时，入万血深渊，与筑基圣地高手争夺筑基丹，又力拔头筹，深得长老赏识，被封中峰护法。不久后与神秘宗门取得联系，获得三瓶带有月亮印记的四阶佳品灵药，并在中峰获秘术血杀界。在中峰四处吸收掠夺血气，修成十象蛮鬼身，犯众怒后逃去尸峰。

为了解开血溪宗永恒不灭之物的秘密，同时也为了练习驭人大法，白小纯离开灵溪宗，日夜兼程，借夜葬面具易容，混入血溪宗，并设法修成"蛮鬼身"，获得"夜魔"名号。后因炼丹导致血溪尸峰被致幻，又获"瘟魔"之称，自此名扬天下！

当"灵、血、丹、玄"四宗合一后，白小纯将其命名为逆河宗，征服实力逆天的空河院后，逆河宗入主中游。四十岁时，在通天秘境入口，众多结丹天骄争夺传承印记，上演了筑基争霸故事。在此后一系列的升级打怪、过关斩将过程中，白小纯总能逢凶化吉、遇难呈祥。从"四堂争印""十堂大选"，到几度勇闯"星空道极榜"，白小纯一行人经历种种奇遇后，路过界城，逃离云兽，抵达长城，在更高一级平台，又重新开始了新的打拼。

由于在长城与蛮荒旷日持久的战争中屡建奇功，白小纯由十夫长一步步晋升为万夫长。了解了蛮荒世界的基础知识后，他下决心修成一名无所不能的炼魂师。在争取"天人"的激战中，白小纯居然一连击杀多名元婴修士，引起"巨鬼王"关注，于是白小纯被接引至巨鬼城。五十五岁后，白小纯修炼至"天人大圆满""不死卷大成"。在先后击败巨鬼王、星空道极宗半神祖后，竟然大败天尊，通天世界也因此破碎，进入永恒大陆。

最后，白小纯杀邪皇，灭逆凡，"创建星空，成为永恒"。

上述履历式的寥寥数百字，可以看作白小纯修仙之路上开挂人生的极简说明书。

三 "修凡"与"修仙"有什么差别

说到网络仙侠小说的来龙去脉，不少人会以《蜀山剑侠传》（以下简称《蜀山》）开头，因为这部书以传统武侠小说的"儒家导向"，为"道家武侠"树立了标杆。自《史记》始，经《水浒传》，到晚清的《七侠五义》，武侠始终贯穿着儒家的入世精神，大侠都是替天行道、"功见言信"的正人君子。但《蜀山》人物，无论正邪，皆不汲汲于凡世俗务，只专心于神仙境界；终极目标是顺天而活、长生不老。在道家武侠观念的引导下，中国传统的灵异武功在《蜀山》中得到了发扬光大。按照汤哲声先生的说法，"在《水浒传》之前，中国武侠小说中的武功都是灵异武功，例如东汉末年的《燕子丹》、唐传奇中的《聂隐娘》《昆仑奴》等。自《水浒传》起，中华武功进入小说，成为小说武功的主要招式。《蜀山剑侠传》对中华武功不感兴趣，它链接的是中华灵异武功，并成为集大成者。中华武功再神奇都是人挥拳掌、舞枪弄棒，灵异武功是神化物件、御气而行，取敌首于千里之外"。

《蜀山》主要用剑，得道御剑而行，随心所欲。与之前写灵异武功的小说不一样，《蜀山》写灵异剑术似乎有了文化根据，那就是道家的御剑术。人剑合一、御气为剑，即道家获取金丹大道之后的境界。丹成气成，气成剑成，《蜀山》写到了道家武功的修炼过程和至高境界。如果说《水浒传》将中华武功引入小说，提升了中国武侠小说的武功境界，《蜀山》则开创了道家武功新的天地，并且为中华灵异武功寻找到了文化根据。在汤哲声看来，当下的玄幻修真小说与《蜀山》一样，"构成了既不是神仙社会，也不是人间社会的半人半仙或半人半魔的社会。这个非人非仙非魔的第三空间，既是小说主人公的生活空间，也是神魔打斗的表现空间。更为重要的是，这种非人非仙非魔的第三空间是人却有神魔之气，是神魔却又有人性，基于人性，超越凡人，这就成为当下玄幻小说最吸引人的地方。"① 以《仙逆》《一念永恒》为代表的仙侠小说，区别于传统武侠的地方也正在于此。

耳根小说中，有不少违背伦常、离经叛道的"豪言壮语"，如"顺为凡，逆则仙"！所谓顺，就是顺其自然，得过且过，苟且性命，不求闻达，这是世俗的"修凡"法则。对于大多数凡人来说，生而为人，并不容易，即便听天由命，苟活人世，也未必就能求顺得"顺"、平平

---

① 汤哲声：《论还珠楼主〈蜀山剑侠传〉的文学史价值》，《文艺争鸣》2015年第5期。

安安。

电视剧《编辑部的故事》中有一段对白，演员葛优和张国立把"俗世凡人"多灾多难的一生进行了戏剧化概括，令人印象深刻。葛优说："打在胎里，就随时有可能流产，当妈的一口烟就可能畸形。长慢了心脏缺损，长快了就六指儿。好容易扛过十个月生出来了，一不留神，还得让产钳把脑子压扁。都躲过去了，小儿麻痹、百日咳、猩红热、大脑炎还在前面等着。哭起来呛奶，走起来摔跤；摸水水烫，碰火火燎；是个东西撞上，咱就是个半死。钙多了不长个，钙少了罗圈腿。总算混到会吃饭能出门了，天上下雹子，地下跑汽车；大街小巷是个暗处就躲着个坏人。你赶谁都是个九死一生，不送命也得落个残疾。"张国立补充说："这都是明枪，还有暗箭呢。势利眼、冷脸子、闲言碎语、指桑骂槐；好了遭人嫉妒，差了让人瞧不起；忠厚的人家说你傻，精明的人家说你奸；冷淡了大伙儿说你傲，热情了群众说你浪；走在前头挨闷棍，走在后头全没份；这也叫活着，纯粹是练 TM 一辈子轻功。"葛优的总结非常精辟："是个人就饱经沧桑！"老老实实做个庸常之辈尚且如此不易，想修道成仙、长生不老，用一句耳根的口头禅形容一下："这怎么可能？"

白小纯的修仙传奇，就是一个把"不可能"变为"可能"的故事。

与世隔绝的帽儿山下，父母双亡的山村少年白小纯，吃百家饭，穿百家衣，活得极为艰难，但他却幻想逆天改命——立志修仙。当白小纯离开村子的时候，乡亲们"一个个都激动起来，目中的难舍刹那就被喜悦代替，那之前满脸慈祥的老者，此刻也在颤抖，眼中流下泪水"。"'苍天有眼，这白鼠狼，他终于……终于走了，是谁告诉他在附近看到仙人的，你为村子立下了大功！'""……白小纯还没走远，就听到村子内传出了敲锣打鼓的声音，还夹着欢呼。"（第 1 章）他随着"仙人"李青候踏上了修仙之路。

多年以后，李青候及其所在宗门，被这个不起眼的小鬼闹腾得心烦意乱。起初，他做杂役时，竟贩卖起外门名额，让整个杂役处闹成了一锅粥。混成外门弟子后，他偷吃灵尾鸡，祸害长老的宠物鸟，让无数弟子为他背黑锅，整个香云山，被他祸害遍了。成为内门弟子后，更是天下大乱："天雷轰鸣，鸡飞狗跳，无数怪异的小兽漫山遍野，还有那酸雨……可以说三山都被他祸害了。可李青候无论如何也没想到，自己把白小纯扔到了万蛇谷，这白小纯居然更夸张了……他连蛇都不放过，居然把整个万蛇谷都给祸害惨了，晦气蔓延到了南岸。这一刻，李青候忽然想起了当年带白小纯上山时，山下的村子里众多村民热泪盈眶，敲锣打鼓地欢呼……他猛然间，懂了村子里人的激动……"（第114章）小说这一章的题目是"李青候懂了"。想必这一刻，白小纯的性格特征和"光辉形象"也在读者心中留下了深深的烙印。

于是，白小纯在灵溪宗南岸再也待不下去了，只得去北岸了。"眼看白小纯走了，周长老脸上的慈祥瞬间化作了激动，四周那些弟子，更是一个个全部振奋，不少人甚至在这喜悦中都流下了泪水。'苍天有眼啊，这白小纯他终于走了!!'"（第117章《寒门药卷》）他离开小山村的那一幕再次出现，无数人激动得欢呼沸腾，甚至还有人拿出锣鼓，高兴得敲打起来。

于是，白小纯离开灵溪宗去了血溪宗。在灵溪宗的欢呼声中，白小纯带着复杂的心情来到了可怕的血溪宗，他虽然并不畏惧血溪宗的血腥与凶险，但他对有如心灵家园的灵溪宗，毕竟有着深深的不舍与不甘。在血溪宗，他也以不同的形式祸害宗门，并最终也不得不另谋他就。于是，他去了神圣的"空城"，但他的"扫帚星"本性并没有丝毫改变。当他离开的时候，空城修士，"全部激动得狂喜起来，甚至还有的人敲锣打鼓，不断欢呼。'白老魔终于走了!!''苍天有眼啊，这青龙魁首，他竟飞升了!''哈哈，这毒魔是我空城第一霸，他这一走，如搬走我等身上一座大山!!'"（第406章《空城》）修仙升级故事，有如一个"莫比乌斯带"，在这里又转了回来。

即便他后来得道成仙进入了圣皇城，圣皇城也让其祸害得不成样子。"在白小纯离去的这个清晨，虽没有敲锣打鼓之声，可来自各个权贵家中的笑声，却是明显激昂太多。'这个祸害，终于走了!!''……若他能去邪皇城就好了，我绝对相信，给他足够的时间与条件，他能一个人，灭了邪皇朝!'"（第1098章《十二天尊》）这就是白小纯的

"车轱辘"故事，一路"车轮滚滚"，来时人人翻白眼，走时个个皆眼红。

　　"这都是我的错。"白小纯一副无奈的样子，渐渐收回看向圣皇城的目光，心底浮现感慨，实际上他早就发现了自己的一个似乎贯彻他一生的优点，那就是"太优秀了"。"如果不是我太优秀，怎么可能会每一次我只要在一个地方住的时间长了，离开后，那里的人们，就会情绪变化特别大。""帽儿山、灵溪宗、血溪宗、逆河宗、星空道极宗乃至蛮荒……如今，就连这永恒仙域的人们，也都知道了我的优秀。"（第1099章《一把钥匙》）白小纯唏嘘的同时，小袖一甩，向着远处呼啸而去。"罢了罢了，这一次我到了第二仙域后，还是低调一些吧。"在"飞行途中"，白小纯仔细地品味圣皇的旨意，这种把自己打发走的事情，无论怎么看，都带着一股扫地出门之感，他越想心里越不是滋味……看看，这就是白小纯，即便在神阙仙宫，即便早已修成金身正果，他仍然摆脱不了凡夫俗子满脑子的凡心俗念。

第四章

修仙之路：优胜劣汰的升级模式

> 自从陨剑深渊被发现至今，每一次开启，也没看到有人获得天脉之气，就算是地脉，每次四宗数百人进去，能成功者不超过几十人。可以说，地脉争夺，充满了血腥，物竞天择！……修行之路，就是一条残酷的弱肉强食之道。
>
> ——《一念永恒》第 140 章

冰心说："成功的花，人们只惊羡她现时的明艳！然而当初她的芽儿，浸透了奋斗的泪泉，洒遍了牺牲的血雨。"成功的耳根如此，他笔下的成功人物也应作如是观。

网文写作是一个物竞天择、适者生存的世界。写手的成神之路，有如小说中的修仙之路，竞争之激烈，用弱肉强食的丛林法则来形容也毫不过分。请原谅我们为伤痕累累的大神们保留文质彬彬的美好形象吧，相信大神都不愿回顾当初奋斗的"泪泉"和牺牲的"血雨"。

如前所述，耳根的迅速崛起，在很大程度上得益于玄幻仙侠类小说爆炸式的勃兴。耳根投身于网络写作时，玄幻与仙侠类小说可谓风头正劲。此前此后的一些作品，都是足堪留名青史的大神神作。如萧潜的《飘渺之旅》、萧鼎的《诛仙》、忘语的《凡人修仙传》、流浪的蛤蟆的《仙葫》、管平潮的《仙剑问情》、辰东的《遮天》、血红的《升龙道》、我吃西红柿的《星辰变》、观棋的《长生不死》、雾外江山的《大道独行》、跃千愁的《修真界败类》、心梦无痕的《七界传说》、又是十三的《乱世铜炉》、减肥专家的《幽冥仙途》、牛语者的《仙剑神曲》、鬼雨的《道缘儒仙》、烟雨江南的《尘缘》、梦入神机的《佛本是道》……，这个名单几乎可以无休无止地开列下去，因为在玄幻仙侠的世界里，有一片生机勃勃的海洋。可以毫不夸张地说，我们上面罗列的这些名动一时的玄幻与仙侠小说只是这片瀚海的"冰山一角"。当然，我们不会忘记《仙逆》《求魔》《一念永恒》等等，其实，我们只是想把后来居上的耳根之作摆放在一个更为适当的位置。在"起点"数十万部仙侠小说中，承前启后的《一念永恒》作为此类创作的代表，是我们万里挑一的讨论对象。

一 《一念永恒》的"相似性家族"

诚然，在当今网络小说的百花园里，玄幻仙侠并非独领风骚的门类，穿越、武侠、言情、都市、耽美等等，都拥有数量巨大的读者群体，但是，假如根本就没有这些激动人心的玄幻仙侠小说，今天的网络文学一定会是另一番模样，可以毫不夸张地说，这类作品拥有网络文学王国的半壁江山。有人认为，仙侠玄幻小说是网络自由精神与幻想品格最突出的代表，这大概也是这类小说快速兴盛于网络的主要原因。耳根作品之所以受到那么多书迷喜爱，与其光怪陆离的场景描写和波谲云诡的故事设置关系密切，与其自由奔放的才情和海阔天高的想象密切相关。他的小说何以能让那么多读者如此喜爱，我们无法知道作者究竟施展了什么样的魔法使人为之倾倒，叫人欲罢不能，但有一点是可以肯定的，那就是耳根作品总有一种仙侠小说所特有的自由精神与幻想品格洋溢于字里行间。

我们注意到，大约 2006 年起，评论界涌现出了不少讨论玄幻仙侠类小说的文章，但论者大多只是以萧鼎、萧潜或忘语为例，后来的耳根的作品却很少引起学院派批评家们的关注。但那时耳根的影响力在粉丝当中可以说是如日中天，书迷们对耳根是否超越"二萧"、忘语等大神，争得不可开交。粉丝评论固然充斥着意气之争与口水骂战，但从总体上看，我们不能不说粉丝的眼睛是雪亮的，譬如说，耳根小说与"二萧"和忘语的作品，的确有许多可比较的地方。

我们先看看萧潜的《飘渺之旅》。不少评论者认为，《飘渺之旅》是"飘渺流"的开山鼻祖，而作者萧潜第一次创造性地提出了完整的修真体系，为包括忘语、耳根在内的很多网络作家打开了新的大门，之后很多小说流派是在此基础上发展而成的。譬如说，忘语开创的"凡人流"就是从"飘渺流"体系中脱胎而出的。简而言之，不少人相信这样一个结论——《飘渺之旅》是中国网络小说发展历程中的一座辉煌的里程碑，有着极大的意义。因而在网络文学史上，有着它不可抹去的地位。

当然，我们也不会忘记萧鼎的《诛仙》。"若谈仙侠，必谈《诛仙》"。事实上，对于大多数网络文学爱好者而言，一提起仙侠，本能的第一反应几乎都是《诛仙》。有人说它是披着仙侠的言情小说，但无论如何，《诛仙》都是迄今为止的网络小说史上最火爆的仙侠小说之一，坦率地说，我们不知道这里是不是要加上一个"之一"，因为迄今为止，我们也不知道在仙侠类作品中影响力超过《诛仙》的作品究竟有哪些，譬如说《一念永恒》，其影响力似乎与《诛仙》还有些差距。

我们再看看开创"凡人流"的《凡人修仙传》，作者忘语被誉为"凡人流"的开山鼻祖，不少人认为，忘语最大的贡献是在《飘渺之旅》之后，进一步确立和完善了"最正统的仙侠体系"。有人甚至宣称："《凡人》之后，再无仙侠。"但耳根晋升"至尊"大神之后，书迷群体中又有人发出"《仙逆》之后，再无仙侠"的感叹。正当两派书迷相互打脸且无法收场时，有人站出来以"某某之后，再无某某"句式为例，给那些缺乏修辞知识的人补脑了。这么说不表示在《凡人》/《仙逆》之后就没有经典的仙侠小说了，这句话的意思是《凡人》/《仙逆》达到了仙侠小说的"顶峰"，在此之后，它们会一再被模仿，却很难被超越。其实更豁达的看法是，把这类不无夸张的说法理解成粉丝的情感表达，既然是情感表达，我们又何必去纠缠书迷们的修辞与逻辑问题呢？

实际上，仙侠小说涉及的疑难问题还有很多很多。譬如说纠缠了上千年的佛道之争有结果吗？有道是"仙道是道，魔道是道，妖道是道，佛道是道"。当有人说起梦入神机时，我们很自然会想到《佛本是道》中这句绕口令式的名言。梦入神机仅凭这部书就获得了"仙侠小说第一人"的美誉，而且这个"荣耀头衔"并非出自偏爱作者的粉丝之口，而是其首发网站起点中文"钦定"的"名片"。这本小说借鉴中国古代神话《封神演义》《山海经》《西游记》等经典，成功构建了完整的洪荒体系。有媒体宣称，《佛本是道》一度被某地方宗教组织当作经典教义来对待，可见其精彩程度和影响力处在一个什么样的层级之上。

但不久之后，耳根的风头大有盖过忘语之势，仙侠小说的粉丝们也因之提出了这样一个问题："耳根与忘语，究竟谁是仙侠第一人？"在相关讨论中，有这样一些基本信息值得关注：2008年2月20日，忘语开始创作个人处女作《凡人修仙传》，于"起点中文网"首发。该小说广受欢迎，很快就成了仙侠小说的经典，是"凡人流"的奠基之作。2013年《凡人》改编成漫画，同年《凡人》突破四百盟，忘语也是第一个拿下"双百盟书"和"四百盟书"称号的作者。2018年5月，第三届"橙瓜网络文学奖"评选中，忘语位列"五大至尊"平台，《凡人修仙之仙界篇》跻身"年度十大作品"榜单。至于耳根，有关《仙逆》的情况，前文已有比较详细的介绍，与忘语相比，确有许多难分轩轾的地方。……还是就此打住吧，两位仙侠相同之处数不胜数，但不同的地方或许更多。至于"××第一人""××鼻祖"这类"拟陈述"大多数时候只是一声赞叹而已，这类"殊荣"讲究的往往是"无理而妙"，如果较真儿就必然落入逻辑陷阱了，更何况，自古就有"文无第一，武无第二"的民谚，关于这一点，郭德纲在相声中有妙绝天下的"正解"。

举例说吧，还珠楼主是玄幻小说的鼻祖，萧潜是修真小说鼻祖，忘语是"凡人流"的鼻祖，梦入神机是"洪荒流"的鼻祖，萧鼎是"仙侠言情流"的鼻祖……我们对这些流行说法早已耳熟能详，但只要过过脑子就不难发现，这些"鼻祖"说都不是理性化的论断。但是，作为粉丝喜爱与崇敬之情的表达，这些未必无懈可击的说法却又显得十分真诚、十分实在！其实，某些貌似学富五车的人，称黄帝、伏羲与周公为玄幻鼻祖，或称老子、庄子与列子为仙侠鼻祖……那些看似言必有据的高谈讲章，与网友们明心见性的情感表达，何者更为合情合理，恐怕是见仁见智、难有定论吧？但我们在网络小说的世界里祭出这么多"鼻祖"大旗时，还有一位"鼻祖"似乎不应缺席，那就是黄易，他被众多业界大佬誉为"网络文学类型小说真正的鼻祖"。

有论者指出："要说对中国网络类型文学的影响，不是金庸，不是古龙，不是梁羽生，而是黄易。今天的网络小说，大致分为玄幻、穿越、科幻、武侠、仙侠、修真几类，这些类型的背后，都来自同一个源头：黄易。上世纪九十年代，他以天马行空、独树一帜的作品，席卷全球华人地区。黄易在武侠小说中，加入了玄幻、穿越、科幻等因素，把历史和玄学、易理、医道等融为一体，从不同方向拓展了武侠小说的边界，成为新一代武侠宗师。"[①]

吴文辉说过，《破碎虚空》《大唐双龙传》《寻秦记》《大剑师传奇》《星际浪子》，是网络类型小说的基石和起点。今天的网络大神们，许多人是模仿黄易起步，在写作上深受他的影响。因此，说黄易是网络类型小说的鼻祖，一点也不为过。网络作家对黄易更是推崇备至。"起点中文网"最红的写手唐家三少、天蚕土豆、猫腻等，都表示黄易对自己有影响，启发了他们的创作之路。凡是读过耳根小说的人，不用向耳根当面求证就可以肯定地说，从《仙逆》到《一念永恒》，我们都能找到黄易对耳根直接和间接的影响。

之所以要强调黄易，除了其众鼻祖之鼻祖的地位以外，还因为黄易谈到自己写作的一个重要特点，对我们理解耳根的创作具有重要的启示意义，那就是他对"重写"与"新编"的重视。"重写"，这是黄易在谈论自己的创作时提出的一个重要概念。"重写"的必要性与合理性是不言而喻的，从一定意义上说，任何经典之作都是反复重写的结果，像耳根小说这类动辄数百万字的大部头作品，缺乏套路式的重写几乎是不可想象的。

---

① 张英：《黄易最后专访：不同意武侠小说终结于金庸古龙的说法》，《探照灯》2017-04-07。

二 耳根架构的"仙侠世界"

在创作《一念永恒》之前，耳根已有非常完备的仙侠升级体系。从《仙逆》《求魔》到《我欲封天》，有网络书迷总结了一个对比的表格，对耳根小说的升级体系有一个比较直观的呈现。（见插图）

《一念永恒》中的升级体系虽然也有不同，但总体上仍是对既有体系的重写或改编。仙侠小说作为一种相对固化的小说类型，有一些广为书迷所熟知的升级体系，包括凝气、筑基、结丹、元婴、化神之类。《一念永恒》仍旧沿用这样的架构。第一步仍然是"凝气"，这个级别分为十层，一层最低，十层最高。白小纯的成长模式和故事套路，几乎都在这里已经预演了一次。"凝气"时期的白小纯已经完成了第一轮"从奴隶到将军"的"逆袭"。但这些故事实际上还只是一个序曲，真正的好戏却在后头。

写到"筑基"阶段，耳根渐入佳境。《一念永恒》中"筑基"分为"凡道""地脉"和"天道"三级。凡道筑基需要筑基丹，只有凝气大圆满者才具备进入这个层次的资质，进入筑基阶层就可称为宗门护法长老。地脉筑基的进阶既需要足够的功力，还需要大量的地脉之气，地脉筑基分九层，每个层级之间实力相差悬殊，其"寿元"级差也相应较大。

天道筑基需要一道"天道之气"方可奏效，所以修炼成功者极为罕见，白小纯机缘巧合才侥幸晋级，寿元增加五百年。天道筑基之后是结丹修士，结丹修士可开宗立派，可谓实力滔天。这一阶段也被耳根一分为三：凡道结丹，地道结丹，天道结丹。

结丹之上的元婴，可谓又是一重天。进入此境不仅可"瞬移"，还可以"逆天改命"，这个级别的修行者多为宗门老祖，元婴阶段，也分三级：凡、地、天。

接下来是"天人境"，极其可怕，就是与整个天地融合在一起，一举一动，都可引来磅礴的天地之力，一个呼吸，就可将八方灵力尽数吸来，这就是所谓的天人境界，几乎是很难有灵力枯竭的时候。天人可进一步分为"凡、地、天"三品。而后第四步原本也只能是对第一

《仙逆》《求魔》《我欲封天》修炼境界对照表

修真等级	《仙逆》			《求魔》			《我欲封天》		
	境界	古神/妖/魔	称号	修炼	境界	称号	说明	境界	称号
第一步	凝气			凝气	凝血		9-13层皆为巅峰		凝气
	筑基			筑基	开生		10层完美		筑基
	结丹			结丹	熬骨		三色染、单色、紫、金丹		结丹
	元婴	一星古神/妖/魔		元荣	蛮魂（初期/中期/后期）		1~9个元婴合一皆可斩灵		元婴
	化神			婴变			斩灵三刀	灵境	斩灵
二步过渡	婴变（同鼎）		仙士	同鼎			同道		凝荣
	阴虚			阴实	半修成命	半修成命	肉身成仙		斩灵
	阳实		上仙	阳实			初开脉自成真仙 伪仙	半步真仙	
第二步	颏涅	五星古神/妖/魔	天仙	人修	命格	真仙	开三魂七魄之脉（开十脉）	仙境	
	净涅		仙王	地修	命缺	至尊仙	可凝聚道果引古门降临		
	碎涅		仙王	天修	命宫	仙帝	可凝聚道果引古门降临		
三步过渡	空寂	六星古神/妖/魔	仙君	位界之主	命界	罗天仙	可凝聚道果引古门降临		
	天人五衰/聚香火界				幼月	罗天仙	入古门开魂灯		初期
第三步	空涅	七星古神/妖/魔	仙帝		幼阳	中期	完成神明一枯	古境	中期
	空灵（九次玄劫）	八星古神/妖/魔		掌缘生天	劫阳	后期	完成神明二枯		后期
	空空（九次玄劫）			缘起缘落	圆满（可入道境）	完成神明三枯 神明（4~7）枯 准道道境			
	空劫	九星古神到二十七星古族	仙帝（初期大尊/中期金尊/后期天尊/圆满跃天尊）	生心轮回	普通	普通	一源道境		普通
	大天尊		普通大天尊	灭念苍穹（灵先九次升灵） 轩辕（渡真界认可）	普通	道主	二源道境 三源首主	道境	道主
四步过渡	半步踏天	涉足踏天桥		不可言	前期	道尊	四源道尊 五源道尊（山海主） 六源道尊（山海主） 主宰/尊者		道尊
第四步	踏天			九重道神	中期		七源至尊		至尊
					后期		八源至尊		
					圆满		九源至尊		
				普通道神境	道灵境 道仙境 道尊境 大道尊 道神		四重道神 六重道神 八重道神 九重道神		
				半步道无涯 涉足三十三天 道天涯			道源境（超脱）		

步的重写，当然，名称得稍稍变化一下，不过耳根对这种刻板分级显然不再有写《求魔》时的那种耐心，他只把后四阶段粗略分为天尊（分初、中、后三期）、太古（分初、中、后三期）、主宰（普通和强主宰两级）、永恒境（能引导使用万物本源）。

虽然这些元素太过老套，但不可否认的是，在读者潜意识里，它们是一本仙侠小说该具有的基本元素，就像说到武侠我们就会想起少林和武当那样。特别是那些稍有阅历的仙侠读者，他们的脑海里，早就形成了比较完备的升级体系。

因此，作者要尽量不去偏离固有的升级体系。当然，要写出亮点的话，肯定要在基础的升级体系里加一些独创性的东西。但切莫为了凸显与众不同，而把升级体系弄得太复杂。否则过犹不及，反而弄巧成拙，让人难以接受。

如前所述，写作《一念永恒》的耳根，已经是公认的仙侠世界的架构大师。他为白小纯设置的"世界"同样令人惊叹。例如，在第564章《有缘的一对人》中，耳根对《一念永恒》中的"蛮荒"进行了令人脑洞大开的描述：蛮荒很大，具体多大，很少有人能说得具体，可几乎每一个对这世界有所了解的修士，都可以说出蛮荒的大概大小。

因为这片世界，如果是一个圆圈的话，中间是通天海，四周蔓延出四条大河，那些支流也好，溪流也罢，又或者是末游，都如树枝一样，顺着四条大河去展开。通天河所在的地方，就是通天的世界，而通天河无法蔓延的地方，占据了这圆圈几乎一半区域的位置，那里……就是蛮荒。这是一种说法，还有一种说法，长城以外，皆为蛮荒！

在耳根描述最为细致的"通天世界"里，"四条大河"的中间区域皆有长城护卫，四段长城在锁死"蛮荒"的同时，也封印了通天世界……虽然玄幻仙侠故事纯粹是乌有之乡的传说，神魔妖道都有超越时空的本领，但说书人若想摆好客官爱听的"龙门阵"，就必须绘好自己的"山海经"。毕竟，作者、读者皆是肉眼凡胎，任何事物皆有明晰的时空维度，六合之外，只能存而不论，在修仙者能够突破时空壁障之前，"地图"是确保作者言而有序的依凭。毫无疑问，耳根是描绘仙境地图的行家里手。读耳根的小说，读者往往会迷失在他描绘的奇幻世界之中，并常会生出一种"空山不见人"的幽静之感，但故事发生的时间地点总是丝丝入扣，不乱分毫。根据热心书迷们的总结，白小纯的轰轰烈烈的修仙之旅涉及这样三大领域：

（一）通天世界；

（二）永恒仙域；

（三）永恒大界。

一位读着耳根作品无端感叹"时间都到哪儿去了"的网友指出，"通天世界"是耳根下大力气耕耘的天地，后面的两大领域，却多少有些敷衍，或许因为耳根在"通天世界"用力太勤，后两重仙域就会给人一种难以为继的感觉。尤其是《一念永恒》似匆匆作结，使许多意犹未尽的读者依依不舍，心中颇有不甘。

所谓的"通天世界"，实际为魁祖体内世界，主要包括通天界和通天海。即通天大地，灵溪宗所处的世界，谓之"通天界"。而在通天界最中心的位置有一片磅礴的大海，即所谓"通天海"。这是一片金色的大海，浪花滔天，传说海心有座岛，那里是通往苍穹的入口。多少年来，无数大能之辈，想要渡过这片海进入岛屿，可却无人成功。通天东、西、南、北脉，是通天海四周的四条大川。四条大川的上游在不断漫延，到中游分为四脉；每条中又再分四条支脉，即所谓下游，每条下游又分出无数末游来。在这种树形分布的河流之间，上演了无数惊心动魄的故事。

书中还有形形色色的各大宗派，如东脉修真界的星空道极宗、北脉修真界的九天云雷宗。星空道极宗拥有四大分院：星河院、空河院、道河院、极河院。

白小纯最早进入的修仙世界是所谓"上古灵窟"中的灵溪宗。上古灵窟之所以冠以"上古"之名，是因为无人知道它形成于何时，在没有"一幽秘境"之时，那里是东脉下游修真界的一处重要地脉凝聚之处，围绕灵窟，发生了无数次的战争，最后被丹溪宗、玄溪宗、血溪宗三大宗门把持，灵溪宗崛起后，变成了四大宗门把持。灵溪宗四周还有众多修真家族，这些家族各有其宏图大志，其中包括密谋叛乱的落陈家族，尽管落陈血脉中有灵溪宗的印记，但因图谋不轨，最终被灵溪宗灭族，白小纯的第一次蝶变过程就发生在灭绝落陈家族之后，他因在查处落陈阴谋时智勇双全，赢得了灵溪宗众人的敬佩。

在耳根为《一念永恒》设置的"地图"中，"一幽秘境"和"陨剑深渊"是两处令人难忘的仙侠奇境。万年前一幽秘境突兀出现于幽林洲内，初时一片废墟，荒无人烟，可却有地脉煞兽，于是一幽秘境引发战争，四大宗门各不相让，最终达成协议，成为四宗共享的第二处筑基圣地。陨剑深渊的历史就更神奇了，相传五千年前，有一把无法形容的天外大剑，其大小超越了上百个灵溪宗，蕴含了让所有人恐怖之力，穿透苍穹，掉落下来，刺入毕方山，剑气贯穿幽冥，地脉之气融入剑身，使得剑身内部，形成了与其他两个筑基圣地一样的区域，诞生出无数的地脉煞兽，杀死它们可以获得数量不等的地脉之气，收集足够的地脉之气，可凝地脉气引，撼动圣地内的地脉之气，已被天尊炼化。

当然，在仙侠小说中冥皇掌控的冥河也是常见的奇幻之地，《一念永恒》中的冥河拥有无数冤魂，冥皇皇宫即在其尽头，是炼魂师的感悟圣地。

相比之下，"永恒仙域"就简单多了。所谓的"永恒仙域"是由五大仙域组成花瓣状，中间为永恒海，实际为永恒之花演化而来。五大仙域分别由邪皇朝、圣皇朝和魁皇朝占据。具体是邪皇朝占据三大仙域，由邪皇统治，永恒之子邪祖一脉。圣皇朝占据两大仙域，由圣皇统治，永恒之子圣祖一脉。魁皇朝占据一块半仙域，后由主角成立的皇朝，永恒之子魁祖一脉。至于"永恒大界"就更简单了。实际上永恒大界是由一百零八万世界组成的大界，包括仙界，其中心就是永恒仙域。

表面上看，白小纯的成长经历似乎格外励志，可谓满满的正能量，耳根描绘的"一幽秘境""陨剑深渊""永恒仙域"等修仙世界皆为无限风光的旖旎之境，但走近白小纯，深入血溪宗，我们发现，所谓修仙秘笈，不过是将万千冤魂朽骨砌成"幽灵塔"，所谓成仙之路，实则是一道道险象环生的"鬼门关"！

三 "修真界是个很残酷的地方"

在《仙逆》中，耳根让乳臭未干的王林除掉师父，从"弑师"开始闯荡世界，这种设计可谓意味深长，尽管师父心术不正，死有余辜，但照理不该死于弟子之手。一向唯唯诺诺、谨小慎微的王林，居然以弑师方式与自己的过去一刀两断，这种决绝果敢已不可以常理揣度，这种欺师灭祖的举动已将弱肉强食的"仙逆"法则和盘托出。耳根写道："孙大柱的话刚一说完，王林目光微闪，一掌拍在他的头顶，顿时孙大柱身体一抽，七窍流血倒在了地上。王林怔怔地望着孙大柱的尸体，内心有股说不出来的感觉，这是他第一次杀人，杀的还是自己的师父。……梦境空间内，王林刚一出现，司徒南的声音顿时响起：'不错，有老夫当年风范，王林，你记住，修真界是个很残酷的地方，弱肉强食，你若还是以前的淳朴心态，恐怕活不长久。'"（《仙逆》第 61 章）

王林杀师不但没有让读者义愤填膺，书迷们反而感觉大快人心！王林的大逆之举背后的潜台词是："人不犯我，我不犯人。师父既然要灭我，我就不再是他的弟子。你死我活之际，绝地反杀，天经地义。"此时的王林，已然不再理会什么"君臣父子"那一套了。这或许可视为耳根"去侠义化"写作的一种尝试。

这就是修真：优胜劣汰，适者生存！

毕竟，"修真界是个很残酷的地方"！司徒南这句话不仅在《仙逆》中一再出现，在《一念永恒》中也反反复复得到强调。"优胜劣汰"观念在耳根作品中得到了极为充分的阐发和极为深刻的反思。

第一次杀人后的王林居然得到同道之人的赞赏和鼓励："修真之人本就是逆天行事，谁惹你，你就杀了谁，你在那个狗屁门派这几年，我都在暗中观察，若是换成我，哼，这个门派现在恐怕早就被我杀个干净了，所有侮辱我之人，我必叫他们魂飞魄散！尤其是那个王卓，以我的脾气，他早就被我取出魂魄扔入炼狱轮回之中，然后去他家，杀个干干净净，来个灭门。"（《仙逆》第 46 章《老怪》）这种大逆不道的言论，虽出自天珠幽魂之口，但多少留下了些"剑走偏锋"的隐患。

然而，王林和后来的白小纯一样，从骨子里不认同这种弱肉强食的丛林法则，非但没有杀掉王卓，反而多次拯救过他的生命。耳根的主人公固然也会大开杀戒，但他们始终坚守着惩恶扬善的道德底线。

由此，我们尚不能肯定王林的"逆天修道"，是否已从"侠义"走向了"魔道"，但从《仙逆》到《求魔》，耳根"去侠义化"写作的倾向已相当清晰。"谁惹你，你就杀了谁，……杀个干干净净，来个灭门。"这番"逆天"之论，在《一念永恒》中虽然也颇为流行，但绝不是白小纯认同的行为准则。在耳根作品中，这种强者为王、优胜劣汰的丛林法则，在主人公的敌对面那里，一再得到强化，但也一再被主人公化解。如前文提及的白小纯与陈飞之间的较量，敌对双方都把强者为王视为宗门之外的"门规"："你技不如人，骨断筋伤也怨不得旁人。"（《一念永恒》第39章，以下引文只注章节数）宗门之外，规矩由拳头来定。

照理说，宗门之内似乎应该讲些文明的规矩吧？其实不然。宗门之内也一样视"强者为王"为理所当然。譬如说血溪宗就信奉优胜劣汰，"宗门弟子，随时面临同门相残带来的死亡威胁，近乎魔宗，所以在这种环境下成长出来的弟子，大都是凶狠残忍之辈。""修行之路，就是一条残酷的弱肉强食之道。"宗门之间的生死较量更是惨烈至极，为了光大宗门，灭杀对手似乎比提升修为更为紧迫。相比之下，灵溪宗的门规要比血溪宗平和得多。当然，在筑基之战中，灵溪宗也不惜让天骄弟子以命相搏。但这也是迫不得已！"一代弱，代代弱！如果真的这样，那么灵溪宗早晚要衰败灭亡！"（第143章）狼不吃羊，必然饿死！所以狼族鄙视善心与美德，生存全靠凶猛与凶残！然而，真正的仙侠修士又岂能与"狼族""兽类"同流合污？

面对强者通吃、弱者出局的现实，白小纯虽然不甘示弱，但对弱肉强食规则，他始终不认同也不愿意接受。天长日久，耳濡目染，他便渐渐明白自己无论如何都避不开你死我活的搏击。若想成为真正超凡脱俗的修士，他就必须直面这个残忍残酷的世界。"哪怕自己不喜欢打打杀杀，可这条路太窄太窄，他愿意与人一起走，可太多的人却不愿意他在身边。他更是懂了，很多时候，不是你想去杀别人，而是别人要来杀你，要么闭目等死，要么就需……怒起拔刀！"（第160章）即便如此，他仍有自己坚守的底线，那就是无论在什么情况下，绝不滥杀无辜。

白小纯在血溪宗的所见所闻和所言所行，使弱肉强食的修真铁律得到了全面而深刻的展现。在他决定去血溪宗时，心中也曾忐忑不安："血溪宗都是大魔头，杀人不眨眼，无比凶残……宋缺也在血溪宗，这家伙恨我入骨啊。溪宗弟子之间，弱肉强食！""白小纯脑海里顿时浮现所有对于血溪宗的了解，只觉得背后凉飕飕的，可偏偏这感觉一出，他的脑海里又浮现出对于永恒不灭的渴望……如同脑海里有两个小人，正在相互较量。"（第1860章）

但白小纯知道，血溪宗弟子进阶，成功筑基后就不再是弟子了，而是可以在四大山峰中任选其一，成为护法。若是地脉筑基，则是比护法高出一头的长老。可无论是长老还是护法，对于内门弟子都拥有碾压式的威慑，甚至是生杀予夺的权威。为筑基早日成功，他必须铤而走险。

筑基尚未成功时，作为竞争对手的同门弟子，个个凶神恶煞，彼此之间，皆是必欲除之而后快的架势。但在白小纯筑基成功的那一瞬，世界仿佛颠了个过儿！"他前方那些血溪宗的弟子，一个个欲哭无泪，悲愤欲绝，全部望着白小纯，半晌之后，那些方才喊打喊杀的弟子，一个个都快哭了，对白小纯的恨，已经难以形容，可却只能低下头。'拜见……拜见夜护法！'"（第194章）"在这血溪宗，门人之间没有道理，有的只是弱肉强食！你惹我，我就杀你！"（第203章）

"至于白小纯杀人触犯门规，他们不在意，血溪宗内，弱肉强食，他们的手中，哪一个没有沾染鲜血，技不如人，偏偏去招惹强者，被杀了也是自找的。对于底层的基础修士而言，门规，与其说是门规，不如说是一种保护；而对于筑基以上的强者而言，更多的是强者为尊！……要么横扫天下，要么被天下横扫。"（第205章）修真界的宗门规矩虽多，但都像一张张蛛网，只能粘住一些苍蝇蚊虫，若是大鸟飞来，只能任它一冲而过。白小纯虽然不愿意做那些苍蝇蚊子，但他也不愿意做那一只恣意妄为的恶鸟。

筑基成功的白小纯，深谙强者为王之道。筑基之战已经让他在"中峰"名气爆发，撼动宗门。对于血溪宗来说，因弱肉强食，所以强者的所作所为，永远正确。即便是"他露出的残暴，疯狂，嗜血，这一切……让人记忆太深刻了，一个人，战数十个筑基，还被他杀了七八个，此事在灵溪宗都罕见，使得白小纯在这里，已成功地成了很多人的噩梦"。（第207章）

虽然杀人如麻，却绝不嗜血如命！他在血溪宗从无主动杀人之举，相反都是那些杀他的人被反杀而已。相比之下，长城之外的蛮荒之战更为血腥。因为这里是战场，在敌人眼里，白小纯已然是一个杀人不眨眼的大魔头。"放眼看去，万丈范围内，血色滔天，地面无数尸体，……这哪里是什么结丹，这分明已有了元婴之力！！灭杀结丹，居然如碾压蝼蚁！！……不少人的目中，都带着崇敬！弱肉强食的时代，强者更容易让人尊重，在修真界，更是如此，这一刻，白小纯一战立威，让自己的名字，于四周所有人心神里，高高升起！"（第500章）树欲静而风不止，角斗场的规则就是如此，白小纯也深感无奈。

蛮荒战场上的白小纯战力倍增，强悍无比。直面磨牙吮血之敌，岂能心慈手软！毕竟"蛮荒是没有规则的，赤裸裸的强者生存，弱肉强食，在这里，实力才是唯一"。战场上就是如此，你不杀死敌人，就被敌人杀死，求生本能往往会激发出舍命相搏的勇气。"眼看这些人杀意升起，白小纯眨了眨眼，脚步停顿下来，一样怒视过去，甚至身上还散出了煞气。""若这些人里有元婴，白小纯绝对不会是眼下这个样子，可现在这些人中，最强的就是结丹大圆满，白小纯岂能怕了。"（第512章）弱肉强食的丛林法则必然会衍生出种种恶行陋习，如恃强凌弱，欺软怕硬！而这些最为白小纯所不齿。

令人惊奇的是，血溪宗和蛮荒这种"适者生存，弱肉强食"的近乎魔宗的邪恶规则，在人人心生向往的"通天世界"和"永恒仙域"居然没有被废弃。"这片世界，既然已经枯萎，即将死亡，那么这天地内的一切众生，与其随着世界陪葬，不如……将他们的生命送给我，成为老夫自创很久，却始终没有施展过的灭世道法，也就是……第十道门！""通天道人的声音，如同这片世界最后的天雷，在这炸开中，他抬起的右手前方，突然出现了一个巨大的漩涡，这漩涡漆黑，轰隆隆的转动中，一股无法形容的吸力，顿时就从内扩散整个通天世界。"（第1027章）

更令人想不到的是，功德圆满的白小纯在横扫世界君临万物之时，仍不由自主地发出这样的感叹："唉，我最大的缺点，就是过于善良，在这弱肉强食的修真界，我是不能这样的。"（第1090章）不难看出，白小纯在修仙之道走到极致，仍然对弱肉强食的丛林规则心有余悸，即便是登上"食物链"的顶端时，也认为自己一路打打杀杀的生涯中因"过于善良"而走了太多弯路。当然，这也说明白小纯最终还是未能达到"善恶消弭，美丑泯绝"的大化之境。

必须指出的是，上述所谓的弱肉强食的例证，只是《一念永恒》的一个侧面，它们隐含着耳根对人性的敏锐洞察和深刻反思。而所谓的"去侠义化"书写，实际上正是仙侠小说的一种可贵的探索，意在千篇一律挂靠民族大义、家国情怀和救世理想的武侠模式之外，另辟蹊径，尝试以一种更为跳脱的方式和更加自由的想象，为竞争越来越激烈的当代社会生活描绘出象征和寓言式的新画卷，这种天马行空的表达方式，不仅更有益于缓解压力、泄导人情，而且一样可以涵养正气、砥砺情操、增广见闻。

其实，亦庄亦谐、亦正亦邪的白小纯天性缺少喜怒哀乐不入于胸次的仙侠气质，但他也绝不是无缘侠义的苟且性命之辈。尽管耳根刻意回避"侠义"二字，也没有把白小纯写得那么光明磊落，可就凭主人公骨子里隐藏的那股浩然正气，以及危难时刻舍生忘死的牺牲精神，他就算得上一位顶天立地的英雄人物。

正如著名批评家王祥所说："《一念永恒》主角性格具有多面性，有喜剧色彩，外表乖巧内心腹黑，但是深具侠义精神，迭经生死考验，饱受艰难困苦，最终成为救世英雄，作品扩展了仙侠小说的创作路径，时间观、世界观特异，情节新奇有趣。"[1]可见，《一念永恒》并不像某些网生批评者所说的那样缺乏"侠义精神"和"救世理想"。

---

[1]　王祥：《近期幻想类网络小说创作评述》，《网络文学评论》2018年第3期。

第五章

《一念永恒》与耳根的"转向"

你知道飞蛾为什么投向火焰，

蛇为什么脱去旧皮才能生长？

万物都在享用你的那句名言，

它道破了一切生的意义：死和变。

——冯至《十四行集之十三》

作为"起点中文网"的白金大神耳根，主要作品都放在"仙侠频道"的显著位置。《一念永恒》和《仙逆》等小说几乎都归入"幻想修仙"栏目里，正在连载的《三寸人间》被安置在"文明修真"栏目。修真与仙侠有如一对亲兄弟，都以道教修炼文化为依托，因此，人们常常将二者合而为一，称之为"仙侠修真"小说。关于"仙侠"前文已有讨论，于兹不赘。这里单就"修真"谈点感想。要了解何为"修真"，重在理解这个"真"字。东汉许慎《说文解字》说："真，仙人变形而登天也。"今人逄礼文著文专门探讨"真"字含义。他认为"真"字在其原始意义上，首先是运用了"反"的意向，象征极尽而返；其次是借用了"鼎"的形象，表征空间的充盈圆满。这两种意境的集合，实际就是对道家、道教修炼追求与境界的完美诠释。① 修真通常与修道、修仙互用，但实际上三者意义各有不同。有一种意见认为，对于道教修真来说，"修道"为体，"修仙"为用，"修真"为境界

---

① 逄礼文：《"修真"名义考辨》，《重庆科技学院学报》2019 年第 5 期。

追求，讲究体用合一。故而，"修真"最终的结果是一种境界，即"形神俱妙，与道合真"的境界。自古至今，学仙的人，一定是从炼丹下手，不炼丹，就不足以成仙。[①]

所以，写修真修仙的仙侠小说一般都会和丹药打交道，小说中的丹药既可治病强身，更可以救命杀敌，在《一念永恒》中，正是炼丹、炼药、炼灵打造了白小纯成长的阶梯。从一定意义上讲，武功平平的白小纯所到之处皆能力压群雄，最重要的奥秘之一在于他是一个超级"炼丹术士"。

在《我欲封天》贴吧里，有这样一个有趣的帖子——"耳根给我的感觉好像不太擅长写炼丹。"有人附和说："回忆《仙逆》《求魔》，炼丹内容好像都没有，需要丹药都是抢别人的。这应该是耳大的一个挑战吧。"或许是受到这个帖子的刺激，正是从《我欲封天》开始，耳根小说中出现了大量炼丹场面，尤其是在《一念永恒》中，炼丹几乎成了推动小说情节发展的"内核"，许多出彩的桥段与炼丹相关。

一　炼丹：《一念永恒》中的"硬梗"

纵观中国历史，炼丹之术起源于神话，萌芽于战国时期，此后伴随着各代帝王的推崇，以及道教的发展兴盛千年。但其医用功效却是害多益寡，造成了无数悲剧。就连秦皇汉武都深受其害，危害之烈，莫此为甚。说到炼丹，必涉道教。唐朝重道教，皇帝爱炼丹，多位大唐天子因迷信丹药而死于非命，就连雄才大略的唐太宗也未能幸免。所谓上行下效，唐人炼丹，并非帝王家的专利。李白诗云："炼丹费火石，采药穷山川"（《留别广陵诸公》）、"闭剑琉璃匣，炼丹紫翠房"（《留别曹南群官之江南》），这类炼丹场景就未必与皇家有关。唐人不仅爱炼丹，而且也喜欢讲奇幻故事。明人胡应麟说："变异之谈，盛于六朝，然多是传录舛讹，未必尽幻设语，至唐人乃作意好奇，假小说以寄笔端。"（《少室山房笔丛》三十六）的确，自唐传奇始，奇幻故事

---

① 田诚阳：《仙学详述》，宗教文化出版社 1999 年版，第 186 页。

开始兴盛起来。如《古镜记》写宝，《补江总白猿传》写兽，《枕中记》写梦，可谓形形色色应有尽有，当然也不乏炼丹守灶的故事。同样，在耳根小说里，我们不仅能看到类似于唐传奇的神鬼妖仙，还能看到奇幻故事中的奇幻物件，如天逆珠、储魂塔、永夜伞等等，炼丹炼药的故事则更是丰富多彩。诚如书迷所言，在耳根早期作品里，炼丹情节尚不太多，可到了《我欲封天》和《一念永恒》那里，耳根几乎算得上是炼丹迷了。

尤其是在《一念永恒》中，白小纯的"永恒一念"原本十分单纯，只为"长生不死"。他心心念念的，就是炼成"不死长生功"，而要达成如此非常之心愿，必然只能寻找非常之法门，对于白小纯来说，这个非常之法门似乎要靠非常之丹炉来炼造。追求长生无非就是对死亡的超越，从这个角度看，修仙者面对的主要敌人其实就是死亡。白小纯的每一次出生入死的冒险，都是向死而生的修炼，他在每一次生死攸关的大决战中的胜利，都是一次对死亡的超越，而丹药常常会在关键时刻表现出"金手指"的魔力。

人总是要死的，但白小纯希望自己像神仙一样永远活着。这个看似不是问题的问题，其实是通往《一念永恒》世界的"戈尔迪亚斯之结"，为了打开这个结，笔者花了不少力气建立了一个耳根小说语料库，试图从某些细节上找入口。

让我们看看语料库中的下面这组关键词出现频次统计信息（如"白小纯：40820 次"，代表"白小纯"三个字在书中出现了 40820 次，余者同理）：（1）白小纯：40820 次；（2）人：26892 次；（3）道：10972次；（4）神：7855 次；（5）鬼：4712 次；（6）佛：1624 次；（7）仙：1417 次；（8）神仙：2 次；（9）菩萨：0 次；（10）侠：0 次。

总体上看，这个数据与笔者的阅读预期是大体相吻合的，但也有少数出人意料的信息。具体地说，（1）到（7）项作为高频词排名靠前，这都是意料中的事情，毕竟是仙侠小说，与主人公相处的自然是人鬼神仙佛与道，但也有些情况多少有些让人意外。譬如说"仙"居"佛"后，似乎与我们理解的仙侠有些出入。最令人惊讶的是，耳根的这部仙侠小说语料库中，"侠"字的检索结果居然是"0"！

耳根曾经说过："仙侠小说的重点不是在仙，而是在侠。"这看上去是一个极为矛盾的说法。他的作品中，的确很少出现侠。他解释说："我一直不敢去写侠，我怕写不好。这本新书想表达的是勇气，一个怕死胆小的人在爆发出勇气之后的故事。"① 这是他对《一念永恒》主要内容的描述。如果说王林、苏铭和孟浩等人物具有不怒而威的侠气，那么白小纯不仅少有这种侠气，反倒是有不少滑稽搞笑的"小丑"气息。

　　从字面多寡的统计数据看，耳根对"侠"的"漠视"恰好与其对"丹"的"痴迷"形成鲜明对比。在《一念永恒》的"修真秘笈"中，下面这项"关键词"的出现频次或许可以看出"丹"与"药"在耳根心目中的分量：（1）法：8046 次；（2）丹：4809 次；（3）药：3254 次；（4）宝：2167 次；（5）功：1798 次；（6）长生：682 次；（7）灵气：326 次。与此相应的三个重要动词"出镜率"更高：（8）修：8354 次；（9）炼：5321 次；（10）杀：3545 次。诚然，功法、宝器、丹药等是多数仙侠小说的必备元素，但就这些元素的分配比例而言，《一念永恒》显然比不少同类小说高出许多，譬如说，《天逆》和《求魔》中丹炉烟火的描写就比《一念永恒》少多了。当然，有人说炼丹炼药在《仙逆》中几乎不见踪迹，这也是不确切的。仅仅小说标题中涉及丹药的就有"黄泉寒丹""夺灵丹""天离丹""血魂丹""寒丹""仙丹""丹药"等，还有许多章节的标题中出现了"修丹""炼丹"等字样。可见，耳根在其写作之初对仙药、仙丹之类还是相当着迷的。值得注意的是，《求魔》中丹药的确极少出现，只有两章标题涉及炼丹，即第 916 章《灵朽之丹》和第 917 章《啼涛丹》，这在耳根小说中可谓特例。

　　此后的《我欲封天》，情况颇为不同，"丹药"开始大显神威！读者扫一眼小说目录，或许就能联想到中药铺，满眼丹药。不少含"丹"的标题还隆重地加上一个感叹号。根据笔者的初步统计，《我欲封天》中居然有 46 章以"丹"入题！"养丹坊分店""再现养颜丹""晋升丹师""丹道新人""方丹师的姿态""丹可养人""禁丹令""丹拍""入魔丹""丹鼎大师""要见丹鼎大师""丹道再生诀""丹谷激辩""丹

① 《网络文学作家耳根新作影视版权以 1000 万元在汉成交》，2016 年 4 月 28 日，来源：凤凰湖北。

界一脉""孟浩的丹道""混元补天丹""初战结丹""战结丹""丹炉开""本命丹炉""千丹成鼎""完美金丹""周德坤的宝丹""斩灵丹""炼婴如炼丹""金丹劫""饲妖丹""丹鬼劫""丹道之兴""丹道无尽""破海逆天丹"等，难怪有网友调侃说，耳根有部六字经——"炼丹药，修神仙。"虽是笑谈，却并非胡说。

《我欲封天》之后，耳根意犹未尽，仿佛"炼丹"成瘾，《一念永恒》中的白小纯简直就是职业的"炼丹术士"，其修真之路，全靠灵丹妙药铺成。起于益寿丹，兴于发情丹，成名之后更是依靠"聚魂""致幻""天人""天尊"等千奇百怪的丹药逢凶化吉，遇难呈祥。灵丹撑腰，打遍天下无敌手；妙药在手，开挂人生鬼神愁。直至进入永恒之境，白小纯仍然不忘"以丹服人"，正如"时空长河"上的摆渡人所嘲讽的："一言不合就拿丹。"（《一念永恒》第1312章）

根据笔者的统计，在《一念永恒》中"丹"字前后出现过4809次！标题涉及丹药者多达二百余章。这些与炼丹、服丹等相关的情节，环环相扣，层层递进，前后呼应，组成了白小纯命运转折的重要枢纽。事实上，单单挑出这些与仙丹有关的章节，就足以组成一部情节动人心魄、故事跌宕多姿的奇幻修真小说。熟悉《一念永恒》的读者，不妨顺着下面的有关寿丹、怪丹、圣丹直至聚魂丹、天人丹、天尊丹的章节读读看，我们是否可以说耳根的这部作品，其实也是一部有关"炼丹"的神话故事？

炼丹在全书的重要意义无论怎样强调似乎都不过分。看看下面这些与形形色色的丹药相关的标题，有如一幅白小纯人生命运的波澜壮阔的画卷：第9章《延年益寿丹》、第93章《此丹对人也用》、第147章《怪丹出世》、第22章《圣丹残壁》、第223章《丹炉满天飞》、第336章《斩结丹》、第337章《金阳之丹》、第338章《天道金丹》、第340章《一掌灭结丹》、第342章《不死金刚丹》、第356章《王兽紫丹》、第373章《三息逆河丹》、第382章《超级辟谷丹》、第387章《致幻丹》、第398章《金丹中期》、第435章《聚魂丹威》、第483章《他的丹炉，将成为历史》、第485章《万灵骇然发情丹》、第487章《聚魂丹大成》、第488章《丹威》、第505章《金丹大圆满》、第515

章《乖，拿着丹药》、第 894 章《天人丹》、第 909 章《分手丹》、第 1119 章《黑丹一族》、第 1120 章《谁是怪丹老祖？》、第 1151 章《天尊丹》、第 1266 章《星海丹田》……当然，这些还只是贴有标签的"仙丹"，至于因为这样或那样的原因尚未贴标签的无名之"丹"，从前文统计数据（出现 4809 次）即不难看出其亮相频次的高低，如在第 222 章《我要炼药》这类直接或间接涉及仙丹而并未在篇名中贴上标签的例子可谓不胜枚举。

对于白小纯来说，万般皆是戏，唯有炼丹真，只有炼丹时，他才展示出小心谨慎和追求稳妥的品格。小说开篇不久的"药徒晋升考试"是主人公初露锋芒的第一个高潮。这场考试被耳根写得一波三折、跌宕多姿，白小纯的凝神静气，对草木药道的痴迷，全然忘我的状态……可以说是真正的天骄气质，"除非是天雷滚滚，否则的话，外面的一切嘈杂，都无法让他分心丝毫，整个世界里，只剩下了眼前的丹炉……"这类令人印象深刻的描写，让人看到了一个完全不同的白小纯。

二 耳根转向：仙侠修士 vs 段子高手

创作"一念"的耳根正处在创造能力的爆棚期，他对升级体系的变化已达到随心所欲不逾矩的境界，所以不像写《仙逆》那样小心翼翼地按照既定套路稳步推进。此时的耳根已成为书迷们友好而亲切的耳大，如何设定人物，如何升级系统，他与读者早已达成默契。从一定意义上讲，此时的耳根创作，无论是小说节奏的控制还是情节的推动，都是耳根与粉丝群互动的结果。

如前所述，《我欲封天》之后，耳根改变了《仙逆》"冷面"模式，到了"一念""三寸"，读者发现"没有苦情戏，看着很欢乐"。其实这种改变并非突然，因为耳根一直希望"仙侠小说开出不同花朵"，并在多本书里不停调配"元素"，以期提高小说品位，吸引更多读者。他总是希望"写出更好、更精彩甚至不同背景的故事"。例如，新书《三寸人间》的一号男是缥缈道院新生王宝乐，一生梦想是成为联邦总统，小的时候父亲经常语重心长地拍着他的头说："宝乐，还是当官好啊，你要记得，钱虽然可以解决一切，但还是会被人欺负，想要不被人欺负，只有当官，成为人上人。"这是小说"定调"式的背景，与此前作品大异其趣。

不难看出，耳根比较珍惜《我欲封天》的"转型"体验和《一念永恒》"变脸"经验，但耳根是否会把东北人的幽默天赋移植于仙侠小说，如其所言，"蹚出新路"，对此，我们且读且期待。

《一念永恒》作为耳根大尺度的"变脸"之作，虽然失去了不少老书迷，但也赢得了不少新粉丝，总体成绩相当不错。耳根告别了过去那些苦大仇深、压抑深沉的主角，开始以一种轻松自如的无敌高手姿态探索"喜剧化"写作了。尤其是二重性格组合的白小纯（反对者称之为"黑大污"）一出场就有强烈的喜剧色彩，他的执着与天真常常导致出人意料的"笑果"，其极度自信自恋的做派更是令人喷饭。当然，喜感资源最富足的还是白小纯"自己无法确定的炼丹才华"！

有书迷说："只要不炼丹，我相信黑大污是纯纯的小帅哥，一切都好说。但只要架起丹炉，那后续会出什么奇奇怪怪的事就没法保证了。"《一念永恒》中形形色色的炼丹故事，几乎把白小纯这样一个执着的"仙侠修士"，描绘成了一个天才的"段子高手"。

的确，从《仙逆》（2009）开书开始，新人耳根，坚持了近千个日日夜夜终于成就了网络大神之名，但有道是求神之路易，成神之路难；成神之路易，守神之路难；守神之路易，恒神之路难……耳根陪伴王林，从"凝气""筑基"到"结丹""元婴"，他只能一鼓作气，即便"化神"之后，他仍然需要为"婴变""问鼎"之境咬牙坚持，好不容易熬过了"阴虚""阳实"，却发现这还只不过是修真漫漫长征路上所迈开的第一步！从"窥涅"到"空涅"，虽只一字之差，但不历经九九八十一劫，这个级差根本就无法跨越，好不容易以600多万字的篇幅修成"踏天"之境，该是终点了吧，但那些欢呼雀跃的书友根本就不容耳根喘口气。他们盼星星盼月亮般地期待耳大推出新作，总是心太软的耳大耳根子更软，他几乎是马不停蹄地踏上了《求魔》（2012）之路。一个宿命难违的清秀少年——苏铭出场了，"修仙觅长生，热血任逍遥"。但是，长生和逍遥都只是美好理想，而实际情况是，苏铭"求魔"之路并不比王林"仙逆"之旅更轻松，苏铭甚至没有逃脱舍生取义的宿命。但热心的书迷们仍然意犹未尽，耳根只得以《我欲封天》（2014）开启新的征程，不出所料的是，孟浩的"天路"一点也不比苏铭的"魔道"平坦。可以说，从王林、苏铭到孟浩，耳根艰苦卓绝的"八年抗战"，虽未必字字皆是血，但八年辛苦不寻常！八年来，他和他的人物，同甘苦，共患难，特别是他塑造的人物常常是些忍辱负重、卧薪尝胆的英雄，很少让读者看到笑脸儿。但《一念永恒》就不一样了，白小纯不再像前面那些只争朝夕、一路狂奔的苦修者，尽管他的成功也要靠意志、毅力和坚持，但白小纯要让追更的书友们一如既往地保持热情，同时还要祛除阅读悲情场面的压抑感。

耳根说过，写《仙逆》时他像王林一样深感孤寂，不愿与人说话；写《求魔》时只想一人独处，甚至一度怀疑自己患上了抑郁症。直到《我欲封天》，耳根才有云开日出之感，耳根意识到应该给自己的小说加入一些快乐的东西，他在后来的"一念"中，加入了戏剧性的"逗比"因素，于是，一个亦正亦邪、亦庄亦谐的白小纯走到读者面前了。这个常常让人想起《鹿鼎记》中韦小宝的白小纯，其实藏着耳根一直以来试图为仙侠小说"蹚开新路"的心愿。

早在"一念"之前，耳根就已对仙侠苦修理念心有不甘。他自知不能按照《仙逆》《求魔》的路子永远走下去，在"封天"中他已试着为书迷们营造些轻松气息，特意在书中加入一些灵气复苏元素。在"一念"中，他加入了更多讽刺幽默成分，并不动声色地引入哲理化的思考。如在结尾处，耳根提出了一个意味深长的选择题，形成开放文本，让读者自己寻找答案。有人甚至以《白小纯的选择：在"原点"与"终点"之间》为题，探索人生意义和哲学问题。

有书友称，"白小纯的选择题"在"耳根微博"中找到了答案："白小纯到底选择了回到原点，弥补一切的遗憾；还是选择回到终点，那个看似符合自己心意的确定的结果呢？耳根笑而不言可能就是最好的答案，两个选择都不错，但选哪一个都会让读者觉得遗憾，这不是白小纯在选，而是让读者选。"这个答案，其实就是没有答案，这倒有点像是段子手的一出"恶作剧"。

必须澄清的是，耳根以前的作品也未必都是"苦大仇深，悲愤憋屈型的"故事，譬如说，在风格抑郁沉雄的《仙逆》里，有关幽冥兽的描写就显露出耳根的幽默天赋。但耳根的幽默感在《一念永恒》之前，还只能说是偶尔露峥嵘，而在"一念"中应该说发挥得酣畅淋漓。

让读者津津乐道的是，看似人畜无害、一脸乖巧的白小纯，偏偏怀揣着一颗永不安宁的"闯祸心"，在香云山炼药导致动物暴走，引天火炼丹差点儿招致雷劈宗门，紫鼎山开炉造成一场酸雨……总之，只要这个可恶的"黑大污"每动一下念头，宗门就要遭一次灾祸，久而久之，以致宗门弟子相信了这样一个魔咒，只要哪里出了问题，那一定是白小纯在捣鬼。但从动机上看，白小纯实际上都是无辜的。白小纯的矛盾性和荒谬性在于，他向往长生，希望静心修炼，却偏偏生活在危机四伏的环境里，他谨小慎微，凡事追求稳妥，却总在不知不觉中惹是生非，他很厌倦打打杀杀的生活，却偏偏总有人"亡我之心不死"，除了杀开一条血路，他实际上没有别的选择。

令人哭笑不得的是，每逢劲敌当前，他都怕得要命，但总会习惯性地佯装不屑，劝人认输。这种可笑的规劝，常让"稳操胜券"的对手抓狂：分明虚张声势，竟敢如此嚣张？但更让对手抓狂的是，他居然总能莫名其妙地碾压对手，当众人目瞪口呆之际，白爷却摆出一副寂寞高手的姿态，一甩衣袖，傲视云端，仿佛在说：弹指间就让你灰飞烟灭！哼，跟我斗！

有趣的是"一念"之中虽无一"侠"字，但每个故事的起承转合都不乏侠之神韵。作者不拘泥于玄幻、仙侠和武侠的套路要求，诸般兵器，样样精通；灵符神丹，信手拈来。其叙事技巧已达炉火纯青之境，正因如此，他才能在仙侠小说中举重若轻地引入众多喜剧化元素，使一脸严肃的修真人物获得了犹如段子高手般的潜质。

聊举一例。白小纯在落陈一战中舍己救人失踪多时，人人以为他必死无疑，宗门给他极高哀荣，追认为宗门荣耀弟子，不料他死而复生，竟被掌门认作师弟。于是，宗门弟子，不论长幼，都得称他掌门师叔，这本是滑稽可笑的事情，但调皮顽劣的白小纯，却偏要把这个尴尬"师叔"的头衔当作"职业"，到处招摇显摆，令人不胜其烦。这一类充满戏谑反讽的喜剧性场面，被作者写得活灵活现，一连串令人啼笑皆非的场面，充满喜感与反讽，把耳根幽默风趣的天赋发挥得淋漓尽致。

三　读者眼中的《一念永恒》

有人说，《一念永恒》是指白小纯追寻的最高境界，即书中的"永恒灵界"；也有人说，是指白小纯追求长生的"一念永恒"。孰是孰非，难有定论，各以其情而自得，怎么理解更好，应由读者自行决定。但有些读者喜欢较真儿，譬如，白小纯是"仙"是"鬼"？有些书友一定要耳大表态。耳大岂能落入他们的陷阱？对这类问题，他常常笑而不语。

有人说白小纯是"仙"，因为他的性格、修行、造化、际遇等都很符合"仙"的设定。这个结论前文的众多论述都可以作为证据，于此不赘。有人说白小纯是"鬼"，理由也很充分：先说通天世界阶段，白小纯从小就很怕鬼，李青候的那炷香，他点了又灭，灭了又点，因害怕被雷电到，差点失去了修仙机会；进入灵溪宗后，他学会了炼丹，但每次炼丹都会"闹鬼"，鬼事接二连三；在蛮荒学会炼魂，成为最厉害的炼魂师；就连他唯一弟子也是个鬼魂，后来还成了冥皇。再说永恒世界，他和鬼母很暧昧，目测会成为后宫；重建魁皇朝，成为新魁皇，"魁"者，"斗鬼"也；星空遇见的纸婆婆，神出鬼没，非鬼而何？至于常伴左右的一群歌姬女鬼，几乎就是鬼主的标配。终日与鬼相伴，他白爷不做鬼，伙伴们也不会答应。最后，看看耳根对"鬼"的设定：一心求仙，无奈化鬼，一念成仙，一念变鬼。耳根的作品基本都会有虐主情节，而《一念永恒》到目前为止都很欢快，白小纯是顺风顺水，一心追求永恒，得了仙界最后一丝气运，估计后面会很虐，使白小纯陷入疯狂，一念化"鬼"。这些推论，看似"鬼话连篇"，却句句有本有据。

另一个问题是，不同作品人物之间的关联问题，粉丝们也是众说纷纭，莫衷一是。《仙逆》《求魔》《我欲封天》三者互为"彼岸之界"，这种彼此独立却互为关联的奇妙关系，体现了耳根精于"描绘宏图"和"布控大局"，创作数千万字的超级长篇小说，需要谋划系统工程的缜密思维。尽管写作顺序上，是《仙逆》在前，《求魔》在后，但细心的读者会发现，《求魔》的故事在时间上可能是最靠前的，主角苏铭死前扔出的罗盘，出现在了《仙逆》的世界，成为定界罗盘，中间的珠子在之后成为王林的天逆珠子。有人依此类推，从《我欲封天》的某些情节晚于《仙逆》而得出后者先于前者的结论。

有人对结局魂牵梦绕："我从一开始就以为杜凌菲是绝对女主，会是白小纯唯一的最终归宿，看了两年，这情节兜兜转转，结果到了后期，白小纯当了魁皇，后宫妻妾成群，我以为杳无音讯的杜凌菲会在最后得到某种造化和白小纯一起拯救世界，哪想到了结局，只是轻描淡写一笔，让女主当了尼姑，任其孤独终老，跟我最初阅读时所想象的结局没一点相似，只能说耳根的脑洞太大，我等凡人不可想象，但还是难免有些失望。不过若是我想，我希望白小纯会选择第二朵，从头再来还是太虚无缥缈，为这两年画上一个清晰的句号最好。"

有人对新书浮想联翩："《一念永恒》完结了，从最初的《天逆》算起，到《仙逆》《求魔》《我欲封天》，耳根的小说陪了我差不多快十年了。每天午饭和晚饭的第一件事就是看有没有更新。现在突然感觉心里空空的，毕竟已经习惯了追情节。不多说了，期待耳根的下一个作品，好好创作，多花点时间和精力构造剧情，不着急。耳大说下本书的主角让他想到王麻子，挺期待，下本书的主角感觉应该是偏向王林、苏铭这边的，耳大写了个孟浩的加强逗比版白小纯，会不会下本书是写王林的加强冷酷狡猾版，如果这样，挺有看头。"

甚至老外也争相发表"白评"：正义、天才、搞怪、腹黑、怕死、喜欢恶作剧。简言之："正义天才，腹黑搞怪。"

在《三寸人间》开书之前，耳根的《写在连载之前》曾特意将《一念永恒·外传》附录其后。我们姑且抄录其中几句作为"白小纯传奇"的结语吧：

岁月悠悠，一晃而过。永恒灵界星光璀璨，一百零八万族群繁荣昌盛，一代代强者辈出，太古也好，主宰也罢，纷纷如雨后春笋一般，在各自的时代里，成为明亮的星辰。尤其是永恒仙域，更是这无尽星辰中最特殊，也是最明亮的一颗。白小纯的故事，已经化作了传说，随着多年后他带着亲人朋友离开了永恒仙域，他曾经的往事，在这永恒灵界内已然成为了神话，哪怕多年过去，也依旧时常被人提起，那一段时光的辉煌，似乎从某种程度上，就已经代表了永恒灵界巅峰的历史。

有网友宣称，耳大的《仙逆》《求魔》《我欲封天》都是精品，"只是《一念永恒》与这些小说相比，无论是人物刻画、场景布局，还是情节描写，都高出一筹，应该算是耳根大神更为成熟的作品，所以，笔者也才敢这样大胆地说，《一念永恒》是耳根大神的巅峰之作。《一念永恒》中对已有的写作套路也有重复，但是很少，即使重复，耳根也是旧酒瓶装新酒，更多的是新的情节套路……写出了耳根大神很多自己的东西，所以才会成为他的巅峰之作"。

当然，有点赞就必有吐槽。书友"仙人模式小程"发檄文《白小纯：最卑鄙无耻的主角》，骂他"明明想修真，却又贪生怕死"；"宗门供他吃喝，他却偷鸡摸狗"；"抢宋缺机缘，天道筑基……还要囖囖宋缺心上人"；隐瞒身份，"道具变脸"，处处"坑蒙拐骗"，走一路祸害一路！至于说天赋，简直就是"臭垃圾"，什么都靠"龟纹锅"；"再说炼灵，全靠白浩，还把白浩坑死，你个渣渣！""世界都崩溃了，你去永恒大陆了，通天世界死了那么多人，你就整天抽烟，喝酒，烫头。""人圣皇招你惹你了啊，人家打下的江山，你来了，人家把你留在皇城有错吗？不放心你有错吗？你就偷人家的鱼，还行贿，还打人莲花主意，你个人渣！"像"小程"这样把书读得贼熟的铁粉很多，特点是眼尖脾气大，有酷评家气质。

还有个叫罗永浩的书迷，责怪耳根留下了太多不解之谜："龟纹锅是哪里来的？水泽国度的本命兽来自哪里？杜凌菲去了哪里？黑大污熟悉蒲公英飞舞的场景是因为什么？成就逆凡道路的骸骨又是谁？骸骨又是被谁杀的？如果白小纯是鬼，那么罗天何时才会出现？如果不是鬼，那白小纯和前三本的关系是什么？逆凡和道尘跟逆晨真界有联系吗？而且如果主宰是第三步，那么黑大污等于因为永恒之母一句话就从刚到第二步就感悟成功第三步？……"这类东扯西拉的网生书评，常常出自铁粉之手，满屏雪泥鸿爪的杂乱跟帖中，总会有吉光片羽的高妙之论。尤其是那些刨根究底、穷追不舍的提问，完全可以整理出一本《十万个为什么》来。

无论如何，对于耳根来说，不管是不虞之誉，还是求全之毁，只要是发自书友内心的评说，就都是宝贵的财富。耳根匆匆完结了《一念永恒》，有人意犹未尽，有人怅然若失，在读者眼里，无论这部书是成功还是失败，它就摆放在网络文学过往的典型创作里。导读就此打住吧，我还想仔细看看，正在连载的《三寸人间》究竟在哪些地方超过了《一念永恒》。

最后，请允许我对本书主编肖惊鸿博士的统筹和耳根大神的大力支持深表感谢！对参与本书修订工作并提出许多宝贵意见的乔钰茗博士、魏钰姗同学深表感谢！

选文

第一章
他叫白小纯

帽儿山，位于东林山脉中，山下有一个村子，民风淳朴，以耕田为生，与世隔绝。

清晨，村庄的大门前，整个村子里的乡亲，正为一个十五六岁少年送别，这少年瘦弱，但却白白净净，看起来很是乖巧，衣着尽管是寻常的青衫，可却洗得泛白，穿在这少年的身上，与他目中的纯净搭配在一起，透出一股子灵动。

他叫白小纯。

"父老乡亲们，我要去修仙了，可我舍不得你们啊。"少年满脸不舍，原本就乖巧的样子，此刻看起来更为纯朴。

四周的乡亲，面面相觑，顿时摆出难舍之色。

"小纯，你爹娘走得早，你是个……好孩子！！难道你不想长生了吗，成为仙人就可以长生，能活得很久很久，走吧，雏鹰长大，总有飞出去的那一天。"人群内走出一个头发花白的老者，说到"好孩子"三个字时，他顿了一下。

"在外面遇到任何事情，都要坚持下去，走出村子，就不要回来，因为你的路在前方！"老人神色慈祥，拍了拍少年的肩膀。

"长生……"白小纯身体一震，目中慢慢坚定起来，在老者以及四周乡亲鼓励的目光下，他重重地点了点头，深深地看了一眼四周的乡亲，转身迈着大步，渐渐走出了村子。

眼看少年的身影远去，村中的众人，一个个都激动起来，目中的难舍刹那就被喜悦代替，那之前满脸慈祥的老者，此刻也在颤抖，眼中流下泪水。

"苍天有眼，这'白鼠狼'，他终于……终于走了，是谁告诉他在附近看到仙人的，你为村子立下了大功！"

"这'白鼠狼'终于肯离开了，可怜我家的几只鸡，就因为这'白鼠狼'怕鸡打鸣，不知用了什么方法，唆使一群孩子吃鸡肉，把全村的鸡都给吃得干干净净……"

"今天过年了！"欢呼之声，立刻在这不大的村子里，沸腾而起，甚至有人拿出了锣鼓，高兴地敲打起来。

村子外，白小纯还没等走远，他就听到了身后村子内，传出了敲锣打鼓的声音，还夹着欢呼。

白小纯脚步一顿，神色有些古怪，干咳一声，伴随着耳边传来的锣鼓声，白小纯顺着山路，走上了帽儿山。

这帽儿山虽不高，却灌木杂多，虽是清晨，可看起来也是黑压压一片，很是安静。

"听二狗说，他前几天在这里被一头野猪追赶时，看到天上有仙人飞过……"白小纯走在山路上，心脏怦怦跳动时，忽然一旁的灌林中传来阵阵哗哗声，似野猪一样，这声音来得突然，让本就紧张的白小纯，顿时背后发凉。

"谁，谁在那里！"白小纯右手快速从行囊中拿出四把斧头、六把柴刀，还觉得不放心，又从怀里取出了一小根黑色的香，死死地抓住。

"别出来，千万别出来，我有斧头，有柴刀，手里的香还可以召唤天雷，能引仙人降临，你敢出来，就劈死你！"白小纯哆嗦地大喊，连滚带爬地夹着那些武器，赶紧顺着山路跑去，沿途叮当乱响，斧头柴刀掉了一地。

或许是真的被他给吓住了，很快哗哗声就消失，没有什么野兽跑出来，白小纯面色苍白，擦了擦冷汗，想要放弃继续上山却心有不甘，手中这根香是他爹娘去世前留给他的，据说是祖上曾偶然地救下一个落魄的仙人，那仙人离去时留下这根香作为报答，曾言会收下白家血脉一人为弟子，只要点燃，仙人就会到来。

可至今为止，这根香他点过十多次，始终不见仙人到来，让白小纯开始怀疑仙人是不是真的会来,这一次之所以下定决心,一方面是香所剩不多,另一方面是他听村子里人说,头几天在这儿看到有仙人从天上飞过。

所以他才到这儿来,想着距离仙人近一些,或许仙人就察觉到了也说不定。

踟蹰一番,白小纯咬牙继续,好在此山不高,不久他气喘吁吁地到了山顶,站在那里,他遥望山下的村庄,神色颇为感慨,又低头看着手中的只有指甲盖大小的黑香,此香似乎被燃烧了好多次,所剩不多。

"三年了,爹娘保佑我,这次一定要成功!"白小纯深吸口气,小心地将香点燃,四周狂风顿起,天空更是眨眼间乌云密布,一道道闪电划过,还有震耳欲聋的雷鸣在白小纯耳边直接炸开。

声音之大,气势之强,让白小纯身体哆嗦,有种随时会被雷劈死的感觉,下意识地就想要吐口唾沫将那根香灭掉,但却挣扎忍住。

"三年了,我点这根香点了十二次,这是第十三次,这次一定要忍住,小纯不怕,应该不会被劈死……"白小纯想起了这三年的经历,不算这次,点了十二次,每次都是这样的雷鸣闪电,仙人也没有到来,吓得本就怕死的他每次都吐口唾沫将其熄灭,说来也怪,这根香看似不凡,可实际上一样是浇水就灭。

在白小纯心惊肉跳,艰难地于那雷声中等待时,距离这里不远处的天空上,有一道长虹正急速地呼啸而来。

长虹内是一个中年男子,这男子衣着华丽,仙风道骨,可偏偏风尘仆仆,甚至仔细去看,可以看到他神色内深深的疲惫。

"我倒要看看,到底是个什么样的人,竟然点根香点了三年!"

一想到自己这三年的经历,中年男子就气恼,三年前他察觉有人点燃自己还是凝气时送出的香药,想起了当年在凡俗中的一段人情。

这才飞出寻来,原本按照他的打算,很快就会回来,可没承想,刚循着香气过去,还没等飞多远,那气息就瞬间消失,断了联系。若是一次也就罢了,这三年,气息出现了十多次。

使得他这里,多次在寻找时中断,就这样来来回回,折腾了三年……

此刻他遥遥地看到了帽儿山，看到了山顶上的白小纯，气不打一处来，一瞬飞出，直接就站在了山顶，大手一挥，那根所剩不多的香，直接熄灭。

雷声刹那消失，白小纯愣了一下，抬头一看，看到了自己的身边多了一个中年男子。

"仙人？"白小纯小心翼翼地开口，有些拿不准，背后偷偷捡起一把斧头。

"本座李青候，你是白家后人？"中年修士目光如电，无视白小纯身后的斧子，打量了白小纯一番，觉得眼前此子眉清目秀，依稀与当年的故人相似，资质也不错，心底的恼意，也不由得缓了一些。

"晚辈正是白家后人，白小纯。"白小纯眨了眨眼，小声说道，虽然心中有些畏惧，但还是挺了挺腰板。

"我问你，点一根香，为什么点了三年？"中年修士淡淡开口，问出了他这三年里，最想要知道的问题。

白小纯听到这个问题，脑筋飞速转动，然后脸上摆出惆怅，遥望山下的村庄。

"晚辈是一个重情重义的人，舍不得那些乡亲，每一次我点燃香，他们也都不舍得我离去，如今山下的他们，还在因为我的离去而悲伤呢。"

中年修士一愣，这个缘由，是他之前没想到的，目中的恼色又少了一些，单单从话语上看，此子的本性还是不错的。

可当他的目光落在山下的村子时，他的神识随之扫过，听到了村子里的敲锣打鼓声以及那一句句欢呼"白鼠狼"离去的话语，面色立刻难看起来，有些头疼，看着眼前这个外表乖巧纯朴、人畜无害的白小纯，已心底明朗对方实际上一肚子坏水。

"说实话！"中年修士一瞪眼，声音如同雷声一样，白小纯吓得一个哆嗦。

"这不怨我啊，你那什么破香啊，每次点燃都会打雷，好几次都差点劈死我，我躲过了十三次，已经很不容易了。"白小纯可怜兮兮地说道。

中年修士看着白小纯，半晌无语。

"既然你这么害怕，为什么还要强行去点香十多次？"中年修士缓缓开口。

"我怕死啊，修仙不是能长生么，我想长生啊。"白小纯委屈地说道。

中年修士再次无语，不过觉得此子总算执念可嘉，扔到门派里磨炼一番，或可在性子上改变一二。

于是略一思索，大袖一甩卷着白小纯化作一道长虹，直奔天边而去。

"跟我走吧。"

"去哪儿？这也太高了吧……"白小纯看到自己在天上飞，下面是万丈深渊，立刻脸色苍白，斧头一扔，死死地抱住仙人的大腿。

中年修士看了眼自己的腿，无奈开口。

"灵溪宗。"

第二章
火灶房

灵溪宗，位于东林洲内，属于通天河的下游支脉所在，立足通天河南北两岸，至今已有万年历史，震慑四方。

八座云雾缭绕的惊天山峰，横在通天河上，其中北岸有四座山峰，南岸三座，至于中间的通天河上，赫然有一座最为磅礴的山峰。

此山从中段开始就白雪皑皑，竟看不清尽头，只能看到下半部的山休被掏空，使得金色的河水奔腾而过，如同一座山桥。

此刻，灵溪宗南岸外，一道长虹疾驰而来，其内中年修士李青候带着白小纯，没入第三峰下的杂役区域，隐隐还可听到长虹内白小纯的惨叫。

白小纯觉得自己要被吓死了，一路飞行，他看到了无数大山，好几次都觉得自己要抓不住对方的大腿。

眼下面前一花，当清晰时，已到了一处阁楼外，落在了地上后，他双腿颤抖，看着四周与村子里完全不同的世界。

前方的阁楼旁，竖着一块大石，上面写着龙飞凤舞的三个大字：

　　杂役处

大石旁坐着一个麻脸女子，眼看李青候到来，立刻起身拜见。

"将此子送火灶房去。"李青候留下一句话，没有理会白小纯，转身化作长虹远去。

麻脸女子听到"火灶房"三字后一怔，扫了白小纯一眼，给了白小纯一个宗门杂役的布袋，面无表情地交代一番，便带着白小纯走出阁楼。一路庭院林立，阁楼无数，青石铺路，还有花草清香，如同仙境，看得白小纯心驰荡漾，心底的紧张与忐忑也少了几分。

"好地方啊，这里可比村子里好多了啊。"白小纯目中露出期待，随着走去，越是向前，四周的美景就越发地美奂绝伦，甚至他还看到一些样子秀美的女子时而路过，让白小纯对于这里，一下子就喜欢得不得了。

片刻后，白小纯更高兴了，尤其是前方尽头，他看到了一处七层的阁楼，通体晶莹剔透，甚至天空还有仙鹤飞过。

"师姐，我们到了吧？"白小纯顿时激动地问道。

"嗯，就在那儿。"麻脸女子依旧面无表情，淡淡开口，一指旁侧的小路。

白小纯顺着对方所指，满怀期待地看去时，整个人僵住，揉了揉眼睛仔细去看，只见那条小路上，地面多处碎裂，四周更是破破烂烂，几间草房似随时可能坍塌，甚至还有一些怪味从那里飘出……

白小纯欲哭无泪，抱着最后一丝希望，问了麻脸女子一句。

"师姐，你指错了吧……"

"没有。"麻脸女子淡淡开口，当先走上这条小路。白小纯听后，觉得一切美好瞬间坍塌，苦着脸跟了过去。

没走多远，他就看到这条破破烂烂的小路尽头，有几口大黑锅窜来窜去，仔细一看，那每一口大黑锅下面，都有一个大胖子，脑满肠肥，似乎一挤都可以流油，不是一般的胖，尤其是里面一个最胖的家伙，跟个肉山似的，白小纯都担心能不能爆了。

那几个胖子的四周，有几百口大锅，这些胖子正在添水放米。

察觉有人到来，尤其是看到了麻脸女子，那"肉山"立刻一脸惊喜，拎着大勺，横着就跑了过来，地面都颤了，一身肥膘抖动出无数波澜，白小纯目瞪口呆，下意识地要在身边找斧头。

"今早小生听到喜鹊在叫，原来是姐姐你来了，莫非姐姐你已回心转意，觉得我有几分才气，趁着今天良辰，要与小生结成道侣？""肉山"目中露出色眯眯的光芒，激动得边跑边喊。

"我送此子加入你们火灶房，人已带到，告辞！"麻脸女子在看到"肉山"后，面色极为难看，还有几分恼怒，赶紧后退。

白小纯倒吸口气，那麻脸女子他留意了一路，那相貌简直就是"鬼斧神工"，眼前这大胖子什么口味，居然这样也能一脸色相。

还没等白小纯想完，那"肉山"就呼的一声，出现在了他的面前，直接就将阳光遮盖，把白小纯笼罩在了阴影下。

白小纯抬头看着面前这庞大无比，身上的肉还在颤动的胖子，努力咽了口唾沫，这么胖的人，他还是头一次看到。

"肉山"满脸幽怨地将目光从远处麻脸女子离去的方向收回，扫了眼白小纯。

"哎哟，居然来新人了，能把原本安排好的许宝财挤下去，不简单啊。"

"师兄，在下……在下白小纯……"白小纯觉得对方魁梧的身体，让自己压力太大，下意识地退后几步。

"白小纯？嗯……皮肤白，小巧玲珑，模样还很清纯，不错不错，你的名字起得很符合我的口味嘛。""肉山"眼睛一亮，拍了下白小纯的肩膀，一下子差点把白小纯直接拍倒。

"不知师兄大名是……？"白小纯倒吸口气，翻了个白眼，鄙夷地看了眼"肉山"，心底琢磨着也拿对方的名字玩一玩。

"我叫张大胖，那个是黄二胖，还有黑三胖……""肉山"嘿嘿一笑。

白小纯听到这几个名字，大感人如其名，立刻没了玩一玩的想法。

"至于你，以后就叫白九……小师弟，你太瘦了！这样出去会丢我们火灶房的脸啊，不过也没关系，放心好了，最多一年，你也会胖的，以后你就叫白九胖。"张大胖一拍胸口，肥肉乱颤。

听到"白九胖"这三个字，白小纯脸都挤出苦水了。

"既然你已经是九师弟了，那就不是外人了，咱们火灶房向来有背锅的传统，看到我背后这口锅了吧，它是锅中之王，精铁打造，刻着地火阵法，用这口锅煮出的灵米，味道超出寻常的锅太多太多。你也要去选一口，以后背在身上，那才威风。"张大胖拍了下背后的大黑锅，吹嘘地开口。

"师兄，背锅的事，我能不能算了……"白小纯瞄了眼张大胖背后的锅，顿时有种火灶房的人，都在背锅的感觉，脑海里想了一下自己背一口大黑锅的样子，连忙说道。

"那怎么行，背锅是我们火灶房的传统，你以后在宗门内，别人只要看到你背着锅，知道你是火灶房的人，就不敢欺负你，咱们火灶房可是很有来头的！"张大胖向白小纯眨了眨眼，不由分说，拎着白小纯就来到草屋后面，那里密密麻麻叠放着数千口大锅，其中绝大多数都落下厚厚一层灰，显然很久都没人来过。

"九师弟，你选一口，我们去煮饭了，不然饭煳了，那些外门弟子又要嚷嚷了。"张大胖喊了一声，转身与其他几个胖子，又开始在那上百个锅旁窜来窜去。

白小纯唉声叹气，看着那一口口锅，正琢磨选哪一个时，忽然看到了在角落里，放着一口被压在下面的锅。

这口锅有些特别，不是圆的，而是椭圆形，看起来不像是锅，反倒像是一个龟壳，隐隐可见似乎还有一些黯淡的纹路。

"咦？"白小纯眼睛一亮，快步走了过去，蹲下身子仔细看了看后，将其搬了出来，仔细看后，目中露出满意。

他自幼就喜欢乌龟，因为乌龟代表长寿，而他之所以来修仙，就是为了长生，如今一看此锅像龟壳，在他认为，这是很吉利的，是好兆头。

将这口锅搬出去后，张大胖远远地看到，拿着大勺就跑了过来。

"九师弟你怎么选这口啊，这锅放在那里不知多少年了，没人用过，因为像龟壳，所以也从来没人选背着它在身上，这个……九师弟你确定？"张大胖拍了拍自己的肚子，好心地劝说。

"确定，我就要这口锅了。"白小纯越看这口锅越喜欢，坚定道。

张大胖又劝说一番，眼看白小纯执意如此，便古怪地看了看他，不再多说，为白小纯安排了在这火灶房居住的草屋后，就又忙碌去了。

此刻天色已到黄昏，白小纯在草屋内，将那口龟形的锅仔细地看了看，发现这口锅的背面，有几十条纹路，只是黯淡，若不细看，很难发现。

他顿时认为这口锅不凡，将其小心地放在了灶上，这才打量居住的屋舍。这房屋很简单，一张小床，一处桌椅，墙上挂着一面日常所需的铜镜，在他环顾房间时，身后那口平淡无奇的锅上，有一道紫光，一闪而逝！

对于白小纯来说，这一天发生了很多事情，如今虽然来到了梦寐以求的仙人世界，可他心里终究是有些茫然。

片刻后，他深吸口气，目中露出期望。

"我要长生！"白小纯坐在一旁取出杂役处麻脸女子给的口袋。

里面有一枚丹药，一把木剑，一根燃香，再就是杂役的衣服与令牌，最后则是一本竹书，书上有几个小字：

紫气驭鼎功，凝气篇。

黄昏时分，火灶房内张大胖等人忙碌时，屋舍内的白小纯正看着竹书，眼中露出期待，他来到这里是为了长生，而长生的大门，此刻就在他的手中，深呼吸几次后，白小纯打开竹书看了起来。

片刻后，白小纯眼中露出兴奋之芒，这竹书上有三幅图，按照上面的说法，修行分为凝气与筑基两个境界，而这紫气驭鼎功分为十层，分别对应凝气的十层。

且每修到一层，就可以驾驭外物为己用，当到了第三层后，可以驾驭重量为小半个鼎的物体，到了第六层，则是大半个鼎，而到了第九层，则是一整尊鼎，至于最终的大圆满，则是可以驾驭重量为两尊鼎的物体。

只不过这竹书上的功法，只有前三层，余下的没有记录，且若要修炼，还需按照特定的呼吸以及动作，才可以修行这紫气驭鼎功。

白小纯打起精神，调整呼吸，闭目摆出竹书上第一幅图的动作，只坚持了三个呼吸，就全身酸痛地惨叫一声，无法坚持下去，且那种呼吸方式，也让他觉得气不够用。

"太难了，上面说修炼这第一幅图，可以感受到体内有一丝气在隐隐游走，可我这里除了难受，什么都没有感觉到。"白小纯有些苦恼，可为了长生，咬牙再次尝试，就这样磕磕绊绊，直至到了傍晚，他始终没有感受到体内的气。

他不知道，即便是资质绝佳之人，若没有外力，单纯去修行这紫气驭鼎功的第一层，也需要至少一个月的时间，而他这里才修几个时辰，根本就不可能有气感。

此刻全身酸痛，白小纯伸了个懒腰，正要去洗把脸，突然地，从门外传来阵阵吵闹之声，白小纯把头伸出窗外，立刻看到一个面黄肌瘦的青年，一脸铁青地站在火灶房院子的大门外。

"是谁顶替了我许宝财的名额，给我滚出来！"

第三章
六句真言

白小纯这么一伸头，面黄肌瘦的青年立刻就看到，目光落在白小纯的脸上，气势汹汹。

"就是你顶替了我的名额！"

"不是我！"白小纯缩头已来不及了，赶紧装出一副无辜的样子。

"胡说，你这么瘦，头这么小，分明就是新来的！"许宝财握紧了拳头，怒视白小纯。

"这真的和我没关系啊。"白小纯眼看对方的怒意似要炸了一样，觉得委屈，小声说道。

"我不管，三天之后，宗门南坡，你我决一死战，若你赢了，这口气许某忍了，若你输了，这个名额就归我了。"许宝财大声开口，从怀里抽出一张血书，直接扔在了白小纯面前的窗台上，上面密密麻麻写着无数的血色的"杀"字。

白小纯看着那张血书，看着上面那么多血色的"杀"字，只觉得杀气扑面，心底发毛，尤其是听到对方说要决一死战，更是倒吸了口气。

"师兄，多大点事啊，用自己的血，写了这么多个字……得多疼啊。"

"多大的事？啊，我这些年省吃俭用，攒了七年的灵石，七年啊，整整七年！！孝敬给执事，这才换来一个进入火灶房的资格，却被你插了一脚，我与你势不两立，三天后，不是你死就是我活！"许宝财歇斯底里，咬牙切齿。

"我才不去呢。"白小纯赶紧用指尖夹起血书，扔出窗台。

"你！"许宝财刚要发火，只感觉地面一颤，身边已多了一座肉山，不知何时，张大胖已站在了那里，正冷眼打量许宝财。

"九胖，去和你二师兄一起刷碗，至于你，别在这里大呼小叫的，一边玩去。"张大胖一挥手，掀起阵阵风声。

许宝财面色变化，连连退后几步，想要说些什么，可看到张大胖后又忍住，最后怨毒地看了眼白小纯，这才悻悻地离去。

白小纯想了想，觉得对方离去时的目光太阴毒，为稳妥起见，决定自己还是不要随意出火灶房为好，留在这里，对方应该不敢进来。

一晃数日，白小纯渐渐适应了火灶房的工作，夜晚时便修行紫气驭鼎功，可惜进展缓慢，始终无法坚持超过四息，让白小纯很是苦恼。

这一夜，他正修行时，突然地，听到外面传来火灶房内的那些胖子师兄兴奋的声音。

"关门了，关门了，黄二胖，快去关门！"

"黑三胖，快去查看一下四周有没有偷看的！"

白小纯一愣，这次他学聪明了，不从窗户去看，而是顺着门缝看去，只见外面几个胖子灵活无比，在院子里健步如飞，神神秘秘，一片忙碌。

很快地，火灶房的大门就被关得严严实实，四周更是不知谁展开了什么手段，居然起了一层稀薄的雾气，使得那几个胖子的身影，更为神秘起来。

白小纯看了半天，直至看到那几个胖子不再窜来窜去，而是神秘地在一处草屋前围在一起，哪怕隔着雾气，他也能看清张大胖威武的身影，似乎在那里低声说着什么，他觉得隐秘的事，自己还是少知道为好，于是退后一些，努力做出自己没看到的姿态。

可就在这时，张大胖的声音传来：

"九胖，你都看到了，还不赶紧过来。"声音不算大，似刻意地压了下来。

白小纯眨了眨眼，脸上露出乖巧的样子，一副人畜无害般，走了出去。

刚一靠近，张大胖一把抓来，就将白小纯带到了身边，与身边几个胖子围在一起的白小纯，立刻就闻到了一股与众不同的气味，吸入鼻孔内，化作了无数暖流，融入全身。

再看其他人，也都是神色露出舒爽之意，白小纯精神一振，看到了在张大胖的手中，拿着的一块婴儿头颅大小的灵芝，这灵芝晶莹剔透，一看就不是凡品。

"九师弟，来，吃一口。"张大胖看了白小纯一眼，将手里的灵芝递了过去，憨声道。

"啊？"白小纯看了看灵芝，又看了看身边几个胖子师兄。眼看白小纯迟疑，张大胖顿时生气了，一副"你若不吃，咱们没完"的模样。

不仅是他如此，四周黄二胖、黑三胖等人，也都这般，盯着白小纯。

白小纯咽了口唾沫，这种把如此价值不菲珍贵非凡的灵芝，当成鸡腿一样送给自己，非逼着自己吃一口，如果不吃就翻脸的好事，他除了做梦的时候遇到过，现实里还是头一遭。

白小纯心脏怦怦跳动，一咬牙，接过灵芝，狠狠地咬下一大口。那灵芝肉入口就化，融入全身后，阵阵比之前强烈了无数倍的舒爽感，让白小纯脸都涨红了。

"好，吃了这孙长老点名要用来入汤的百年灵芝，咱们就真的是自己人了。"张大胖神色露出满意，也咔嚓一口，吃下了一小块，扔给了下一个胖子，很快地，众人就咔嚓咔嚓的，将这灵芝吃掉了一圈，看向白小纯时，也都露出自己人的笑容。

白小纯呵呵一笑，顿时明白这就是同流合污了，而这几位师兄都吃成这么胖还没事，想来这种吃法是安全的，难怪那个许宝财要给自己下战书，写那么多"杀"字……

"师兄，这灵芝真好吃，吃得我浑身发热。"白小纯舔了舔嘴唇，眼巴巴地看向张大胖。

张大胖听到这句话，眼睛一亮，哈哈大笑，无比豪爽地从怀里掏出一块黄精，递给白小纯。

"师弟，现在知道这里好了吧，师兄之前没骗你吧，吃，以后管饱！"

白小纯眼中冒光，接住咬下一大口，刚吃完，张大胖又拿出一块地宝，这地宝金黄，香气四溢。

这一次不用张大胖说话，白小纯连忙咬了下去，满口酸甜，浑身舒爽时，张大胖又拿出一枚红色的灵果，这灵果气味甜腻，里面还有一丝气在旋转。

于是在接下来的时间里，什么灵芝、药材、灵果、地宝，白小纯全部都吃了一口，其他几个胖子也都如此，直至吃得白小纯眼前眩晕，如醉了一样，全身涨热，甚至头顶都冒出了白烟，他觉得自己的身体都胖了一圈。

随着他不断地吃下，张大胖等人的目光越发地柔和，到了最后，都拍着肚子笑了起来，笑声里带着一副同流合污之感。

白小纯醉晕晕的，放开了手脚，一巴掌拍在张大胖的肚子上，一只脚踏在旁边，一样大笑起来。

"这杂役处别的房啊，为了获得一个外门弟子的名额，都打破了头，而我们，为了丢掉一个外门弟子的名额，也都打破了头啊，谁也不愿去啊，谁去当外门弟子啊，在这里多好。"张大胖越看白小纯越觉得对脾气，得意地说道，又拿出一根人参，这人参头上数不清的节环，须子更是密密麻麻，一看就有不少年份。

"九师弟，我们每个人修为早就足够成为外门弟子了，可我们得藏着啊，你看，这是一根百年人参，外门弟子为了吃一口，打破了头啊，你看咱这儿。"张大胖直接掰下一条须子，扔在嘴里，嘎吱嘎吱地咽了下去后，将这根人参递给了白小纯。

"师兄，我饱了……这次真的吃不下了……"白小纯双眼迷离，他是真的撑着了，正开口时，张大胖拔下一条须子直接塞到他的嘴里。

"九师弟你这太瘦了，这样出去，宗门里哪个姑娘会喜欢，咱们宗姑娘喜欢的都是师兄我们这样威武饱满的，来，吃……我们火灶房有副对联，叫作'宁在火灶饿死，不去外门争锋'。"张大胖打了个饱嗝，一边拿出一摞空碗，一边指着身边的草屋，那里挂着一副对联。

"对，对，我们大家都在这里饿死，嗯……都饿死。"看着这副对联，白小纯拍了拍肚子，也打了个饱嗝。

张大胖等人闻言都大笑起来，觉得这白小纯越来越可爱。

"今天高兴，九师弟我告诉你一个学问，我们火灶房吃东西，是有讲究的，有一句口诀，九师弟你要记住：灵株吃边角，主干不能碰，切肉下狠刀，剔骨留三分，灵粥多掺水，琼浆小半杯。

"这六句真言，是多少年来先烈前辈总结的，你只要按照这个去吃，保证不出事，行了，都散了吧，今天的消夜结束，那些外门弟子还在等着喝汤呢。"张大胖一边说着，一边向一个个碗中倒米汤。

白小纯迷迷糊糊的，满脑子都是那六句真言，看了眼正在倒米汤的张大胖等人，又看了看一口口碗，一个嗝打出后，蹲下身拿起一个空碗，仔细看了看后，咧嘴笑了起来。

"师兄，这个碗不太好啊。"

张大胖等人听了后，看向白小纯，露出诧异的神情。

"你们瞧这个碗，此碗看起来不大，可实际上很能装，咱们为什么不让它看起来很大，实际上装得很少呢？比如说这碗底……厚一点？"白小纯一副乖巧的模样，笑眯眯地说道。

张大胖愣了，有种好似被雷霆轰击的感觉，身体的肥肉慢慢颤抖起来，双眼冒光，其他几个胖子，也都呼吸急促，一个个全身肥肉都在哆嗦。

啪的一声，张大胖猛地一拍大腿，仰天大笑起来。

"好，好，好，这可是能名垂千古，造福我火灶房无数后辈的好主意啊，没想到九师弟你看起来这么乖巧本分，肚子里居然这么有货啊，哈哈，你天生就是干火灶房的料！"

第四章

炼 灵

众人大喜，看向白小纯时，已是喜欢到了极点，觉得这白小纯不但可爱，肚子里坏水还不少，于是张大胖做主，奖励给白小纯一粒灵米，塞在了白小纯的手中。

白小纯笑得很开心，迷迷糊糊地回到了房间里，还没等爬上床，体内积累的无数天材地宝的灵气，就爆发开来，脑袋一晕，直接就倒在了地上，呼呼大睡。

这一觉甜美非凡，第二天清晨时，白小纯睁开眼，精神振奋，低头时发现自己胖了一圈，全身黏糊糊的，贴着一层黑色的污垢，赶紧出去清洗一番。张大胖等人正在忙碌门中弟子的早饭，看到白小纯的样子，都笑了起来。

"九师弟，那些污垢是你体内的杂质，去掉后你修行时会顺利很多，这几天不用你帮手，过几天再干活。

"那粒灵米是好东西，记得快点吃了，若放久了不好。"

白小纯神清气爽，点头回应了一声后，回到房间目光落在那口龟形的锅上，索性扛着出去刷洗一番，带回房间放在灶上，将那粒灵米拿在手中看了看，此米小拇指大小，晶莹光滑，散出阵阵香气。

"仙人吃的东西，果然都不凡啊。"白小纯感慨一番，将火灶内的几块木头点燃，刚一燃烧，一股炽热顿时扑面，让白小纯眼前一焦，赶紧后退，望着火灶内的火，啧啧称奇。

"这火也不一般啊，不但燃得快，比村子里的火温度也高了很多。"白小纯又看了眼火灶内的木头，觉得应该是此木不俗。

就在这时，随着火焰的燃起，白小纯惊奇地看到，那口龟形锅上的第一条纹路，竟由下向上，开始变得明亮，很快这一条纹路，就从头到尾，全部亮起。

白小纯愣了一下，忽然一拍大腿。

"我就说么，这是个宝贝，一定比大师兄的那口锅好。"白小纯越发觉得此锅不凡，赶紧把灵米扔在锅中。

坐在一旁一边等着，他一边拿起紫气驭鼎功的竹书，按照里面第一幅图的动作与呼吸，开始修炼。

几乎是刚一修炼，白小纯就睁大了眼，他发现这个昨天摆出来很困难的姿势，此刻居然极为顺畅，没有丝毫难受之感，甚至那种呼吸的方法，也都不再出现窒息，反倒是有种很舒服的感觉。

尤其是坚持的时间，他分明记得之前最多也就是三四个呼吸，可眼下已过去了七八个呼吸，竟没有丝毫酸痛。

忍着振奋，白小纯让自己平静下来，直至坚持到了三十息后，在他感觉身体出现微弱酸痛时，突然地，从其体内竟出现了一缕气，这气冰凉，飞速在体内游走，虽然没有完整地游走一圈就消散，可依旧让白小纯激动得跳了起来。

"有气了，哈哈，有气了！"白小纯狂喜，在房屋里走来走去，也想到了定是昨晚吃下的那些天材地宝的原因，心底觉得吃得少了。

"难怪张师兄说宁在火灶饿死，不去外门争锋，这等好事，外门弟子都不会有。"白小纯赶紧坐下，再次修炼。

这一次，他按照紫气驭鼎功第一层的呼吸方法与第一幅图的动作，整整坚持到了六十息，在达到六十息的瞬间，他的体内一股比之前还要大了一倍的气脉顿时滋生出来，如同涓流一样，在他的体内快速地游走。

白小纯有了经验，连忙按照第一幅图上的标示，默默想着体内的几处路线。

很快，他体内的气脉涓流就按照白小纯所想，顺着路线而行，随着白小纯还在坚持摆出第一幅图的动作，他甚至察觉到身体内还有一丝丝凉气从全身各个位置钻出，如同水滴一样，融入那条气脉涓流内，使得涓流越来越大。

到了最后，竟化作了一条小溪般，直至完整地游走了一圈后，白小纯全身一震，脑海如拨开云雾一样，传来轰的一声。

一股前所未有的轻灵之感，立刻就在他的身体上浮现出来，一团团污垢更是顺着汗毛孔不断地泌出。

而他体内的那条小溪，也没有如以往那样消散，而是始终存在，自行地缓慢游走全身，白小纯睁开眼，目中更为清澈，灵动之意多了不少。

其至身体也都明显感觉轻快很多。

"气脉常在，就是这紫气驭鼎功修炼到第一层的表现，也代表了达到那什么凝气第一层！"白小纯喜不自禁，跑出去又清洗了一番。

张大胖等人看到后，露出一副彼此都懂的笑容，对于白小纯这么快修成第一层，虽有惊讶，但却明白缘故。

重新回到屋舍，白小纯深吸几口气后，拿起一旁的竹书，仔细地看了看。

"这紫气驭鼎功第一层修成后，就可以驾驭一些物体，这可是仙人的法术啊，可以隔空摄物啊。"白小纯眼中冒光，按照上面的方法，双手掐出简单的印诀，向着旁边的桌子一指，立刻他就感觉体内的那条小溪，如脱缰的野马直奔自己右手食指而去，更是脱离指尖。

仿佛形成了一条无形的丝线，与那桌子连接在一起，可惜刚一连接，此线立刻不稳，啪的一声碎裂了。

白小纯面色微微苍白，好半晌才恢复过来，仔细地想了想后，放弃了桌子，而是将口袋内的木剑取出，这木剑不知是什么木头制成，重量虽不如桌子，但也有些沉重，他右手抬起一指。

木剑顿时震动了一下，竟缓缓地飘浮起来，但只升起了一寸，就又掉了下来。

白小纯也不气馁，兴奋地多次尝试，木剑也从开始的升起一寸高度就掉了，变成了十寸、二十寸、三十寸……到了黄昏时，他的房间内那把木剑，能直线地飘浮而去，速度虽然不快，也难以转弯，但却不会像最早时那样轻易摔落。

"从此我白小纯就是仙人了！"白小纯站在那里，一副傲然的样子，左手背在身后，右手抬起向前挥舞，那把木剑摇摇晃晃地飞来飞去。

直至体内气息不稳时，白小纯才收回木剑，正要继续修行，忽然闻到了阵阵香气从一旁的锅中传出，他抬头深吸一口，立刻食欲大动，这一天他忙于修行，倒也忘了锅内还煮着灵米，上前打开锅盖。

在打开盖的刹那，一股浓郁的香气从锅内的灵米上散出，只是在那灵米上，不知为何，出现了一道刺目的银纹！

这银纹很明显，仔细一看，甚至有种摄人心神之感，但随着时间流逝，渐渐成为了暗银色，白小纯眯起眼睛，想了想后将那粒灵米取出，拿在手中查看一番。

"这纹有些眼熟……"白小纯目中露出思索，低头看了眼火灶，发现里面的火早已熄灭，就连木头也都成为了灰烬，而那口锅上的一条亮纹，也重新黯淡了。

他立刻认出，这灵米上的银纹，竟与锅背的纹，一模一样。

压下心中的疑惑，安全起见，白小纯没有将此米吃下，而是放在了布袋里，思索片刻后，便走出屋舍，与张大胖等人一起干活。

时间流逝，一晃过去了半个月，这半个月来，白小纯修行又停顿下来，进境缓慢，不过他也打探出了别人煮灵米时，不会出现什么银纹。

好奇之余，他越发觉得自己那粒米不对劲，尤其是对那口锅，觉得更为古怪，终于在几天后，随着黑三胖出火灶房去采购所需时，去了一趟四海房，那里是他打探出的，杂役可以前往知晓修行常识的地方。

从四海房回来后，白小纯的心脏强烈地跳动，他强忍着惊喜，直至回到了房间，立刻就将那粒灵米取出，仔细地看着上面的银纹，目中慢慢露出不可思议之色。

"仙人修行，有'三炼'不可缺少，分别是炼药、炼器以及……炼灵！"白小纯想着自己在四海房查看到的典籍中描述炼灵的图片，对比灵米上的银纹，越看越像。

"炼灵！"好半晌，他长长地呼出一口气。

炼灵，是一种以特殊的方法，为物品强行注入天地之力的手段，如同代替天道行使造物之法，掠夺天地之力加持强化，无论是丹药香药还是法宝，都可以炼灵，故而遭天地所不允，所以存在一定的概率，一旦成功则可使得物品威力大增，而若失败，则会让物品直接在天地之力下成为废品。

且炼灵最惊人的，是可以叠加炼化，甚至若能成功炼灵十次，可以让物品出现翻天覆地的开天之变。

而越是珍贵之物，叠加炼灵后就越是恐怖。

只不过越到后面，成功的概率就越小，即便是一些炼灵大师，也都不敢轻易尝试，毕竟一旦失败的代价，难以承受。

"典籍上曾说，我灵溪宗的护宗至宝，就是一件在莫大机缘下，炼灵了十次的天角剑！"白小纯觉得有些口干，咽下一口唾沫，目中已露出骇然，更有迷茫，下意识地看了看那口龟纹锅上的数十条黯淡的纹路，心脏跳动的速度，仿佛要从胸口里蹦出来一样。

他此刻已确定，灵米之所以出现炼灵纹，一切的原因，就是这口锅！

踌躇一番，白小纯咬牙，若不解开这个谜团，他会睡不着觉，但也知道这口锅若真不俗，那么这等隐秘，万万不可让第二人知晓。

于是等到了深夜，这才小心翼翼地来到锅旁，深吸口气后，患得患失地将那把被他操控的木剑取出，按照当日扔下灵米的样子，扔到了锅中。

第五章

万一丢了小命咋办

那木剑一落入锅内，没有什么特别的变化，白小纯轻咦一声，不甘心地睁大了眼，仔细盯着木剑。

可等了半天，始终不见有什么奇异的事情发生，白小纯略一思索，看了眼龟纹锅上的纹路，又看了看火灶内的木头灰烬，若有所思，转身出了房间，片刻后回来时，手中已多了几块与之前火灶内一样的木头。

这木头在火灶房内也不是特别寻常之物，他还是找了张大胖才要到一些。

将木头点燃，白小纯立刻看到龟纹锅上的第一条纹路，再次明亮起来，而那木火急速燃烧，渐渐熄灭，白小纯心神一动时，锅内的木剑突然银光刺目。

白小纯后退几步，不多时光芒消散，他立刻感受到一股凌厉之意从锅中传出。

他深吸口气，小心地靠近，看到了锅内的木剑，出现了一道与灵米一样的刺目的银纹，此纹正慢慢暗去，最终成为了暗银色！

整个剑身都与之前略微不同，虽还是木质，可却给人一种金属的锋利之意，白小纯眼前一亮，上前谨慎地将这把木剑取出，感觉重了一些，拿到近处时，甚至有种寒芒逼人之感。

"成了，这木剑成功地炼灵一次。"白小纯狂喜，拿着木剑爱不释手，又看了看那口锅，寻思着此物该如何处置，最后决定就放在这里，越是如此，就越是没人在意。

至于灵米，吃了就是，而那木剑则轻易不可让人看到，白小纯琢磨着用一些染料盖住，或许可以减弱灵纹的光芒。

想到这里，他整理一番，走出屋舍，装作没事人一样，直至数日后的夜晚，他将这段日子搜集的火灶房内的一些各色汁液刷在了木剑上，使得这把木剑看起来五颜六色，破破烂烂，随后又操控一番，发现灵纹的确被盖住了不少，不再那么明显后，这才满意地点了点头。

接下来的日子，白小纯在这火灶房内，如鱼得水，与几个师兄打成一片，对于火灶房的工作也都熟悉起来，尤其是不同的灵食需要的火也不一样，甚至还分什么一色火、二色火，他也明白了之前龟纹锅下的木头，就是产生一色火的灵木。

尤其是张大胖对白小纯颇为喜欢，多加照顾，几个月后，倒也的确如张大胖曾经所说，白小纯渐渐胖了起来。

如今的他，已不再是刚入宗门时的干瘦，整个人胖了好几圈，偏偏更为白净了，看起来越发地人畜无害，俨然向着白九胖这个名字去靠近了。

至于加餐之事，也又经历了几次，不过让白小纯苦恼的，是他的体重见长，但修行却始终缓慢，到了后来他索性不去想了，整天与几个师兄吃吃喝喝，好不自在，对于宗门内的很多事情，也在这几个月里，从张大胖那边听到了不少，对灵溪宗有了一定的了解。

知道了在宗门中分内门以及外门弟子，杂役若能修行到凝气三层，就可去闯各峰的试炼之路，若能成功，就可拜入所试炼之峰，成为此峰的外门弟子，也只有成为外门弟子，才算是踏入了灵溪宗的门槛。

不过此事如同鱼跃龙门，各峰的试炼之路每月开启只取前三，故而一年到头能成为外门弟子的人数，都是固定的。

这一日，原本应该是七胖下山去采购，可却因事耽搁，张大胖一挥手，让白小纯下山一趟，白小纯迟疑了一下，想着好几个月不见许宝财再来，觉得应该没什么，但还是不太放心，回到房间取出七八把菜刀，又穿上了五六件皮衣，整个人都快成了一个球。

可觉得还是不安全，于是找了一口结实的锅，背在了背上，这才有了安全感，摇摇晃晃地走出火灶房，下了山去。

走在宗门的青石路上，白小纯看着四周美奂绝伦的庭院阁楼，一股深深的优越感，在心中油然而起。

"白驹过隙，人生如梦，我白小纯此生至今修行数月，回首凡尘时，遥想当年村子，满是唏嘘。"他感慨地自言自语，背着手，腰上挂着七八把菜刀，背部背着口黑锅，身上一层层皮袄，如同一个破烂的皮球，途中遇到了不少杂役，在看到他后，纷纷侧目。

尤其是几个女弟子，在看到白小纯后，被他的样子逗得掩口轻笑，笑声如银铃一样，颇为好听。

白小纯圆脸微红，觉得自己越发威武，干咳一声，昂首挺胸向前走去。

没过多久，还没等他走出这第三峰的杂役区，忽然看到远处不少杂役，一个个都神色振奋，向着一个方向快速跑去，那里是第三峰的山路所在，平日是外门弟子出没的地方。

渐渐地，更多的杂役都带着兴奋，纷纷奔跑，这一幕让白小纯一愣，赶紧从自己身边路过的众人中选了一个最瘦弱的少年，一把抓住。

"这位师弟，出了什么事啊？怎么都往那里跑？"白小纯好奇地问道。

少年被人抓住身体，露出不悦，可看到白小纯背后的大黑锅后，目中立刻露出羡慕，神色也缓了下来。

"原来是火灶房的师兄，你也去看看吧，听说外门弟子中的天骄周宏与张亦德，正在山下的试炼场斗法，他二人有些私怨，听说都是凝气六层了，这等观景，怎么也要去看看，说不定可以参悟一二，有所收获。"少年解释后，生怕去晚了没有位置，赶紧向前跑去。

白小纯大感好奇，也迈步跑了过去，跟着人流，不多时就出了杂役区，到了第三峰的山脚下，看到了在那里有一处庞大的高台。

这高台足有千丈大小，此刻四周密密麻麻围着无数杂役，甚至山上还有不少身影，衣着明显华贵不少，都是外门弟子，也在观望。

至于高台上，此刻正有两个青年，穿着一样华贵的衣袍，一人脸上有疤，一人面白如玉，正彼此身影交错，有阵阵轰鸣之声传出。

这二人身体外都有宝光闪耀，疤脸青年面前一面小旗，无风自动，如有一只无形的手抓住挥舞，形成了一头雾虎，咆哮之声震耳欲聋。

而那面白如玉的青年，则是身影穿梭，一把蓝色的小剑，划出阵阵灵痕，极为灵活地呼啸而去。

这一幕看得白小纯睁大了眼，深吸口气，他也可以操控木剑，可与那面白如玉的青年，根本就难以对比。

尤其是这二人出手时似没有太多保留，杀气腾腾，甚至数次都颇为危险，以至于身上都多处伤口，虽然没有要害之处，但也看得触目惊心。

这是白小纯第一次看到修士斗法，与他印象中的仙人截然不同，那种凶狠与戾气，让他心惊肉跳。

"修仙……不就是为了长生么，干吗打打杀杀，万一丢了小命咋办……"白小纯咽下一口唾沫，当看到疤脸青年小旗幻化的雾虎带着凶残一口向着另一人吞噬而去时，白小纯擦了擦头上的汗水，觉得外面太危险了，还是回到火灶房安全一些。

想到这里，他赶紧后退，可就在他退后的同时，一声大吼从不远处传来。

"白小纯！！"

白小纯一回头，立刻看到当初写下血书的许宝财，正一脸狞笑地向自己冲来，其身前一把木剑散出不同寻常的光芒，显然不是凝气一层可比，此刻划出一道弧形，散出不弱的灵压，直奔白小纯而来。

白小纯眼看木剑来临，瞳孔一缩，立刻有种强烈的生死危机。

"这是要弄死我啊！"意识到了这一点，他发出凄厉的惨叫，拔腿就跑。

"杀人了，杀人了……"这声音之大，使得四周不少杂役都听到了，一个个纷纷诧异地看去，甚至高台上正在斗法的周宏与张亦德，也都彼此停顿了一下，可见音浪之大。

就连许宝财也都被吓了一跳，他明明只是喊了对方的名字追过来而已，剑还没有碰到对方，可白小纯的惨叫，如同是被自己在身上捅了几个窟窿一样。

"白小纯有本事你别跑！"许宝财面色铁青，恨得牙根痒痒，直奔白小纯追来。

"我要有本事早弄死你了，我还跑个屁啊，杀人了，杀人了！"白小纯惨叫中速度极快，如同一个胖胖的兔子，转眼就快看不到影了。

与此同时，在这山峰顶端，有一处悬出的庭阁，其内一中一老两个修士，正相对而坐，彼此下棋，中年的正是李青候，他对面的老者，满头白发，面色红润，目内流光四溢，一看非凡，此刻扫了眼山下，笑了起来。

"青候，你带回来的那个小娃，有些意思。"

"让掌门见笑了，此子性格还需再多磨炼一番。"李青候有些头疼，落下棋子后，摇头说道。

"火灶房那几个孩子都心高气傲，此子能与他们打成一片，不简单呀。"老者摸了摸胡子，眼中露出揶揄之意。

第六章
灵气上头

第三峰下，白小纯的惨叫声带着抑扬顿挫，一声声地不断回荡，引来无数杂役的诧异注目，可以清晰地看到，背着一口大黑锅，穿着七八件皮袄的白小纯，那微圆的身体顺着山下杂役区的小路，正卖力地奔跑。

甚至远远一看，可能会看不清白小纯的身体，但一定能看到一口大黑锅如甲壳虫般在地面上飞奔。

尤其是白小纯身上挂着的七八把菜刀，在他奔跑时相互碰撞，传出阵阵叮当之声。

"杀人了，救命啊，我可不想死啊……"白小纯一边跑一边喊，越跑越快，他身后的许宝财面色铁青，眼中露出强烈的凶芒，心底更有焦急与愤怒。

这一路上他追着白小纯，四周很多杂役都被吸引，许宝财担心引起执事注意，心底有些发慌。

"别叫了，该死的，你小点声，你叫什么叫，闭嘴！"许宝财怒吼，咬牙切齿，双手掐诀，身边的木剑刹那光芒一闪，速度快了一分，直奔前方的白小纯飞去。

砰的一声，木剑直接撞击在了白小纯背后的黑锅上，传出阵阵嗡鸣的同时，白小纯却没事人一样，继续飞奔。

许宝财狠狠咬牙，眼前这白小纯背着大锅，挡住了大半个身体，无从下手，不甘心地再次追出。

二人一前一后，在这杂役区内不断奔跑。

"这家伙背了口锅，居然还跑得这么快！"许宝财气喘吁吁，眼看白小纯都快跑没影了，越追越是憋屈，以他凝气二层的修为，都已拿出了吃奶的力气，可对方却如同被踩了尾巴的兔子，自己怎么也都追不上。

更可恨的是，自己这里累得不得了，也都没把对方怎么样，可这白小纯的惨叫从始至终都没有减弱，跟杀猪似的。

眨眼间，白小纯看到了前方火灶房的小路，眼中露出激动，那种看到家的感觉，让他差点热泪盈眶。

"师兄救命，杀人了！"白小纯大喊，直接就一溜烟地跑回到了火灶房，张大胖等人听到这凄惨的尖叫，纷纷一愣，立刻走出。

"师兄救我，许宝财要杀我，我小命差点就没了。"白小纯赶紧躲在张大胖的身后。

"许宝财？"张大胖闻言目中凶芒一闪，四下看去，可却没看到半个人影，正说着，才看到远处许宝财的身影，正气喘吁吁地跑来。

此刻白小纯也注意到了许宝财的身影，很是诧异。

"咦，他怎么跑得那么慢？"

张大胖低头看了眼白小纯，又看了眼喘着粗气刚刚到的许宝财，脸上的肉抖了一下。

许宝财好不容易追到这里，刚一靠近就远远地听到了火灶房门旁白小纯诧异的话语，这声音落入他的耳中，只觉得胸口有一股闷气，整个人要炸了一样，大吼一声，右手向旁一甩，他身边的木剑呼啸而出，直接刺入一旁的大树。

砰的一声，树木一震，出现了一个穿透而过的窟窿。

"白小纯，我与你势不两立！"许宝财双眼充满血丝，死死地盯着白小纯，又看了看张大胖那庞大的身躯，转身恨恨离去。

白小纯心脏怦怦的，看了眼那棵被穿透了的大树，又看了看歇斯底里的许宝财，努力咽下一口唾沫，心底升起阵阵不安。

张大胖望着许宝财的背影，目中有一抹阴冷闪过，回头拍了下白小纯的肩膀。

"九师弟别怕，虽然这许宝财有点小小背景，可若他再敢来，我们师兄弟就打折他一条腿！"说到这里，张大胖话锋一转。

"不过九师弟，最近能不出门还是不要出门了，你看你都瘦了，师兄给你好好补补，刚好过几天周长老过大寿。"

白小纯心不在焉地点了点头，目光始终望着被许宝财穿透的树窟窿。

直至跟着几个师兄回到了火灶房，在他的房间内，白小纯坐在那里，心里越想越是不安，对方的木剑居然可以将树穿出个窟窿，若是在自己身上，岂不是死无全尸？

"不行，除非我这辈子不出火灶房了，否则一旦出去，他把我堵住怎么办……"白小纯脑海里始终挥不散的，是许宝财临走那带着强烈怨毒的目光。

"我来这里是为了长生，不能死啊……"没有安全感的忐忑，让白小纯眼睛都渐渐出了血丝，好半晌后，他狠狠一咬牙。

"奶奶的，拼了，我拼起命来自己都害怕！"白小纯目中血红，他与其说是怕死，不如说是严重地缺少安全感，今天经历了这一幕，对他刺激极大，将他性子里的执着激发出来。

"我要修行，我要变强！！"白小纯喘着粗气，下定了决心，立刻就拿出紫气驭鼎功的竹书，看着第二幅图，红着眼修行起来。

他虽怕死，可却有一股狠劲，要不然也不能每次点香都担心被雷劈，可还是坚持三年点了十三次。

此刻发起狠来，按照第二幅图的动作，死死地坚持，这平日里只能坚持十息左右的第二幅图，这一次竟被他坚持到了十五息。

任凭体内酸痛，汗珠子在额头不断地滴下，白小纯目中的狠意始终不减，直至坚持到了二十息、三十息时，体内气脉小溪猛地增加了一成，而他这里也眼前发黑，半晌才大口地喘气，但也只是放松了片刻，就又开始修行。

一夜无话，第二天、第三天、第四天……一连十五天，白小纯除了吃喝拉撒外，就从来没出过房间，这种枯燥的事情，对于刚刚修行的人来说，是很难坚持，可他竟没有半点放弃。

张大胖等人也被白小纯的修行惊到了，要知道紫气驭鼎功的修行，并非易事，原则上虽容易学习，可每一层的动作摆出得久了，会有难以形容的剧痛，需要莫大的毅力，才可长久坚持，平日里宗门的杂役，往往都是数日修行一次罢了。

眼下白小纯连续修行半个月，张大胖等人纷纷过来看望，看到了一个与他们这几个月记忆里完全不同的白小纯。

他衣衫褶皱，头发乱糟糟的，双眼都是血丝，整个人看起来很是狼狈，可却偏偏非常地认真，哪怕再痛苦，也都始终没有停止。

甚至他的身体，也都明显地瘦了一大圈，而身体内散出的灵威，一样明显地增加了大半，竟无限地接近了凝气一层大圆满。

似乎是把堆积在脂肪内的天材地宝，以一种极端的方式生生地炼化出来，成为自身修为的一部分，连带着身躯都比寻常人结实不少。

"九师弟，休息一下吧，你都没日没夜地修行了大半个月了。"张大胖等人连忙劝说，可看到的却是抬起头的白小纯目中坚定的目光，那种执着让张大胖等人心神震动。

时间流逝，转眼白小纯已修行整整一个月，这一个月来，他的疯狂，让张大胖等人触目惊心，用张大胖的话来说，白小纯不是在修行，是在玩命啊。

第二幅图的时间，也在白小纯的这般修行下，终于突破了一百息，达到了一百五十多息，他体内的灵气已不是小溪，而是明显庞大了不少。

直至又过去了一个月，张大胖等人一个个都胆战心惊，生怕有一天白小纯会生生把自己给玩死，甚至打算悄悄去废掉许宝财时，一声轰鸣从白小纯的房间内传出。

随着声音的回荡，一股凝气第二层的灵压，立刻从白小纯所在之地爆发出来，扩散方圆十多丈的范围，让正在做饭的张大胖等人立刻抬头看去，一个个全部动容。

"小师弟突破了！

"凝气第二层，虽然在我们火灶房不定时有加餐，可不到半年时间，成为凝气二层，这也是少见得很。

"当年我到凝气二层时，用了整整一年的时间……"就在张大胖等人感慨时，白小纯的房门，吱嘎一声打开，满脸疲惫，一身邋遢，可目中却精芒闪闪的白小纯，迈步走出。

张大胖等人刚要上前打招呼，却见白小纯身体一晃，竟灵巧地落在了火灶房院子的篱笆墙上，背着双手站在那里，昂首傲然地遥望远方，神色故作深沉，一副高手寂寞的样子。

"他站在那里干吗？样子怪怪的……"

"小师弟这是……走火入魔了？"张大胖等人面面相觑。

就在众人被白小纯这样子弄得诧异时，耳边听到了白小纯在篱笆墙上，刻意发出的老气横秋的声音。

"许宝财身为灵溪宗杂役里的绝世天骄，凶名赫赫，天下无人不知，修为更是达到了惊人的凝气二层，而我也是凝气二层，我与他这一战，势均力敌，虽然能名传天下，轰动宗门，但必定血肉模糊，骨断筋伤……不行，此战至关重要，我还要继续修行！"

说完，白小纯深沉地看了一眼远方，小袖一甩，重新回到了屋舍内，砰的一声，随着房门关闭，张大胖等人一个个咽了口唾沫，你看看我，我看看你，好半晌，黑三胖不确定地问了一句：

"难道咱们给师弟吃错了什么东西？"

"完了完了，师弟灵气上头，修疯了……咱们别惹他！"黄二胖身子哆嗦了一下，确定地说道。

第七章
龟纹认主

接下来的日子，张大胖等人看向白小纯的草屋时，一个个都随时留意，自从白小纯修为突破到了凝气第二层，外出一番自言自语后，他在屋舍内的修行，又持续起来。

屋舍内，白小纯擦去额头的汗，光着身子，忍着剧痛咬牙切齿地努力去摆出第三幅图的动作。

体内的气脉已不再是溪流，而是快要成了一条小河，在他的身体里游走，每游走一个周天，他的身体就会传出咔咔之声，原本圆圆的身体，此刻已彻底地瘦了下来，甚至比刚来到火灶房时还要瘦了一圈。

但却有阵阵力劲，似在他的身体内蕴藏，随着修行的坚持，他干瘦的身体仿佛全身皮肉都在微微跳动，甚至仔细去听，隐隐可以听到他心脏的怦怦声回荡屋舍。

越来越多的灵压，在他体内不断地凝聚，这种每时每刻都在强大的感觉，让白小纯动力更多，直至又过去了数日，白小纯全身猛地刺痛，这种刺痛比以往要剧烈了太多太多，让他不得不放弃。

喘着粗气，白小纯眼睛里都是血丝，他有种强烈的感觉，自己的身体似乎支撑不住了，虽然在修行时会不断地自行吸收来自四周的天地灵力，可却明显跟随不上身体的消耗，而火灶房的加餐也看运气，不是每天都有。

毕竟别人修行这紫气驭鼎功，大都是数日一次，就算是勤快的，也最多一天一次而已，他这里没日没夜无时无刻地进行，莫说是张大胖等人骇然，即便是宗门的内门弟子知晓，也都会大吃一惊。

只是修炼到这般程度，白小纯觉得还是不安全，他性格一向热衷稳妥保险，于是将他藏起来的那粒炼灵一次的灵米取出，拿在手里看了看后，用寻常的锅将其煮熟，随着灵气的散出，他没有迟疑，立刻大口吞下。

灵米入口即化，形成了浓郁的灵气，比寻常灵米多了太多倍，完全不是一个层次的磅礴之力，在他体内轰的一声奔腾开来，白小纯赶紧修行，摆出第三幅图的样子，调整呼吸。

就这样，半个月后的一天深夜，白小纯身体猛地一震，睁开眼时，赫然发现自己的修为，竟不知不觉地突破了凝气第二层，成为凝气第三层。

这种变化让白小纯立刻狂喜，目中露出振奋，大笑起来，他看着自己的身体，体内的气脉已彻底从溪流蜕变，成为一条小河。

这小河在体内飞速地游走，速度之快超出了之前太多太多，甚至他只需一个念头，体内的灵气就会刹那随他心意游走到身体任何位置。

"凝气三层！这炼灵一次的灵米果然不凡！"白小纯站起身，舔了舔嘴唇，有心再弄出几粒炼灵的灵米，但却感受到体内经脉有些膨胀，想起竹书上的介绍，知晓需让身体适应一番，短时间不可继续修行。

他这才压下之前的念头，在房间内走来走去，一副踌躇满志的样子，可很快就脚步一顿，目光顺着窗户看向外门，尽管是深夜，可借助月光依稀可以看到火灶房外小路上的那棵大树。

"不行，许宝财的木剑似乎有些不寻常，就算到了凝气三层，也还有些不保险！"白小纯皱起眉头，沉思片刻后看了眼身边的五颜六色的木剑，又看了看屋舍内的那口锅。

"要是能炼灵两次，或许能稳妥一些。"他想到这里，立刻有了决断，走出房间在火灶房取了一些灵木。

准备完毕后，在这一天深夜，白小纯站在那口神秘的锅旁，点燃了木火，看到一道纹亮了后，将木剑扔到了锅内。

可这一次等了好久，始终没反应，白小纯皱起眉头，看了眼龟纹锅上的纹，又看了看其下的木火已成灰烬，沉吟少顷，再出去找了一些灵木，可几次之后，任凭火焰如何燃烧，都始终不见木剑有丝毫变化。

"这些都是一色火的木头，莫非是温度不够，需要更高热度的……二色火？"白小纯想到这里，走出房门，再次回来时，手中已拿着一块紫色的木头，此木火灶房所剩不多，白小纯只找到一根。

将其放在锅下燃起后，立刻有火焰出现，这火焰由两种颜色组成，正是高度高了很多的二色火！

只见这二色火刚一出现，龟纹锅上的第二道纹，竟一瞬明亮，而那二色火却飞速黯淡，仿佛一下子被抽走了全部火力，不多时，当二色火彻底燃烧成灰烬后，龟纹锅上的第二道灵纹，已然亮起。

"成了！"白小纯眼睛一亮，连忙把木剑放在锅内，顿时银光闪耀，时间竟比之前炼灵一次时长了数息。

眼看慢慢就要黯淡，可银光竟猛地大涨，直奔白小纯而来，这变化突如其来，白小纯来不及反应，眼前一花，一股无法形容的冰寒，瞬间如冰封一样，融入白小纯体内，他骇然发现自己根本就无法阻挡，眼睁睁地看着那股冰寒在体内狠狠地一抽。

他整个人面色立刻苍白，眼前模糊时，好似体内有什么东西，一下被吸了出来，融入了那口龟纹锅内。

直到这时，银光才消散，一把比之前更为犀利，甚至让人看去时都觉得眼睛刺痛的木剑，蓦然在锅内出现。

此剑虽然看起来还是花花绿绿破破烂烂，可其内的木质纹路已然改变，若擦去涂料可以清晰地看到那些纹路散出星芒，这把剑，已经彻彻底底地从根本上改变了。

几乎在这木剑出现的同时，灵溪宗南岸的天空上，赫然有一声声雷霆轰隆隆地回荡，仿佛有苍穹怒吼传出，震动了无数灵溪宗的修士，好在这雷声来得快，去得也快。

在那雷声回荡间，木剑的剑身上，第二道银纹出现，连续闪动了几下，这才暗淡，消失在了涂抹的杂色下。

白小纯顾不得去看木剑，脸色阴晴不定地退后几步，身体摇摇欲坠，好半晌才恢复过来，方才那一瞬的感觉，让他想起来就心有余悸。

"从我身体里抽走了什么……"他忐忑中目光落在了挂在墙壁的铜

镜上，下意识地看了一眼后，揉了揉眼睛又仔细去看，渐渐整个人呆若木鸡。

镜子内的他，额头的发梢里，多出了一根白头发，而他的样子虽然没有改变，可他怎么看都觉得似乎老了一岁。

"寿命！！"白小纯失魂落魄地喃喃低语。

"方才少的，是我的寿命，我……我……"他欲哭无泪，他来修行的目的就是为了长生，可如今长生还没有得到，反而少了一年的寿命，这对他来说，打击可谓巨大。

"亏本了……想不到我白小纯稳妥了小半辈子，竟然也有失足的时候……"他呆呆地坐在那里，苦笑起来，平静以后，他抬头看向那口龟纹锅，但却双眼慢慢露出奇怪之意，他隐隐有种感觉，似乎寿元被吸走后，自己与那口龟纹锅，存在了某种联系，仿佛可以对其控制。

他心中一动，右手抬起向着锅一指。

立刻这龟纹锅乌光一闪，竟瞬间缩小，直奔白小纯而来，眨眼间消失在了他的指尖中，白小纯一愣，猛地站起退后几步，低头看了看自己的手指，又看了看空空的火灶。

"这……这……"他右手再次一指地面，乌光闪耀，砰的一声，那口锅又出现了。

白小纯连续尝试了好几次，表情阴晴不定，既有喜悦，又有惆怅，最后还是叹了口气。

"虽然此物可以收入体内，可代价是一年的寿元，怎么想都还是亏本啊。"

第二天午后，白小纯正琢磨有什么办法把自己被吸走的寿元补回来时，忽有所察，猛地抬头，感受到了在火灶房外，有七八道身影疾驰而来。

凝气一层时白小纯察觉不到，可如今凝气三层，他立刻就感受到了那七八个身影里，当首之人正是许宝财。

与此同时，许宝财的声音，带着愤恨，蓦然传来：

"白小纯，你有师兄守着，我许宝财也有，今日你我之间的恩怨，该了断了。"

第八章
我和你拼了！

眼看许宝财找上门来，白小纯猛地站起身。

"来得好快……"他眼中露出迟疑，虽然这小半年来，他做了十足的准备，可还是觉得自己没准备好，原本按照他的想法，是等到了凝气第四层后，才能保险。

可眼下对方既然带着七八个人一起来了，白小纯知道躲不过了，于是狠狠一咬牙。

"拼了！"他深吸口气，穿上了七八件皮袄，又将煮灵米的备用锅背在背上，这才紧张地推开房门，走了出去。

几乎在他走出的同时，张大胖等人也都拎着菜刀、大勺气势汹汹地在火灶房的大门前，与许宝财等人对峙。

"我说怎么今早听到乌鸦在叫，原来是你们这群监事房只懂得压榨同门的兔崽子，来我们火灶房撒野！"张大胖冷哼一声，站在那里如同小山，声音如雷，传遍四周。

"张大胖，别人忌惮你火灶房，但我们监事房可不在乎你们，我们接到许师弟的哭诉，今日过来行使监事房的权力，你敢反抗？"许宝财身边的七八个身影，一个个都神色傲然，他们虽也是杂役打扮，可袖口处却有一个明显的"监"字，代表了他们监事房的权力以及身份的非同寻常。

尤其是其中一个大汉，更是虎背熊腰，散出凝气三层的灵压，眼中寒芒闪过，冷眼望着张大胖，对于张大胖身边的其他人，视若无睹。

"放屁，追杀我师弟还有理了！"张大胖冷笑，右手抬起时呼的一声，他背后那口大黑锅居然自行飘起，气势如虹，使得大汉身边的众人，纷纷神色一变，而那大汉则是双眼一缩，手中掐诀间一杆小旗飞出，散开阵阵雾气，隐隐能听到雾气内传出阵阵野兽的咆哮。

就在这剑拔弩张之时，许宝财一眼就看到了走出草屋的白小纯，顿时新仇旧恨齐涌心头，大吼一声。

"白小纯！"许宝财话语间身体猛地冲出，右手抬起一挥，立刻手中的木剑呼的一声飞出。

张大胖等人面色一变，正要去挡住时，监事房的大汉立刻拦住去路。

可就在许宝财话语刚刚传出，身体冲去的瞬间，白小纯这里眼睛赤红，也随之大喊一声。

"许宝财，你逼人太甚，我和你拼了！"白小纯心脏怦怦跳动，他这一辈子也都没与人打过架，更不用说与修士斗法了。

此刻紧张中近乎神经兮兮，大喊一声为自己壮胆的同时，凝气三层的修为之力顿时爆发，拼了全部修为，将体内灵气全部注入木剑内，操控手中的木剑，向着许宝财一指。

木剑嗡的一声，隐藏在五颜六色的剑身上的两道银纹，微微一闪，竟使得剑身瞬间膨胀了一大圈，爆发出了一股逼人的寒芒，直奔许宝财。

速度之快，气势之强，使得张大胖等人以及监事房的众人，全都大吃一惊，更让他们倒吸口气的，是此剑锋利之外散，笼罩四周，让人触目惊心，他们彼此再顾不得争斗，纷纷看去。

许宝财还没等冲来太近，就先被白小纯的气势吓了一跳，如此样子的白小纯，与他记忆力几个月前完全不一样，仿佛换了一个人，那一副咬牙切齿拼命的样子，让许宝财心里一惊。

紧接着，他双眼猛地睁大，露出不可思议的目光，他看到白小纯的木剑飞来的速度之快，几乎形成了一道白色的匹练，尤其是那把木剑的气势，他只在外门弟子的斗法中看到过，顿时骇然，头皮发麻。

砰的一声，白小纯的木剑直接就撞在了许宝财的木剑上，许宝财的木剑猛地一颤，居然无法阻挡丝毫，从剑尖开始寸寸碎裂，眨眼就彻底摧毁，成为无数碎片向后激射。

而白小纯的木剑，没有半点停顿，猛地冲出，直奔许宝财，许宝财吓得魂飞魄散，用出了全部力气快速闪躲才勉强避开，木剑擦肩而过，刺在了一旁的大树上。

轰的一声，那大树直接就被破开了大半，直接倒下，掀起阵阵尘土的同时，许宝财也发出一声惨叫，右臂鲜血飞溅，面色苍白地急速后退。

这还是白小纯对于控物不是很熟练的缘故，否则的话，那一剑足以让许宝财死无全尸！

"凝气三层!! 不可能，这不可能!" 看向白小纯时，许宝财已是一副见鬼的恐惧神情，能让木剑有如此威力，至少也需要凝气三层才可，他无论如何也无法想象，仅仅是数月的时间，这白小纯居然变得如此惊人，这与他的认知发生了逆转，让他无法接受，如同噩梦。

莫说是他这里骇然，此刻监事房的大汉以及身边的众人，全部都倒吸口气，看向白小纯时，已是极为凝重。

"以灵化锋，使剑光外散，这是将紫气驭鼎功修到了举重若轻的境界，才可以形成的神通之法!" 监事房的大汉深吸口气，看向白小纯时目中隐隐露出忌惮。

他们这里都尚且如此，更不用说张大胖等人了，他们一个个看向白小纯时，神色同样满是震惊，白小纯凝气三层之时，他们有所察觉，可那把木剑上的剑光四散，且明显膨胀了一圈所代表的举重若轻的境界，他们这还是第一次在白小纯这里知晓。

就连白小纯自己，也都被这木剑的威力震了一下，他呆呆地看了眼倒塌的大树，又看了看此刻面色苍白的许宝财，立刻仰天大笑起来。

"许宝财，原来你这么弱啊，吃我一剑!" 白小纯振奋，他发现自己居然比许宝财强大这么多，立刻精神抖擞，哈哈大笑时直奔许宝财而去。

许宝财被白小纯目光扫过时，身体就哆嗦了一下，此刻看到白小纯大笑以及来临的身影，他立刻恐惧，连滚带爬地就要逃走。

可还没等逃出几步，白小纯已来到了近前，看着许宝财，白小纯想到之前被此人追击的一幕幕以及自己这段日子的苦修，其中种种苦涩化作力气，抬起脚狠狠地向着许宝财踹了过去。

"让你再追杀我！"白小纯右手握拳，一拳落在许宝财的眼睛上，许宝财惨叫倒地，有心反抗，可他凝气二层的修为，在白小纯面前根本就没有什么反击之力。

"惹到我的头上，让你知道小爷不是吃素的！"白小纯跳起来狠狠踏了下去，咬牙切齿，拳打脚踢，许宝财的哀号不断。

砰砰之声传遍四周，无论是监事房的众大汉，还是张大胖等人，此刻都呆在那里，看着被暴打的许宝财，又看了看越打越兴奋的白小纯，纷纷心底发毛。

而许宝财眼泪流了下来，内心委屈到了极致，他才不信白小纯是这几个月变得如此强大，尤其是那举重若轻的神通，没有个数年乃至更久的造诣，根本就无法形成。

在他看来，这白小纯分明是大有来头，而且在最开始就是这么强，因性格卑鄙无耻，所以装出那么一副弱弱的样子，最过分的是，他居然装得那么像，自己都当真了。

想到这里，许宝财悲从心来，气恼上头，竟生生地昏了过去。

看到许宝财昏迷，白小纯这才拍了拍衣衫，从许宝财身上站了起来，右手抬起一召，立刻木剑飞来，被他放在了袖口，摆出一副高手寂寞的样子，努力去掩饰目中的激动兴奋之意。

监事房的大汉深深地看了白小纯一眼，面色阴晴不定，最后一抱拳。

"白师弟藏得真深，佩服，佩服。"他面无表情地说了一句，转身没有迟疑，带人离去，将昏迷的许宝财也拎走。

直至众人离开，张大胖等人来到白小纯身边，一个个看向白小纯时，都露出笑意，监事房毕竟是外人，而张大胖等人知道白小纯数月来的努力，此刻对他，更多的是服气。

"你小子，行啊，那小半年没白玩命！"张大胖一拍白小纯的肩膀。

"那是，我拼起命来，自己都害怕。"白小纯得意地抬起头，如一只骄傲的小公鸡，惹得张大胖等人再次大笑起来。

第九章
延年益寿丹

　　白驹过隙，时日流逝，当一个月后寒风渐起，顺着通天河吹过灵溪宗，秋叶飘然而落时，白小纯才恍然发现，自己来到这灵溪宗已有一年。

　　这一年对他而言，发生了太多的事情，从一个凡人到修士，具备了凝气三层的修为，更是化解了因成为火灶房一员而引起的一系列争端。

　　许宝财再也没出现在火灶房的门前，甚至白小纯下山去采购火灶房的常耗物品时，曾远远地看了许宝财一眼，许宝财赶紧避开，似对他这里彻底怕了。

　　虽然如此，可这一个月里，白小纯却时常愁眉苦脸，心底叹息，对张大胖等人也没有去说，只能自己连连无奈。

　　"一年的寿元啊……"白小纯看着不远处的大树上，树叶成为黄色，随风落下。

　　"我就如同这棵大树，掉落的树叶就是我的那一年寿元……"白小纯想到这里，颇为伤感。

　　这一个月，他想尽了办法去滋补，可额头发梢内的那根白发，依旧没有变黑，他也旁敲侧击地问了一下张大胖等人，已然明白了在这修真界内，补充寿元的方法不是没有，可要么存在了某种限制，要么就是罕见得如凤毛麟角。

　　渐渐他茶不思饭不想，就连小脸都憔悴了，可就在他只能选择放弃，不得不接受自己减少了一年寿元这件事情时，一天午后，外出采购火灶房物品的他，站在第三峰下，看着那里的一座巨大的石碑，呼吸慢慢急促起来。

这座石碑在灵溪宗南岸，每座山峰下都有一块，上面有无数密密麻麻的一行行字迹，闪烁光芒，时而如流水一样滑动，被新的一行字替换。

这里是灵溪宗接受宗门任务的地方，只要是灵溪宗的弟子，都需要去完成宗门的任务，换取修行所需的灵石以及贡献点。

尤其是贡献点，无论是去听经文，还是去术法阁，又或者是那一处处特殊的修行之地，在宗门内几乎所有事情，都可以用得到，甚至某种程度，比灵石还要珍贵。

此刻在这第三峰下的任务石碑旁，正有不少外门弟子在那里目不转睛地凝望，时而选择了任务后，立刻与石碑下盘膝打坐的中年修士恭敬地低语。

还有一些杂役也在其中，与穿着青色云水袍的外门弟子之间，从衣着上可以清晰分辨。

灵溪宗的任务，只有需内门弟子完成的，才是特定不在这里显露，至于其他任务，无论是外门弟子还是杂役，都可以选择。

一些力求上进的杂役，都将此地看成是自身鱼跃龙门的第一步。

白小纯站在这里已有一炷香的时间，面色阴晴不定，盯着在那石碑中断、一行闪烁的字迹，神色内露出迟疑。

"延年益寿丹……没想到宗门内居然有这种丹药，听名字，似乎可以增加寿元……"许久，白小纯喃喃低语，沉思少顷后来到了石碑下的中年修士身边。

此人四周有不少外门弟子，他们察觉白小纯到来，一个个都选择无视，身份的不同，使得他们对于杂役，根本就看不入眼。

直至那中年修士身边的人少了，白小纯露出乖巧的样子，抱拳一拜。

"师兄中午好。"

中年修士抬头扫了白小纯一眼，微微点头，没有说话。

"师兄，这里有个任务，寻找几株草药，可换取一枚延年益寿丹，不知此丹是否有增加寿元的效用？"事关自身的寿元，白小纯连忙问道。

"延年益寿丹……嗯，是有这么一个任务，此丹也的确可以延年益寿，可增加一年寿元，不过有不少限制，只能凝气五层以下使用，且只有第一次有效，再吃就没用了，说其珍贵的确珍贵，可只是一年寿元，用处却不大。"中年修士眼看白小纯乖巧，不由得多说了几句。

"一般来说，这只是作为宗门弟子给家中老迈凡人吊命所用，但价格也不菲，这个任务，你要接吗？"

白小纯抬头看了眼石碑，合计一番，点了点头。

中年修士右手抬起一指石碑，立刻其上这条任务成为灰色，与此同时他右手多出了一枚玉简，扔给了白小纯。

"青灵叶，地龙果，石虫皮，这三样药材若干，就可来此换取一枚延年益寿丹。"中年修士淡淡开口，不再理会白小纯，而是与一旁过来的外门弟子，介绍任务。

白小纯拿着玉简离去，满脑子都是"延年益寿"这四个字，目中慢慢露出坚定。

"一定要换到这枚丹药，补充我损失的那一年寿元。"

带着这样的决然，白小纯直奔四海房，查找一些可提供给杂役知晓的资料，在其内找到了青灵叶的介绍，此物是一种名为候灵鸟栖息之地才会生长的药草，因这种候灵鸟喜好群居，且寻常一只都堪比凝气二层，想要获取并非易事，故而价格一向不菲。

至于地龙果与石虫皮，四海房不曾记录，白小纯摸了摸自己的口袋，苦笑着离去，回到火灶房后向张大胖等人打听，地龙果没人听过，但石虫皮黑三胖知晓，此物居然真的是一种名叫石虫的灵虫蜕下的皮。

据说这皮坚硬无比，且非常沉重，南岸这里很少，北岸因所修功法以驭兽为主，才会出产，不过南北两岸虽都是灵溪宗，可间隔了主峰山桥，除非是成为内门弟子，否则的话没有资格踏入桥山来往两岸。

"你打听这些药材干什么用？这些东西没法吃的，而且山下南岸坊市内价格都高得离谱。"张大胖拍了拍肚子，诧异地说道。

白小纯一听"坊市"二字，眼睛一亮，简单解释一番后就直奔山下，他在火灶房这一年，出宗门的次数虽有限，可也知晓宗门外有一处坊市。

那里大都是宗门的弟子所在的修真家族开设，甚至有一些索性就是宗门弟子持有，专门为宗门弟子服务，时间长了，渐渐也就具备了一定的规模。

平日里火灶房所需之物，也都是在这里采购。

在坊市转了一圈，尤其是去了一些草药坊，当重新回到火灶房时，白小纯眉头紧皱，心底连连叹息。

"太黑了，尤其是地龙果，不就是一种在地底生长的植被果实么，居然那么贵！"白小纯无奈地发现，以目前自己的本事，根本就无法换取一枚延年益寿丹。

他对钱没有什么概念，相比于寿元，多少钱财都无所谓，只是此刻囊中羞涩，而平日里与几个胖子师兄在一起，他也知道那几个人肚子有货，可口袋里一样干瘪，比自己富裕不到哪去。

至于火灶房的灵食，他们偷吃无人抓住痛脚，但若是想要卖出去，监事房的人盯着的程度，令人发指。

想来想去，也没有什么办法能赚到钱，除非是将炼灵之物卖掉。

可此事他总觉得不妥，连续数日冥思苦想，就在这一天，他盘膝坐在屋舍内修行时，忽然听到一声钟鸣回荡在宗门内。

这钟鸣声不大，很快消散，白小纯睁开双眼，没有意外之色，这钟声他在进入宗门后，每个月都可以听到，也早就从张大胖那里知晓，这是各峰试炼之路对杂役开放，给晋升外门弟子名额的日子。

想要从杂役鱼跃龙门成为外门弟子，首先要具备凝气三层的修为，其次是选择一座山峰的试炼之路，虽说那试炼之路就是一处蔓延至山顶的台阶，可却加持了法力，让人举步艰难，若能走上去，便有成为外门弟子的资格。

只不过外门弟子名额有限，每一次各峰只选最快走完试炼之路的前三名，优中选优，而灵溪宗的杂役众多，仅仅是南岸的杂役，就足有上万人，所以每次的争夺都很激烈。

至于火灶房的众人，自然是宁在火灶饿死，不去外门争锋，每月的今天，都是看着热闹儿，一脸的不屑。

白小纯闭上眼，可猛然间他的双眼就再次睁开，目中有一抹古怪之色，瞬间闪过后化作了惊喜，脑海中渐渐萌生了一个念头，他站起身在房间里走了几圈，仔仔细细地将这个念头考虑得周全后，他脸上顿时喜色洋溢。

"能成！"他立刻推开房门，将正在议论这一次哪个杂役倒霉成为外门弟子的张大胖等人喊到一处。

"师兄们，我有个发财的点子，还请诸位师兄帮我，咱们一起发财！"白小纯舔了舔嘴唇，目中冒光地看着张大胖等人。

这副样子张大胖等人不陌生，当初白小纯提议碗底变厚，造福了火灶房时，就是这个模样，顿时都来了兴趣。

"九胖你有什么主意？说心里话，我们几个也都穷啊，都怪那该死的监事房，不然的话，卖些火灶房的东西，我们就发了！"张大胖一拍白小纯的肩膀，目中露出期待之意。

第十章
师兄别走

眼看四周几个胖子师兄都目不转睛地望着自己，那一双双小眼睛内似乎闪动着灵石的光芒，尤其是张大胖，更是看向自己时目光如火……白小纯干咳一声，颇有一些小小的自豪感。

"师兄，你们看啊，我们灵溪宗每个月，三座山峰都会开启试炼，给我等杂役一个鱼跃龙门的机会，是吧？"白小纯抬起白净的小脸，怎么看都是无比乖巧。

听到白小纯这么说，张大胖等人点了点头。

"可宗门是要优中选优，所以不管有多少人参加每个月的试炼，每座山峰都只会选择最快走完试炼之路的前三，是吧？"白小纯舔了舔嘴唇，目中开始放光，他说到这里时，张大胖若有所思。

还有黑三胖，也是如此，至于其他人大都是懵懂。

"你的意思是……"张大胖看向白小纯，目中慢慢露出神采。

"以师兄们的修为，算上我一个，咱们实际上都可以走到每一座山峰试炼之路的顶端……"白小纯看了眼身边的几个师兄，这些人每一个都是凝气三层，尤其是张大胖与黑三胖，已然是凝气三层的巅峰，若不是时刻压制，不愿太显眼以至于离开火灶房，早就可以突破了。

"所以，只要我们在每一次试炼开启时，最快走到顶端，占据了前三的名额后，就可以……卖名额给后面的人啊！"白小纯快速说完，看向张大胖等人。

张大胖身体一颤。

"太损了……"他倒吸口气，狠狠地一拍大腿，目中露出了前所未有的光芒，这方法不复杂，极为简单，只不过是换了一种思路，说出后人人都懂，可没说出时，却是人们思绪的反面。

张大胖此刻甚至有种醍醐灌顶，从此人生打开了一扇崭新的大门之感，不由得大笑起来。

"这招损到了极致，哈哈！"黑三胖一跺脚，脸上不知是羞涩还是激动，泛起阵阵红晕。

其他几个胖子师兄，此刻也都全部反应过来，纷纷振奋，一个个呼吸急促，看向白小纯时都不由得越发佩服。

"这招可以，干了！"

"他奶奶的，监事房那群王八蛋，害得我们这么多年穷得要死，好在九师弟来了，干了！"众人立刻兴奋，相互讨论一些细节之处。

等大家都觉得没有遗漏后，准备在下个月试炼之路开启时这么干，张大胖高兴得一拍肚子。

"今晚加餐！"

嬉闹之声从火灶房内传出，接卜来的这一个月，火灶房的每一个人都干劲十足，甚至为了万无一失，罕见地都修炼了几天，最后一个个都在等着日期临近。

终于，这一天到了。

清晨，阳光明媚，灵溪宗南岸的三座山峰下，出现了一幕前所未有的景象，只见每一座山峰下的试炼之路的入口处，远远一看，赫然都有三口大黑锅。

仔细一瞧，大黑锅下，一个个胖子威武非凡地站在那里，气势惊人。

正是火灶房的九人，他们可以说是第一批到了三座山峰试炼之路的杂役，按照之前的安排，三人一峰。

此刻大量的杂役正快速从四面八方赶来，这些杂役一个个都摩拳擦掌，精神十足，他们有的已数次失败，有的则是首次参加试炼，纷纷紧张中带着期待，渴望自己能从此飞黄腾达，从杂役晋升为外门弟子。

可随着他们的靠近，当来到自身所选择的山峰时，立刻就看到了火灶房的诸位胖子。

"火灶房？他们怎么来了？"

"我做杂役已有九年，参加试炼不下三十次，这还是第一次看到火灶房的人出现在这里……"就在这些杂役纷纷诧异时，彼此沟通了消息，知晓了三座山峰全部都有火灶房的胖子后，立刻全都嗡鸣起来。

"出大事了，火灶房的人居然要来抢外门弟子的名额，这怎么可能……"

面对四周杂役的吃惊议论，在第三峰下的白小纯、张大胖与黑三胖三人，神色淡定，仿佛神游太虚，对于身边的一切议论毫不理会。

他们已经将全部注意力放在了身边的试炼入口上，只等开启的那一刻，在他们看来，这已不是什么试炼之路，这分明就是一条闪闪发光的灵石之路。

尤其是白小纯，他更是神色极为严肃，目不转睛。

很快地，就有三道身影分别从三座山峰上飘然而下。在白小纯所在的山峰上下来的，是一个中年男子，此人仙风道骨，走来时刚刚到了试炼之路旁，就看到了张大胖那如肉山般的身躯。

目光从白小纯三人身上扫过，这中年修士身为负责试炼之路的执事，也都心底诧异起来。

"太阳打西面出来了？这火灶房的人，平日里一个个死都不愿成为外门弟子，今儿个怎么来了？"

他不由得多看了几眼，神色内渐渐露出鼓励之意，大袖一甩，声音传遍四方。

"晋升外门弟子的试炼，开始！"他话语刚一传出，立刻一声钟鸣在宗门内回荡，与此同时，试炼之路的入口光芒一闪，瞬息开启。

就在刚刚开启的刹那，张大胖一脸执着，身影呼的一下，掀起一阵大风，顺着山路台阶，向上急速奔跑，似身后有凶兽追击一样。

黑三胖也是如此，他眼中露出凶残之意，仿佛谁和他抢试炼之路，就是抢他的命，紧随张大胖身后。

第三个是白小纯，他速度更快，如同一个兔子，满脑袋都是延年益寿丹，一跃而去，转眼间三人就在这山路上狂奔。

这时候其他的杂役才反应过来，一个个面色变化，咬牙纷纷跑上试炼之路，向着山顶快速追赶。

不但是此山这样，其他两座山峰一样如此，奔跑在最前面的，全部都是火灶房的胖子。

这第三座山峰名为香云山，此刻在试炼之路上，白小纯三人速度飞快，遥遥领先，但渐渐地也都慢了下来，感受到了来自八方的威压不断地降临，如身上压下了重负。

白小纯连忙回头看了眼，发现身后有七八人紧随不断时，他有些着急了，有种延年益寿丹快要被人抢走的感觉。

"抢我延年益寿丹，就是在抢我的命啊！"他憋足一口气，面孔越来越红，体内灵气轰然扩散，化作一股动力，如被踩了尾巴的野猪，轰的一声就冲了出去，直接超越了黑三胖，超越了张大胖，速度暴增一倍以上。

黑三胖也在此刻吼了一声，不知展开了什么手段，一样速度增加，又将张大胖超越，紧随白小纯身后，眼看二人都要跑得没了影时，张大胖急了。

他深吸口气，身体上的肥肉竟肉眼可见地缩小了一圈，如同体内肥肉被燃烧般，速度顿时暴增，轰轰间，追上了黑三胖，三人一起，绝尘而去。

他们后面的杂役，看到这一幕，全部目瞪口呆，很快就露出绝望，可却不甘心，纷纷拼了全力，可怎么也都追不上白小纯三人，有些脾气暴的，直接开骂。

"该死的，他们莫非吃了灵药，怎么这么快！"

直至一炷香后，始终跑在最前面的白小纯，已到了山顶，甚至看到了出口处站着的两个等在那里，准备录取杂役的外门弟子。

"恭喜师……"山顶出口的位置，那两个外门弟子眼看白小纯到来，微微一笑，开口话语刚说了三个字，还没等说完，就立刻睁大了眼，愣在那里。

只见白小纯身体猛地一顿，踉跄地又跑出几步后，瞬间停顿下来，距离面前的试炼之路的出口山顶，只差一步。

他看了眼面前两个外门弟子，那两个外门弟子也看着他，白小纯乖巧地笑了笑后，立刻转身。

"停！"他转身时向着身后抬手一按，口中大吼，顿时紧随其后的黑三胖与张大胖，气喘吁吁地急速停顿，在这靠近出口的位置，三人都喘着粗气，你看看我，我看看你，都开心得大笑起来。

而他们身后出口位置的那两位外门弟子，面面相觑，有些摸不清状况，不知道这三位是否脑袋抽风了，到了这里，居然不上来。

"三位师弟，你们是最先到来的，可以过来了，走过这里，此番晋升外门弟子的名额，就是你们三人的了。"两个外门弟子中的一人，好心地开口。

"外门弟子？谁想成为外门弟子啊。"张大胖一摆手，索性与黑三胖一起坐在了那里，两座肉山直接堵住了出口的大门。

白小纯坐在他们身前，抬起下巴，一脸傲然地等待着。

"啊？不想成为外门弟子，你们来这里干什么？有毛病吧！"那两个外门弟子有些不悦。

面对这两个外门弟子的话语，张大胖等人置若罔闻，一双双小眼睛都盯着山下。

直至又过去了一炷香的时间，才看到远处的台阶上，有个马脸杂役正气喘如牛，缓缓到来，看到白小纯三人时，这马脸杂役叹了口气，眼中带着不甘心，这是他第九次参加试炼了，如今是最有希望的一次，可却遇到了火灶房。

他满脸悲愤，正要转身放弃时，白小纯连忙站起，高呼开口。

"这位师兄别走啊，来来来，我想了想，舍不得火灶房啊，忽然不想成为外门弟子了，要不这个名额……"

马脸杂役一愣，双眼顿时一亮。

第十一章
侯小妹

绝处逢生，这是此刻马脸杂役在听到白小纯的话语后，脑海中第一个反应，可紧接着他的目光落在了白小纯身后的两座笑容不怀好意的"肉山"上时，迟疑了一下。

"你……"

白小纯一脸笑容，模样可爱，人畜无害地走上几步，拍着马脸杂役的肩膀，笑容可掬地开口：

"恭喜师兄即将成为外门弟子，从此鱼跃龙门，飞黄腾达，未来不可限量啊，可师弟我辛苦地跑到这里，师兄你看是不是要给点补偿啊？"

马脸杂役面色难看起来，他此刻若还不明白对方的意思，就真的是白活了这么多年，看了白小纯一眼，又看了看张大胖与黑三胖，他脸色阴晴不定，思绪飞快地打转，衡量得失。

很快地，马脸青年狠狠一咬牙，他若放弃这个机会，的确不甘心，等一个月是小事，可谁知道下个月时，是否会遇到其他的强者，且眼前这三人……说不定下个月还会在。

最重要的是，他想要成为外门弟子的心已急切，此刻希望就在面前，于是猛地一顿足。

"你要多少补偿？"他咬牙说道。

"不多不多，我为了这一次试炼，准备了好几个月，这样吧，你给我二十个灵石就够了。"白小纯眉飞色舞，连忙狮子大开口，听得马脸青年内心一颤，甩袖就要拒绝时，白小纯再次开口。

"可不是师弟我要得多啊，你看我们是三个人，你不能只给我一个吧，我大师兄和三师兄为了这一次试炼，都饿瘦了。"

这一点白小纯倒真没说谎，这一路跑上来，为了速度，张大胖与黑三胖，的确是瘦了一小圈。

马脸杂役看了眼张大胖与黑三胖，心底不知骂了多少句，又与白小纯砍价一番，最后定在十六个灵石，最后忍着心痛，扔给白小纯一个口袋。

"可以了吧！"他声音都沙哑了。

"没问题了，师兄在旁等等，一会儿再来两个后，我们一起开门。"白小纯把灵石向着张大胖一扔，喜悦地开口。

听到还要再等两个，马脸杂役不知为何，竟心底有了一些期待，那是一种我若不好、你也别想好的复杂心绪。

与此同时，出口旁的那两个外门弟子，亲眼看到了这一幕交易，早已睁大了眼，露出无法置信的神情。

"你们……你们在干什么，竟公然地贩卖外门弟子名额，好大的胆子！"这两个外门弟子，立刻声音严厉，低吼起来。

"喊什么喊，我们爬到这里累了，不想爬了，让给同门难道不行啊，同门师弟看到我们这么辛苦，主动要给我们一些补偿不行啊。"张大胖正美滋滋地数着灵石，闻言不乐意了，转头狠狠地瞪了那两个外门弟子一眼。

他这一番话，竟说得这两个外门弟子一时无语，不知该怎么反驳。

也就在这时，试炼之路的台阶上，有七八个人正涨红着脸，喘息的声音如打雷一样，挣扎着快速走来，最前方的一个是位三十多岁的大汉，这大汉赤着上身，一副彪悍的样子，一步步走到山上后，白小纯眼睛一亮，连忙上前。

"这位师兄，你来晚了一步啊，不过我师兄忽然不想成为外门弟子了，这个名额你要不要？"

那大汉怔了一下，听到了白小纯的话语后，又看到山顶上这么多人，立刻明白过来，冷哼一声。

"你这个小崽子也敢勒索老子，滚开！"他低吼一声，右手抬起猛地一挥，一股凝气三层后期的灵压顿时散开。

白小纯后退一步，大喊一声：

"大师兄！"

几乎在白小纯话语传出的瞬间，一座"肉山"轰然而来，从天而降。

大汉面色大变，骇然地看向上方时，一声轰鸣传来，"肉山"结结实实砸在了他的身上。

大汉的惨叫传出，被张大胖直接就坐在了身下，挣扎半天，始终无法从那"肉山"下爬出，若非是身体健壮，怕是早就岔了气晕倒。

这一幕被后方的七八个紧随大汉身后的杂役看到，一个个目瞪口呆，纷纷心惊。

还有那两个外门弟子，也都在这一刻倒吸口气，看着被压在张大胖身下，身体都似乎要瘪了的大汉，都不由得同情起来。

"大师兄，有人看着呢。"白小纯眼珠一转，在张大胖身边低声开口。

与白小纯接触一年多的张大胖一听这句话，顿时明白，牛眼一瞪，抡起锤子般大小的拳头，向着身下的大汉轰隆隆地砸去。

"敢在胖爷面前吃白食，你胆儿肥了啊！"张大胖一拳落下。

"我们兄弟几人辛辛苦苦上来这里，本是要成为外门弟子，因临时放弃，要你一些补偿过分吗！"

"你奶奶的，你居然敢拒绝！"说着，张大胖不但用了拳头，身体还抬起后再次一坐，压得大汉连连惨叫，差点断了气，眼看张大胖的身体又抬起，这大汉一脸恐惧，挣扎着伸出一只手，高举一个口袋，急声开口。

"我给补偿！"

张大胖一顿，赶紧起身将这大汉扶起，脸上露出喜悦，一把抢过口袋看了眼，顿时喜不自禁地上前亲自拍去大汉衣衫上的灰尘。

"哈哈，好兄弟，你早说嘛，来来来，在那里排队等等，再来一个，咱们就开门喽。"

大汉委屈，敢怒不敢言，憋屈地来到马脸杂役的身边，郁闷得不得了，马脸杂役却心底舒坦了很多，觉得自己之前非常英明。

"大师兄威武！"白小纯脸上都快笑出了花，尤其是看到大汉后面的那些人此刻驻足，一个个面色惊魂未定的模样，更是欣喜。

张大胖一脸得意，晃晃地走到了出口旁，堵住门，又坐了下来。

出口外的那两个外门弟子，此刻面面相觑，他们觉得之前这三个家伙就够过分了，居然勒索，可现在这么一看，似乎之前还是温和的。

"他们……他们居然敢强抢！！"

"这就是抢劫！"二人怒火燃烧，心底甚至更多的是嫉妒，隐隐觉得自己当年怎么没想到这么个主意。

相比于他们，心中最百感交集的，是那七八个随着大汉后面上来的杂役，他们眼睁睁地看到了大汉被坐在张大胖身下的全部过程，此刻一个个站在那里，目中却慢慢出现了奇异之芒。

原本他们是很难成为外门弟子的，可眼下这么一耽搁，似乎……有了机会。

"诸位师兄，还有最后一个名额了，这样好了，你们价高者得！"白小纯多精的人啊，看到这一幕，立刻开口，他声音尖细，传遍四周，如同引爆了众人心中的思绪，使得粗重的呼吸声，顿时强烈起来。

那七八个杂役目中原本的奇异，顿时无限地放大，心中不由得升起了一个又一个心脏加速跳动的念头。

"我出十个灵石！"

"十一个！"

"这个名额我要定了，我出十五个灵石！"

一时之间，叫价之声此起彼伏，仿佛此地成了拍卖场，听得白小纯三人越发兴奋。

而落在门口处那两个外门弟子耳中，更是火上浇油一样，在他们看去，勒索不说，就算是抢劫也就罢了，可居然在这里开起了拍卖行，立刻二人脑海嗡鸣，心中的荒谬感如惊涛骇浪，觉得三人中最可恶的，不是张大胖了，而是这看起来乖巧的白小纯！

"太过分了，太无耻了！"其中一个咬牙，眼睛都红了，心底不知是嫉妒还是愤怒，赶紧转身走远，要去通报宗门执事。

眼看叫价持续，可白小纯还觉得不够激烈，眼珠一转，再次开口。

"诸位师兄要快一些啊，不然时间耽搁得久了，其他同门杂役爬上来了，对他们而言，这是卖身都可以的机会啊。"

他这话语一出，立刻从众人身后的试炼之路上，有一个女子的声音带着激动，蓦然传来。

"我侯小妹出三十个灵石！我家里是修真家族，就不缺灵石，谁敢和我抢！"说话的是一个妙龄少女，皮肤白白，身材小巧，还有几分清纯，此刻正气喘吁吁地爬上来。

张大胖一看到这妙龄女子，眼睛都直了，正想说些什么，又忍住了，但却情不自禁地瞄了眼白小纯。

随着侯小妹的叫价，此地相互开价的众人立刻就爆了一样，价格顿时飙升，到了最后，那位自称修真家族后人的侯小妹，直接开出了一个让马脸青年与大汉都觉得心惊肉跳，甚至觉得自己占了便宜的价格出来。

不多时，侯小妹挺着鼓鼓的胸脯，一脸得意地走出人群，轻蔑地看了眼身后的众人，这才与内心苦笑的马脸青年以及自称狼爷的大汉，三人走上了最后一处台阶，踏出试炼之地。

他们的身后，白小纯三人抱拳深深一拜。

"恭喜三位道友，从此鱼跃龙门，飞黄腾达！"

马脸杂役等人站在山顶，有些恍惚，虽然成了外门弟子，可却发现自己竟没有多少想象中的喜悦，耳边回荡白小纯等人的话语，马脸杂役与大汉相视一番，只能感慨苦笑。

唯有身边开出天价的侯小妹，激动得振奋不已，白白娇媚的俏脸，此刻红扑扑的。

"想不到我侯小妹，居然遇到了这种好事。"侯小妹得意地想到。

第十二章
篱笆墙上

这一次杂役晋升外门弟子的试炼，就这样地结束了，随着侯小妹三人踏入山顶渐渐远去，张大胖望着侯小妹的背影，摸了摸肥乎乎的下巴，一脸意味深长。

"嗯，白白的，小小的，纯纯的……"说着，又瞄向一旁的白小纯。

白小纯这个时候，也在看着侯小妹的背影，心中无比复杂，尤其是听到张大胖的话，看到了张大胖偷瞄自己的眼神，白小纯忍不住大叫一声：

"别看我！"

眼看白小纯生气了，张大胖连忙哈哈一笑，拿出装满灵石的口袋，转移话题。

"来来来，我们数数灵石吧，这一次发大了，哈哈，这个办法真不错。"

"灵石有什么好数的，数来数去不就那些么。"白小纯哼了一声。

"这个九师弟你就不懂了，看的是灵石，数的是人生。"张大胖口中难得说出这么有人生感悟的话语，听得白小纯一愣，也学着张大胖的样子数了数灵石，最后实在无聊，扔给了张大胖。

就在这时，试炼之路上阵阵光芒闪耀，所有人眼前一花，当清晰时，已都到了山下。

那位之前开启试炼之路的中年执事，在看到白小纯三人后，面色古怪，半晌后摇了摇头，不再理会，有关火灶房的事情，他觉得还是交给宗门来处理好了。

白小纯三人心里还有些紧张，眼看没事，三人相互看了看，立刻相互干咳几声，快速离去，顺着近路直奔火灶房。

张大胖自顾自地数着灵石，一遍又一遍，直至回到了火灶房后，其他几个胖子师兄也都回来了，一个个都是美滋滋的，相互见面后都得意非凡。

分到了属于自己的那一份后，白小纯扔在了草屋里，他的追求是长生，若非是这一次需要购买草药换延年益寿丹，他也不会想出这么个赚取灵石的主意。

这一夜，火灶房的所有人都没睡好觉，张大胖等人是乍富之后，激动了一夜，回想之前数年口袋干瘪的日子，又遥想未来的美好，随后又有些后怕忐忑，于是都失眠了。

而白小纯这里，想着延年益寿丹，一样失眠。

当第二天到来时，随着火灶房试炼之路堵门的事情的发酵，在灵溪宗南岸的所有杂役区一传十，十传百，最后几乎无人不知。

"听说了吗，火灶房干了一件大事！！"

"他们莫非是穷疯了，居然做出这种事情，天啊，卖外门弟子的名额！太过分了，怎么我之前没想到这个主意！"

"这火灶房我早就听说里面每个人都很有来头，都是与宗门内有些关联的人，不然怎么可能每个都吃得那么令人发指！"杂役区内，所有房，所有人，在这一天几乎全部都是在讨论火灶房。

火灶房也在这几天低调了很多，所有人几乎从不单独外出，直至数日后的一天黄昏，白小纯正在向着一口口底很厚的大碗内倒米汤时，忽然从外面的小路上，传来阵阵脚步声。

"火灶房的人出来，监事房奉命前来调查你等试炼之路的事情！"阴冷的声音蓦然传来时，火灶房的大门，被人直接一脚踢开。

吭啷一声，大门被踢倒，从门外闯来十多个穿着监事房衣衫的杂役弟子，当首之人，正是之前为许宝财出头的那位虎背熊腰的大汉。

"我说怎么今天早上又听到了乌鸦叫，原来是陈飞你又来了。"张大胖与白小纯相互看了看，都装出没事人一样，与其他几个胖子一起，淡定地望着气势汹汹走来的监事房众人。

陈飞冷笑，目光看了眼张大胖，又扫了眼白小纯，忽然眉头微皱，眼前这火灶房的人，实在太镇定了。

他来时的路上内心颇为兴奋，认为自己终于抓住了火灶房的痛脚，可以一举打掉火灶房，结束两房之间长达多年的相互内斗。

"故作镇定！"陈飞内心冷笑，眼中露出厉色，森森开口，"火灶房，陈某问你们，数日前杂役晋升外门弟子的试炼，你们九人可曾参加？"

"参加了。"张大胖笑着说道。

"参加了就好，带走！"陈飞没有多说废话，右手抬起一指，立刻身后十多位监事房的杂役全部冲出，手中拿着铁链，似要捆绑火灶房众人。

白小纯眼看如此，笑着传出话语：

"监事房什么都管呀，都限制了我们成为外门弟子的资格，真是威风。"

陈飞看到白小纯，心底不由得浮现出当日白小纯飞剑的一幕，摆手时身边的众人停顿下来，他盯着白小纯，渐渐眯起眼睛。

"白师弟你既然不服气，那么陈某就再问你一句，你们火灶房，试炼之路上堵住出口，当众贩卖名额，你们既然做了，敢不敢承认？"

"当然承认，是我们做的！"白小纯很坦然，一副乖巧的模样，连连点头，还一指张大胖他们。

"他们也都做了。"

"没错，我们都做了，怎么的！"张大胖等人哈哈一笑，也都承认。

这一幕让陈飞面色一变，他没想到火灶房的人居然这么就承认了，在他想来，这是需要一番艰苦的斗智斗勇后，才会让火灶房的人不得不承认的事情。

此刻觉得诡异，心底隐隐有种不妙之感，于是他不再多言，低吼一声：

"好好好，既然承认了，也省得陈某继续问了，那么就随我走一趟执法堂吧，若有人敢反抗，依据门规，将逐出宗门！"

陈飞说着，身体一跃而起，直奔白小纯，他身后的众人也都冲来。

可就在这时，白小纯右手忽然抬起，掐诀间一道剑光从其袖口内飞出，那把五颜六色的木剑一瞬飞出，在监事房与火灶房的人之间呼啸而过，寒芒逼人，让那陈飞脚步一顿，面色顿时难看。

"白小纯，你敢反抗！"

"陈师兄，监事房有问讯的资格，哪里来的抓人资格？"

"哼，你们都承认自己犯了门规，我当然有抓你们的资格！"

"不知我们犯了哪一条门规？"白小纯笑眯眯地问了一句，张大胖等人也都眯起眼，嘴角露出冷笑，望着陈飞。

"你们贩卖外门子弟名额，违反了门规第……嗯？"陈飞正说着，忽然一顿，随后面色快速变化，渐渐额头居然出了冷汗。

他骇然地发现，门规内竟没有不允许别人贩卖试炼路上外门子弟名额的说法……毕竟这方法，很少有人能去想到，即便是想到，也没有胆量去做……

"陈师兄你怎么出汗了，到底我们犯了哪一条啊，你倒是说啊，莫非我们没有触犯门规，是陈师兄你欺骗执法堂，公报私仇，来这里要对我们动私刑？陈师兄，你这是犯下门规第九卷第十一条啊，依据门规，惩罚不小啊！"白小纯摆出诧异的神情，追问了一句后，声音越来越大，内心暗自舒爽。

"你胡说，我……"这一刻不但是陈飞面色变了，他身后的其他监事房的杂役，也都意识到了问题，一个个面色瞬间都变化起来。

与此同时，张大胖狞笑着抬起双手，在身前咔嚓咔嚓地揉捏几下，其他几个胖子师兄眼中露出凶芒，向着监事房众人走去。

"陈飞，你犯了门规的事，自有执法堂负责，现在我们火灶房这无数先烈当年锻造的大门，该怎么赔偿，你今天得给我们一个交代！"张大胖笑容狰狞，气势在这一刻骤然崛起。

他们既然敢去试炼之路堵门，自然准备周全，早在白小纯一个月前提出这个想法时，他们就已把门规翻烂，这才干了这件大事。

"打！"随着张大胖话语传出，他肉山般的身影，让陈飞等人心神一颤。

一时之间，院子里打斗之声砰砰乱响，白小纯身体一晃，又习惯性地站在了院子旁的篱笆墙上，小袖一甩，背着双手，故作深沉地看着远方，摆出那副高手寂寞、功成身退的模样。

"我白小纯弹指间，监事房灰飞烟灭……"

第十三章
你也来吧！

监事房与火灶房的争斗，已持续了多年，彼此之间摩擦众多，可却都把握好尺度，不会让事情闹得太大，最多也就是受伤罢了。

如今这场因试炼之路而掀起的打斗，持续了也就是一炷香的时间，在张大胖等人的拳打脚踢下，监事房的陈飞等人一个个鼻青脸肿，不得不各自拿出几块灵石赔偿大门，这才放下一番狠话，忍着怨气离去。

临走，陈飞回头看了站在篱笆墙上装出深沉样子的白小纯，心底恨意更多，他发现自从白小纯到了火灶房后，这火灶房就越发可恶了。

这场打斗也引起了整个杂役区的关注，当南岸的诸多杂役发现监事房竟对火灶房无可奈何时，一个个心底都愤愤不已，但也有一些杂役如侯小妹一样，觉得火灶房的行为，对自身而言是一个好机会。

直至第二个月到来，试炼之路再次开启，早早的火灶房的众人就飞奔而去，昂首挺胸地守在试炼之路的入口处。

四周的杂役，一个个怒视他们。

"诸位同门，你们要是比我们爬得快，自然不用买我们的名额，我们这么做都是为了宗门，为了让大家有竞争力，优中选优！"张大胖干咳一声，向着四周杂役开口，这番话是白小纯告诉他的，此刻说出来，顿时众杂役纷纷咬牙。

直至钟声回荡，试炼之路开启的瞬间，火灶房的众人以及所有杂役，都玩命般地一冲而去，似铆足了劲，要去与火灶房比一比。

可很快地，他们望着火灶房这几个胖子以及白小纯的身影消失在了目光尽头后，一个个顿时苦笑，但却咬牙不甘心地继续前行。

这么一来，还真多多少少地符合了张大胖的话语……

又一次成功之后，火灶房众人气势如虹，彻彻底底地轰动了杂役区，使得无数杂役近乎闻风色变，偏偏他们修为高深，体形惊人，让人敢怒不敢言。

这种风光，是这么多年来火灶房所没有的，尽管之前火灶房在杂役区就有很大的名气，可现在，这名气之大，已是火灶房历史上的巅峰。

此后又过去两个月，只要是试炼之路开启，火灶房的众人就一个个精神抖擞，飞奔而去，在他们看来，每个月的这一天，就是发灵石的日子了。

白小纯一样振奋，看着自己的灵石越来越多，购买药草所需的数量即将要攒够时，又一次的试炼之路开启了。

这一天清晨，张大胖，黑三胖，还有其他胖子师兄早早起床，与白小纯一起，九人飞奔而去，路上三三散开，白小纯三人直奔香云山。

可就在途中，监事房的人突然出现，不由分说地随意找了个理由，就与白小纯三人打斗了一番，对方人数众多占了优势，使得这场混战时间略久，直至钟声回荡，张大胖立刻急了，眼睛都红了起来。

也就是在这个时候，监事房的众人却一哄而散，气得张大胖狠狠跺脚，来不及去追击，连忙与白小纯以及黑三胖，三人飞奔冲向香云山的试炼之路，到了那里眼看四周没多少人了，三人着急，赶紧上山。

"监事房的那群王八蛋，等一会儿下山后，召集所有咱们火灶房的师弟，去砸了监事房！"张大胖喘着粗气，怒声开口时爆发全部潜力，体内脂肪被剧烈地燃烧，身体肉眼可见地瘦了一圈圈，速度随之不断地暴增。

白小纯这里也心底来气，他只差一点灵石就够了，此刻狠狠一咬牙，本就很快的速度，立刻再次倍增，与张大胖还有黑三胖一起，三人在这试炼之路奔跑时，一一超越了前方的杂役。

直至快要到了山顶时，三人忽然面色难看起来，因为在那山顶上，距离出口很近的位置，赫然有三个身影站在那里。

当首之人正是监事房的陈飞，他身后两个大汉，也都是凝气三层的样子，三人站在那里，察觉白小纯等人的身影后，一个个大笑起来。

"张大胖、白小纯，你们来晚了！不过没关系，我这里刚好有名额，你们要不要？"

"卑鄙，无耻，小人！"张大胖两眼泛红，咬牙切齿。

"既然不违反门规，你们火灶房能来，我们监事房一样能来！"

"哈哈，这生意以后归我们监事房了！"

陈飞三人声音传出，落入白小纯三人耳中，张大胖怒火中烧，显然对方早有预谋，所以之前才有监事房的人来阻挡他们三人。

张大胖怒吼一声，正要对陈飞三人出手，在他想来，这一次打斗是免不了了，而且以后这样的事情，还不知会出现多少次，这等于是抢他的灵石一样，让张大胖这里怒火腾腾。

黑三胖一样愤怒，可就在二人要出手的瞬间，白小纯眼珠一转，忽然低声开口：

"大师兄，使劲跑，把他们三个推上山，我们宁可这一次不要灵石了，也要断了监事房日后与我们抢生意的路！"

他话语一出，张大胖目中顿时露出狂喜，越发觉得白小纯肚子的坏水实在是太多太多了，仰天大笑时，身体蓦然冲出，黑三胖那里也是双眼一亮，嘿嘿笑了笑，身体晃动，与张大胖并排。

这试炼的山路本就不是很宽，此刻张大胖与黑三胖横在一起，立刻就如同一面墙般，随着冲出，掀起了阵阵风声。

速度之快，刹那直奔陈飞三人，很快就接近了。

白小纯在张大胖身后，尖声地叫嚣。

陈飞三人眼看如此，毫不迟疑地纷纷出手，可他们就算再出手，也不如眼下红了眼、如同受惊野猪般的张大胖以及黑三胖。

这二人此刻的冲击，可以说是惊天地泣鬼神，一路狂奔，直接就撞在了陈飞的身上，陈飞三人身体立刻后退，随即面色猛地大变，一个个眼中露出骇然，他们此刻已然看出了火灶房的意图，纷纷头皮一炸。

若是在其他的区域，陈飞三人可以闪躲，也可以反击，但在这里，他们的反击不但没有效果，反而加速了身体的后退。

越是退后，陈飞三人面色就越是惊恐。

要知道他们也不想这么快成为外门弟子，一旦去了外门，就不再是监事房，而是寻常弟子，会少了太多的油水……

"张师兄别冲动，有话好说……"陈飞额头冷汗出现，连忙开口，话语刚说到一半，立刻被白小纯尖细的声音打断：

"大师兄冲啊，把他们推上山！"

张大胖闻言仰天大吼，身体猛地速度再快一倍，黑三胖一样如此，二人并排而去，轰轰之声传出时，陈飞身后的一个监事房的大汉，第一个无法抵抗，在这狭窄的区域被直接撞出台阶，落在了山顶上，站在那里时，他欲哭无泪。

几乎在他被撞出去的同时，另一个监事房的杂役大汉，发出一声惨叫，身体噔噔噔地后退，一脚踏出了试炼之路，站在了山顶后，他捶着胸口，不甘心到了极致。

最后一个是陈飞，任凭他如何抵抗，在这狭窄的山路上，也最终被轰的一声，直接撞了出去。他眼睛彻底红了，踏在山顶时，看向张大胖等人，目中露出一副要杀人的光芒。

"白小纯！！"他最恨的不是张大胖，而是出了这个损招的白小纯。

此刻在这山顶上，那两个在这里负责的外门弟子，眼睁睁地看着这一幕发生，彼此干咳一声，退后几步没有说话。

靠近出口的试炼之路上，张大胖与黑三胖，嚣张地大笑起来。

"陈飞，再见了，哈哈，以后在杂役区看不到你，我会想你的，真羡慕你可以成为外门弟子啊。"张大胖一拍肚子，肥肉掀起无数波澜。

陈飞三人气得吐血，杀人的心都起了。

"三位师兄不用感谢，恭喜你们鱼跃龙门，成为外门弟子，飞黄腾达，师弟这里非常羡慕啊。"白小纯抬起下巴，一脸得意。

可就在他这得意的话语传出的瞬间，一个冰冷的声音，蓦然从香云山的山顶，淡淡传出：

"不用羡慕了，你也来吧。"

这声音落入白小纯耳中的刹那，他身体猛地一哆嗦，眼中露出恐惧时，一股巨大的吸力猛地从山顶传来，一把笼罩了白小纯，将他的身体瞬间一卷，直奔山顶。

白小纯发出惨叫，一把抱住试炼之路旁边的一棵大树的树干，死死地抱住，叫声更为凄惨：

"师兄救我！"

这一幕太突然，张大胖与黑三胖还没有反应过来，就听咔嚓一声，白小纯抱着的树干直接折断，他的身体如断了线的风筝，直接就被卷到了山顶，与此同时，一个中年男子从山顶走出，穿着一身淡蓝色的长袍，神色不怒自威，正是——

李青候。

第十四章
三师兄？三师姐？

看到这一幕，陈飞三人立刻幸灾乐祸，一个个望着白小纯，大有一种天网恢恢疏而不漏的感觉，而那两个负责此地的外门弟子，也是露出解恨的神情，他们还从来没有对杂役，升起过如此心绪。

"我不去啊……"白小纯身体落地，发出惨叫，阵阵哀号传出，声音里透出的委屈之意，足以让闻者流泪。

与此同时，试炼之路上的张大胖与黑三胖，在看到李青候后，身体哆嗦了一下，赶紧低头，就要趁着李青候不注意逃掉。

"九师弟啊，不是大师兄不救你，香云山掌座都出现了，你就只能在外门吃苦了……"张大胖心底连连叹息，正猫腰低头要溜走时，突然地，他的耳边传来李青候的声音。

"还有你们俩，也来吧。"几乎在张大胖听到这句话的瞬间，一股巨大的吸力蓦然传来，直接卷着张大胖与黑三胖，不给他们抱住大树的机会，直接拽到了山顶。

"我不想上山啊，宁在火灶房饿死，不去外门争锋……"张大胖惨叫，声音之凄惨，比白小纯这里甚至都强烈数分，听得白小纯诧异地抬头，都忘了继续惨叫。

黑三胖没有发出什么声音，但却一脸的郁闷，噘着嘴，默默望着山下，不舍之意浓郁。

"闭嘴！"李青候听着张大胖的惨叫，面色一沉。

刹那间，白小纯这里立刻站起了身，神色肃然，凝重地站在一旁，在他的身上再也看不到一丝一毫委屈的样子，整个人如同换了一张脸。

张大胖也愣了，赶紧起身，可心底的委屈却如大海一样，要把自己淹没，之前白小纯惨叫时，对方没在意，为啥自己一惨叫，立刻就被呵斥。

"张大海，你去紫鼎山，从今天起，你就是紫鼎山的外门弟子！"

"陈轻柔，你去青峰山！"

"白小纯，你留在我香云山，成为此山外门弟子，跟我来！"李青候看了白小纯一眼，有些头痛，他只不过是闭了一次关而已，出来后就听到了宗门内关于火灶房等人的事情，此事都传到了宗门长老那里，只不过在那些人看来，这种事情是修行时难得的乐趣，倒也没有想要惩罚，可却觉得这么下去不好，于是李青候才来到了这里。

此刻说完，他大袖一甩，没理会陈飞三人，向着香云山更高的山峰走去。

白小纯苦着脸，叹了口气，与张大胖以及黑三胖告别，忽然想起了什么，古怪地看向黑三胖，不确定地问了一句：

"三师兄的大名是……陈轻柔，哈哈，好名字，听起来就是一个绝世美女。"

黑三胖正郁闷，闻言哼了一声，转身向着山下走去。

"他怎么了？"白小纯看向张大胖。

张大胖也古怪地看了白小纯一眼，拍了拍他的肩膀，语重心长地说了一句：

"九师弟，我从来都没和你说过，黑三胖不是你的师兄，实际上……她是你的师姐。"张大胖干咳一声，赶紧跑开。

白小纯呆呆地站在那里，只觉得五雷轰顶，整个世界似乎都扭曲了。

"师……师姐？"好半晌，白小纯倒吸口气，正要去看黑三胖的背影时，耳边传来李青候冰冷的声音：

"啰里啰唆，还不跟上来！"

白小纯又苦起脸，赶紧快跑几步，跟着李青候，三步一回头地遥遥望着山下的火灶房，心底长吁短叹。

至于李青候的身份，他早就打探出来，知晓灵溪宗北岸有四峰，南岸有三山，李青候正是三山中的香云山的掌座，于宗门内位高权重。

这香云山看起来不大，可实际上走入其内，四周鸟语花香，如同仙境不说，更是比从外面看大了数倍不止。

试炼之路的出口山顶，只不过是香云山的一处分支山头而已，与整个香云山比较，只能算是山脚。

随着走入香云山，四周云雾缭绕，更有阵阵药香夹杂在雾气内，闻一口都让人心旷神怡，仿佛全身上下都暖洋洋的，白小纯立刻觉得不凡，赶紧大口地呼吸，渐渐身体内数月不曾精进的凝气三层修为都活跃了不少。

走在前方的李青候，虽没有回头，但目中却露出欣然之意，对白小纯一年多来的修行速度，觉得尚可。

"你成为外门弟子后，不可再去胡闹，我辈修行，如逆水行舟，要时刻自勉。"李青候淡淡开口。

白小纯不敢说些反驳对方的话，只能摆出乖巧的样子，连连点头。

"外门弟子的修行，宗门资源只是一方面，还需自身勤奋与机缘，所以有大量的宗门任务让人去完成，你这里稍后去看下，选择一些任务去磨炼一番。"李青候又交代道。

白小纯听到这里，忽然内心一动，他想起了之前翻看门规时，曾看到对于外门弟子的一条规定，似乎外门弟子每隔一段时间，至少要完成一件任务，若是没有完成会有惩罚，收回外门弟子的身份，贬回杂役。

他立刻心中惊喜，可正想到这里，前面的李青候似能猜到白小纯的心思般，淡淡说了句话：

"别去想门规了，旁人不完成会贬回杂役，你若懒惰，我将你逐出宗门，送你回村子，百年之后，我若想起，会去为你上根香的。"

白小纯吓了一跳，若没见识过仙人的世界还好，此刻见识了这些，走入了长生的路，如果被送回村子，就断了长生的念头，于是赶紧一拍胸口，保证自己一定主动去完成任务。

不多时，在这香云山的中段，云雾间出现了一处阁楼，这阁楼不大，但却颇为典雅，顺着窗户可以看到里面有一个青年，正安静地看书。

察觉有人到来，青年抬起头，露出一副俊朗的面孔，看到李青候后，他连忙起身走出阁楼，向着李青候一拜。

"弟子拜见掌座。"

"此子白小纯，你带他去办理外门弟子的身份。"李青候回头看了白小纯一眼，身体一晃化作一道长虹，直奔山顶。

眼看李青候离去，白小纯这才松了口气，感觉压力一下子小了很多，甚至觉得天空都越发地蔚蓝了。

那青年打量了白小纯几眼，忽然笑了笑。

"你就是这几个月，堵住我香云山试炼之路，贩卖名额的……白小纯？"

"师兄谬赞了，这种小事，不值一提。"白小纯讪笑。

青年闻言笑声又大了一些，看向白小纯时目中露出感兴趣之意，不再继续说这个话题，而是带着白小纯走在香云山，路过一些建筑时为他介绍。

"我香云山在宗门南岸处于一个超然的地位，因相比于青峰山的剑修、紫鼎山的术法，我香云山擅长的，是炼制灵药。

"即便是在这通天河的支脉上，四大宗门中，我香云山也是声名赫赫，尤其是掌座大人，更是整个东林洲内，仅有的两位药师之一。

"所以，成为我香云山的外门弟子，也就成为灵童，需要学习草木知识，学习炼药之法。"一路上青年为白小纯介绍得颇为详细，又带他去领取了外门弟子的衣衫与物品，甚至还有一个储物袋。

这储物袋内虽只有很小的一片空间，但依旧让白小纯觉得神奇，尝试了几次后，立刻如获至宝地收了起来。

最让他觉得喜悦的，是成为外门弟子后，宗门内居然奖励了二十块灵石，这让只差一点就可以买草药的灵石数，立刻够了。

直至黄昏，在这青年的介绍下，白小纯对于香云山有了较为全面的了解后，青年带他去了一个叫作万药阁的地方。

在这里，他取了一枚玉简。

"这玉简内有一万种草木，你需要牢牢记住，才可以换取第二枚玉简。

"白师弟，修行之路漫长，灵药是不可缺少的助力，而若能成为一个药师，可让你在这里平步青云。

"灵童，药徒，药师……白师弟日后能走到哪一步，就看你的造化了。"青年温和地笑道，在傍晚时，他将白小纯送到了宗门安排的院子。

"白师弟，明天我这里要下山，就不陪你去藏经阁了，你记得明天清晨过去，取紫气驭鼎功的后几层口诀，另外还可额外选择一门功法，这是每一个外门弟子只有一次的挑选功法的机会，之后就要花费贡献点了。

"日后若有什么不解之处，你也可随时来找我，我叫侯云飞，感谢白师弟当日对舍妹的照顾。"侯云飞微微一笑，向着白小纯抱拳一拜，转身飘然离去。

"侯云飞？"白小纯回礼之后抬头，望着对方的背影，想了想后，忽然想到了一个女子的身影。

"侯小妹！"他眨了眨眼，颇有一种无心插柳柳成荫的感觉。

许久，他深吸口气，转身看着自己的院子，渐渐目中露出一抹朝气，身影在傍晚的月光下，倒也挺拔如峰。

"也罢，外门弟子似乎看起来也不错！"白小纯小袖一甩，走入院子。

第十五章
不死长生功！

月光皎洁，落在灵溪宗香云山上，冲淡了一些云雾，使得整个山峰露出了大半，看起来别有一番美景。

在这山峰东侧的中断，一条岔开的山路尽头，有一处院子，这院子足有一亩地大小，四周草木花香，很是别致，院子里有一间木屋，里面无论桌椅床木，都是一种深紫色的木头所制，散出淡淡的檀香，远不是杂役区可比。

木屋外的院子里，还有一片被开垦出来的田地，角落里还有口井，此刻在月光下，白小纯看着四周，目中露出满意。

"外门弟子已算是灵溪宗承认的弟子了，待遇自然要比杂役好太多，这独门独户的宅子真不错，不过以前听大师兄说起过若能成为内门弟子，就可以住在洞府里……不知洞府又是个什么模样。"白小纯抬头看向香云上的山顶。

整个香云山，只有内门弟子才有资格居住在山峰的上半段。

不多时他收回目光，在木屋内伸了个懒腰，拿出储物袋，轻轻拍了一下，立刻面前出现了一瓶丹药，还有一根青色的香。

"好东西啊。"白小纯对着储物袋爱不释手，许久目光落在丹瓶与青香上，丹瓶有个标签，写着"凝灵"两个字，至于青香上则刻着"升青"二字，他当初成为杂役时，也曾获得过类似之物，吞下后修为增加了一些，至于香则是点燃后，吞吐烟气，与丹药效果一样。

"就这么吞下有些浪费，不如炼灵后再使用，或许可以让我修为突破瓶颈。"白小纯略一思索，有了决断，只不过眼下没有一色火的木头，他准备白天下山弄一些。

想到这里，白小纯盘膝打坐，开始修炼，对于修炼之事，白小纯从没有放弃过丝毫，哪怕是这段日子始终进展缓慢，可依旧每天坚持一段时间。

他是为了长生而修，故而对于修行，颇为执着。

一夜无话，清晨朝霞洒落，融入雾气内，使得雾中如有宝光，折射出阵阵华彩，白小纯修行一夜，睁开眼后精神抖擞，穿上外门弟子的衣衫，快步走出木屋，按照昨天侯师兄交代的位置，去了藏经阁。

藏经阁距离他居住的地方略远，在山的另一面，走了半个时辰，他才遥遥看到一座高高的塔楼，光芒流转，有阵阵威压从内散出，笼罩八方。

途中遇到了不少外门弟子，大都是行色匆匆，察觉到白小纯这里凝气三层的修为后，便直接无视。

白小纯也没有介意，只是脚步更为谨慎起来，这一路上他所遇到的外门弟子，修为都在他之上，甚至还有几人，给他一种深不可测之感，这些人的四周往往簇拥不少弟子，笑谈着从他身边走过。

越是接近这藏经阁，四周的外门弟子就越多，白小纯正要靠近，就在这时，一道长虹从远处山峰飞来，绕着香云山转了一圈后，直奔天边。

长虹内可以模糊地看到，里面是一个青年，脚下踏着一个轮子，速度飞快。

"是执法堂的钱大金，钱师兄！

"钱师兄身为内门弟子，更加入执法堂，声名赫赫，据说已到了凝气第八层大圆满，可以短时间借助法宝飞行，让人羡慕。"

白小纯也一样羡慕地看了过去，直至对方消失在了天边，这才内心感慨。

"等我有一天可以飞了，我也要每天趁着人多时，绕着香云山飞几圈！"白小纯暗自期待，穿过人群，来到了藏经阁内。

这塔楼很大，第一层很空，只有一张案儿，后面一个老者闭目打坐，每一个从其身边路过的弟子，都会把身份令牌放在案儿上，待光芒一闪，才恭敬地走过。

白小纯有样学样地走了过去，将令牌放在案几上，很快令牌光晕一闪，他连忙拿起，跟着前面的师兄上了楼梯，到了这藏经阁的二层。

此地有众多的架子，上面放着一排排玉简，偶尔还有一些竹书，每一个都有柔光笼罩，使得整个藏经阁的第二层，看起来很是不俗。

不远处还有一条楼梯，白小纯看了看四周，走向楼梯，刚要上去时立刻一道光幕出现，将他弹了回来。

一旁有个一字眉的青年正在翻看竹书，察觉这一幕后抬头扫了白小纯一眼。

"师兄，这第三层需要什么资格才能上去？"白小纯摆出乖巧的样子，好奇地向着那一字眉的青年问道。

"你是新来的弟子吧，那里是凝气五层才可以去的。"青年淡淡开口，不再多说，低头翻看竹书。

白小纯知道对方这是不愿有人打扰，于是不再尝试去第三层，而是在这第二层转悠起来，时而拿起玉简，时而翻看一些竹书，看着里面五花八门的功法，他每一个都很心动。

尤其是里面一门火道术法，更是让他觉得不错。

不多时，他就找到了紫气驭鼎功的玉简，里面有第四层到第八层的图案与口诀，赶紧将其拿在手中，白小纯又继续溜达起来。

时间流逝，很快就到黄昏，白小纯在这第二层，才走完了七成区域，四周的人也都少了很多。

"有七八种都看起来不错……"他心底还在衡量到底选哪一个时，随手拿起了一本竹书，这竹书有些残破，可白小纯只是看了一眼，就整个人猛地睁大了眼睛，目中露出振奋与激动。

"不死长生功！！"

他深吸口气，仔细地看了看这功法的介绍，知道这是一门炼体的功法，若能到了大成，似乎可以让人不死长生。

他呼吸顿时急促，又看了看这功法的名字，立刻就决定，选择这门功法！

他修行就是为了长生，此刻看到这功法，顿时有种自己与这功法冥冥中有缘的感觉，于是哈哈一笑，拿着竹书下了楼梯。

一层大厅内，案几后的老者依旧闭目，与早上时没什么区别，可当白小纯将"紫气驭鼎功"的玉简以及"不死长生功"的竹书放在案几上时，老者的双眼慢慢睁开，扫了白小纯一眼。

这一眼，让白小纯身体一震，他觉得对方的目光如同闪电，让人看了后不寒而栗，白小纯连忙一副恭敬的样子。

好在很快老者就收回目光，看了眼白小纯的身份令牌。

"新晋弟子，可以拓印一份紫气驭鼎功的前八层，还可以额外选择一门功法。"老者淡淡开口，声音沙哑，正说着，他目光落在了"不死长生功"的竹书上，眉头微微一皱。

"此功法虽描述惊人，可只有残篇，且修行起来难度极大，剧痛非常人能忍，以往宗门内的弟子，很少有人修行成功，大都放弃，于藏经阁内放了很久，你确定要修此法？"老者看向白小纯。

"前辈，弟子非常确定！"白小纯一听老者的话语，大有一种此功在这里这么多年，就是为了等待自己的感觉，尤其是想到"不死长生"这四个字，顿时有种血液燃烧之意，连忙开口。

老者不再劝说，右手抬起一挥，立刻两枚空白的玉简飞出，拓印一番后落在了白小纯的面前，便不再理会，重新闭目。

白小纯将玉简收起，目中带着期待，转身离去，走出藏经阁，直接回了院子。

归来时天色已晚，在木屋内，白小纯盘膝打坐，深吸口气后拿出"不死长生功"的玉简，运转体内灵气，融入这玉简的一瞬，他双目闭合，脑海里顿时浮现出了此功的法诀。

半个时辰后，白小纯才睁开眼，目中若有所思。

这"不死长生功"的确如老者所说，只是一个残篇，上面介绍了此功修行分为内外两炼，其中外炼分为皮、肉、筋，内炼则是骨与血。

而这残篇上，只有皮的修炼之法，且似乎修行起来，的确是非常困难的样子，另外也提到了修行此法，消耗极大，不过其中介绍了几种秘法，似乎所说略有夸张，比如其中一个秘法叫作碎喉锁，竟说无坚不摧。

白小纯迟疑了一下，可看到"不死长生"这四个字后，他立刻目中露出果断，按照功法的介绍，起身双手抬起，不断地拍打全身的一处处位置。

他对于不死与长生，有着无法形容的执着，是寻常人的太多倍，此刻修行也是这样，生生地按照功法的要求，拍了整整一夜的身体。

直至第二天时，他全身刺痛，站也不是，坐也不是，甚至手臂抬起都觉得剧痛难忍，可还是咬牙，按照功法所说，尽其所能地去活动身躯。

"嗷嗷啊啊……先松再紧……啊啊哦哦……紧了再松！"白小纯念着不死长生功里的一句话，在院子里蹦蹦跳跳，惨叫不断，眼泪都快出来了，最后索性一咬牙，竟带着灵石走出了院子，下了山去。

他想着既然要活动，就索性下山去买药草，换延年益寿丹，这样总比在院子里索然地运动要好得多。

于是，这一天的香云山上，不少外门弟子都诧异地看到了一个白白净净的少年，一路身体怪异地蹦蹦跳跳，时而还发出啊啊的叫声，远远一听颇为销魂……

"啊啊哦哦，哦哦啊啊……啊……啊……啊……"

白小纯也不想叫出来，可实在是太痛了，那种痛苦让他觉得哪怕一动不动都很折磨，可每当想到"不死长生"这四个字，他就发了狠心，竟一路从山上走到了宗门外的坊市。

在那里哆哆嗦嗦地买了足够的草药后，他又买了一些一色火的木头，至于二色火的木头价格很高，他只买下一块，口袋就空了。

这才咬牙归来，去了任务处，完成了他在杂役时接下的任务，换来了一枚延年益寿丹。

此丹有拇指盖大小，通体黄色，散出阵阵奇异的香气，看着丹药，白小纯已痛得说不出话来，全身汗珠子不断地流下，衣服都被浸透了。

死死咬着牙，白小纯一步步爬着香云山的台阶，身后留下一地的汗渍，一路不少外门弟子看到他后，都露出诧异的神情，还有一些甚至露出嫌弃之意，毕竟白小纯身上的汗味，实在太大。

他都不知道自己是怎么熬过来的了，一步步地走回院子时，又是深夜，踏入院子，他直接就整个人倒下，痛得昏迷过去。

这一夜，他哪怕是昏迷，也都痛醒了几次，直至天亮后，他睁开眼睛时，全身的痛处才全部消失。

"这才是一个不完整的小循环……"白小纯想起不死长生功的介绍，这样的一天一夜，且不能昏迷，才算是一个完整的小循环，而这样的小循环需要九九八十一次后，才算一个小周天，如同在改造皮肤，之后当皮肤有了一定的韧度，就不会这么剧痛了。

"如果这功法简单，人人可练的话，岂不是人人都可以长生了？越是如此，我就越要修行，这样修下去，我一定可以长生不死！"白小纯目中露出坚决，他对于长生的执念之强，可以说是到了一个让人触目惊心的程度。

趁着此刻身体不痛，白小纯将延年益寿丹取出，仔细地看了看后，正要吃下，可很快就想起了什么，连忙四下看了看，确定没有人在后，他快步跑回木屋，右手掐诀一指，龟纹锅瞬间出现。

"这么吃有些亏了，炼灵之后再吃才好。"白小纯舔了舔嘴唇，取出二色火的木头，点燃后放在龟纹锅下，立刻这木头急速地燃烧，眨眼成为灰烬，龟纹锅上两道纹亮了起来。

他踌躇一番，将延年益寿丹放在了锅内，几乎在这灵药落入的刹那，银芒瞬间刺目闪耀，白小纯有了经验，神色不变，目不转睛地看去。

不多时银芒消失，锅内的延年益寿丹上，赫然多出了两道银纹，一股比之前不知浓郁了多少的药香立刻散出，让人闻一下都精神大振。

"可惜找不到三色火的燃料。"白小纯一把将灵药拿起，直接扔入口中，这灵药入口就化，形成了一股滚烫的热流，在白小纯体内直接扩散。

白小纯只觉得脑海轰的一声，身体如同火炉，全都如在燃烧，额头上的那根白头发，肉眼可见地化作了黑色，体内有种仿佛生机被补充了一样的感觉，甚至过了半晌，这感觉不但没有减少，反而更为强烈，白小纯的鼻孔都流下了鼻血。

"补大了！"他睁大了眼，连忙修行紫气驭鼎功，可却没有太多用处，毕竟这灵药补的不是灵气，而是元气，他的鼻血越流越多，体内的热流此刻膨胀，他觉得自己仿佛成了一个皮球，就要炸了，他立刻骇然。

实际上这枚灵药被炼灵两次之后，效果已远超之前，价值更是超出太多太多，以白小纯凝气三层的修为，根本就无法承受。

此刻危急关头，白小纯猛地想起了不死长生功，连忙跳了起来，双手在身上用了全部力气，飞快地拍去。

砰砰之声回荡，随着拍下，他体内的热流这才出现了疏导之感，白小纯不敢停留，直至过了半个时辰，他体内的热流才完全消散，全身酸软的他立刻倒了下来，喘着粗气，可精神却前所未有地好，目中更有强烈的光在闪动。

"虽然与炼灵有些关系，可根本却是灵药，灵药……居然这么神奇……有的可以增加灵气，有的可以增加寿元……那么是不是也有一种药，可以让人长生？"白小纯越想越激动，双眼光芒更强。

"香云山就是培养药师的……"

"我要成为药师，炼制出一枚……长生不老丹！"白小纯呼吸急促，内心在这一瞬，对灵药升起了前所未有的执着。

第十六章

心细入微

带着这股执着，白小纯躺在院子里，身体虽然酸软，可他隐隐看到皮肤明显地坚硬了一些，这一幕，让他对于成为药师更期待了。

直至在院子里躺了大半个时辰，那种酸软感才消散，白小纯立刻爬起来盘膝坐下，目光闪动时从储物袋内拿出了成为外门弟子后得到的那瓶丹药以及香药。

仔细地看了看后，他深吸口气，又四下瞄了瞄，这才转身回到木屋内，直接就取出了龟纹锅。

"这些丹药眼下可以使用了，炼灵之后，应该可以让我修为从凝气三层，突破到凝气四层去，可惜二色火的材料太贵了，火灶房虽有，但我如今不是火灶房的杂役，有些不大方便。"白小纯如今对丹药兴趣极大，略一思索，不再迟疑，取出了一色火的木头。

"就炼灵一次好了！"他立刻点燃了木头，顿时一色火燃烧，龟纹锅上的一条线很快明亮，白小纯直接将丹瓶打开，里面有三粒龙眼大小的丹药，分成三次进行炼灵。

阵阵银光闪耀，不多时，三枚有银纹的丹药，就出现在了白小纯的手中，直至他又将那根青香也炼灵后，望着面前这四种被炼灵一次的灵药，白小纯盘膝坐下，将青香放在面前后，拿起三粒丹药，全部扔在了口中。

随后摆出紫气驭鼎功第四幅图的样子，按照口诀修行，很快地，他的体内就有灵气翻滚，这一次他坚持的时间明显多了一些，体内的修为也在这一瞬活跃，开始增加。

一炷香后，他体内的灵气小河，已是奔流全身，他开始冲击凝气第四层。

"再坚持一百息，就可达到凝气第四层！"白小纯咬牙忍着第四幅图的动作，身体几乎都摆成了一个球，全身传出咔咔之声，汗珠子不断地落下。

可就在这时，他体内的灵气出现了一些枯竭，白小纯双眼一凝，突然张口向着面前的青香，吐出一口灵气。

这灵气刚一碰到青香，此香立刻自行燃烧，散出一缕缕青烟，这些青烟如一条条青蛇，在出现后直奔白小纯，顺着他的七窍以及汗毛孔钻入，在他体内化作了浓郁的灵气，使得那条灵气小河直接膨胀了一倍。

轰的一声，一股气浪从白小纯身上散开，扩散木屋，散出院子内，仿佛这里吹起了大风，白小纯双眼内露出喜悦，笑了起来。

"凝气四层！"

他立刻就感受到，体内的灵气此刻带着浓浓的生机，在不断的游走下，全身轻灵无比，低头时，他看到无数的黑色污垢粘在身上，知道这是体内的杂质再一次被逼出。

身体一晃，飘出木屋，在院子里清洗一番，白小纯神清气爽，右手掐诀一指，立刻一把木剑从他储物袋内飞出，直奔前方，速度之快化作一道长虹。

操控木剑，在这院子内来回飞舞数次后，白小纯目中满意之色更浓，他这口木剑本就不俗，配合凝气四层的修为，已然具备了一定的肃杀之意。

"炼灵不错，若有三色火就好了，可丹药一样厉害！"白小纯越发觉得灵药神奇，不管是丹还是香，都是修行的必备之物。

"一定要成为伟大的药师，炼制出长生不老丹，然后炼灵十次……不对，炼灵一百次！"白小纯心底对于成为药师的念头，更为强烈，想到这里，他一拍储物袋，从其内取出一枚玉简。

这玉简是之前侯云飞带他去万药阁时取来的，里面有一万种草木的介绍以及图文，这是唯有香云山才有的特殊典籍，是身为灵童必须掌握的。

而仅仅是一万种草木还不够，白小纯想起侯云飞曾说，只有记住这一万种后，才可以去换取下一卷。

他打起精神，体内灵气运转，脑海里渐渐浮现出种种不同的草木，他越看越是新奇，仿佛是打开了人生中的另一扇门，这里面甚至还有他换取延年益寿丹所需的那些草药。

粗略看了全部后，白小纯觉得如果想要将这一万种全部记住，不是什么困难的事情，可他是什么人啊，他的目标是成为能炼制出长生不老丹的伟大药师。

所以他性格中藏着的那股狠劲，就再次爆发出来，不是去简单地记住，而是每一种药草都观察得极为仔细，要将每一种药草，了解到极致的程度，才会去看下一种。

当年在许宝财的压力下，白小纯可以疯狂修行小半年，此刻于这伟大的理想下，他一样爆发了这种潜力。

那一株株药草的图文，甚至被他研究到了近乎入微的程度，只要一闭上眼，就可以在脑海里将药草直接形象地勾勒出来。

甚至觉得还不够，感慨没有实物，否则的话他很想将其直接拆开来从内部观察得更彻底，没有办法下，他只能越发看得仔细，无论是纹路还是枝叶，不研究透彻决不罢休。

最后觉得还是不够，于是白小纯连根部、果实都不放过，如同是将那些药草在眼前放大了无数倍，去一点点地挖掘。

甚至还觉得不放心，到了最终，他居然将每一个植物上的绒毛以及毛下的小孔，都进行了深刻的探索。

时间流逝，很快就过去了一个月，这一个月来，白小纯每天都在修行紫气驭鼎功的第四层，体内的修为终于松动了一些，同时不死长生功他也没有停下，每天都忍着剧痛，一边在院子里来回奔跑，一边拿着草木玉简在默默记住种种药草，此刻的他已经做到脑海里的草药开始对比的程度，这已经是玉简内所没有记录的了，他只能自己去摸索研究。

除此之外，他每次于院子里奔跑时，都会在院子的右上角停顿一下，那里有一片灵田，这些灵田内他种植了十粒草药的种子。

这种草药名为灵冬竹，是他半个月前外出，去了香云山外门弟子的任务石碑下，好不容易寻找到的一个没有任何危险的宗门任务。

李青候的话，白小纯不敢不放在心上，宗门弟子每半年，至少要完成一件任务的规定，白小纯已牢牢记住。

他选择的这个任务，贡献点给得不算少，甚至按照最终交出的品质，贡献点还会提高，毕竟虽然简单，可却要消耗很多时间，至少要在手中种植三个月才算合格。

而且这灵冬竹可以用自身灵气去催化，能让其生长速度加快，只不过白小纯实在没时间去照顾，于是取回来后，就扔在了灵田里。

"长得好慢。"白小纯看了眼灵田，皱起眉头，他从草木玉简内看到过对于灵冬竹的介绍，知道这种药草对于灵气要求很高，如果没有灵气浓郁的土地，那么最好的养殖方法就是以修士自身的灵气为养分。

"应该是我这院子的灵田，灵气已稀薄了很多，所以使得这些灵冬竹的种子生长缓慢。"白小纯蹲卜身子，抓起一把灵田的土，半晌后喃喃低语。

"有什么办法，可以让这灵田的灵气更浓一些呢……"白小纯想了想，忽然神色一动，右手抬起一指时，龟纹锅无声无息地出现。

看着此锅，又看着灵田，白小纯目中露出光芒。

"这口锅什么都可以炼灵，那么……灵土是否也可以炼灵？"白小纯想到这里，顿时好奇，将那些灵冬竹的种子从土里取出后，立刻挖下不少灵土扔在了龟纹锅内，又取出一色火的木头，开始尝试。

很快地，银光一闪，龟纹锅内的灵土，竟一样出现了炼灵一次的银纹，只不过更黯淡，可这锅里的土，明显灵气浓郁了太多。

白小纯顿时乐了，也不嫌麻烦，倒出一锅，又扔进去一锅，如此循环，用了大半个时辰后，当他的一色火木用得差不多时，这一片灵田已被他全部炼灵一次。

只不过炼灵的土都是表面的一层，深处的地方他木头不够，也就没有去炼灵，使得此地灵土无根，难以长久保持，随着时间的流逝会渐渐恢复平凡。

虽然这样，可这灵田的灵气，已经与之前出现了翻天覆地的变化，灵气之浓，甚至闻起来都有清香弥漫。

白小纯赶紧将灵冬竹的种子种下，站在一旁目不转睛地看着，很快地，他就看到一根根绿芽以肉眼可见的速度突破而出，疯狂地生长起来。

那生长的速度，眨眼间就到了两尺多高，若是被宗门内专门种植药草的弟子看到，必定会倒吸口气，因为就算是修士用自身灵气去滋养，也很难生长得这么快。

毕竟，放眼整个修真界，从来没有任何一个人能奢侈到，将炼灵用在了土地上，只是为了种植十株灵冬竹……

即便是负有盛名的炼灵宗师，也绝对不会这么去做，这实在是太浪费了。

眼看这些灵冬竹长得不错，白小纯这才满意，转身不再去理会，继续于院子内奔跑，继续去详细入微地学习玉简内的草木知识。

夕阳西下，随着天色渐暗，白小纯院子中灵田里的那些灵冬竹，已然暴长到了近乎三尺的高度……而且看起来，似乎还远远不是极限，不知三个月后，会生长到什么惊人的程度……

也是在这一天夜里，白小纯放下了手中的草木玉简，玉简内的一万种草木，已被他凭着那股狠劲，彻彻底底地全部记住，且每一株都做到了细致到惊人的程度，甚至还看出了玉简图文内对个别药草的介绍，似有矛盾的地方。

"明天一早，我就去换草木第二篇，不知道万药阁用什么方法考核一个人是否有学习第二篇的资格，莫非是背诵？"

白小纯抬起下巴，小袖一甩，刚想发下一番豪言壮语，但又觉得不放心，干咳一声，拿起玉简，再次温习起来，很担心明天换取草木第二篇的考核出现问题。

第十七章
小乌龟

第二天清晨，白小纯早早走出木屋，一眼就看到灵田内的那些灵冬竹居然长到了半人多高，很是满意地点了点头，这才走出院子，顺着山路向着万药阁走去。

远处初阳升起，霞光万丈，雾气在霞光中如有金鲤游走，看起来极为壮观，白小纯身姿轻快，一路没有停顿，渐渐途中看到了不少外门弟子，只不过没有一个认识，不由得想念火灶房的几位师兄。

"不知道大师兄如今怎么样了，还有黑三胖……"白小纯心底有些唏嘘，走了半个多时辰，当太阳完全升起时，他远远地看到了万药阁的十座惊人的石碑。

这十座石碑就是万药阁的标志，每一座石碑都散出淡青色的光芒，足有数十丈高，气势如虹，如十个巨人站在那里，威武不凡。

石碑上可以清晰地看到一行行字迹，代表了排名，从一到百。

只不过上面没有名字，而是一个个图案，每一个图案都代表着曾经在万药阁内，留下赫赫声名的外门骄子日后的药师印记。

每一个药师，都有一个独属于自己的印记，所炼制的满意的灵药上，都会刻出，以此流传千古，所以印记对于药师而言，代表了荣耀，很重要。

当日侯云飞带着白小纯来此地时，也曾简单地介绍了一番，此刻白小纯独自前来，随着靠近，他看到了那十座石碑上的排名。

最显眼的，就是他前方那座石碑上的第一名。

那是一个宝瓶！

这个宝瓶，侯云飞曾告诉白小纯，代表的是……周心琪！

这个名字白小纯不陌生，在他还是杂役的时候，就有一次听到张大胖于月光下，一边吃着人参须子，一边感慨，说起这个周心琪。

此女本是一平凡人家女子，数年前被宗门一位前辈察觉出资质惊人，于是引入宗门，仔细查探了资质后，顿时轰动整个灵溪宗。

她竟是罕见的草木灵脉，不但修行速度比常人快了数倍，于炼药上更有着惊人潜力，最终拜入香云山，成为李青候座下唯一弟子，被看成是继李青候后，未来支撑宗门的药师！

灵溪宗门规，任何人哪怕资质再高，也不会直接成为内门弟子，故而此女与其他两座南岸山峰的天骄一样，都是从外门弟子做起，以此来磨炼自身，虽然如此，可修行资源的供给，自然是按照内门来发放。

且任何人都明白，这周心琪用不了太久，便会名正言顺地成为内门弟子。

偏偏这女子又绝美动人，使得无数男弟子都倾慕不已。

有这些原因存在，所以她在香云山的弟子中，声名赫赫，无人不知，即便是那些内门弟子，也都从没有将她看成外门，甚至老牌的内门，也都对此女很是忌惮。

白小纯想到这里，对于这个周心琪很是好奇，看着那些石碑，他索性绕了一大圈，一座座看去，渐渐有些咋舌。

"这周心琪也太厉害了，十座石碑，她居然有八座都是第一，剩下的两座，没有她的名字，应该是她还没去比过！"白小纯睁大了眼，目光扫过石碑。

此刻万药阁四周的弟子渐渐多了起来，很快就人山人海，白小纯收回目光正寻找换取草木第二篇的地方，眼看此地人越来越多，有些诧异，不知今天为何人这么多，于是向前挤去，忽然听到阵阵哗然之声于四周如浪般快速传来。

"周师姐来了！"

"哈哈，之前传出的消息果然是真的，周师姐这些天一定会来此地，不枉我等了好多天。"

"草木五篇，灵兽三篇，周师姐都是第一，这一次她必定会去挑战灵兽第四篇！"

四周议论的声音掀起时，人群都拥挤了一下，白小纯被夹在里面，好在他身体现在不胖了，挤来挤去的，终于挤了出来，抬头时看到了一道长虹从远处瞬间飞来。

那长虹是一条蓝绫，上面有一个穿着外门衣衫的女子，这女子一头如丝缎般的黑发随风飘拂，细长的凤眉，一双眼睛如星辰冷月，肤色奇美，身材轻盈，脱俗清雅。

此刻直奔十座石碑中的一座飞去，在四周外门弟子的阵阵欢呼中，女子落下，眼不看四方，目中只有石碑下的十间并排木屋，选择了一处，迈步走了进去。

白小纯这才看到，每一个石碑的四周都有一排木屋，此刻除了那女子所去的石碑外，其他的石碑下的木屋，都有不少人进进出出。

"终于再次看到了周师姐，这一次周师姐一定可以成功地九碑第一！"

"周师姐的目标是前无古人的十碑第一，也唯有她才可以做到这一点，随着她去考核灵兽第四、第五篇，必定第一！"四周弟子纷纷振奋时，白小纯找了身边一个看起来瘦弱的外门弟子，先是一起大喊几声"周师姐加油"，随后趁机问询一番，对方似乎心情很好，详细地解答了一下。

白小纯确定了想要拿到草木第二篇，需要去石碑下的木屋内进行考核，成功才可得到，于是赶紧向着第一座石碑挤去，好不容易才靠近，发现这里的木屋已满，等了一会儿才看到有人垂头丧气地出来，他没有迟疑，立刻踏了进去。

进入木屋，外面的吵闹声如被隔开，变得非常安静，木屋不大，有一个蒲团放在中间，蒲团前有一座小一号的石碑。

按照问到的方法，白小纯盘膝坐在蒲团上，取出草木第一篇的玉简，将其碰触石碑，这玉简瞬间融入，石碑微微一震，有光芒扩散出来。

"方才那位师兄说，这个时候要在石碑画一个代表自己未来药师的印记。"白小纯想了想，呵呵一笑，在上面画下了一个乌龟，他喜欢乌龟，这乌龟画得歪歪扭扭，有些难看，可他却觉得很不错。

乌龟印记一闪消失，白小纯深吸口气，定气凝神一番，目中露出精芒，右手抬起手掌缓缓按向石碑，几乎在与这石碑碰触的瞬间，他脑海轰的一声，眼前猛地一花，清晰时，四周已不是木屋，而是置身一个虚幻的空间中。

还没等白小纯打量四周，他的眼前突然光芒一闪，在他的面前，竟瞬间出现了无数的药草，铺天盖地一样。

这些药草并非完整，而是全部残破，被斩断成为十多份，全部混淆在一起，密密麻麻地铺展开来。

放眼看去，数量之多，一时数不清。

这正是让香云山无数外门弟子发指的万药阁的恐怖考核，多少年来，无数人在这个考核面前望洋兴叹，也是因此，但凡在石碑出现名字，进入前百之人，都被无数人羡慕，更是心底服气。

尤其是前十乃至第一，更是实至名归。

"一炷香内，拼凑灵株，以完整的数量多少为考核，开始。"一个冰冷的声音，仿佛没有任何情感存在，于这虚幻的空间回荡。

"这么简单？"白小纯觉得有些不可思议，以他对玉简内药草了解入微的程度，此刻一眼看去，就看到可以组成数百种草药的残片。

他来之前想了好多，此刻眼看是这么考核，心底立刻松了口气，可紧接着又觉得不放心。

"不行，这么简单的考核，最终想要通过的数量，一定很高。"白小纯一紧张，连忙抓紧时间，右手抬起连续指了十多下，每一个被他指去的药草残片，都按照他思绪所想，瞬间凝聚在了一起，眨眼间就组成了两株药草。

他双手没有停顿，再次连续点去，无数的残片飞出，相互飞快凝聚，组成了一株株药草，渐渐越来越多，很快就有上百株。

白小纯目不转睛，精神高度集中，忘了四周一切事情，眼前只有这些草药残片，双手飞快，他着急啊，担心考核失败，所以此刻发了狠，眼睛都慢慢出现了血丝，双手更快。

一百株，二百株，三百株，五百株……一千株！

白小纯满头汗水，头顶甚至都冒出了白烟，双手更快，那些草木残片，他只要看一眼，就立刻能认出是哪一种草药，因为他在背诵玉简时，那些草药他甚至都想要将其磨成灰去研究。

只不过没有那个条件，所以只能观察到极致，见微知著。

这一幕若是被外面的弟子看到，必定所有人都会倒吸口气，无法置信，他们认为这考核已是令人发指，可却绝对想不到，白小纯对于玉简内一万株药草的研究，才是真正的令人发指。

时间流逝，两千株，三千株……

白小纯双眼血丝弥漫，他的双手只能勉强跟着思维转动，若非是凝气四层的修为支持，怕是早就无法跟得上了。

到了这种程度，白小纯也不知道自己最终能否通过，只能狠狠一咬牙，不断地坚持下去。

四千株、五千株、六千株、七千株……

不知过去了多久，那些药草的残片所剩不多时，忽然全部光芒一闪，瞬间消失，眼前再次一花，清晰时已回到了木屋内，石碑上出现一枚玉简，正是他之前融入进去的草木第一篇的玉简。

"还差一些，就差了那么一些……"他心中忐忑，捡起玉简垂头丧气地走出木屋时，听到了外面无数人的欢呼。

白小纯诧异抬头，一眼就看到周心琪所在的木屋，此女也恰好走了出来，而她身后的石碑，代表她名字的宝瓶，已出现在了第一位。

第十八章
引领气氛！

那是灵兽第四篇的石碑，如果去算，可以看成是第九石碑，此刻上面的第一位，赫然成了一个宝瓶。

无数呼唤之声，在刹那间回荡四方。

"哈哈，周师姐成功了，我就说么，周师姐必定会开创一个前所未有的石碑第一！"

"不愧是有着草木灵脉资质的周心琪，她未来不可限量！"

"周师姐，我们等你下一次，开创先河，十碑第一，敲响灵溪大钟，震撼全宗！"万药阁四周的所有外门弟子，欢呼之声此起彼伏，虽然里面也有一些面色难看、言辞尖锐之辈，可却被这欢呼声淹没在内，周心琪在弟子中的地位，已经是如日中天一样，甚至被香云山的所有人，看成是香云山的门面。

周心琪微微一笑，她虽然平日冰冷，可眼看这么多弟子欢呼，也不由得心中有些得意，如今这么一笑，立刻让无数弟子欢呼之声更为热烈。

白小纯也在人群内，羡慕地看着周心琪，心底叹了口气，抬起头看向草木第一篇的石碑，只看了一眼，他就双眼猛地睁大，半晌后立刻拿出草木第一篇的玉简，仔细一看，里面除了第一篇的一万草药外，又多了一万，他惊喜中挺胸抬头，露出傲然之意。

他赫然看到在那草木第一篇的石碑上，此刻一只好看的乌龟，生生地压在了宝瓶的上面，怎么看都特别地舒服。

他原本是打算走的，此刻站在人群里，忍着兴奋，准备听四周人对自己的欢呼，可等了等，四周的众人注意力都在周心琪那里，没有人留意草木石碑，甚至周心琪也都转身欲走。

白小纯立刻急了，眨了眨眼后，他忽然诧异地大喊一声。

"你们看草木第一篇的石碑上，第一名怎么不是周师姐了，换了人啊，好奇怪，这如此好看的乌龟，是谁画的啊？"

他声音尖细，在这四周的欢呼声里，也有着一定的穿透力，且话语所说的内容太过震撼，立刻他身边的不少人纷纷下意识地看去，随后全部神色大变，传出阵阵惊呼。

如此一来，更多的人也听到了惊呼，看去时，纷纷全身一震，露出不可思议的神情，很快地，此地的所有人，都注意到了草木第一篇的碑文。

"这……这……第一座石碑，居然有人超越了周师姐！"

"怎么可能，天啊，竟真的有人超越周师姐，此人是谁，这乌龟画得无比难看，这家伙是谁？"

"居然还有人能在草木造诣上，将周师姐挑战下去，出人事了！周师姐这一次不是九碑第一，还是八碑第一！"

四周人顿时哗然，掀起阵阵嗡鸣，议论声之大，超过了之前对周心琪的欢呼，毕竟这种事情，让人没有丝毫准备，意外到了极致。

白小纯在人群内，心底得意得都快笑开了花，可却担心此刻承认有些不够稳妥，于是生生忍着，但却时而高呼，诧异的声音在他四周的弟子里，也很突出。

他也着实没有想到，自己居然能第一。

就在这时，原本要离去的周心琪，身形猛地一顿，她听到了四周人的惊呼，转身时凤目看向草木第一篇的石碑，看到了排在那里第一位的乌龟。

她先是眉头微微一皱，很快就松开，心中不起丝毫波澜，在她想来，这草木第一篇石碑的第一，本就是当年刚刚成为外门弟子时获得，那个时候的她，也没有用出全力，更不用说此刻的自己，与当年已是完全不同。

"不错，宗门内应该是出了一个好苗子。"她淡淡开口，声音轻微，身体一晃直奔草木第一篇的石碑而去。

她想得很简单，被人超越了片刻而已，再拿回来就是。

她这一动，顿时让四周的弟子一个个振奋，全部目不转睛地看去，当看到周心琪走入草木第一篇石碑下的木屋时，立刻就心中充满了期待。

"周师姐这是要拿回属于她的第一啊，画出这乌龟的师弟，也算是不错了，可惜了，这个第一也就只能保留一炷香时间了。"

"也好了，此人也绝对是个草木上的天骄了，不过遇到了周师姐，只能算此人运气不好。"

听着四周的声音，白小纯紧张起来，他心里没底，一方面想着剩下那些残片没来得及组合完整，一方面周心琪名气太大。

甚至他自己都认为，这一次应该就是第二了。

"没事，第二就第二吧，好男不和女斗！"白小纯安慰自己，有心离去，可却不甘心，于是站在那里，患得患失地等了起来。

很快地，一炷香过去，石碑的排名依旧没有变化，白小纯还是第一时，周心琪从木屋内走出，她神色淡然，心底有十足的把握，这一次她用了至少八成的造诣，将一万株药草，生生完整了四千株。

在她看来，超越那位有些天赋的未知弟子，已是绝对了。

但在她走出的瞬间，却没有听到外面传来任何声音，甚至看去时，每个人的目光都变得古怪，甚至不少人都露出更强烈的不可思议。

周心琪一愣，猛地抬头看向石碑，看到的依旧是代表自己的宝瓶，被骑在那越看越难看的乌龟下面。

四周一片寂静，所有人都呆了，就连白小纯自己也都愣了，随后诧异地看着周心琪，觉得这女子除了长得好看，似乎……没想象中那么可怕。

周心琪双眼微微一缩，很快恢复如常。

"的确有些草木资质，我对此人倒是有些好奇了。"她转身一晃，在所有人的目光下，居然再次走入身后的木屋内。

这一次，白小纯更不能走了，站在人群内翘首以待，而其他外门弟子，也都不再高声议论，而是彼此低声言论，此事在所有人看去，前所未有，觉得很是诡异。

甚至渐渐看向那只乌龟时，觉得出现了一丝神秘感，这种神秘感，在一炷香后，当周心琪再次出来时，立刻无比地强烈起来。

乌龟……还在上面！

"天啊，此人是谁！！"白小纯睁大眼睛，尖细地首先喊了出来，立刻带动了其他弟子的气氛。

"周师姐两次居然都没有将其超越，怎么会这样，此人到底完整了多少株药草？"

"谁看到了，刚才是哪个师兄进去考核的？"

寂静了许久的众人，在这一刻压抑不住地哗然而起，周心琪站在石碑下，秀眉紧皱，她方才已用出了全部造诣，完成了近乎六千株，可却怎么也没想到，居然还是被压在下面。

她双眼眯起，冷哼一声，转身再次走入木屋，目中露出一股认真之意。

一炷香后，她再次出来时，神色极为凝重，再次转身，又过去一炷香，她出来时面色已经苍白，可神色内却有一股坚忍不服之意，再次回去。

一次，两次，三次，四次……

四周的所有修士，他们的呼吸也随着周心琪的一次次尝试，越发地紧了起来，可到了最后，却不约而同地再次寂静。

因为这一幕幕，代表的事情太可怕了，他们无法想象，那画下乌龟的人，到底完整了多少株药草，以至于让周心琪这里，竟始终无法超越。

那只乌龟，在这一刻，给此地众人的印象，强烈到了极致。

尤其是周心琪再一次出来后，她美丽的双眸内，居然出现了血丝时，四周人都不由得倒吸口气。

白小纯在人群内，只能不断地干咳，偏偏这个时候不能说出自己就是第一的那个人，如同心里有只猫在挠痒痒，让他只能暗自舒爽。

"不行，以后要找个机会，在一个万众瞩目的地方，告诉所有人，草木石碑第一的，就是我白小纯！"白小纯眼看天色渐晚，打了个哈气，摆出一副高手寂寞的样子。

"我白小纯弹指间，周心琪灰飞烟灭……"他小袖一甩，转身傲然地走出人群，渐渐远去。

随着他的远去，草木第一篇石碑下的周心琪，银牙一咬，再次走入木屋内，她很执着……

直至明月高挂，周心琪一脸疲惫，死死地盯着那只乌龟，她从来没想到，居然有一天，自己会遇到这样的事情，在沉默中远去。

四周众人这才散去，有关乌龟的传闻，在这一夜传遍整个香云山。

本以为这件事情到此结束，可第二天天一亮，万药阁四周的弟子纷纷吃惊地看到周心琪居然又来了，直冲第一座石碑的木屋，失败后再次进入。

一天，两天，三天……整整三天的时间，周心琪的不甘心，使得香云山内，关于神秘乌龟弟子的讨论，已经到了一个难以形容的程度。

无人不知，无人不晓，甚至都传到了内门弟子的耳中。

直至七天后，周心琪默默地站在石碑下，望着乌龟，她的目中首次出现了黯淡，这七天，她连续不断地尝试，已用了全力，甚至超常发挥，最好的成绩已经达到了七千株的样子，可还是无法超越那神秘的弟子。

"你到底是谁？"周心琪喃喃低语，深吸口气后，咬牙转身，不再继续挑战，可那个乌龟，却深深地烙印在了她的心底，无法挥散。

第十九章
白鼠狼的传说

在香云山的日子，作为外门弟子的白小纯，过得非常滋润，除了在山上总是想念火灶房的美食外，其他的他都非常满意。

无论是修行的速度，还是对于草木的研究，都让他觉得人生很充实，只是偶尔会觉得无聊，他所在的院子有些偏僻，四周没有认识的人，很多时候连个说话的都没有。

"莫非修士都是这么孤独？"白小纯感慨地抬起头，站在院子里，望着天空，一副少年老成的模样。

如今秋风已走，风雪飘落，随着温度的骤降，天地间偶尔能看到一些雪花落下，院子里的灵冬竹，也在这寒冬降临时，越发地茁壮起来，如今的高度已经超越了白小纯的身高，翠绿一片，成为这寒冬里的一抹春意之景。

此刻距离他成为草木石碑第一，已有一个多月了，只是草木第二篇的难度，超出了他的预料，研究的速度慢了一些，最重要的是虽然周心琪始终没有拿回第一碑的第一，可白小纯这里一想到试炼结束时剩下的那些没有完整的草木残片，就会升起压力。

"我的赫赫声名，不能让周心琪那个小娘子给超越。"白小纯暗自下了决心，他还没有完成内心深处那种要在万众瞩目时，傲然地说出自己就是乌龟药师的理想，于是越发觉得自己要更努力才好。

虽然草木第二篇进展慢了，可他修行不死长生功，已经快要达到一个小周天。

每次修行时的剧痛都在加剧，可白小纯对于"不死长生"这四个字的执着，使得他这里竟生生地坚持到了现在。

"还有三天，三天后，按照不死长生功的说法，就是一个完整的小周天了。"白小纯深吸口气，咬了咬牙，一边研究草木第二篇，一边在这院子里来回飞奔。

很快地，三天过去，第三天的黄昏，天空飘起了雪花，使得灵溪宗银装素裹。

白小纯正奔跑时，忽然他身体猛地一震，直接停顿下来，持续了九九八十一天的剧痛，在这一刻瞬间消失。

阵阵热流蓦然爆发，在他的身体内不断地涌现后，全部凝聚在了皮肤上，使得皮肤滚烫，仿佛刚刚从火炉里出来的烙铁。

雪花还没等落在他的身上，立刻就融化，紧接着直接成为白气升空。

"成了！"白小纯虽然口干舌燥，很是燥热，可却惊喜不已，他低头看向自己的身体，立刻看到自己的皮肤出现了一些黑色的光芒，这些光游走一圈后，慢慢消散。

白小纯右手戳了一下手臂，那种坚韧如牛皮般的感觉，让他双眼冒光，随后又活动了一下身躯，他明显地发现自己的速度似乎快了一些，于是向前一冲，嗖的一声，竟直接出现在了数丈外。

这种速度，已是他之前的一倍要多，眼看效果如此明显，白小纯更为喜悦，尝试了半晌，颇为满意。

于是没有迟疑，按照不死长生功的口诀，继续修行，这是一种闭住口鼻，尝试以身体去呼吸的方法，一呼一吸，算是一个小循环，要求是每天进行九九八十一次，持续九九八十一天，才算一个小周天。

若能坚持做到，那么与之前的身体剧痛的小周天结合在一起，便是不死皮的小成！

白小纯练习了好一会儿，才慢慢找到了规律，站在院子里呼吸起来，可就在他好不容易完成了一个小循环后，他的身体竟肉眼可见地瘦了一圈。

与此同时，阵阵饥饿感浮现，让白小纯的肚子，传出咕咕的声音，他没有理会，继续这样去呼吸，渐渐地，他的身体竟越来越瘦，到了最后，在他完成了第十五次呼吸后，他的身体看起来快要皮包骨。

如同所有的养分都全部被抽走，而他的皮肤在这一刻，看起来却更为坚韧。

但白小纯忍不住了，他睁开眼时头昏眼花，眼睛都快绿了，那种无法形容的饥饿感，仿佛面前有个巨象都可以一口吞下。

"不行了，我要饿死了！！"白小纯使劲咽着唾沫，双眼带光，四下乱砍，可这四周没有任何能吃的东西，唯独那竹子绿油油的，似乎看起来很可口。

他想忍住，但那种饥饿的感觉，让他身体呼的一声直接来到了灵冬竹的旁边，向着那竹子狠狠地咬了一大口。

咔嚓一声，竹身被他咬下一大块，在嘴里咔嚓咔嚓的，咽下去后，白小纯忽然面孔扭曲，那种苦味，让他整个人都哆嗦了一下。

"太苦了……"

"我想吃饭……"白小纯在这一瞬，对于火灶房的想念，已强烈到了极致，他饿啊，甚至他这么大，都没这么饿过，此刻饿得晕乎乎的，眼睛越来越绿，呼吸急促，身体蓦然冲出，直接飞奔出了院子。

顺着山路疾驰，速度极快，途中遇到的其他外门弟子，只感觉一股风从身边吹过，纷纷诧异地看向白小纯的背影。

这一路直接下了山，冲入杂役区，直奔火灶房，甚至连开门的时间都不愿浪费，整个人直接飞跃进去。

此刻火灶房正在做饭，张大胖与黑三胖离去后，黄二胖成为了这里的头，他正在倒着米汤时，一股风吹来，面前的碗没了，出现在米汤下的，是张开大嘴的白小纯。

"啊？"黄二胖吓了一跳，其他几个胖子也都愣住，当看清了是白小纯后，还没等他们说话，白小纯就绿着眼自己拿起一口大锅，咕咚咕咚地全部喝完，似乎还是觉得慢，竟把头直接伸入一口锅中，那锅内的米汤瞬间减少……

一口，两口，三口……白小纯一气儿喝下了一百多口锅的汤，他的身体就如同一个无底洞一样，竟没有半点撑的感觉。

"饿啊，不行了，我还饿……我要吃肉！"白小纯急了，四下乱看，第一眼就看到了几个如肉山般的胖子师兄，咽下一口唾沫。

火灶房的胖子们目瞪口呆地看着白小纯，他们见过饿的，可却从来没见过被饿成这样的，这哪里还是白小纯，这分明是饿死鬼啊。

尤其是当发现白小纯居然盯着自己等人咽唾沫时，黄二胖等人立刻疯了，赶紧后退，黄二胖更是大吼一声。

"九胖，厨房里有给周长老准备的灵食！"

白小纯一听这话，眼睛的光猛地一闪，身体直接冲入厨房。

外面的黄二胖等人面面相觑，都倒吸口气。

"看到了吗，这就是成为外门弟子的下场，小师弟都被饿成这样了……"

"打死我们，我们也不成为外门弟子！"其他几个胖子都下定了决心，对于白小纯颇为同情。

这一顿，白小纯强忍着，按照火灶房的六句真言，只是吃了边角，没有去吃全部，因为一旦破了规矩，坑害的就是火灶房的那些师兄，这种事情，白小纯做不出来。

喝了汤，吃了边角，白小纯的饥饿感，终于少了一点，可以短时间忍受了，这才走了出来，他欲哭无泪，觉得不死长生功太可怕了，现在虽然不痛了，可这种饿的感觉，更是让人疯狂。

"二师兄……"白小纯眼巴巴地看着黄二胖。

黄二胖眼看白小纯目光恢复正常，这才放下心来，走到了白小纯的面前，拍了拍他的肩膀，一副同情的目光。

"小师弟别担心，大不了我们再准备一些给周长老就是了，你看你都饿成这样了，唉，以后你多回来补补吧。"

这番话语听得白小纯感动，他咬了咬牙，决定以后还是少回来吧，不然的话自己如今的状态，万一哪天真的没忍住，一个火灶房怕是养不下……

在黄二胖等人的相送下，白小纯唉声叹气地走上香云山，短暂的美好与舒服，瞬间消散了，取而代之的则是一片绝望，他很怕自己真的被饿死。

"不知道灵溪宗在我之前，有没有被饿死的弟子，我不想成为第一个啊。"白小纯哭丧着脸，正想着有什么办法长久地解决吃食的问题时，忽然听到了不远处传来了一声声鸡鸣。

在听到鸡鸣的刹那，白小纯身体一顿，缓缓地转过头，死死地盯着传来鸡鸣的方向，眼睛都直了，肚子开始咕咕叫了起来。

"鸡……"白小纯四下看了看，发现没人注意自己，身体一晃，直接没入草丛内，速度飞快，如一条黄鼠狼般，嗖的一下就不见踪影。

片刻后，在香云山专门饲养灵禽的地方，四周的栅栏外，白小纯缩着身子蹲在那里，望着围栏内一群正高傲地走来走去，尾巴有三色羽毛，个头足有小牛犊般大小的鸡，目中的光贼亮，不知咽下多少口唾沫。

"肉……"白小纯这里，发出了古怪的笑声，那笑声听起来，格外地瘆人。

第二十章

一地鸡毛

灵尾鸡，身体较寻常家鸡要巨大很多，羽毛坚硬，习性凶猛，成年之后堪比凝气二层。

因禽肉可食用，蛋可滋补，血与骨能入药，尤其是尾巴，更是少见的三色火的燃料，故而使得这灵尾鸡，在灵溪宗南岸三山都有大量饲养。

只不过不是归属宗门所有，而是李青候以及其他两座山的掌座私人之物，安排弟子专门饲养，于这香云山上，就有三处区域被圈起，为灵尾鸡繁殖所用。

白小纯蹲在草丛内，望着那些灵尾鸡，这种鸡他以前在火灶房时没见过活的，但吃过肉，知道肉质极为美味，也听张大胖说起，知晓此鸡喜吃灵虫。

许久之后他身体一晃，没有轻举妄动，选择了下山，用所剩不多的灵石，换来了一袋子灵虫，这才回到了院子。

刚一回来，他的肚子又饿了，强忍着昏晕，白小纯寻找，似乎在找什么材料。

不多时，当他看到那些灵冬竹后，顿时眼睛一亮，这些竹子如今已长到了足有一丈多的长度，更是拳头粗细，散发灵芒，看起来很是不凡。

白小纯赶紧上前，绕着竹子看了几圈，哈哈一笑，按照自己所学的草木知识，将一根灵冬竹内最坚硬的竹头取下两节。

对于如何偷鸡，白小纯有着特殊的办法，偷鸡的重点，在于一个

"偷"字，如何不被人发现，是一门学问。

利用这两节竹子，他很快就做出了一个竹知了。

此物是他小时候跟他爹学的，据说是一种遇鸡杀鸡、遇凤杀凤的利器，随后又用竹丝编织成了一条绳索，试了试力度后，将竹知了与绳索连接，乘着夜色，飞奔出去。

"我要吃鸡！！"一路肚子咕咕叫着，可白小纯的双眼却满是绿光，这种饿急了的状态，使得他速度更快，直奔最近的饲养灵尾鸡的地方。

临近时他速度慢了下来，蹑手蹑脚地靠近栅栏，将手中挂着灵虫的竹知了，用力扔了进去，蹲在一旁，拿着与竹知了连接的绳索，忍着饥饿等待。

栅栏内有一些木屋，远处还有外门弟子修行居住，至于这挺大的饲养院内，有上百只灵尾鸡，大都趴在那里，不多的一些来回走动，时而高傲地抬头，气质不俗。不多时，一只灵尾鸡似察觉到了什么，转头看了看不远处的地方，走过去后立刻就看到了灵虫，直接张开口，一口就啄了过去。

但就在这只灵尾鸡啄住灵虫的刹那，似触动了机关，顿时被掰弯的竹子，猛地弹开，很是巧妙地直接卡住了这只灵尾鸡的口，上下支撑，使得鸡嘴被强行打开。

灵尾鸡想要发出声音，可嘴被卡住，一点声音也传不出来，它想要用力将口中撑起的竹子碾碎，但这竹子坚韧无比，根本没用，同时一股大力猛地从竹子上传来。

任凭这只灵尾鸡如何挣扎，也只能没有声息地被快速地拽动，直奔围栏后，绳索一抖，灵尾鸡顿时被拽得飞起，被白小纯一把抓住，他凝气四层的修为凝聚在手上，更有坚韧的皮，力气极大，直接一拧鸡脖子，扔在了储物袋内，这一套动作极为熟练，一看就是个中老手。

全程用时不到三十息，这还是因等待耗费了一些，否则的话，将会更快。

白小纯内心激动，直接就回到了自己的院子，很快地，阵阵香气散出，当天亮的时候，那只鸡已完全地塞进了白小纯的肚子里。

只剩下了一地的鸡毛与鸡骨头……

这一只灵尾鸡吃下，白小纯的饥饿感顿时消散了大半，身体都明显补回来了一些，全身暖洋洋的，让他觉得很是舒服。

甚至体内的灵气，也都多了一丝，可最明显的，还是不死长生功，使得白小纯竟一口气运转了七八个呼吸循环。

每一次呼吸，他体内都会有阵阵暖意弥漫，凝聚在皮肤上，使得他的皮肤看起来更为坚韧，虽有黑芒闪过，可仔细去看，依旧是白白净净。

"这不死长生功，先是痛，后是饿，修行起来的确是难度不小，但效果却很好。"白小纯右手抬起时，拿出了木剑，小心翼翼地在手背上轻轻一碰。

这炼灵两次的木剑，在碰触皮肤时，白小纯明显感受到存在了一些阻力，他没有继续，但对于修行不死长生功，更为坚定。

"按照不死长生功的说法，这不死皮分为金、银、铜、铁四个层次，我如今应该还只是入门，如果能呼吸九九八十一天……就可以达到不死铁皮的小成。"白小纯看了眼一旁的鸡骨头，对于能修炼成不死铁皮的方法，已心中有数。

"好在这山上的灵尾鸡足够多。"白小纯哈哈一笑，对于灵尾鸡的兴趣，更大了。

他不知道，这不死长生功在灵溪宗内，万年来也有不少人修过，其中有大半是在前八十一天难以承受那种恐怖的折磨而放弃，但也有一些坚持下来，可此功之后修行的重点，是对资源的耗费。

如果想要修到不死金皮，那消耗的代价极为恐怖，哪怕是一个宗门，也都不会轻易付出，毕竟同样的资源去修行其他的炼体之法，虽没有不死长生功玄妙，可却更为划算。

也是因此，才使得不死长生功摆在藏经阁内，无人问津。

修行一番，白小纯将那些鸡骨头整理，埋在了灵土中，至于那些鸡毛，也被他同样扔了下去。

这才走出院子，专门找了外门弟子人多的地方，竖起耳朵打探消息，以他当年在村子里的经验，明白这偷鸡的时间，需要隔三岔五效果才好。

一番打探，倒也没有听到有关灵尾鸡丢失的事情，但却偶然间知晓了灵尾鸡的三色尾，居然是三色火的燃料。

知晓此事后，白小纯立刻跑回院子，赶紧从灵土里将那根三色尾挖出，拿在手里看了半晌，目中露出沉思。

"难怪这灵尾鸡，会被大量饲养了。"白小纯赶紧将三色羽毛放在了储物袋内，此物对别人来说，只是单纯的三色火燃料，可对他而言，代表的却是炼灵三次。

没有立刻去用，他打算有了灵药后，再去炼灵，使得灵药效果更强。

数日后，消停了几天的白小纯，又开始饿了，在这一天深夜，他放下草木第二篇的玉简，再次摸黑溜出，回来时，储物袋内已有了两只灵尾鸡。

就这样，时间慢慢流逝，转眼过去了一个月，这一个月来，整个香云山内，渐渐开始传出灵尾鸡丢失的事情。

甚至李青候都知晓了此事，毕竟这一个月，三处饲养灵尾鸡的地方，丢失的灵尾鸡已达到了数十只之多，可也没有太过在意，又因有事要外出，也就没有理会。

而最郁闷的，则是负责饲养灵尾鸡的那些外门弟子，这七八人不是心疼鸡，毕竟不是自己的，且掌座也没说什么，他们是觉得没有面子，居然有人敢在自己面前偷鸡，对于那偷鸡者，已经咬牙切齿了。

可却没有任何办法，无论他们怎么去守护，鸡还是不断地丢，尤其是让他们费解的，是每一次丢失都是无声无息，根本就没有丝毫声音传出，仿佛这鸡是凭空就没了。

而白小纯这边，这一个月身体已经完全恢复如常，甚至还略胖了一圈，任凭不死长生功如何地吸收，他都有大把的鸡肉去补充，小脸红扑扑的，又恢复到了每天美滋滋的日子中。

心情好了，肚子不饿了，他研究草木第二篇的速度也提高了不少，终于在这一天，将这草木第二篇完完整整地研究透彻，尤其是有了上一次的经验之后，这一次他更加面面俱到，不但是叶茎、根脉，绒毛都烂熟于胸，更是有把握，哪怕分裂成为数十份，也能一眼认出。这才昂首挺胸，大步流星地走出院子。

"这一次，我要让所有人知道，我就是骑在周心琪上面的龟爷！"白小纯带着期待，直奔万药阁。

第二十一章

小纯哥哥……

万药阁是香云山上最热闹的地方之一，几乎每天都有众多的外门弟子进进出出，一方面是那十座石碑的缘故，另一方面则是十座石碑中间的万药阁，本身就是可以用贡献点换取草药以及丹方之处。

甚至此地还定期举行晋升药徒的考核，并回收弟子炼出的丹药，种种原因，也就使得此地每天都会人声鼎沸。

久而久之地，因此地的热闹，也就附带着成为一处宗门的消息交流之地，开始时是大家交流草木经验，之后慢慢地一些宗门内的大事小情，又或者是一些八卦的事情，也都会在这里传出。

白小纯到来时，这万药阁四周有众多外门弟子，要么进进出出，要么三五成群低声讨论，四周的石碑下，还有很多弟子正排队等待挑战石碑的排名。

从人群内挤了半天，白小纯这才靠近了第二座石碑，正想过去时，他面前有三个外门弟子，正在彼此谈论，似乎提到了自己。

"你们听说了吗，最近咱们宗门，出了一件怪事，有人专门偷李掌座的灵尾鸡，据说已经丢了上百只了。"

"何止上百只，我听说李掌座的鸡都快被偷空了，那偷鸡贼已经被那些饲养灵尾鸡的弟子联手通缉，放下狠话，要将此人大卸八块喂鸡！"

"也怪了，咱们香云山怎么最近总是出奇葩，先是出了个神秘的乌龟，又来了这个偷鸡大盗！"

白小纯下意识地缩了下脖子，很是心虚，觉得不就是偷了一些鸡么，居然闹出这么大的动静，看这形势，似乎是满门皆知的样子。

而且此刻听到灵尾鸡居然是李青候的，他就更害怕了。

"我没偷那么多啊。"白小纯觉得自己被诬陷了，正琢磨如何去改变大家对这偷鸡大盗的印象时，突然地，他听到了身后传来吵闹声。

"小丫头，挤什么挤，赶着去投胎啊！"

"挤你怎么了，你了不起啊，怕挤你别来这里啊，本小姐挤你，是你的荣幸。"

"你……"

白小纯觉得身后声音有些耳熟，于是回头一看，看到一个白白嫩嫩的小姑娘，挺个小胸脯，掐着小腰，一脸高傲地正在和一个大汉对峙。

"侯小妹？"白小纯眨了眨眼。

这小姑娘正是侯小妹，她听到声音，一眼看到了白小纯，小脸的高傲转眼化作了惊喜。

"小纯哥哥，是你！"侯小妹扭动着小腰，连忙跑来，人还没靠近，一股火辣辣的清纯气息就扑面而来。

"啊，小纯妹妹。"白小纯看着眼前这充满了活力、样子极为可爱的少女。

"小纯哥哥你好坏，居然逗人家，人家叫侯小妹！"侯小妹听到白小纯的话语，脸上居然红了一些，娇嗔道。

这么一来，这本就活力四射的少女，顿时更加地明媚动人，看得四周的不少外门弟子都眼前一亮，而那个大汉，则是浑身鸡皮疙瘩，觉得这小姑娘变化太大了，喜怒无常。

"小纯哥哥，我哥哥下山没回来，我这是第一次来到这里，想要去换取草木第二篇，应该去哪里换啊？"侯小妹连忙问道，她的确是首次到来，之前都是她哥哥帮着忙叨，此刻正不知如何处理，就看到了白小纯。

白小纯微笑着给侯小妹介绍了一番流程，说得非常详细，侯小妹不时点头，到了最后完全了解，看向白小纯时越发觉得眼前的小纯师兄不但人好，还懂得这么多。

介绍完后，白小纯看了侯小妹一眼，没忍住，于是右手抬起一指草木第一篇的石碑，装出云淡风轻的样子开口：

"看到那座石碑了吧，能在那上面留下印记的，都是整个宗门内的天骄之辈，任何一个人，未来的成就都会轰动修真界。

"别人我就不说了，我给你介绍一下第二名，你看那个宝瓶的印记，那是我们香云山的天骄之女，周心琪！"

"周心琪，原来这宝瓶代表的就是具备草木灵脉，被掌座收为弟子，注定会成为内门的周师姐！"侯小妹眼睛猛地一亮，抬头望着第一座石碑上的宝瓶印记，目中露出崇拜之意，对于周心琪，她听侯云飞说起过，早就佩服得不得了，此刻一听白小纯的介绍，顿时更为振奋。

白小纯继续摆出风轻云淡，在那里等了半晌，可发现这侯小妹居然还在望着宝瓶，丝毫没有理会骑在宝瓶上的乌龟时，心中顿时不爽了，他介绍了这么多，不就是为了引出话题，谈一下那只好看的乌龟么？

"咳咳，这周心琪的确非凡，所以才会成为草木第一篇碑文的第二名！"他在"第二名"这三个字上，加重了一下语气去提醒侯小妹。

侯小妹一愣，仔细一看，秀眉忽然皱起。

"第二名？排在周师姐上面的那只乌龟是谁啊，画得真难看。"

白小纯听到这句话，更不高兴了，他觉得自己非常有必要教育一下眼前这个侯小妹，于是摆出严肃的模样，语重心长地开口：

"那你就错了，小妹你可知道，这好看的乌龟，是我们宗门内如今最神秘、最伟大、最超然的一个弟子么？

"此人身上有着太多的传闻，他的每一次出现，都会引起宗门的哗然，引爆所有弟子的目光，让无数人关注，让无数人羡慕，让无数人欢呼。"

"啊？"侯小妹性格单纯，此刻听到这些话，立刻愣了，将信将疑。

"你可知道，此人两个月前横空出世，使得周心琪十碑第一的愿望破灭！

"你可知道，此人一出现，就瞬间将这草木第一篇的第一，轻而易举地挥手拿走。

"你可知道，周心琪亲眼目睹此事后，在这里连续七天不眠不休，一次又一次地重新挑战，可直至最终拼了所有，也依旧还是第二。

"你可知道，我白小纯……咳咳。"白小纯越说越兴奋，到了最后险些直接说出自己就是那伟大的龟爷，连忙忍住，他的理想是在众目睽睽下说出身份，可不是在一个小丫头面前说出，这会浪费情绪的。

"真的吗？"侯小妹双目内露出明亮的光芒，如同夜晚的小星星，看着那个小乌龟，一脸的崇拜，小脸红扑扑的。

"当然是真的。"白小纯心里感慨，他觉得自己做了一件好事，将一个走上殊途的孩子，成功地引导到了正路上，颇有一种成就感，此刻小袖一甩，不再理会沉浸崇拜中的侯小妹，向着第二座石碑走去。

挤过人群，等了片刻才等到一个空木屋，白小纯大步流星地踏入，身影消失。

木屋如旧，白小纯坐在石碑面前，再次画下了那只乌龟后，眼前一花，耳边轰鸣时，出现在了熟悉的虚幻空间中，这一次没有那冰冷的声音出现，直接就有近乎无数的草木碎片，蓦然显露。

白小纯胸有成竹，目内露出精芒，双手飞快，眨眼间一株株灵草，就瞬息完整。

时间流逝，当一炷香的时间结束时，摆在白小纯面前的残片，只剩下了不到五千，这成绩比他草木第一篇时，好了不少。

可惜时间到了，白小纯眼前一花，再次清晰时已回到了木屋内，尽管如此，可他信心十足，拿起换来的草木第三篇，心中跳动着强烈的期待，转身直接推开木屋大门。

看着外面的无数外门弟子，此刻还没有多少人注意到名次的变化，白小纯心中升起豪气。

"这一次我要震撼全宗，让大家都知道，我白小纯就是伟大的龟爷！"白小纯甚至在脑海里都浮现出了自己被万人崇拜，甚至侯小妹吃惊的画面。

一想到这里，白小纯都忍不住笑出声来，于是他傲然地抬起右手，正想大吼一声，主动提醒大家自己就是那伟大的龟爷……

可就在这时，忽然他身边正在排队考核的外门弟子里，传出声音：

"你们说那抢了周师姐风头的小乌龟，还敢出现么？"

"应该不敢了吧，周师姐的那些倾慕者，一个个都疯了，据说正在整个南岸寻找那只小乌龟，而且放下言论，一旦找到，要将其活活地剐了……"

"我也听说了，甚至还有内门弟子参与进来。"

白小纯右手刚刚抬起，听到这些议论后，他顿时心惊肉跳，尤其听到内门弟子都参与寻找自己时，额头冒出一层冷汗，右手赶紧挠了挠脑袋，佯装若无其事的样子，飞快地放下。

心中愤愤，露出愁眉苦脸、哀伤叹气的样子，钻入人群里。

"太过分了，太欺负人了，我不就是拿个第一么，内门弟子都出动了，至于么？！"这一次，他的神情是真的，一点都没装。

刚刚走入人群，已有人发现了第二处石碑的变化，很快地，阵阵无法置信的哗然之声，轰天而起。

第二十二章
师姐放心！

"你们看第二个石碑，小乌龟……再现！！"

"又是第一，这小乌龟到底是谁，已经连续两碑第一了！"

"周师姐不保八碑第一，成了七碑第一！"

四周的外门弟子，顿时哗然，无数的惊呼立刻传出，尤其是在人群内，还有一个少女的声音很具备穿透力，正在欢呼。

"小乌龟加油！"这少女正是侯小妹，她之前被白小纯引导得已经开始崇拜小乌龟，此刻突然看到小乌龟居然成为第二碑的第一，那种崇拜的感觉立刻暴增，已经在其心中抬升到了超越周心琪的地位。

阵阵哗然的声音，一浪掀起一浪，到了最后，此地所有人，都传出阵阵惊呼，毕竟这小乌龟实在太有名气了，此刻更是用行动来告诉了所有人，他有继续挑战周心琪的资格。

甚至已经有人开始期待，是否在不久之后，这小乌龟在十座石碑上，将完全超越周心琪。

白小纯在人群里，之前的郁闷虽然还在，可那种暗自得意的感觉，同样升起，只是有些遗憾别人不知道自己的身份。

"哼，总有一天，我会在一个更加万众瞩目的地方，让所有人知道我就是龟爷！"白小纯心底发下誓言。

发下誓言后，他还是不甘心，于是也参与到了众人的惊呼中，不时地可以听到他尖细的声音，引领四周众人的哗然。

"天啊，他是谁，我都开始崇拜他了！

"万人偶像，龟爷无敌！"

在白小纯卖力的尖声大吼下，渐渐四周外门弟子的议论越发强烈起来，眼看一波波再次掀起，可就在这时，一声冷哼传出，随之一道身影从人群内蓦然跃起，站在了一处木屋上。

"不要让我知道这该死的小乌龟是谁，否则的话，我一定让你后悔来抢周师妹的风头！"说话之人是个青年，一脸阴冷，声音带着冰寒回荡四周。

"没错，你这小乌龟，现在应该就藏在人群内，我会找到你的！"另一个声音传来，又是一个青年，飞到了木屋上，冷眼看着众人，尤其是白小纯这里，之前声音尖细很明显，这青年看向白小纯时，虽不认为白小纯就是小乌龟，可也依旧不善。

很快地，这样的身影不断地出现，竟出现了七八个之多，且每一个都散发出强悍的修为之力，尤其是里面最强的一个，居然是凝气七层的样子。

这些人，正是周心琪的倾慕者中的佼佼者，他们的出现，让四周的众人立刻不再议论，慢慢安静下来，只是心中大都不舒服，看向这几个人时，也都越看越厌恶。

众人虽拥护周心琪，可也仅仅是周心琪一个人而已，况且人人心中有数，这种凭着自己真本事挑战周心琪的事情，大家心里实际上是很佩服的。

白小纯被对方这么一瞪，虽然心虚，可四周这么多人，他断定对方不敢犯众怒，于是也抬头瞪着对方，大有一副你敢来打我、我就和你拼了的样子。

就在此地气氛渐渐僵持时，远处一道长虹急速而来，长虹内蓝绫上有一道妙曼的身影，正是周心琪。

"是周师姐。"

"周师姐来了。"此地的僵持立刻打破，那些外门弟子在看到周心琪后，顿时露出笑容。

而那七八个倾慕她的青年，也都身上修为一收，一个个都露出自认为最潇洒的一面，向着周心琪抱拳。

周心琪此番到来，一是因听说了第二座石碑的排名，二是还有其他的事情，此刻临近后，一眼就看到了这里方才的僵持，妙目一扫，就猜到了缘由，看向那七八个倾慕者时，目中露出不悦以及厌恶。

"我周心琪的事，还轮不到别人来出头，况且我香云山出现了一个天骄弟子，这对宗门而言是幸事，你等若再有下次，休怪师妹翻脸。"周心琪冰冷开口，声音如利剑，让那七八个倾慕者面色一变，纷纷悻悻，可却不敢再说些什么。

"草木第一、二篇石碑，将我超越的这位师弟，你或许在人群内，既然不愿现身，那么就随你好了。"周心琪抬头看了眼第二座石碑上的小乌龟，压下心底的不甘之意，目光扫过众人，淡淡开口时，一股傲气也在言辞里隐隐透出。

四周的外门弟子听到这番话，越发为周心琪欢呼起来，大都觉得，这才是他们所拥护的香云山的天骄周心琪。

白小纯在人群内，暗道对方不愧是天骄，这番话说得很漂亮，他眼珠转了转，自然听出了对方的傲气，感慨不是自己不愿现身，而是对方身边的那些倾慕者一个个目中都带着杀气了。

"我今日来此，还有一事，希望诸位同门可以相助。"周心琪神色平静，望着众人，淡淡开口。

她话语一出，四周众人立刻来了兴致，一个个露出认真聆听之色。

"这段日子香云山上不得安宁，家师李青候的灵尾鸡大量丢失，他老人家外出未归，或许不会在乎此事，但我身为弟子，却一定要负责。希望各位同门一起努力，帮我抓住这偷鸡盗贼，若有人能抓到此贼，我愿送出一枚宝器玉佩！"周心琪说着，从怀中取出一枚青色的玉佩，这玉佩散出柔光，看起来很是不俗。

"此物具备一定的防护之力，是我早年偶然得到。"周心琪的声音回荡，此地外门弟子一个个立刻看向玉佩，很快地，几乎所有人都露出感兴趣的神色，纷纷开口保证：

"周师姐放心，定叫那偷鸡贼无处可藏！"

"掌座的鸡都敢偷，这偷鸡贼胆大包天，此事我等一定多加留意！"阵阵声音传出，很快众人大都保证，尤其是对周心琪倾慕者，更是一个个目光如火，声音激昂地回荡。

白小纯在人群内有些傻眼了，看着四周这些人跟打了鸡血似的，他觉得背后凉飕飕的。

可他不甘心啊，修行不死长生功的那种饥饿感，让白小纯想起来都难受，此刻额头冒汗，脑筋快速转动，很快就双眼一亮，猛地一拍胸口，声音在人群内带着穿透力回荡开来。

"周师姐，我白小纯无论上刀山下油锅，一定完成师姐的任务，抓住那个偷鸡贼！"他声音尖细，格外明显，甚至还冲出了人群，站在了最前方。

他这么一冲出，立刻就被众人目光凝聚，尤其是他用力拍着胸口，传出砰砰之声，那模样就连周心琪的一些倾慕者都自叹不如，周心琪也不由得看了他一眼。

眼看同宗弟子这般拥护自己，周心琪脸上露出笑容，微微点头，正要离去时，又听到了之前那个尖细的声音压过其他人的话语传出：

"周师姐，我有一个提议，我们何不组成一个抓贼小队，这样齐心协力，定能让那恶贼下不得手，保护我掌座的灵尾鸡！"白小纯一脸正气，大有一副为了周师姐的任务，不惜代价的气势。

周心琪一怔，四周人听到后，不少人觉得这主意不错，纷纷赞同。

"也好，不过我等修行才是主要，此事自愿吧。"周心琪点了点头，又看了白小纯一眼，觉得这位师弟虽然面生，可却白白净净，一看就是很乖巧的模样，尤其是拥护自己时，似乎颇为虔诚，她印象很好，还向白小纯微微一笑。

"这个建议，既然是这位热心的师弟提出，那么你就来组建这个抓贼小队吧，我这里有十条绸带，就作为小队的信物标记。"她说着，从储物袋内取出了十条蓝色的绸带，轻轻一挥，这十条绸带飞向白小纯，落在了他的手中。

"师姐放心，一切有我！"拿着绸带，白小纯昂首挺胸，一副为了掌座的灵尾鸡，当仁不让，可以肝脑涂地的模样。

周心琪双眸内露出一缕赞赏，心中暗想宗门内这么有责任心的小师弟不多了，记住了白小纯乖巧的样子，这才转身离去。

眼看周心琪似对白小纯另眼相看，那些周心琪的倾慕者，纷纷不甘心，暗自懊悔这个讨好周心琪的主意，怎么自己没想到。

周心琪走后，饲养灵尾鸡的那些弟子赶紧走出，感谢众人，尤其是对白小纯这里更是感谢，白小纯挺着胸脯，痛斥偷鸡贼，到了最后，那些养鸡的弟子一个个都感动起来，在白小纯的指点下，抓贼小队，终于由一个个修为都没他高的弟子组成了。

片刻后，白小纯走在回去的路上，擦了擦额头的冷汗，长舒一口气。

"刚才太危险了，差一点就绝了我日后的吃食，好在我白小纯聪明伶俐，哼哼。"白小纯想到这里，又得意了，哼着小曲回到了他居住的院子，看了眼灵田里的灵冬竹，这些竹子如今的长势极为恐怖，都长到了近乎一丈的高度，足有小腿粗细，看起来颇为惊人。

当天夜里，乌云密布，四下漆黑，白小纯从打坐中睁开眼，舔了舔嘴唇。

"月黑天高，我好像又饿了……"

第二十三章

偷鸡狂魔

深夜，香云山笼罩在漆黑中，伸手不见五指，只有风声呜咽，吹过山冈，四下安静，仿佛就连鸟兽也都没有声响传出。

在这漆黑的夜里，白小纯取出周心琪给的绸带，绑在了手臂上，急速前行，顺着小路直奔饲养灵尾鸡的区域，这身影速度之快，不多时就穿过草丛，到了近前。

遥遥地可以看到灵尾鸡的院子里，那些灵尾鸡大都在休息，时而有几只还在四下溜达，尤其是有一只灵尾鸡，正向这里走来。

白小纯蹲在草丛中，舔着嘴唇，等了片刻后，待那只灵尾鸡临近后，慢慢靠近栅栏，正要取出竹知了，可突然心神一动，目中露出警惕。

与此同时，一声低吼从他身后不远处蓦然传来，一道道身影瞬间冲出，更是有几颗在这夜晚里耀眼的火球，被人施展出来，照耀四方。

"该死的偷鸡贼，你终于出现了！"

"我等在这里等候多日，布下天罗地网，看你如何逃！"吼声回荡，七八道身影刹那间就冲向白小纯，将其包围起来。

这七八人正是养鸡的弟子，他们苦等数日，没承想在今天，居然有如此收获，一个个都心底攒足了劲，大有要将这偷鸡贼就地正法之意。

可就在他们的话语说出，身影临近的瞬息，白小纯先是一惊，而后眼珠转动，突然冷哼一声。

"闭嘴，你们小点声！"他毫不客气，义正词严地开口，没有任何闪躲，大摇大摆地站起身，特意露出手臂上的绸带。

这突如其来的一幕，使得冲来的七八人，全部一愣。

"你们看清了，我是抓贼小队的队长。"白小纯皱起眉头，看着面前这七八人，脸上露出不满。

这七八个弟子有人白天看到过白小纯，此刻仔细一打量，顿时迟疑起来。

"是白师弟……这么晚了，你来这里干什么？"这七八人里有一个弟子目中露出怀疑，盯着白小纯开口问道，这么一问，其他几人也都以怀疑的目光看向白小纯。

"周师姐既然让我成为这抓贼小队的队长，白某必定竭尽全力来抓住那偷鸡贼，故而深夜放弃修行，来这里守护，可被你们这么一吼，估计真有偷鸡贼，也都被吓跑了。"白小纯皱起眉头，一副为了抓贼鞠躬尽瘁的模样，小袖一甩，不悦地说道。

这些养鸡的弟子一个个面面相觑，不少人脸上露出尴尬的表情，方才最早怀疑白小纯的那位弟子，目中疑色也少了大半，可似乎还是将信将疑。

眼看对方还没彻底打消疑惑，白小纯冷哼一声，没等对方再次发问，他就先声夺人，一副恨铁不成钢的样子。

"难怪你们的灵尾鸡总是丢失，你们太疏忽大意了，你等看这里，这栅栏都损坏了！"白小纯一指身后的栅栏，那里的确有一些破损，不过这破损不明显，是他上一次偷鸡时，那灵尾鸡挣扎时损坏的。

养鸡的弟子纷纷顺着白小纯所指看去，仔细一望，都看到了栅栏的破损，一个个都吃了一惊，这些细枝末节，他们之前还真没太留意。

"还有那只灵尾鸡，都跑过来了，你们怎么守护的！"白小纯越发不满，声音都略大了一些，听得那些养鸡的弟子一个个汗颜。

"根据我的观察，此地是这片区域里最偏僻的地方，应该重点去守护的，可我都来了半天了，你们才出现。"白小纯越说越生气，到了最后长叹一声。

"你们这样，怎么抓贼啊，以我的抓贼经验，若我没有猜错，你们这里丢的鸡，是最多的。"他这句话一出口，养鸡的弟子纷纷心神一震，相互看了看，都看到了彼此目中的吃惊，因为根据他们的了解，这里的的确确是丢鸡最多的地方。

所以他们才会守在这里，眼下居然被白小纯一语道破，众人一个个看向白小纯时，眼中慢慢都露出了敬佩。

即便是之前那位有所怀疑的弟子，此刻也都觉得理亏，看着白小纯那为了他们不惜以修行的时间来抓贼的义举，又想到白天时白小纯义不容辞的热心，连忙深吸口气，抱拳深深一拜。

"之前多有得罪，白师弟不要放在心上，多谢白师弟的义举，我们一定尽快把这里修复，日后重点守护此地！"

其他人也都纷纷抱拳，心底觉得白小纯这份热心，难能可贵，是真正用心地帮助他们，一个个更对之前的鲁莽致歉。

白小纯轻叹一声，又很是认真仔细地指点了几句后，这才迈步离去，他的身后，那七八个弟子再次一拜，看向白小纯时，已被白小纯的热心感动。

"白师弟是个好人啊。"

白小纯刚刚走出这片区域，被风一吹，发现自己背后的汗凉飕飕的，心中暗呼方才好险，只是肚子很饿，于是想了想，决定去其他两处地方看看有没有机会下手。

走在这山间的小路上，白小纯左顾右盼，神情严肃，心中琢磨到了下一个地方这鸡该怎么偷，风一吹，他手臂上的绸带飘摇，渐渐远去。

与此同时，漆黑的半空中，有一道旁人察觉不到的女子身影，站在蓝绫上，俯瞰整个香云山，忽然神情一动，注意到了左顾右盼的白小纯，渐渐地女子目中赞赏更多了一些。

"这位小师弟，确实是一个认真负责的热心人。"这女子自然就是周心琪，她已检查了所有区域，开始还看到有人巡逻，可随着夜色降临，大都各自修行，唯有这白小纯是真的外出，认认真真地去抓贼。

"有他在，想来那偷鸡贼，定会收敛很多。"周心琪收回目光，放心地飞回洞府。

一个时辰后，白小纯转悠了一大圈，回到自己的院子时，他一拍储物袋，两只灵尾鸡出现，他嘿嘿一笑，拔毛整理，扔到锅中，很快香气飘出，白小纯咽下一口唾沫，顾不得滚烫，狼吞虎咽地大吃起来。

最后打个了饱嗝，拍着肚子躺在一旁，脸上露出陶醉。

很快过去了一个月，这一个月来，白小纯颇为认真，经常在夜里看到他肃然的身影，出没在各个养鸡的地方。

尽管如此，可鸡还是经常丢失，仿佛对方来无影去无踪，神秘莫测，养鸡的那些弟子越发觉得没面子，鼓足了劲，多次发誓一定要抓住偷鸡贼。

再看白小纯，似乎比他们还要尽职尽责，死死地守护在一处区域，仿佛不抓住偷鸡贼，誓不罢休，甚至有一次一连守在一处养鸡的地方长达四天四夜。

那种执着的劲头，似乎形成了一股强烈的威慑力，使得偷鸡的事都少了一些，但却依旧没有彻底消失，香云山的灵尾鸡，已经少了大半，剩下的已不多，大都是没成年的鸡崽了。

到了最后，就连养鸡的弟子都自叹不如，常常感慨，若是所有抓贼小队的弟子，都和白师弟一样，那么必定可以抓住偷鸡贼。

周心琪也着急了，在一天午后，白小纯正盘膝坐在养鸡的地方，目光警惕地看着四周时，一道蓝绫来临，周心琪的身影出现。

"周师姐。"白小纯看到后起身乖巧地打了个招呼。

"白师弟辛苦了。"周心琪美眸看向白小纯，脸上露出微笑。

很快地，此地的其他弟子，也都赶来，簇拥在周心琪的四周，白小纯也在里面。

"这些日子，多谢诸位同门的相助，此事心琪心领，可这偷鸡贼依旧嚣张，接下来的日子，我打算与你们一起守护此地。"周心琪轻声开口，又随着众人一起检查了一番后，她皱起秀眉。

"这偷鸡贼莫非与师尊有过节？否则的话，其他山峰也有灵尾鸡，此人不去偷，却偏偏盯上我师尊的灵尾鸡！"

白小纯在一旁听到这句话，双眼一亮，差点一拍大腿，大有一副对方所说很有道理的样子，他自己也认真地在想这个问题，目光不由得看向了远处的紫鼎山，渐渐眯起了小眼睛，盖住了目中深处的贼光。

　　周心琪一来这里，很快四周就多了无数倾慕者，使得整个香云山饲养灵尾鸡的地方，人山人海。

　　偷鸡贼似乎真的无处下手，使得灵尾鸡在之后的日子里，一只没丢。

　　虽然如此，可这神秘莫测的偷鸡贼，也已然名声大振，早已被称呼为偷鸡狂魔，在弟子中极为轰动，甚至被人拿出与小乌龟并列，成为香云山两大最神秘之人，即便是青峰山以及紫鼎山的外门弟子，也都有所耳闻。

　　眼看偷鸡贼消失，周心琪也欣慰，虽然偷鸡贼没有被抓到，可她想起白小纯这一个多月的认真，最后派人将那枚玉佩送来，作为勉励。

　　此事终于告一段落，而白小纯的认真执着，也让不少外门弟子记住了这个白白净净，很是乖巧，又极为热心的同门。

第二十四章
你是谁

香云山院子里，白小纯看着手中的玉佩，体内灵气一动，立刻这玉佩散发出柔和的青光，笼罩全身。

他左手掐诀一指，立刻木剑飞出，在四周转了一圈后直奔白小纯飞射而来，可在碰触青色光芒时，仿佛是沉入水中一样，一下子缓慢了一些。

"好宝贝！"白小纯收了木剑，拿着玉佩，脸上有些不好意思，喃喃低语。

"没事没事，李青候是周心琪的师父，可也是我的引道之人啊，按照关系，我得叫他一声叔叔才对，我才是自己人，周心琪是半个自己人。"白小纯干咳一声，将这玉佩收好，站在那里伸了个懒腰。

他的不死长生功，在吃下李青候大半的灵尾鸡后，进展飞速，如今已完成了七成，毕竟这灵尾鸡补的是自身元气，而非灵气，所以修为依旧还是凝气四层，但却精进了不少，如被压缩了一番。

至于那些鸡骨头，则全部都被他埋在了灵土里，这片灵土如今的灵气之浓，已经是极为夸张，里面种植的灵冬竹，如今已是两丈多长，通体不再是翠绿，而是出现了墨色。

还有最重要的三色火的灵尾，白小纯重点收集，已有数百根，一想到这些灵尾燃烧可以释放出三色火，白小纯就心中满是期待。

"修为不着急，只要有足够的丹药，用三色火炼灵三次后，我可以飞速提升，还是先把这不死皮修成才稳妥！"白小纯正想着，忽然肚子饿了起来，他看了看香云山养鸡的方向，很快收回目光，遥遥地望向了紫鼎山。

"大师兄在紫鼎山，不知如今过得怎么样了？"白小纯想起火灶房的一幕幕，思念之意更多，起身一晃走出院子，下了山，直奔紫鼎山。

灵溪宗南岸三山，其中青峰山以驭剑为主，香云山擅长灵药，而这紫鼎山则是以术法以及炼灵著称，尤其是南岸的基础功法，紫气驭鼎功，本就是来自紫鼎山。

白小纯顺着宗门小路，在黄昏时到了紫鼎山下，抬头看着云雾缭绕的紫鼎山，看着其内几个如小黑点般的身影，在半空中化作长虹进出，他心中满是感慨。

"不知什么时候，我才能驭物飞行，也只有做到了这一点，才可以看到更广阔的天地，算是真正地踏入了长生的路上。"白小纯目中露出期待，上了紫鼎山。

他虽不是紫鼎山的弟子，可身为外门弟子，有资格前往任何山峰，顺着山路向上走去，途中他见人就问询张大海的居所，他乖巧的样子很是讨喜，不多时就问到了张大海所在的地方，按照对方的指点，快步走了过去。

与他于香云山居住的地方不同，张大胖所在的屋舍，处于山峰的阳面，那里灵气明显浓郁很多，且屋舍不多，一处处阁楼如星辰点缀，看起来似蕴含了某种规律。

虽是黄昏，光线不明，可依旧能看到四周云雾稀薄，更有灵植众多，一片仙意。

"大师兄有来头啊，居然能居住在这里，比我那边好太多了。"白小纯深吸口灵气，颇为羡慕。

找了一会儿，他终于找到了张大胖的屋舍，看着里面院子中杂草众多，似很久没人打理的样子，白小纯一怔，敲了敲门，可半晌都没反应。

"莫非找错了？"白小纯正诧异时，院子内的阁楼大门，吱嘎一声打开，一个干瘦的身影手中拿着一把飞剑，左手有银光正慢慢黯淡，疲惫地走出，声音懒散地传了出来。

"谁啊？"正说着，这干瘦之人突然身体一震，隔着院子看到了白小纯，脸上立刻露出了惊喜，如看到了亲人，飞快地上前，一把拉开大门，望着白小纯，大笑起来。

"九师弟！"

"你是谁？"白小纯睁大了眼，猛地退后几步，看着眼前这个隐隐有些熟悉，可怎么看都很陌生的家伙。

此人相貌寻常，身体干瘦，不说皮包骨也快差不多了，虽然目中满是神采，可却眼窝凹陷，身上散出的修为波动，已然是凝气四层大圆满的样子。

"九胖，我是大胖啊。"看到白小纯这个样子，干瘦的青年欲哭无泪，说着说着，脸上露出强烈的悲愤。

"九胖，你不知道，这一年我有多苦，我师父对我有多么地苛刻，刚上山时，她说她不喜欢胖子，生生地将我饿了半年！

"半年啊九胖，你知道吗，那半年我都成了什么样子，你现在看到的，还是我补了半年后才补回来的。"这干瘦青年，正是张大胖，他说到这里，眼泪都流了下来。

白小纯仔细地看了几眼，又听到对方的声音，这才确定眼前之人，就是他的大师兄，白小纯倒吸口气，看着与自己记忆里完全不同的人，目瞪口呆。

"你和你师父有仇吧？"白小纯同情地看着张大胖。

"那老娘儿们，我……"张大胖咬牙切齿，可说了几句就哆嗦一下，不敢继续，拉着白小纯进了院子。

"九师弟，我想念火灶房啊，这里真不是人待的地方，我从来到这里，就没吃过一次饱饭，一点油水都没有，我饿啊。"张大胖悲愤，拉着白小纯，把他从上山开始到现在所有的苦都诉说出来。

白小纯听着对方的苦难，忽然觉得与其相比，自己当时偷鸡的举动，实在是太正确了，看了眼张大胖干瘦的身体，白小纯叹了口气，拍了拍张大胖露出骨头的肩膀。

"师兄有难，师弟自然要帮忙，你等我一炷香的时间。"说完，在张大胖愣怔中，白小纯转身走出院子，他之前上山时就注意到了，这紫鼎山上几处饲养灵尾鸡的地方都在什么位置，此刻乘着夜色，身影很快消失。

张大胖搞不清状况，不知白小纯要去干什么，只能在门口等着，可还不到一炷香的工夫，白小纯就双手拎着两只灵尾鸡，悄然归来。

看到灵尾鸡，张大胖猛地睁大了眼，还没等他开口，就被白小纯一把拉入院子里，不去理会张大胖，白小纯熟练地取出锅，煮好水，将鸡拔毛整理，直接扔了进去，这才拍了拍衣袖，抬起下巴，看向张大胖。

张大胖呼吸急促，目瞪口呆，指了指锅中的鸡，又指了指白小纯，一脸的无法置信。

"你……你……莫非你就是香云山的偷鸡狂魔？！"

白小纯嘿嘿一笑，右手抬起更为熟练地一按锅上，灵气散出，使得锅内的鸡肉加快熟烂，很快，阵阵香气飘出后，白小纯直接抓起一只鸡腿，放在了张大胖的面前。

"吃！"白小纯傲然开口，露出当年他刚刚到火灶房，张大胖拿着灵芝让自己吃的模样。

张大胖喉咙吞咽数次，死死地盯着面前的鸡腿，一把抓住，狼吞虎咽，之后不用白小纯继续说什么，他一个飞跃直奔大锅，差点将脸都伸了进去，那两只鸡很快地，就全部被他吃个干干净净，甚至连鸡骨头都舍不得扔，嘎吱嘎吱地咬碎咽下，最后连汤都全喝了。

这才拍着肚子，躺在一旁，一脸陶醉时，望着白小纯，兄弟二人相视片刻，都呵呵笑了起来。

"还是九胖你厉害，在火灶房时你主意就多，没想到啊，香云山赫赫有名的偷鸡狂魔，居然是我兄弟。"张大胖一脸与有荣焉的神情。

"修行本就是逆天之事，我辈修士，自然要与天争，与人夺，自力更生，小小灵尾鸡，算不得什么。"白小纯一挥手，掩饰不住的得意劲，他的身份憋在肚子里太久了，此刻有人分享，看着张大胖的神情，白小纯心中很是舒爽。

"只是可惜啊，香云山的灵尾鸡都被我吃得就剩下鸡崽了，味道不好，不然的话，你住在我那里，我天天管饱，一定让你重新胖起来。"白小纯叹了口气。

张大胖听到这里，眼睛猛地亮了，赶紧爬了起来。

"紫鼎山有啊，西头，南头，还有北侧都有，轮班守护的弟子，每天两班倒，一队七人！"张大胖飞速开口，说得极为详细，说完发现白小纯诧异地看着自己，张大胖干咳一声。

"听说了偷鸡狂魔后，我也打算学习来着，可那些鸡太贼了，我一靠近就尖叫，结果不但没成功，还差点被抓到。"张大胖有些不好意思地说道。

白小纯立刻乐了，靠近张大胖，二人低声嘀咕，慢慢地张大胖眼睛越来越亮，呼吸急促，又看到白小纯取出竹知了，片刻后，二人眉飞色舞，一起嘿嘿笑了起来。

此刻深夜，他们的笑声从院子里传出，听起来格外地瘆人……

从这一天起，白小纯索性就住在了张大胖这里，渐渐地紫鼎山的灵尾鸡，也开始丢失……

每当深夜，两个偷鸡大盗出没，一个偷，一个放哨，慢慢地紫鼎山的弟子都哗然了，纷纷议论：

"听说了吗，香云山的偷鸡狂魔，盯上我们紫鼎山了！"

"我亲眼看到，偷鸡狂魔不是一个人，是两个人！"

当这个消息传到香云山时，香云山的外门弟子，全部都深吸口气，以同情的目光看向紫鼎山。

"这偷鸡狂魔，总算是学会了平衡，不再只盯着我们香云山去偷……"

第二十五章
不死铁皮！

直至一个月后，风声太紧，甚至张大胖口中的老娘儿们，那位紫鼎山的掌座许媚香也都略有耳闻时，白小纯与张大胖不得不放弃继续留在紫鼎山，在张大胖的提议下，他们决定去解救一下黑三妞。

于是，二人去了青峰山。

黑三妞也瘦了一些，虽不是特别明显，可也隐隐露出了窈窕的身姿，让白小纯与张大胖呆了一下，几乎认不出来了，就连曾经黑黑的脸，如今看起来也有一些动人的神韵，可以想象，若最终彻底瘦了下来，黑三妞必定是个美女。

只是，一听"灵尾鸡"，黑三妞眼睛顿时亮了。

从此之后，青峰山的灵尾鸡，开始出现了丢失……

到了这一刻，"偷鸡狂魔"这个名号，已经在南岸彻底成名，轰动八方，外门弟子几乎无人不知，就连杂役也都听说。

好在没有持续太久，当一些长老都开始关注时，这偷鸡狂魔突然地销声匿迹，不再出现，只是无论黑三妞还是张大胖，都明显地身体恢复了一些，虽然还远远无法回到曾经的威武，可也都壮了太多。

而白小纯这里，也终于完成了九九八十一天的循环，对于饥饿不再那么强烈，于是三人才放弃了继续偷鸡。

这不死长生功的八十一次循环，虽然不是连续完成，而是累计达到，可效果一样，没有区别。

这一天，白小纯在香云山的院子里，神色凝重，全身皮肤散发出阵阵铁色，更有黑芒闪耀，一股强悍的气息，从他的皮肤上传出，化作了阵阵莽荒之感。

九九八十一天的痛，与九九八十一天的饿，在这一刻融合于一起，形成了一股惊人的力量，在白小纯体内持续地爆发。

每一次爆发，都蕴含了数不尽的元气，这些元气全部随着爆发融入白小纯的皮肤上，使得他的皮肤铁色更多，黑芒刺目，坚韧的程度，也是倍增。

甚至他站在那里，若有外人看到，第一眼看去会认为那是一具铁人，而非血肉真人。

他脑海轰鸣不断，这种爆发，已在他的体内出现了十九次之多，可却始终没有停下的迹象，反倒更快地冲击。

白小纯一动不动，仿佛连呼吸都没有了，可仔细一看，可以看到他全身的汗毛孔正在微微地收张，四周的天地之力也无声无息地凝聚过来。

"九九八十一次的爆发后，我得不死皮，就会小成，进入铁皮的境界！"白小纯脑海里浮现不死长生功的口诀，神色坚毅，他这一年来的所有努力，无论是剧痛还是饥饿，为的就是这一刻的爆发。

轰！

体内的元气再一次地冲击，他的皮肤铁色更多，元气钻入每一寸的皮肤内，进行如千锤百炼般的锻造。

这一刻的他，如同一把神兵利器，而那一次次的爆发，就是锤子一次次地砸下，轰轰轰！

二十次，三十次，四十次，四十八次……

时间流逝，三天过去，白小纯依旧站在那里，外面听不到丝毫声音，可他的耳边，却能听到体内传出的无尽天雷般的巨响。

可就在这时，在他的体内元气爆发进行到第四十九次后，突然地，冲击的力道猛地倍增，他身体一颤，皮肤上肉眼可见地出现了一些细密的裂缝，仿佛无法支撑一样。

这些裂缝虽然不多，可在出现后，却让白小纯心中一沉。

"果然出现了灭相……"白小纯皱起眉头，不死长生功上对于如今的状态，有过介绍，曾说过不死皮在小成的过程中，必定会出现这种碎裂，只不过根据不同人的意志，坚持得越久，则日后的不死皮效果越好。

即便是不去坚持，不死皮一样会修成，只不过在效果上，自然是越完美越好。

如果能坚持完整的八十一次元气爆发，才是真正的完美无瑕。

白小纯眼中露出坚定，再次闭目，体内轰鸣陆续传遍全身，五十次，六十次，七十次……他竟一口气，在接下来的五天内，生生地坚持到了七十多次。

他的皮肤此刻的碎裂，如龟纹一样密密麻麻扩散全身，甚至很多地方都连在了一起，仿佛一个被打碎后又粘起的花瓶。

似乎随时可能四分五裂。

"只差七次了！"白小纯眼中都是血丝，已成血芒，他呼吸急促，狠狠一咬牙，性格当中的狠辣，骤然滋生。

七十五次！

七十七次！

七十九次！

白小纯仰天一吼，这吼声不大，更多的是闷闷之音，身体颤抖时，再次熬过了一次体内的元气爆发，达到了八十次。

那元气飞速融入他的皮肤上，使得整个皮肤虽然龟裂，可却如同铁皮一样，让人看去时，会触目惊心。

"最后一次！"白小纯不愿放弃，在那最后一次元气爆发中，右手猛地抬起，向着面前大地，狠狠一拳落下。

轰的一声，一个深坑出现时，他体内的最后一次元气爆发，终于结束，无数的元气融入他的皮肤中，肉眼可见的，他的全身裂缝眨眼消失，一片光滑时，就连黑芒也都散去，看起来依旧是白白净净，可没有人知道，在这看似寻常的皮肤上，如今已具备了惊人的坚韧。

白小纯呼吸急促，好半晌抬起头时，他看着地面被自己轰开的大坑，又看了看皮肤，顿时振奋，仰天大笑。

他右手抬起一挥，木剑飞出，化作一道乌光直奔手臂，在碰触的一瞬，竟传出了金铁的声音，当的一声，木剑竟然被直接震退，而他的手臂皮肤，只是感觉仿佛被蚊子咬了一口，仔细一看，丝毫伤都没有。

"不死皮！"白小纯喜不自禁，要知道这木剑不是寻常法宝，而是炼灵两次，虽然材质一般，可炼灵之后的威力，堪比天骄的法宝，可就算是这样，也依旧伤不了他丝毫。

白小纯身体一晃，爆发全力冲出，四周的空气都传出嗡的一声，他出现时，已在十多丈外，这种速度，比之前快了何止数倍，让白小纯更为精进。

至于力量，他看了一眼地上的大坑，已经心中有数，知道不死皮小成后的自己，不说是脱胎换骨，也相差无几了。

"如此防护之力，才可为我白小纯的长生之路，保驾护航。"白小纯得意非凡，再看自己的修为，竟也随之又精进了不少，直接到了凝气四层的大圆满。

且不是寻常的凝气四层大圆满，而是体内灵气被压缩之后，可以说他的灵气本身的品质，已不是同境界的修士可以比较。

他太满意了，在这院子里来回疾驰，片刻后他身体猛地一顿，双目露出一抹精芒时，右手抬起，拇指和食指成半口状，向前狠狠一捏，与此同时，他的两指出现了黑芒闪耀，他的前方分明什么都没有，只是虚无，可这一捏之下，前方的虚无都传出咔咔之声。

白小纯目光收缩，转身一晃到了一处岩石旁，再次右手两指黑芒闪耀，一捏之下，咔嚓一声，那岩石如豆腐一样直接爆裂。

他再次一晃，出现在了灵冬竹旁，这里的竹子已长到了三丈多高，他选择了最坚硬的竹头，一捏之下，竹头轰的一声，一样碎裂。

这一幕，让白小纯自己都倒吸口气，身体落下时，他低头看着自己的双指，看着其上的黑芒慢慢消散，许久，他才吐出长气。

"这就是碎喉锁么……"白小纯喃喃低语，这是不死长生功上存在的一种秘法，唯有不死皮小成才可施展，据说能爆发出两倍之力，无坚不摧。

而方才，白小纯也只是用了五成力道而已，他无法想象，若是自己全力施展此秘法，到底会有多么地恐怖。

这种秘法，在白小纯看来，就是一种杀人秘法，他沉默片刻，虽然觉得此法凶残，可还是认真地练了起来，在这院子里，身影快速游走，时而两指黑芒闪耀，便是阵阵咔咔之声。

时间流逝，转眼过去了半个月，这半个月来，白小纯没有走出院子，始终都在修炼，自然也不会知道，外出数月的李青候，在这一天清晨，踏着一道青虹，回到了灵溪宗，回到了香云山的山顶。

他在归来后还没等休息，立刻就有两道长虹从青峰山以及紫鼎山上呼啸而来，直奔山顶，寻找李青候，可以隐隐看到，那两道长虹内，一个是老者，身体如一把没有出鞘的利剑，整个人散发出筑基修士特有的威压。

而另一道长虹内，则是一个妙曼的女子，这女子似天生媚骨，相貌绝美，但此刻脸上却带着古怪，似哭笑不得的样子，与那老者一起，到了山顶。

这两位，正是青峰山与紫鼎山的掌座，在香云山顶，二人与李青候私语一番，这才离去。

香云山顶，李青候揉着眉心坐在那里，神识一扫，重点看了看山上的三处饲养灵尾鸡的地方，发现那里只剩下了鸡崽后，他露出哭笑不得的样子，叹了口气，大袖一甩，走出大殿，顺着山路走下，看其方向，正是白小纯所在的院子。

第二十六章
灵尾鸡好吃么？

对于白小纯的居所，李青候虽没有来过，可始终放在心上，此刻走在山路，渐渐四周偏僻，很快在他的前方，就出现了一处院子。

可还没等他走近，远远地就看到小路上，一个白白净净的身影，手里拿着一个黑乎乎的肉块，一边走一边吃，似乎吃到了兴奋点上，还哼出了小曲。

李青候面色难看，他一眼看出对方的手中拿着的肉块，分明是被掩饰后的鸡腿，不由得气上头来。

"白小纯！"

他声音不高，可却如雷霆一样直接轰鸣炸开，白小纯正嘬着鸡骨头，听到这句话后，他整个人差点跳了起来。

"李掌座！"白小纯睁大了眼，倒吸口气，下意识地就将手里的鸡腿全部塞入口中，嘴巴鼓得如一个球，使劲咬了几下，生生地咽了下去，憋得满脸紫红紫红的。

这宗门内他最怕的人，就是李青候了，尤其是吃了对方那么多鸡，白小纯更是心虚，额头都出了汗，用袖子一抹后，赶紧跑了过去，脸上露出乖巧的模样，老老实实地拜见。

"弟子拜见掌座。"

李青候面无表情，望着白小纯，心中升起阵阵无奈，白小纯的祖上曾经对他有恩，李青候做人对于恩看得极重，哪怕此刻想起，当年只不过一件小事，可却始终没有忘记报答。

青峰山与紫鼎山的掌座来找他，说的正是灵尾鸡的事情，虽不是什么特别值钱的灵物，但他不愿别人指责自己的弟子，所以自行做出了一些赔偿。

此刻看着白小纯，李青候心中更多的，是恨铁不成钢。

"你成为外门弟子才大半年多，修为从凝气三层到了四层，应该是很自得了吧。"李青候冷哼一声。

白小纯眨了眨眼，干咳一声，不知道该说些什么，于是继续保持乖巧的模样，心想自己只要态度好，应该没事，可想到方才自己手里拿着的，还是对方的灵尾鸡的大腿，就额头再次出汗了。

"既然有时间去做那么多乱七八糟的事情，那么你就来参加三个月后香云山的外门弟子凝气四、五层的小比吧。"看到白小纯的样子，李青候有些头痛，思索片刻后淡淡开口。

他话语一出，白小纯心里咯噔一下，他听说过这样的小比，知道那种小比虽有奖励，可传闻打斗很是激烈，稍微一个不小心，就会被伤到，顿时哭丧着脸。

"掌座，我才凝气四层，你让我和他们去比，万一他们把我打死了怎么办……"

"此番比试，你必须进入前五，否则的话，我将你……"李青候没理会白小纯，目中露出严厉，话语还没等说完，白小纯长叹口气。

"我知道，逐出宗门嘛……"

李青候眼睛一瞪，知道这白小纯性格顽劣，仅仅是拿逐出宗门来让其有危机感，怕是有些不够了，又想起此子的怕死，李青候右手蓦然抬起，大袖一甩，卷着白小纯直接飞出院子，直奔山顶。

白小纯心脏狂跳，看着李青候的面孔没有任何表情，隐隐有种不妙之感，在半空中感受到四周狂风扑面，还没等他仔细看清，李青候就带着他到了香云山的后山。

这里草木众多，算是香云山的禁区，平日里弟子无法到来。

刚一落下，李青候就拎着白小纯，飞快疾驰，走向一处后山的山谷，刚一进入这里，顿时一股阴冷的气息弥漫，四周的草木颜色明显鲜艳起来，甚至随着李青候的到来，那些草木竟在彼此摇晃。

白小纯心脏跳动加速，看着那些草木，一股危机感出现，他正要开口时，突然看到草木内竟有一条赤色的毒蛇，缓缓抬起了头，吐出芯子，冰冷的眼睛似在盯着自己。

"蛇！"白小纯头皮一麻，紧接着，随着李青候的前行，山谷完全显露在白小纯的目中，他立刻就看到这整个山谷的地面上、草木中、树枝上，赫然密密麻麻爬满了无数的蛇。

花花绿绿，颜色都很刺目，一看就都是毒蛇，每一个都吐出了芯子，目光冷漠。

白小纯哆嗦起来，他从小就怕蛇，尤其是那些毒蛇在看到自己后，居然有不少都露出了攻击性，张开嘴露出了毒牙，甚至还有一些都开始喷出毒液。

可白小纯转念一想，自己拥有不死皮啊，这些毒蛇应该咬不破才对，想到这里，他忽然觉得这些蛇即便再多，也都是弱鸡一只，自己根本就无所畏惧。

但他眼珠一转，担心若自己表现出不害怕，李青候说不定带自己去更危险的地方，于是立刻发出凄厉的惨叫，一副害怕的样子。

李青候冷哼一声，修为散开，那些蛇立刻扭曲着身体，慢慢避开，露出了一条小路，在那小路的尽头，有一个山洞，里面漆黑一片，却有让人作呕的腥味，不断散出。

"李叔，你……救命啊，我没触犯门规啊。"白小纯立刻颤声，李青候面无表情，抓着白小纯直奔山洞，到了里面后，他袖子一甩，顿时这四周一下子明亮了不少。

白小纯顿时就看到了比外面更多的毒蛇，甚至一个个个头都庞大了不少，发出噬噬的声音，这声音似乎带着某种奇异之力，居然可以让人心神都恍惚一下，听得白小纯猛地睁大了眼。

一股强烈的危机感让他呼吸急促，尤其让他心惊的，是他发现这些毒蛇居然都有如修士般的修为之力，甚至远远的，他还看到一条全身有四种颜色的毒蛇，竟堪比凝气五层。

被此蛇目光凝望，白小纯觉得自己背后凉飕飕的，琢磨以自己的不死皮，在这里怕是都坚持不了太久，这一次，不用去装，他是真的恐惧了。

"此地是万蛇谷，是我香云山的一处取毒之地，这些蛇，每一个都有剧毒，一滴毒液就可以毒杀一百头牛。

"筑基以下修士，被此毒沾到身上，若救援不及时，也会毒发身亡，尤其是深处，甚至还有堪比凝气大圆满的蛇王，被毒一下，我也难救。

"外门小比，若达不到前五，你可以放心，我不会将你逐出宗门的，我会让你来这里，帮我采毒。"李青候淡淡开口，看向白小纯。

"这……这……李叔你放心，不就是宗门小比么，不就是前五么，我白小纯一定完成！"白小纯口干舌燥，面色煞白，一听深处还有更可怖的毒蛇，他心底顿时发誓，他这一辈子都不来此地。

听到白小纯的保证，李青候心底有了笑意，可面上却依旧没有表情，哼了一声，带着白小纯离开了这里，重新回到了香云山后，将白小纯扔在一旁小路，转身离去。

临走，他脚步一顿，没有回头，声音却飘了过来：

"对了，那些鸡好吃吗？"

说完，也不等白小纯的回答，李青候身影飘然远去。

白小纯唉声叹气，愁眉苦脸地回到了院子，一路上有风吹过，草木哗哗，让他好几次都不由得想起那些毒蛇。

"李青候……分明就是李青蛇！太过分了！"白小纯哭丧着脸坐在院子里，随后狠狠一咬牙。

"那万蛇谷我是一定不会去的，万一被沾上一些毒，我的小命就没了，既然这样，不就是前五么，拼了！"白小纯立刻决断。

"要去进行小比，那么以我现在的修为不够，我需要灵药！"白小纯深吸口气，狠狠地握住拳头，目中露出了一丝凶芒，四下看了看后，立刻看到了那些灵冬竹。

"这灵冬竹的任务完成后，会奖励贡献点，以贡献点就可以去换取灵药，不过我这竹子才长了不到五丈，不知道能不能合格……"白小纯想到这里，有些拿不准，可又没有别的办法，于是算了算时间，知道数日后便是宗门固定的种植类灵草任务交接的日子。

愁眉苦脸地等了几天，终于在第四天的清晨，白小纯早早起来，到了竹子旁，双手用力，一根根抱住，全部拔起。

他发现这些竹子看起来不重，可这一拔，居然每一根都如同金铁一样，非常沉重。

院子的地面一震后，十根近五丈长、一人多粗的灵冬竹，就被他扛在了肩膀上，一步步走出院子，准备去交接任务。

他储物袋里的空间不大，这些竹子无法放进去，只能这么扛着，好在白小纯不死铁皮小成后力气大了很多，不然的话，还真不一定能扛着上山。

一边走着，白小纯一边郁闷，一会儿想着宗门小比，一会儿想着那些毒蛇，脑子里都是幻想出的在打斗中自己骨断筋折的画面。

"我白小纯怎么命这么苦啊……"

第二十七章
这……这是竹子？

那些竹子每一根都死沉死沉的，白小纯扛着十根，又要上山，即便是他修成不死铁皮后也微微气喘，于是越发觉得自己悲催。

"我来修仙，是为了长生，干吗要打打杀杀啊。"

"还有我的这些竹子明明可以长得更长一些，可现在却只能拿出去换贡献点……"白小纯越想越委屈，叹息连连，扛着灵冬竹，向着山上走去。

此时此刻，在香云山交接任务的阁楼处，很多外门弟子都来到这里，拿出自己种植好的药草，交接任务，换取贡献点。

有香云山的长老，在这里专门负责检验品质，按照不同品质，给予贡献点。

"不错，这水雾花已有四瓣，给你一个中等品质。"

"这木纹参暗色太重，土力过高，已失去了平衡，不合格。"阁楼外一处大石上，一个面色红润的白发老者盘膝打坐，身前无数弟子排队等待，一个个上前拿出种植的灵草，被老者检查后，身边有童子记录发放贡献点。

半空中还有一群全身五彩的凤鸟，正在优雅地飞旋，每一个都有一丈多大，不时会发出阵阵清脆的鸣叫。

这些凤鸟，正是老者私人灵宠，每当交接草木的日子，都会随着老者来到这里，很多外门弟子远远看到，都目中露出羡慕。

眼前这老者，修为筑基，颇为不凡，在灵药的造诣上虽不如李青候，可于宗门内也是声名赫赫，尤其是痴迷药道，那种痴的程度，就连李青候都自叹不如，曾言若东林洲能出现第三个药师，必定是周长老。

"陈子昂拜见周长老。"很快地，就排队到了一个青年，这青年相貌一般，可却很是挺拔，来到周长老的面前，恭敬地抱拳一拜。

这青年话语传出，立刻四周的不少外门弟子，在听到这个名字后，都一个个向青年看去，好奇地观望。

"原来他就是陈子昂师兄啊，听说他在种植灵草上，有不俗的天赋。"

"我还听说，这陈子昂从入了宗门开始，每一次种植灵草的任务，从来没有低于过上品，非常了不得！"

在众人低声议论时，陈子昂神色淡然，可目中却有傲然之意。

周长老看向陈子昂时目中露出欣赏，对于这个在种植灵草上颇有天赋的弟子，他一向很关注。

"子昂，这一次你种的是什么？"周长老温和地说道。

"回禀周长老，这一次我种的是灵冬竹！"陈子昂右手一挥，立刻身边出现了十根手臂粗细的灵冬竹，每一个都有半丈多长，通体翠绿，阳光一晃，似有淡绿之光在竹身游走。

"此竹弟子先以灵泉洗礼，更用灵石磨碎成土，每天至少三个时辰以自身灵气饲养，每隔三天为其梳理叶脉，配合弟子所学的九青玄法，更是加入了其他药草相助，这才种出！"

"好，竹长半丈，青蕴流转，已超越了寻常上品，可列为上上品，希望你以后继续努力，若能让竹长过丈，便是佳品灵株了。"周长老摸了摸胡须，目中赞赏更多。

四周的外门弟子一听"上上品"这三个字，立刻引起众多议论，纷纷看向地面上的灵冬竹，目中露出羡慕之意。

陈子昂脸上露出笑容，目中的傲然之意更多，抱拳一拜，正要接过一旁童子给予的贡献点，突然地听到一声冷哼传来。

"周长老，弟子赵一多，也种了一些灵冬竹！"随着哼声传出，一个脸长眼细的青年，迈步走出，看向陈子昂时，眼中露出轻蔑与不屑。

他这一出现，四周的外门弟子立刻精神了，纷纷凝望。

"是赵一多师兄，赵师兄在种植草木灵珠上的造诣，据说与陈子昂不相伯仲！"

"这下有的看了，他们二人一向敌对，都想要争夺种植类'第一弟子'的称号。"

陈子昂面色顿时阴沉，冷冷地看着赵一多，二人目光对望，都看到了彼此目中强烈的敌意。

"赵一多，将你的灵冬竹取出吧。"就连周长老也有了兴趣，对于眼前的赵一多，他同样赞赏，也知道眼前这两个小娃，在这种植上曾多次竞争，而他也乐意看到二人如此，只有这样的良性竞争，才可以让彼此都大步地前进。

赵一多向着周长老一抱拳，一拍储物袋，立刻出现了十根灵冬竹，这些竹子每一根竟都足有一丈长，竹身更是大腿粗细，那翠绿的颜色，隐隐居然有种晶莹剔透之感，甚至有阵阵灵气散出，一看就绝非寻常，与方才陈子昂的比较，高下立出。

几乎在看到这些竹了的瞬间，四周人都不由得哗然起来，这种丈长的灵冬竹，他们只听说过，却没见过实物。

"一丈长的灵冬竹，这得养了多久！"

"这种灵冬竹，都到了灵气外散的程度，赵师兄的种植本事，已然是我香云山外门第一！"

赵一多目睹四周人的神情，笑容挑衅地看向陈子昂。

陈子昂面色顿时难看起来。

周长老目中一亮，露出赞叹，望着那些竹子，微微点头。

"好，好！今天虽交接灵冬竹的弟子众多，可你这里，是最好的了，一丈长的灵冬竹，已突破了上上品，足以列为佳品了，赵一多，你非常不错，希望你继续努力！"

"陈师弟你这里，还需多多学习才是。"赵一多向着周长老一抱拳，转头挑衅地望着陈子昂。

陈子昂面色更为难看，冷哼一声。

"赵师兄莫要高兴得太早，请人相助算得了什么，下一次种植时，陈某一定种出一丈半的灵冬竹给你看！"

赵一多闻言大笑。

"陈师弟也不怕风大扯掉了舌头，灵冬竹极难生长，对于灵气要求巨大，我等凝气弟子，能种出一丈已是极致中的极致，一丈半？那是筑基长老才能种出的，至于两丈，哈哈，赵某在宗门这么多年，还从没看到过两丈的灵冬……"

赵一多话还没等说完，突然地，人群后的小路上，传出了阵阵轰隆轰隆的声音，仿佛有什么巨物正在一步步走来，那些外门弟子一个个立刻诧异地回头，随后阵阵吸气声蓦然传出。

就连赵一多与陈子昂的对峙，也都因此被打断，二人皱起眉头，都看了过去。

很快地，他们就看到一个个足有成人身体粗细的巨大竹头，在视野里蓦然出现，这些竹头颜色墨绿，甚至仔细去看，还可以看到里面有一处处紫色的斑点，阳光一晃，竟散发出绚丽多彩之芒。

更让人吃惊的，是阵阵浓郁的灵气，正从这些竹头上散出，笼罩八方时，无数人传出惊呼：

"这……这是什么东西？"

"似乎是某种木头，可看起来又像是竹子！"

陈子昂与赵一多也都皱起眉头，认不出这是什么，但都看出此物不俗，一旁的周长老，则是猛地睁大了眼，直勾勾地盯着那些竹头，呼吸居然都微微急促起来。

在所有人的注目下，他们看到那些竹头越来越多，直至完整地显露出现，赫然有五丈长度，在那些竹木下，一个瘦瘦小小的少年呼哧带喘地，扛着这些竹木，一步步走来。

如同一只蚂蚁扛着一个馒头……

每一步落下，都传出轰隆一声，随着前行，前方的所有外门弟子全部避开，一个个骇然，对于这少年的力气，都很震惊。

这少年就是白小纯，他一路郁闷，想着小比的凶残，想着万蛇谷的可怕，欲哭无泪，爬着山路，此刻好不容易来到这里，也没理会四周众人，来到了周长老的身前，轰轰几声，将那些竹木扔在了地上后，他也坐在了竹木上，擦着汗水，喘着粗气。

"这些竹子不能放在储物袋里，累死我了，长老，我来交接任务。"白小纯刚说到这里，忽然觉得有些不对劲，仔细一看，发现四周所有人，此刻都直勾勾地看着那些竹子，一个个呼吸逐渐地粗重了。

"竹子……这些竟然是竹子？"

"我长这么大，就没见过这么大的竹子，这分明是树好不好！"

陈子昂与赵一多，此刻眼中也露出惊疑不定之色，隐隐认出了一些，可根本就无法置信，猛地靠近，蹲下身子，仔细地看着竹子，赵一多颤抖着甚至想要掰下一节看看内部的结构。

可还没等他掰下，一旁的周长老就嗖的一声靠近，大袖一甩，二人就被卷飞，周长老目不转睛，凝望竹木。

"这……这些居然真的是灵冬竹！！"半晌之后，周长老倒吸口气，声音传出时，四周所有外门弟子，全部呆住，而后猛地爆发出了滔天的哗然与无法置信。

"灵冬竹！！这些大树，居然是……灵冬竹！！"

"这怎么可能，灵冬竹怎么会长得这么粗，天啊，居然还是五丈！"

"五丈长，一人粗细，这……这是竹子？"

惊呼之声顿时爆发，尤其是看到一旁陈子昂与赵一多的灵冬竹，这么一对比，惊呼之声更为强烈，此起彼伏。

第二十八章
压力才是动力

白小纯也是目瞪口呆，看着四周众人的惊呼，看着远处被卷飞的赵一多与陈子昂，似乎顾不得全身疼痛，飞快地又跑了过来，整个人都趴在了上面，在那里仔仔细细地研究。

尤其是周长老，一根根地看去，样子激动，带着不可思议，更有狂喜。

这么一幅癫狂的画面，使得白小纯心惊的同时，觉得所有人都疯了，心想不就是几根竹子嘛，按照他的想法，是打算种到十丈的。

"长老……"白小纯退后几步，试探地喊了一句。

"好好好！"周长老大笑，抚摸着那些灵冬竹，每一寸地方都没放过，似乎没听到白小纯的话。

"这种灵冬竹，罕见至极，只有长到了五丈长，才可以通体墨绿，这样的灵冬竹，已经不仅仅是药草，还是炼制灵竹剑的主物，更可激发一些特殊的术法！

"你们闻闻，是不是能闻到一股肉骨之香，这就是此竹五丈后，特有的香气啊。"周长老激动地开口，甚至还深深地闻了一口。

陈子昂与赵一多神色极为认真，也都闻去，四周的其他弟子，距离近的，也闻了一下。

白小纯干咳一声，这股味他扛着竹木到来的路上就闻到了，那分明是……鸡骨头的味道，毕竟种植这些灵冬竹的灵田里，埋下了数百只灵尾鸡的骨头……而且每一根，都是他啃过的。

"长老……"白小纯觉得这些人疯了，再次喊了一声。

可就在这时，突然地，周长老全身猛地一震，盯着一根竹子上的一片区域，眼睛里猛地露出愤怒，神色都扭曲了。

"该死的，这里是怎么回事，怎么还有个被咬下一口的痕迹，这灵冬竹苦涩无比，不可生吃，哪个王八蛋居然咬了一口，毁了这一根的品质啊！"周长老痛惜，仿佛是一块完美无瑕美玉上，突然出现了一个蛀洞般的感觉，猛地抬头，看向白小纯。

"不是我！"白小纯吓得赶紧后退，忽然想起当初自己第一次饥饿的时候，似乎饥不择食地啃了一口这竹子，只是他怎么也没想到，这交接任务的地方，居然这么可怕，自己养的竹子，咬一口怎么了，这些人都是疯子啊。

听到周长老的话语，四周很多人都看了过去，果然在最后一根灵冬竹上，看到了一个被啃了一口的痕迹。

周长老盯着竹子上的残痕，好半晌才长叹一声，他毕竟是筑基修士，虽然痴迷药道，可定力还是有的，只不过白小纯拿来的这竹子，实在太惊人了，尤其是那种变异，更是周长老前所未闻，这才有了方才失常的一幕。

他深深地看了白小纯一眼，大袖一甩。

"此竹，上上优品……不对，极品，当列为极品，奖励一万贡献点！"他这番话说出，四周人再次倒吸口气，要知道寻常的种植任务，也就是十点左右，最多也只到一百贡献点而已，如今一下子就是一万！

一旁的童子也都呆了，多少年来，灵溪宗被列为极品的灵植，极为少见。

最起码数百年来，这还是第一次。

白小纯激动，他赶紧来到童子身边，把自己的身份令牌拿出，连连催促，童子迟疑了一下，眼看周长老又开始研究那些竹子，于是一咬牙，给了白小纯一万贡献点。

拿着贡献点，白小纯赶紧离开这里，他决定下次再也不来了，这里的人，都太疯了。

还没等走远，他身后传来周长老的声音：

"你叫什么名字？"

"白小纯，我叫白小纯，我叔叔是李青候！"白小纯赶紧开口，他来之前不知道那些竹子居然如此惊人，此刻心里多少有些担心，于是扯出李青候当作虎皮。

"哼，心机不少，灵溪宗万年大宗，弟子众多，每个人都有秘密，都有自己的造化，老夫还不会去舍下脸皮刨根问底，你以后若再有这样的竹子，老夫全收了，贡献点定让你满意！"周长老有些不悦，一挥手，不再理会白小纯，继续研究那些竹子，至于这一天其他弟子的交接，都因此提前结束了。

白小纯拿着身份令牌，眼中露出兴奋，离开了任务阁后，直奔香云山的灵药堂，这所谓的灵药堂，就是香云山的弟子换取灵药之处。

若是自己有灵药，也可在这里卖给宗门，换取贡献点。

白小纯飞奔而来，在这灵药堂内四下选择，好半晌离去时，他已买下了一瓶适合凝气五层的丹药，这丹药价格不菲，白小纯本以为自己的一万贡献点已经很多，可却没想到，这里的灵药更贵。

"青神蕴灵丹。"白小纯看着手中的丹瓶，里面一共三粒丹药，就这三粒，就花掉了他四千多贡献点。

不过此丹也不是寻常凝气弟子的丹药，效果非凡，不但比寻常灵药更具药效，甚至还有精纯灵气的效果。

白小纯琢磨着凝气五层不保险，所以打算这一次，突破到凝气五层大圆满的样子。

至于凝气六层，他想过以这个方法来避战，可若真的这么做了，白小纯可以想象得到，李青候必定会换一个方法，继续惩罚自己。

至于余下的贡献点，白小纯也没浪费，全部换取了防护用的一次性符咒，这些东西放在身上，他才觉得稳妥了一些。

若非是贡献点不够了，他还想去宝阁里换一些凝气用的法器回来，眼下只能放弃，回到了院子后，白小纯目光凝重，盘膝坐在木屋内，取出丹药，低头凝望。

"还有不到三个月的时间，我要闭关！"他一咬牙，观察了四周后，右手掐诀一指，立刻龟纹锅出现，他又取出了灵尾鸡的尾巴，一晃之下，三色火出现。

一根尾巴无法满足龟纹锅的需求，直至用了十根尾巴后，前三条纹路才明亮起来，白小纯一口气，将三枚丹药全部炼化三次。

随后拿起一粒有着三道银纹的青神蕴灵丹，一口吞下。

丹药入口立刻溶化，阵阵磅礴的灵气轰然爆发，白小纯立刻按照紫气驭鼎的动作与呼吸，全神贯注，不断地引导体内灵气运转。

数日后，白小纯的木屋轰然一震，有无数尘土飞扬，似有冲击从内向外扩散开来，片刻后，木屋内传出白小纯的笑声。

"凝气五层！"白小纯深吸口气，目中露出精芒，他之前吃下那么多灵尾鸡，本就已是凝气四层大圆满，又吞下一颗丹药，极为顺利地突破，成为凝气五层。

他的身体上再次出现了污垢，可却明显比之前少了一些，清洗之后，白小纯没有立刻再吞丹药，而是稳固修为，又过去了五天，他才将第二枚炼灵三次的青神蕴灵丹吞下，这一次，灵气在体内充斥，他的灵脉长河更为窘大，在体内奔腾流转，使得修为之力再次攀升了大截。

又稳固了数日，他才将第三枚青神蕴灵丹吞下，一口气直接将修为冲击到了凝气五层大圆满的程度。

到了这个时候，他的举手投足间，整个人看起来都与之前有了不同，皮肤更白不说，甚至还多出了一些独特的气质。

这让白小纯很是喜悦，他也清楚，若是其他凝气四层大圆满的弟子，吞下这三枚丹药，最多也就是突破到凝气五层罢了，不可能如他这样达到凝气五层的大圆满，距离凝气六层，似乎也只是一步之遥。

这里面的重点，就是龟纹锅的炼灵。

此物的功效，随着白小纯的修行，越发地显露出来，让白小纯不止一次地好奇，这龟纹锅到底是什么来头。

看起来似龟壳，可他发现似乎又不是。

而有关炼灵，他也已打探得很清楚，在紫鼎山上就有专门的炼灵之处，付出一些贡献点后，可以在那里让宗门的长老帮助炼灵，而紫鼎山的掌座，听说就是一位炼灵方面的大师。

抚摸着龟纹锅背面的纹路，白小纯目光闪动，片刻后他摇了摇头，既然想不懂，索性就先不去理会，而是右手抬起一挥，面前出现了一枚青色玉佩，一把木剑。

白小纯望着自己如今仅有的两样法器，一咬牙，再次取出灵尾，准备将这两件物品，都达到炼灵三次的程度。

"不知炼灵三次后，这木剑与玉佩，会有什么变化。"

白小纯右手一挥，在龟纹锅的三条纹路都亮起后，玉佩直奔锅中，银光瞬间闪耀后，阵阵雷霆般的轰鸣传出，好在传得不远，倒也没有多少人注意。

直至银光消散，在白小纯面前的青色玉佩上，赫然多出了三道银纹，这银纹闪耀，慢慢黯淡，可白小纯却明显地感受到，这玉佩上的气息，与之前截然不同，如同天地之差。

甚至隐隐的，青色中，出现了一丝紫光，在这玉佩内如镶嵌一样，甚至玉佩的形状都改变了一些，不再是椭圆，都是更扁了一些，似要成为圆圈。

白小纯拿起玉佩，灵气融入后，嗡的一声，他的四周立刻出现了一层青色的光圈，足有三尺多厚，看起来很是惊人。

第二十九章
举重若轻

白小纯尝试了一下防护的程度，立刻大笑起来，随后目光火辣地看向自己的木剑，这木剑是他入门时拥有，伴随到了现在，经历两次炼灵。

"以这枚玉佩的防护程度来看，我把这小木剑第三次炼灵后，威力一定非比寻常！"白小纯微微一笑，开始对这小木剑进行炼灵。

随着银光闪耀，当龟纹锅内的光芒消散时，出现在白小纯面前的小木剑，其上第三道银纹刺目，好半晌才慢慢黯淡，与此同时这把木剑的样子，也随之改变了一些，比之前长了一指，且木纹的脉理近乎完全的紫色。

甚至还有阵阵奇异的香气散出，只不过这香气很怪，闻到口鼻内，开始是香甜，可很快就会让人神志恍惚。

白小纯身体一震，双眼恢复清明，吃惊地看着这把小木剑，将其缓缓拿起，立刻发现这小木剑的重量，居然比之前大了数倍，拿在手中如同一块沉重的岩石。

他双眼一闪，将这小木剑放在面前仔细去看，目中渐渐露出深思。

"这把木剑的材质，应该是不算少见的沉云木，这种沉云木只需炼化七七四十九天就可成为炼器的材料，且可大批量炼制。"白小纯喃喃低语，目光在这小木剑的纹理上扫过。

"紫色的纹，那么只有一个解释了，此剑炼灵多次后，已出现了要变异的迹象。"白小纯闭上眼，脑海里立刻浮现出他所学的草木知识里，关于沉云木的所有信息。

许久，当他睁开双眼时，目中露出期待，右手掐诀一指小木剑，顿时此剑乌光一闪，在其内隐隐可见紫芒闪烁，一瞬飞出，眨眼间就穿透木屋，甚至飞跃出了院子，到了十多丈外，直接刺入了一块巨大的岩石。

无声无息，这把小木剑就穿透进去，居然在那大石内绕了一圈，又穿透出来，眨眼回到了白小纯的面前。

剑身没有丝毫破损，反倒是有阵阵锐利的气息，若隐若现。

白小纯精神振奋，又仔细地把玩了一下小木剑，将第三道银纹再次涂抹掩饰后，这才推开木屋的门，他深吸口气，正准备意气风发一番，可一想到两个多月后的香云山小比，觉得还是不稳妥。

"不行，这点本事估计还不够，那些人一个个必定非常凶猛，我还要多准备准备才好。"白小纯一咬牙，想起了紫气驭鼎功内介绍过的两种境界。

举重若轻，举轻若重。

这两种境界是修行紫气驭鼎功时会出现的通明之法，若能修行到极致，便可以演化出一种叫作紫气化鼎的神通。

如今的灵溪宗南岸，紫气驭鼎是基础的功法，几乎人人都修炼，只是能修出举重若轻的不是很多，第二个境界举轻若重的则更为少见，至于修到极致，演化出紫气化鼎神通，就更少了。

即便真的有明悟紫气化鼎的，也大都是紫鼎峰的弟子。

"举重若轻……唯有达到了这种驭物的境界，才可以让我的把握得到大幅度的提高。"白小纯想着功法内的介绍，低头看着手中的小木剑。

他当年与许宝财那一战时，被监事房以及火灶房的众人错认为明悟了举重若轻，此刻回想起来，白小纯脑海有种模糊的灵光一闪而逝。

"我之所以被认为明悟了举重若轻，是因操控着小木剑的游刃程度，可这里面大半的原因，是小木剑自身炼灵后的威力不俗。"

"实际上，我在操控木剑的方法上，并非娴熟，更说不上举重若轻……"白小纯皱起眉头，索性盘膝坐在院子里，低头望着木剑，双眼慢慢无神，可却渐渐出现了血丝。

片刻后他右手猛地抬起，小木剑随之飞出，向着前方狠狠一斩，风声呼啸，吹起地面不少尘土，白小纯眉头皱得更紧，右手掐诀再次一指，这一次他所指的不是木剑，而是院子外方才被木剑穿透的大石。

一指之下，这大石猛地震动，缓缓地升起了一尺后，白小纯体内灵气不稳，轰的一声，大石又落了下来。

可白小纯不但没有沮丧，反而双眼越发明亮起来，他带着执着，运转体内灵气，再次一指。

一次，两次，三次……

时间流逝，转眼过去了半个月，这半个月来，白小纯几乎每时每刻都在尝试驭那块大石，此石足有三人多高，重量不下七八百斤，即便白小纯到了凝气五层大圆满，想要将其彻底操控，也绝非易事。

这还是因为他体内修为精进，才可以去尝试，若是换了其他凝气五层，最多也就是让这大石抬起数寸而已。

而眼下，经过一个月的不懈努力，白小纯早就发现了自己驭这大石最大的困难，不是灵气不够，而是在操控上不稳，经常会体内灵气明明还有，可却自行中断。

"灵气化丝线，以平稳的速度流动，使得这条丝线永远不断，才是驭物的关键所在。"白小纯目中光芒一闪，双眼血丝弥漫，沙哑地喃喃低语。

这就如同凡俗人家制作面条，拉扯的速度太快，会使面条断开，若是太慢，又无法拉出太长，必须要把握好一个寸劲，才可以游刃有余，随心所欲。

而修士驭物，若想要达到超乎寻常的程度，需要的就是稳定地保持在这寸劲上才可，如此一来，难度自然增加。

"我明白了，举重若轻，说的不是字面的意思，操控沉重之物有轻灵之感，这只是表象罢了，真正的含义，不是对物，而是对于灵气的操控！

"我凝气五层的灵气总量，就是'重'这个字，而将其化作一条细细的却不断的丝线，就是'轻'这个字，如果做到，就是举重若轻，而外在的表现上，则是游刃有余后的速度！"白小纯神色露出振奋，他想通了这个问题后，右手抬起一挥，立刻远处那块大石震动，猛地就被抬起。

仿佛有一只无形的大手将这大石抓住，升空后呼的一声，直奔白小纯而来，可在半空时却顿了一下，砸在了院子里，掀起尘土。

白小纯没有气馁，继续尝试，直至又过去了半个月，他发现自己无论如何，似乎也做不到让自己的灵气始终稳定地保持一条不断的丝线。

有的时候，即便是真的做到了，可因大石太沉重，使得灵气丝线还是在流动时不稳而断开。

可如果是去操控小木剑，则没有这个问题，因其重量不如大石，在操控上白小纯明显觉得轻松很多，而且随着一个月的练习，在速度上更快了几分。

实际上，这已经是举重若轻了，但白小纯却不满意，他眼珠通红，狠狠一咬牙，那种狠劲滋生出来。

"我就不信了！"白小纯右手掐诀一指，这大石竟飞到了他的头顶。

白小纯额头沁出冷汗，胆战心惊地望着头顶的大石，全力以赴地去维持那条看不见的灵气丝线，这若是断了，大石落下后，虽然砸不死他，可也会剧痛。

这一次坚持的时间明显多了不少，可在半个时辰后，轰的一声，白小纯发出惨叫，那块大石砸下，好半晌大石晃动，被推开，白小纯从里面爬了出来。

他有不死皮防护，伤没有，可那种痛却让他龇牙咧嘴。

但他的拼劲，却是更强烈了，在这不断的尝试下，又过去了一个月，那块大石从每天都会砸下好多次，渐渐变成了一天一次，到了最后，甚至白小纯偶尔可以做到一天一次都没有失败。

而那块大石，也被他缓缓抬高，最多的时候都到了十多丈的高度，这若是砸下，那种剧痛即便是白小纯也会面色苍白。

可也唯有这样，才可以让他的精神高度集中。

渐渐地，他已然做到了让体内灵气举重若轻，从始至终保持稳定，丝毫没有中断，可他还是不满足，于是不再盘膝打坐，而是一边移动，一边维持灵气丝线不断。

难度加大，院子里的轰鸣声，又不时响起。

时间一天天流逝，当距离李青候所说的香云山小比，只剩下三天的时候，白小纯所在的院子里，半空中飘浮着一块七八百斤的大石，院子内他的身影快速移动，竟真的做到了在这不断地活动时，大石依旧纹丝不动的程度。

移动良久，白小纯身体一顿，站在木屋前，仰天大笑，右手抬起一挥，那半空中的大石呼的一声飞出院子，平平稳稳地落在了原地。

白小纯掐诀一指，小木剑飞出，依旧是简简单单地向前一斩，可速度之快，已然模糊，比之前强悍了何止数倍。

白小纯满脸喜色，飞快地掐诀。

极致的速度，配合木剑的威力，立刻就达到了一种惊人的程度，一时之间院子里仿佛出现了无数小木剑，剑气飞扬。

最后他小袖一甩，所有木剑虚影都消失，只有一把存在，直奔白小纯，消失在了他的储物袋内。

"这一次，应该可以进入前五了吧。"白小纯深吸口气，虽然还是觉得没有十足的把握，可时间临近了，他只能定气凝神地盘膝打坐，让自己保持最好的状态。

第三十章

来吧！

三天后，清晨。

白小纯在日出的一瞬，就睁开了眼，他深吸口气，神色极为凝重，这种宗门的比试，对他而言还是头一遭。

当初与许宝财之间已不算什么打斗了，此刻要参加的香云山小比，才是真正意义上的同门相争。

白小纯缓缓站起身，整理了一下储物袋后，神色肃然地走出屋舍，但很快就跑了回来，在床底下翻了翻，找出了当初火灶房时留下的那些皮衣，一层层穿在了身上，又将玉佩取出挂在可以立刻开启的位置。

若非是龟纹锅不方便取出，他都想将其背在后背。

"失算啊，怎么忘了准备一口大黑锅？"白小纯很是懊悔，来不及去找了，于是咬了咬牙，这才转身重新走出屋舍，看着远处的太阳，他的目中露出坚定，昂首挺胸，向着山顶走去。

他身上穿的皮衣太多了，虽然没有黑锅，可看起来依旧如同一个粽子……密不透风，以至于走了没多久，白小纯的额头就出了汗。

可汗再多，他也没脱下一件皮衣，对于小比之事，他很是在意，脑海里不断浮现一幕幕幻想出的残酷画面，顺着山路渐渐到了山顶，可清晨的山顶，雾气太多，白小纯走着走着，他忽然发现，自己竟不知转到了什么地方。

"不对啊……"白小纯赶紧找人问询，这才改变方向，心底敲鼓，生怕迟到错过了时辰。

在这香云山的山顶，有一处演武场，此地正是香云山举行小比的地方，此刻已有不少人围观，正在低声议论。

甚至里面还有一些修为超越凝气五层的弟子，也大都抱着膀子，看向那些师弟师妹，当然也有来助威者。

这种香云山外门弟子的小比，虽不是特别正规，但却也是外门弟子崭露头角的地方，此番参与的人，也有二十多个，在那演武场的四周，大都盘膝打坐，很是认真地准备着。

其内没有凝气三层，虽然这外门小比规则上凝气三、四、五层都可以参加，可实际上来到这里的，大都是凝气五层，即便是凝气四层，也只是五六人而已。

其中有一个女子，很是显眼，这女子身姿高挑，在那外门弟子的衣衫下，似可隐隐看到凹凸起伏，身材之好，让人看了后，会升起无限遐想。

肌肤如雪，柳叶眉下双眸似水，相貌极美，尤其是衣袍下的道裤，看似宽松，可在臀腰的位置却惊人地紧绷起来，显露出让人触目惊心的弹力。

她的身边有不少外门弟子簇拥，显然是这女子的倾慕者。

这女子正是外门弟子里，虽比不上周心琪，可也颇有名气的杜凌菲。

"这一次的小比，以杜师姐凝气五层大圆满的修为，应该是首位了，根本就没有任何悬念。"

"陈子昂师兄也不容小看，听说他一个月前修为突破，虽然不是凝气五层大圆满，可也接近了。"四周人低声议论时，在杜凌菲不远处，一个神色傲然的青年站在那里，正是在任务处，被白小纯的竹木震撼的陈子昂。

他看向杜凌菲时，目中也有异彩，心底琢磨着自己这一次第一是不可能了，不过第二的位置，非自己莫属，或许也能借助这个机会，与那杜凌菲再熟悉一下。

就在众人纷纷等待时，两道长虹从远处呼啸而来，刹那临近后，化作了李青候的身影，他身边还有一个老者，这老者干瘦，肤色略黑，但双眼却很明亮，整个人的感觉，似很严厉的样子。

李青候刚一出现，四周所有外门弟子全部心中一惊，连忙拜见。

"拜见掌座，孙长老。"一个个纷纷诧异掌座为何今天亲自前来，要知道以往的这种程度的小比，大都是孙长老一个人主持。

杜凌菲与陈子昂等人，也都吃惊，神色恭敬地拜见李青候。

李青候神色温和地点了点头，目光扫过四周众位弟子时，却微微皱了一下眉，他没有看到白小纯。

察觉李青候皱眉，四周外门弟子都心里咯噔一下，甚至杜凌菲也都紧张，不知道掌座因何不悦。

"掌座，可以开始了吗？"李青候身边的孙长老，缓缓开口。

李青候正要说话，可就在这时，远处有一道身影，浑身上下如一个小球般，快速地跑来，一边跑还一边着急。

"迷路了，雾太大……"白小纯快速跑了过来，一眼就看到了李青候，赶紧开口，心底也委屈啊，他毕竟对山顶不是很熟悉，这么大的山，雾又那么厚，他心里想着事，不知不觉就走错了路。

他话语一出，四周所有外门弟子都不由得看了过去，里面也有一些人认识白小纯，听到这句话后都忍不住低笑，至于那些不认识他的，纷纷皱起眉头，甚至还有几位眼中露出轻蔑。

在香云山能迷路，只能说明眼前之人平日里不到山顶来，根本就不关注宗门的比试，大都是在山峰中段转悠的寻常弟子而已。

杜凌菲看了白小纯一眼，认出白小纯是前段日子宗门里追捧周心琪的弟子之一，听说抓偷鸡大盗时极为卖力，她心底不屑，收回目光，直接将他无视。

陈子昂在人群内，看到白小纯后一愣，他下意识地扫了眼李青候，心中想起数月前白小纯在任务处临走时说的李青候是他叔叔这句话，顿时明白了李青候方才皱眉的原因，心底琢磨着一会儿出手时，若遇到白小纯，不能把对方打得太狠了。

李青候冷哼一声，狠狠地瞪了白小纯一眼，向着身边的孙长老微微点头。

孙长老若有所思，也看了白小纯一眼，笑了笑，大袖一甩。

"好了，想要参与外门小比者，走上台来。"

看到李青候瞪自己，白小纯也委屈啊，可敢怒不敢言，此刻听到孙长老这句话，第一个冲了出去，站在台上，昂首挺胸，一副上刀山下火海义不容辞的模样。

很快众人上台，算上白小纯在内，一共二十位外门弟子。

这种香云山自己的小比，规则上没有那么严格，孙长老目光一扫，右手抬起时取出了一个布袋，里面有若干小球，各有标记，让这些外门弟子一个个上前各自掏出，来决定对战之人。

白小纯没有第一个上前，而是夹在中间，上前摸出一个小球，上面写着"11"。

"好了，都退下吧，第一场，1、2战！"孙长老淡淡开口后，白小纯连忙随着其他人离开演武台，只有拿到了"1"球与"2"球的弟子，留在了台上，这二人相互看了看后，眼中都露出锐利之芒。

很快就直接战在了一起，砰砰之声传出，二人争斗时，白小纯四下乱看，他内心暗道二十人比试，只要自己能胜利两场，就稳稳地前五了，于是想要寻找拿到"12"球的弟子，可那些人一个个藏得很严，不给他丝毫机会。

正沮丧时，第一场比试结束，第二场开始，出战之人是杜凌菲，这女子掐诀间一把旗帆出现，形成雾气，围困了与她交战的弟子，那位弟子转悠了半天也冲不出雾气，佩服地认输。

第三场、第四场也很快过去，至于第五场则是陈子昂出手，干净利落地将与他对战的凝气四层的弟子击败。

"'11'球，'12'球，出战。"孙长老声音传出时，白小纯深吸口气，表情凝重地缓缓走出，站在了台上后，他看到了一个高瘦的青年，一脸冷笑地走出。

这青年修为不俗，也是凝气五层，目光如炬，看起来就很不好惹的样子。

"师弟，遇到我，算你倒霉，现在认输还来得及，否则的话，斗法之后，伤势自负。"高瘦青年冷声开口。

就在他话语传出的瞬间，白小纯这边猛地大吼一声。

这吼声中气十足，震得四周不少人都吃了一惊，那高瘦青年一样心神一震，下意识地退后几步，再次看向白小纯时，却愣了一下。

只见白小纯大吼之后，一拍身上的青色玉佩，顿时厚厚的青光猛地出现，笼罩四周时，他还觉得不放心，又从储物袋内拿出了大把的符纸，全部拍在了身上，每一次符纸落下，就有光芒一闪，很快地，他身上的光有十多道，密密麻麻融合在一起，形成的防护之力，居然足有四尺多厚，远远一看，让人触目惊心。

　　"来吧！"白小纯的声音从那片防护之光内传出，音调都闷了很多。

　　高瘦青年呆了，不仅他这里如此，四周那些外门弟子，包括参赛的众人，全都目瞪口呆，他们观看小比多次，这还是第一次看到防护到这种程度之人。

　　李青候的脸上抽动了一下，目中露出无奈。

　　陈子昂倒吸口气，心底更加确定白小纯这边与李青候的的确确是亲戚关系。杜凌菲冷哼，目中不屑更多。

　　演武台上，高瘦青年在这众目睽睽下，硬着头皮低吼一声，双手掐诀，立刻一把木剑飞出，直奔白小纯而去。

第三十一章
耻辱啊！

高瘦青年的木剑，掀起不俗的气势，化作一道长虹，直奔白小纯，可没等靠近他的身体，在白小纯的四尺之外，在那厚厚的防护之光上，这木剑就砰的一声，被弹了回来。

白小纯在防护之光内眼前一亮，顿时放心下来，干咳一声，索性盘膝坐下。

四周众人面面相觑，都看着白小纯身体外的防护，一时不知道该说些什么，他们见过擅长防御的，可却没见过如此防护之人。

而那青年则是面色一阵红白变化，狠狠一咬牙，大吼一声，操控飞剑，使得那把木剑威力一下子暴增，直奔防护光幕而去。

砰砰之声不断回荡，那把飞剑一次又一次地冲击，一次又一次地被弹飞，到了最后，高瘦青年面色苍白，体内的灵气都耗费了大半，眼中露出绝望。

他与人斗法多年，这还是首次遇到这样如乌龟壳般的敌人，可心底不甘心啊，他这一次是为了争夺前三的，此刻仰天大吼，目中都出了血丝，向着白小纯怒吼："你给我出来！"

"你有本事进来！"白小纯岂能害怕对方，闻言一样在防护光幕内向着对方以更大的声音吼道。

四周众人一个个神色古怪，看向白小纯时，都哭笑不得，可那高瘦青年，却是气得青筋鼓起，咬牙喷出一口鲜血，那口血飞速融入木剑内，使得这木剑瞬间成为血色。

"血灵术！"

"竟用出了这种术法，看来此人是真的被气疯了！"

四周人立刻传出惊呼，与此同时，那把血色的木剑，速度一下子暴增，威力更是扩大了一倍，血光弥漫时，直奔白小纯而来。

轰的一声，这木剑竟穿透了三寸光幕，不断地嗡鸣，却再无法穿入丝毫，因用力太大，甚至木剑上都出现了一道道裂缝。

眨眼间，咔咔之声回荡，这把木剑居然在白小纯的防护面前，直接崩溃，成为无数碎片散落一地。

高瘦青年双眼发直，喷出一口鲜血，体内灵气枯竭，法宝被毁，气得晕了过去。

李青候看着这一切，面色更为难看，孙长老也苦笑，上前看了眼高瘦青年，查出无碍后让人将其背走，这才咳嗽一声，宣布白小纯胜利。

"承让承让！"白小纯身体外的光芒瞬息消失，他神色肃然，昂首挺胸，一副天骄的样子，话语一出，被背走的高瘦青年，刚刚苏醒过来，闻言再次喷出一口鲜血，又昏了过去。

白小纯干咳一声，向着孙长老一抱拳，转身小袖一甩，走下演武台。

他的身后，那些没参加比试的外门弟子还好说，神色只是古怪而已，可那些参与比试的弟子，则是一个个看向白小纯时，面色都很难看。

尤其是那些之前胜利之人，眼看干瘦青年都这样了，对于白小纯这里，不得不警惕。

比试继续，很快地，后面的那些弟子也都斗法结束，二十人参与，此刻两两对决，终于选出了前十。

这前十里，杜凌菲、陈子昂都在，白小纯抬起下巴，看着四周同样是前十的众位同门，心底暗道："再赢一场，就成了！"他觉得希望就在眼前了，立刻振奋。

"现在决赛前五，你等十人，重新来取排序小球。"孙长老目光扫过十人，在白小纯这里顿了一下，缓缓开口。

这一次白小纯是第一个冲过去的，从孙长老面前的口袋里，取出了一个数字是"2"的小球，看了数字后，白小纯立刻瞄向其他人。

很快所有人都抽完，当孙长老宣布"1""2"战开始时，演武台上除了白小纯外，一个大汉也留了下来，这大汉身材魁梧，看到对手是白小纯后，大笑起来。

"别人忌惮你的防护，但李某不在乎，李某擅长的就是防护，看看我们两个，到底谁可以坚持到最后！"大汉笑声传出时，右手抬起一拍储物袋，立刻取出一面小盾，灵气一吐，这小盾猛地胀大，散发黄光，笼罩他的四周。

没有结束，大汉低吼一声，全身肌肉立刻膨胀，整个人竟一下子生长了数寸，看起来更为惊人。

"居然是锻体术！"

"那小盾有些眼熟，莫非是需要九千贡献点才可以换到的晨光盾？"四周众人纷纷吃惊时，白小纯这里皱起眉头。

就连孙长老也在目睹这一幕后，微微点头，目中露出赞赏，对着身边的李青候低声开口：

"此子李山，修为凝气五层，更为难得的是天生神力，修行锻体术小成，不但力气增大，防护更是不俗。"

李青候微微点头，目光扫向白小纯。

白小纯眼看这大汉如同变身一样的气势，又看了看那小盾，认出了是他当初在宝器阁看到，却没有足够贡献点换取的一件宝器，皱起眉头。

四周众人一个个目中露出感兴趣之意，尤其是那些参赛的弟子，大都幸灾乐祸。

"这白净的师弟要倒霉了。"

"侥幸胜出罢了，遇到了如此强敌，自然要被打回原形。"

就在这众人低声议论时，大汉狞笑，身体一晃，直奔白小纯大步走来。

"没办法了吧，我与你之前遇到的那位师弟不一样，我不需要攻击的利器，我的拳头，就是最好的术法！"

他速度很快，掀起一阵风，眼看临近，白小纯目中精芒一闪，右手抬起向前一指，顿时储物袋内他的小木剑飞出。飘在了白小纯的前方，没有丝毫停顿，向着来临的大汉，蓦然一斩。

这一斩，四周剑气扩散，覆盖方圆数丈，轰的一声，直接落下。

大汉面色瞬间大变，他的头皮似乎要炸开，双目收缩，一股强烈的危险充斥全身，身体毫不迟疑猛地后退，大吼一声，双手一挥，顿时身边的小盾直接阻挡。

轰的一声，这小盾阻挡在了木剑前方，可在彼此碰触的一瞬，却没有挡下丝毫，通体震动，直接被弹开，木剑冲向大汉。

大汉骇然，可他的速度再快，也快不过飞剑，眨眼间，这木剑就到了近前，寒风扑面，如同置身冰窟。

"认输！"大汉毫不迟疑地立刻吼出，声音都变了调。

嗡的一声，木剑在大汉眉心前停下，眨眼掉头，回到了白小纯的储物袋内。

白小纯眨了眨眼，心里也被自己的木剑所惊，他之前只是自己练习，此刻才知道自己的一剑之力，居然到了如此威力，而这，还是他没有使出举重若轻之法的程度。

他眼珠一转，立刻抬起下巴，双手背在身后，淡淡地看着大汉。

大汉面色苍白，可眼中却露出不甘心，爬起来后盯着白小纯。

"仗着法宝威力，你就算是赢了，我也不服！"大汉留下这一句话，转身走下演武台。

孙长老看了白小纯一眼，也被白小纯的木剑威力惊讶了一下，没有多说，宣布白小纯胜出。

"哈哈，下一场，直接认输就是了，我辈修士，不都是为了长生么，打打杀杀太野蛮了，不是我白小纯要去做的。"白小纯心里美滋滋的，走下演武台，他已经完成了李青候的要求，如今怎么地也都进入前五了。

李青候目光落在白小纯身上，别人只看到那把飞剑不俗，可他看的不是飞剑，而是方才白小纯操控飞剑时的游刃有余。

眼看白小纯又胜了一场，四周众人对他都是连连感慨。

"此人有钱啊，那木剑极为不俗，哼，我若有这种法器，也能胜出！"

"法器终究是外物，此人先是那些符咒，又是法器，真实的本领却荒废，日后定会吃到苦头。"

这种酸酸的议论还没有持续多久，之后的斗法里，在进行到最后一场时，杜凌菲的对手修为不俗，战力强悍，这一战杜凌菲不再使用帆旗，而是拿出了飞剑，二人争斗一番，看得四周人都眼花缭乱时，突然地，杜凌菲的飞剑居然速度一下子暴增，其速之快，竟直接出现在了其对手的面前。

这种速度，已经超出了寻常弟子驭物之速，看得四周人全部愣住，而后一个个似乎想到了什么，顿时哗然。

"居然是举重若轻！！！"

"杜凌菲她竟感悟到了如此境界……"

"举重若轻！"孙长老双眼一闪，在那双目的深处，露出了惊喜，看向杜凌菲。

李青候微微点头。

陈了昂也人吃一惊，其他前十的众人，纷纷如此，与杜凌菲对战的弟子，此刻苦笑一声，抱拳认输。

杜凌菲站在演武台上，傲然地看着四周，向着李青候与孙长老抱拳，这才走了下去。

人群内，哗然之声依旧没散。

唯有白小纯这里，眨了眨眼。

"这种速度，就可以是举重若轻了？"他有些诧异。

杜凌菲神色傲然，下了演武台，额头微微见汗，连续战了两场，她虽凝气五层大圆满，可还是损耗了一些灵气，尤其是方才那一战，与她对敌之人战力不俗，她最后不得不施展举重若轻之法，加大了灵气的消耗，才可以瞬间取胜。

她的目标是第一，而后面的几场，对敌之人定会越来越强，且这种宗门的小比，在规则上没有那么严格，也不会给人太多时间去休息，于是她立刻取出一枚丹药吞下，闭目运转，争取一切时间去恢复。

如今前五都已决出，除了白小纯与杜凌菲外，陈子昂也在其中，还有两位青年，二人修为不俗，也是凝气五层。

此刻其他四人都在运转修为，争取用最快的速度恢复一些灵气。

唯有白小纯根本就没有半点消耗，若无其事地站在演武台的另一侧，打了个哈欠，一副让所有被淘汰的参赛者看到后，都恨不能揍他一顿的模样。

他已进入前五，完成了李青候的要求，对于接下来的比试一点也不在意。

此刻闲着无聊，白小纯目光扫过其他四人，尤其是杜凌菲，白小纯觉得如果以对方的速度，就已经是举重若轻了，那么自己这里，显然是要比此女速度更快不少。

"不过这小妞身上煞气太重，好好一个女孩，偏偏喜欢打打杀杀，莫非这修仙的女子，一个个都不正常？周心琪太高傲，侯小妹性格变化太大。"白小纯摇了摇头，正要收回目光时，杜凌菲似有所察，睁开双眸，冷冷地瞪了白小纯一眼。

对白小纯，杜凌菲原本就瞧不上，再加上两场比试在她看来，对方都是取巧胜出，心底更是轻蔑。

"嗬哟，敢瞪我！"白小纯立刻不干了，他眼睛一样瞪起，看向杜凌菲，这种彼此拼眼神的事情，只要不是打杀斗血，白小纯长这么大，还从来没怕过谁。

杜凌菲皱起眉头，她身后那些倾慕者，此刻也都不满，一个个全部狠狠地看向白小纯。

"他们人多，好男不和女斗。"白小纯一看对方这么多双眼睛，尤其是里面不少都有了凌厉，干咳一声，觉得自己一双眼睛有些势单力薄，哼了一声赶紧收回。

就在这时，孙长老的声音在这演武场回荡。

"很好，这一次外门小比，你们的表现非常不错，如今已决出了前五，那么就继续吧，你们五人上前抉择对战，取出排序为'5'的小球者，算作轮空，自动进入前三。"孙长老微微一笑，右手抬起一挥，口袋出现。

这一次是陈子昂第一个上前，取出小球时皱了下眉头，他的小球上数字是"4"。

杜凌菲也上前，取出了"2"球，余下的那两位外门弟子，也都分别取出，一个是"1"，一个是"3"。

都不用白小纯上前了，剩下的一个数字是"5"，算他轮空。

白小纯眼中露出惊喜，呵呵一笑，抱着膀子站在演武台外，没有丝毫压力地看着杜凌菲四人，他原本都没打算继续比下去，可眼看自己什么都不用做，直接就进入前三。

"运气，也是实力的一部分！"白小纯内心得意。

这种运气，让四周之人看向白小纯时神色更为古怪，不少外门弟子对他很是不服气，尤其是那些被淘汰的参赛者，心底羡慕嫉妒，极为复杂。

"这家伙太无耻了，凭着法宝进入前五也就罢了，居然还能轮空直接进入前三！"

"耻辱啊，此人的出现，是这一次小比里最大的耻辱！"

第三十二章
运气逆天

不但是四周众人心底复杂，就连杜凌菲也都对白小纯的运气，有了嫉妒，陈子昂等人一样如此，他们四人进入前五，每一战都有消耗，如果这一次是他们四人里拿到了轮空的资格，休息一番，对于后面的战斗，必定会有极大的优势。

孙长老看了白小纯一眼，微微一笑没有在意，至于李青候，神色如常。

很快，在白小纯那副看热闹的模样下，杜凌菲四人开战了，杜凌菲的对手，出手带着凌厉，显然是经常外出执行一些击杀凶兽的任务，见过血腥，且对于杜凌菲这里的举重若轻，也是忌惮，出手时全身不但防护，更是速度飞快。

二人这一战，四周人看得目不转睛，时而传出阵阵惊呼，对二人之间斗法的凶险心惊，只是，在这惊呼里，有一个尖细的声音格外明显，大有一副引领众人节奏的气势。

"啊，好剑！

"这一招天龙扫尾好啊，不对啊，回头，快回头！

"加油！！！"白小纯看得很是投入，甚至还时而拍起了巴掌，他倒不是故意这样，而是真心觉得杜凌菲这一战非常不错，至于心态上，他早就没把自己当成是参赛者了。

那模样让孙长老都干咳几声，一旁的李青候面无表情，心底颇为无奈，毕竟白小纯真的完成了他的要求。

杜凌菲此刻交战劲敌，无暇分心，终于在这一战持续了约莫一炷香的时间后，尝试了三次举重若轻，这才取胜。

只是体内灵气已消耗大半，她香汗淋漓地下了演武台后，正要调养时，又听到了白小纯惊呼的声音，想到了自己辛辛苦苦才可以进入前三，而对方却不费吹灰之力就得到了与自己一样的成绩，心底委屈，恨不能将对方暴打一顿。

白小纯眨了眨眼，他早就发现这杜凌菲看自己不顺眼，此刻心底也很委屈，眼巴巴地看着对方，这模样，让杜凌菲险些没忍住要立刻出手。

陈子昂的那一战，相对来说就轻松了一些，虽然如此，也战了半炷香的时间，耗费了一些灵气，这才取胜。

对于白小纯这里，他心底一样是各种嫉妒羡慕。

"前三已出，你们三人都是外门……骄子，上前来选择下一轮排序，序列'3'号的小球，算作轮空，自动进入决战。"孙长老干咳一声，说到"骄子"上顿了一下，右手挥舞，口袋再次出现。

这一次陈子昂还是第一个走了过去，取出一个小球，看到上面的数字是"2"后，他心底叹息一声，走到了一旁。

杜凌菲深吸口气，正要上前，忽然脚步停顿，冷眼看向白小纯。

"你先来！"她冷声开口。

白小纯在一旁正看热闹，听到杜凌菲的话语，也没拒绝，直接上前右手伸入口袋内，此刻杜凌菲冷眼看着白小纯，不但是她这里如此，四周的所有围观弟子，都纷纷看去。

就连孙长老与李青候也都这样。

在这众目睽睽之下，白小纯有些害羞，他是真的不在乎拿出多少号，于是很随意地抓了一个小球，拿出来一看，自己也都愣了一下。

"3"号。

"那个，是你让我先拿的啊。"白小纯咳嗽一声，看向身边的杜凌菲。

杜凌菲眼中露出凶芒，握紧了拳头，狠狠地盯着白小纯，胸脯强烈地起伏，只觉得有一口气在体内似要炸开。

陈子昂睁大了眼睛，整个人都呆了一下，他无法想象到底一个人有多么大的运气，居然……又轮空了。

四周的围观弟子，此刻一个个看到白小纯手中的小球，再也压抑不住，顿时哗然起来。

"居然又轮空了！他叫白小纯是吧，他……他到底什么运气啊，竟轮空两次！"

"这无耻的家伙，他什么也没干，居然进入了决战……"

"这种人也能进入决赛，该死的，若我有这种运气，我也可以！"四周人哗然时，里面那些被淘汰的参赛者，更是嫉妒到了极致。

孙长老迟疑了一下，看向李青候，李青候心底长叹一声，对于白小纯的运气，他也是服了。

白小纯觉得四周气氛不对，尴尬地笑了笑，赶紧一溜烟地跑出演武台，站在外门，一脸不好意思的神情。

"唉，我原本是打算认输的……"白小纯看了眼手中的小球，也觉得不可思议。

杜凌菲深吸口气，好半晌才压下心底的各种酸楚，银牙一咬，看向陈子昂时，不得不定气凝神，陈子昂这里，她之前观察过，知道是个强悍的劲敌。

陈子昂苦笑，也深吸口气，认真地凝望杜凌菲。

二人对望数息，瞬间齐齐动了，一时之间砰砰之声回荡四周，这一战可以说是比试以来，最为精彩的斗法。陈子昂更是爆发出了全部实力，尤其是他取出数枚种子，竟现场催化成为具备攻击力的灵植，那种运用草木的方式，让白小纯眼前一亮。

而杜凌菲这边，举重若轻之力操控飞剑呼啸而过，甚至久战之下，竟再次取出一把木剑，两把飞剑穿梭，形成绞杀的一幕，瞬间让这场斗法到了巅峰。

二人都无法去保留杀手锏，也难以去控制灵气的消耗，争斗越来越剧。

白小纯等人在台外看得心神荡漾，叫好之声此起彼伏。

这一战，竟斗了小半个时辰，最终一声轰鸣，杜凌菲不惜废掉一把木剑，使得木剑碎裂，成为无数木尖，凭借举重若轻的速度，直接封住陈子昂的所有方向，形成了绝杀，逼得陈子昂连连后退，体内灵气枯竭，长叹一声，选择了认输。

四周的外门弟子眼看这一战之惨烈，纷纷目中露出敬佩，对于杜凌菲，已都服气，即便是陈子昂，也因这一战崛起。

他虽然败了，可必定在之后的日子里，名气传出。

孙长老也颇为满意，尤其是对杜凌菲，甚至动了一丝收为弟子的心。

同样地，不管这小比最后如何，白小纯的名字，也会被传出……

当陈子昂认输的声音回荡时，杜凌菲面色苍白，站在演武台上摇摇欲坠，她的灵气一样快要枯竭，此刻深吸口气，取出丹药吞下，但也明白这是没用的，补不了多少，她如今需要的是盘膝打坐数个时辰，毕竟她已连续斗法四次。

只是小比的规则，不会给弟子这么多休息的时间，毕竟这只是小比而已。

"白小纯，你给我上来！"杜凌菲一咬牙，眼中露出凶芒，看向场外的白小纯，她想趁着此刻灵气还没彻底枯竭，直接解决了这该死的凭着运气居然与自己一样进入决战的白小纯。

杜凌菲话语一出，四周众人全部看向白小纯，一个个目光都露出幸灾乐祸之意，在他们看来，即便是杜凌菲疲惫不堪，可要收拾这取巧胜出的白小纯，一样容易。

白小纯眨了眨眼，看着身体都有些站不稳的杜凌菲，他忽然觉得，似乎自己……可以拿第一了。

"这一次，我白小纯终于可以扬名立万了，等我上去后，展开举重若轻，要让四周所有人都惊呼。"白小纯昂首挺胸，脑子里已出现了一会儿所有人吃惊的画面，于是迈着大步走上演武台。

可就在白小纯上台的刹那，杜凌菲眼珠寒芒一闪，右手猛地掐诀一指，顿时她身边的那把木剑，冲向白小纯。

凌厉之意明显散出，使得四周瞬间有了冰寒之感，显然这是杜凌菲此刻灵气的全力一击，也就使得这一剑，威力超出寻常。

更为惊人的，是杜凌菲身体也在这一瞬，猛地冲出，竟追上飞剑，一指按在剑柄后，她的身体几乎与飞剑要融在一起，不分彼此地成为一体，直奔白小纯。

轰的一声，飞剑速度顿时暴增，速度之快，竟比方才与陈子昂斗法时还要超出几分，掀起尖锐的呼啸，甚至似要破开风声，化作一道长虹，刹那临近白小纯。

四周人也都全部心神震动，被这一剑吸引，纷纷惊呼：

"一剑飞仙！！"

"杜师姐居然练成了这一式剑诀！！"

孙长老双眼猛地一亮，李青候也微微点头，他二人自然看出杜凌菲实际上没有练成此诀，而是在如今这体内灵气油尽灯枯时，强行展开，凭着一口灵气，居然勉强发挥出此剑诀的威力。

"孤注一掷下，明悟了此剑诀之意，这杜凌菲不错，此女实际上更适合青峰山。"李青候目中露出赞赏。

这一刻，此地所有外门弟子，全部心神震动，似乎眼前的所有景物都模糊了，只有杜凌菲与飞剑似融合在一起的身影，格外地清晰。

剑在呼啸，人随剑走，化作这惊人的一击，杜凌菲神色疲惫，可目中却露出锐利之芒，她非常有把握与信心，这一剑，必定胜出。

就在这时，在这把飞剑与杜凌菲临近白小纯的刹那，白小纯双眼一缩，全身轰的一声，玉佩也好，符咒也罢，全部爆发出来，形成了一层层防护，身体快速后退。

但这飞剑显然不是凡品，竟直接穿入这片防护内，层层而过，虽速度骤减，也没有使得防护光幕崩溃，可还是将其彻底穿透，剑尖直接就刺在了白小纯的身上。

可却似乎没有了余力，在刺入白小纯身上时，如被卡住，随着白小纯的退后，那把剑随着他的身体摇晃，从破损的外衣可以看出，里面赫然有一层层皮衣。

看到这一幕的四周众人，纷纷目瞪口呆，一个个倒吸口气。

"这……这白小纯，他身上居然还有防护！！"

"这家伙得多么怕死啊，至于么，一个宗门小比而已，不但有防护法器、符咒，他身上竟还穿着皮甲！！"

杜凌菲面色苍白，眼看对方后退得如同一个被踩了尾巴的兔子，不但飞快，更是插着自己的飞剑，她咬牙掐诀一指，就要操控飞剑拽回，可她灵气本就枯竭只剩下了一丝，此刻任凭她如何操控，那飞剑都是在颤抖，可却无法被拽出。

到了最后，杜凌菲急了，体内灵气再次运转时，还没等把飞剑拽回，嘴角就溢出了鲜血，跟跄退后几步，站不稳身子，坐在了地上，面色煞白，体内灵气彻底干枯。

她心中升起无限的委屈，想着自己辛辛苦苦终于到了前二，可这白小纯轻轻松松，甚至灵气都没怎么消耗，内心的不忿，化作了愤怒，咬牙盯着白小纯，如果眼神可以杀人，白小纯一定被她灭杀了无数次，如果她还有力气，她甚至都会上去咬白小纯一大口。

白小纯深吸口气，后退的速度极快，他也没想到这杜凌菲居然还有这一招。

而且自己的防护居然被击穿。

"他奶奶的，好在我来的时候多了个心眼，在身上穿了七八件皮袄。"白小纯低头看了眼插在自己肩膀上的飞剑，这飞剑穿透防护后，力量已卸，又被七八件坚韧的皮衣阻挡，最后落在他的皮肤上时，力度已所剩无几。

以他的不死皮，甚至连蚊虫叮了一下的感觉都没有。

白小纯心有余悸，看了眼插在肩膀上的飞剑，一把将这剑拽了下来，瞄了眼气喘吁吁坐在那里死死盯着自己的杜凌菲。

"师姐，乱扔宝器是不对的，这把剑，你不要了啊？你既然不要了，那我就要了啊。"白小纯美滋滋地把手里的飞剑扔进了储物袋，随后取出小木剑，正准备展开自己的举重若轻，好让所有人惊呼。

"你……"杜凌菲眼看自己的飞剑被白小纯拿走，眼睛都红了，整个人要发狂，怒极攻心，竟生生地被气晕了过去。

这已是此番小比，被白小纯气晕的第二个人了。

"咦，怎么又晕了？"白小纯看着晕倒的杜凌菲，拿着小木剑颇为无奈。

第三十三章
打倒白小纯！

四周的外门弟子，还有那些被淘汰的参赛者，一个个顿时同仇敌忾，向着白小纯发出大吼：

"无耻，白小纯你太无耻了！"

"如此取胜，我等不服！！"

"打倒白小纯！"

眼看众人声音激烈，白小纯听得心惊肉跳，暗道这个时候就算施展举重若轻，也平息不了众人的怒火，估计还会有反效果，让人觉得自己更无耻……于是赶紧看向孙长老。

"孙长老，我是第一啊，你快宣布啊。"

孙长老苦笑，一旁的李青候长叹一声，他怎么也没想到，让白小纯来参加这次小比，居然会是这么一个结果。

"呃……也罢，此番小比，白小纯，第一！"孙长老苦笑摇头，话语传出时，四周人纷纷怒视白小纯。

白小纯觉得自己虽然很厉害，可这么多人……他被看得心中发毛，正要走下演武台，赶紧离开这危险的地方时，杜凌菲那边被人救醒，她呼吸急促，死死地盯着白小纯，猛地咬牙切齿地尖声开口：

"白小纯，此番小比，我杜凌菲不服！

"你既成为第一，那么这个第一我杜凌菲给你，可我对你个人不服，你敢不敢与我再比一次？"

白小纯呵呵一笑，脚步不停，心想自己有毛病才会去和这疯女人再比一次，万一对方又晕了怎么办？

"我不与你比斗法，我等都是外门弟子，也是香云山的药童，我与你比草木造诣！"杜凌菲盯着白小纯，一字一字地说道，声音里带着决心。

"你若赢了，那把青松剑，你可以带走，否则的话，今日之事，我杜凌菲日后与你没完！"

白小纯脚步一顿，听到比草木造诣，转头看向杜凌菲，迟疑了一下。

"白小纯，你若能在草木造诣上赢我，这根凌云香，你也可以拿走！"杜凌菲一看白小纯停下，看出白小纯迟疑，眼中露出恨意，甚至有种要虐杀白小纯的冲动，担心对方不敢比，于是直接从储物袋内取出一根青紫色的香。

此香刚一被取出，立刻有阵阵灵气散开，四周的那些外门弟子，看到这凌云香后，纷纷目中露出羡慕。

"一阶灵药，凌云香……这是一阶灵药里很不错的了，价值不菲，对于凝气七层以下有奇效！"

"这应该是杜凌菲花费了不少的代价，为了突破凝气五层准备的……"

"杜师姐草木造诣在万药阁前三座石碑，都是名列前二十的人物，这白小纯输定了！"

白小纯也立刻认出这凌云香，此药在草木第三篇上讲解一株凌云草时，曾介绍过功效，顿时心动了，尤其是听到四周人说对方在万药阁石碑是前二十，他不由得眼睛一亮。

"你……你真的是草木石碑前二十？"白小纯想要确定一番，退后几步问道。

"你到底比不比？"杜凌菲咬牙说道。

"可我只学了草木前三篇……"白小纯迟疑道。

"就和你比前三篇！你敢不敢？"杜凌菲觉得自己要炸了，怒吼。

"比……我比还不行么？"白小纯一听这话，哭丧着脸回答，可心底都乐开花了，觉得眼前这妹子，真是傻乎乎的。

众人一听白小纯的话，立刻起哄，杜凌菲也是深吸口气，此刻体内灵气虽没有恢复多少，但体力却恢复了一些，狠狠地瞪了一眼白小纯后，她上前几步，向着孙长老抱拳一拜。

"弟子杜凌菲，请长老见证我与白小纯此番草木之战。"

孙长老对于眼前这杜凌菲，越看越觉得不错，闻言摸了摸胡须后，含笑开口：

"也好，今日老夫就在这里做个见证，既然是比草木造诣，不如掌座来出题如何？"孙长老看向李青候。

李青候闻言，深深地望了一眼白小纯，然后也点了点头。

如此一来，四周弟子立刻振奋，就连杜凌菲也都激动，向着李青候再次一拜。

这种不用打打杀杀，还能出风头的比试，白小纯最喜欢了，此刻站在那里，他也不再哭丧着脸，而是抬起下巴，一副傲然如天骄的模样，四周众人更是看他不顺眼，杜凌菲也都对他冷哼一声。

"草木之道，变化莫测，虽然只是前三篇的内容，可依然存在了诸多变数，今日我出两道题，看你们谁能胜出。"李青候淡淡开口，目光扫过白小纯与杜凌菲，右手抬起在储物袋上一拍，手中已多出了两枚种子。

"我手中是两枚花种，以灵气催化，配合你们的草木造诣，出灵花最多者，算第一轮胜出。"李青候右手一甩，这两枚种子分别飞向白小纯与杜凌菲。

杜凌菲一把接住，正迟疑时，李青候弹出一枚丹药，直奔杜凌菲，被她拿住后一愣。

"此丹可让你修为顷刻恢复。"李青候的声音平静传来，杜凌菲立刻惊喜，感谢之后连忙吞下，也就是几个呼吸的时间，她全身一震，双目内露出灵动之芒，体内修为在这一瞬，全部恢复。

白小纯在一旁看到这一幕，心底有些不忿，可却不敢说些什么，看了眼手心内的灵种，没有立刻催化，而是拿在眼前仔细地辨认。

"你若认不出来，我可以直接告诉你，这是蓝灵花的种子。"杜凌菲轻蔑地看了白小纯一眼，不再理会，双目闭合，体内灵气蓦然运转，融入手中，直奔种子一丝丝地涌入。

很快地，她手心内的种子发出翠绿的芽，飞快地成长，不多时就到了一尺的高度，开出了一朵蓝色的灵花后，这灵植又继续生长起来。

到了这个时候，白小纯才收回看向种子的目光，若有所思。

李青候一直在观察白小纯，看到这一幕后，他的目中深处，露出一抹外人难以察觉的惊讶。

在白小纯这沉思的过程中，四周的外门弟子一个个都看着杜凌菲，看到她手中的灵植，在这一刻长到了二尺的高度，开出了第二朵花。

当杜凌菲手中的灵植，开出第三朵花时，白小纯体内灵气动了，直奔种子涌入，并非是维持平稳，而是时断时续，甚至在种子发芽后，他还吹出一口气，将那几片芽吹散。

时间流逝，一炷香后，杜凌菲面色微微苍白，可却狠狠一咬牙，一口气将手中的灵植，直接开出了六朵蓝花后，这才松了口气，将灵植放在一旁，向着李青候一拜。

"灵花六朵，可算佳品，不错。"李青候点了点头。

杜凌菲心中满意，看向白小纯时，发现对方手中的灵植还不到一尺，目中的轻蔑更多。

四周的那些外门弟子，此刻一个个都振奋。

"不愧是杜师姐，这蓝灵花开六朵，非同寻常，那白小纯此刻一朵花都没出，真是废物。"

"这种催化的比试，首先是观察什么种子，然后则是按照不同种子的生长规律去催化，杜师姐在这方面，已登堂入室了。"

众人正说着时，白小纯手中的灵植，渐渐到了一尺的高度，紧接着，一朵有些干瘪的蓝色小花开出，与杜凌菲的蓝花比较，似乎营养不良的样子，就在众人想要嘲笑时，突然地，明明是一尺高度，却有第二朵蓝色小花绽放，紧接着第三朵、第四朵、第五朵、第六朵、第七朵……

短短的几个呼吸的时间，白小纯手中的灵植，竟出现了整整九朵！

这一幕，让四周众人全部大吃一惊，纷纷不可思议地仔细看去。

"蓝灵花一尺一花，怎么可能一尺九花！"杜凌菲也愣了一下，觉得此事匪夷所思。

可这一切还没有结束，就在这九朵蓝色的小花出现后，白小纯双眼一闪，深吸口气，猛地吐出，这一口气蕴含了灵息，落在这九朵小花上，眨眼间，这九朵花齐齐一颤，颜色居然肉眼可见地改变，直接成为青色！

青出于蓝而胜于蓝！

"这……这不是蓝灵花！！"四周众人里，顿时有人认出，睁大了眼，带着震撼。

"青灵花，这是与蓝灵花在种子时，几乎难以被辨认出不同的青灵花，且它们的催化方式完全不同，如果按照蓝灵花去催化，那么出现的就是蓝灵花，浪费了花种！"

众人全部吃惊，看向白小纯时，都难以置信。

白小纯此刻睁开眼，把手中的青灵花放在一旁，呵呵一笑，背着小手，看着杜凌菲。

他对于草木的造诣，已是到了一种无法形容的程度，仔细一看，就立刻看出了不同，这种程度的辨认，对他而言简单得很。

杜凌菲脸色变化，有种被人一巴掌打在脸上的感觉，身体退后几步，看了眼自己的蓝灵花，又看了眼白小纯的青灵花，只觉得脸上火辣辣的，自己方才还去高傲地指点对方，可转眼间，一切证明，是自己浪费了花种。

"这白小纯一定是运气好，我看的是蓝灵，而他看的是青灵，定是这个缘故，不是他能辨认出来！"杜凌菲咬牙暗道。

"第一轮，白小纯胜出，这花种的确不是蓝灵，而是青灵，看似一样，但纹路有些许不同，只是若不入微，很难发现，容易混淆。"李青候淡淡开口，看了眼白小纯，右手抬起一挥，手中出现了一株灵草。

这灵草很特殊，居然有四种颜色，九片叶子个个不同，开出两朵花，一个黑，一个白，似乎具备灵性，竟相互摇晃不断地撞击，仿佛要将对方压制，外表浑然一体，可仔细去看，能发现一些后天嫁接出的痕迹。

"第一轮考的是催化，那么这第二轮，就主考辨认吧，我手中这株灵植，由多种灵草嫁接出来，你们说出正确数量最多者，胜出。"

李青候将这株灵草飘浮在了前方，目光落在白小纯身上，想要看看这个被自己带入宗门的孩子，是否能继续让自己吃惊。

杜凌菲银牙一咬，她觉得自己之前是疏忽了，此刻前所未有地认真，拿出一枚玉简后，走到灵草身边。

白小纯目中露出感兴趣之意，也走了过去，二人仔细地看了很久，不时在玉简上记录，片刻后，杜凌菲揉了揉眉心，退后几步，面色阴晴不定地望着白小纯，她看出了八种，其他的任凭她如何去辨认，也认不出来。

可白小纯那里，不但没有结束观察，反而双眼渐渐冒光，甚至嗞嗞有声，绕着灵草转了好几圈，时而还惊呼一声，仿佛发现了什么惊喜。

"还可以这样？

"这是……有意思！"

四周众人寂静，都看着白小纯，他们也不相信白小纯之前是凭本事认出，大都觉得白小纯是运气好，直接当成青灵花去催化了。

"装，你继续装！"杜凌菲心底不服，越看白小纯越觉得厌恶。

时间流逝，一炷香后，白小纯依旧没有结束，他是真的彻底投入了，都忘记了还在比试，这种嫁接出的灵草，仿佛打开了白小纯脑海里对于草木造诣的另一扇大门，使得他所掌握的那数万种药草，仿佛不再是一个个单独的存在，而是于脑海中融合在了一起。

许久，白小纯才恋恋不舍地退后，望着灵草时，目中露出痴迷与赞叹。

李青候与孙长老二人对望一眼，李青候忽然开口：

"好了，现在你们二人，说出所认出的灵草吧，杜凌菲，你先来。"

杜凌菲一咬牙，取出玉简，当先开口。

"弟子只看出了八种，分别是水天纹、寒一根、地龙果、晨雾草……最后则是黄土精！"说完，杜凌菲看向白小纯，她不信白小纯能超越自己，要知道八种虽看似不多，可实际上在近乎完美嫁接的药草上辨认，难度极大，能认出八种已绝对不少。

"哼，若这白小纯也无耻地说是八种，那么玉简可以为证！"杜凌菲冷笑暗道。

白小纯咳嗽一声，眼看众人都望着自己，于是小袖一甩，拿出方才记录灵草的玉简。

"杜师姐的八种就不说了，除此之外，弟子看出了六十七种药草，可惜其中有三十一种不认识，能认出的，只有三十六种。"白小纯刚说到这里，还没等说完，四周弟子全部惊呼失声：

"六十七种，这怎么可能！"

"这种辨认，能认出七八种已是极限，怎么可能会认出数十种之多！"

杜凌菲盯着白小纯冷笑，她才不信对方所说，此刻断定这白小纯要去瞎蒙了。

"白师弟何不说是有三万种，这样的话，你将草木前三篇都背一遍，一定能蒙对不少。"杜凌菲讥讽道。

第三十四章

草木碾压

杜凌菲的话语，让四周观望的外门弟子，立刻哄笑，他们根本就不相信白小纯在这草木造诣上可以比得过杜凌菲。

尤其是白小纯最后说出的话，在他们听来，根本就是不可能的，这分明就是在瞎蒙一样。

"若这白小纯真的看得出，那么他的草木造诣，在前三篇里，足以与周心琪师姐比较了，这怎么可能！"

"此人故弄玄虚，真是让人厌烦，这一次定要将他揭穿！"

眼看四周众人嘲笑不断，白小纯站在那里，皱起了眉头。

"你们说完了没有？"他的神色渐渐冰冷下来，他是真的生气了，若是打斗的话，他不会如此，可对于一个立志成为伟大药师的人来说，在草木这方面的质疑，让他觉得是一种羞辱。

"你们可以质疑我的运气好，可以质疑我的法宝多，但在这草木之道上，不要以你们浅薄的见识，去看这整个天地！"

他声音传出，神色严肃后，瘦小的身体竟不自觉地给人一种挺拔山峰之感，他冰冷的神情，更是让此地那些外门弟子，在嘲笑中纷纷一愣。

就连杜凌菲也都怔了一下，此刻的白小纯，与之前的样子相差太大，仿佛换了一个人。

"这株灵植，姑且称呼它为黑白花吧，里面有金银根、天黄叶、水罗草、九地果、螺纹肉、边云花、寻风茎、含阳果……"白小纯冷哼一声，袖子一甩，此刻的他不再是如之前般给人一种乖巧但又可恨的模样，他背着手，冷眼望着四周众人，慢慢地似有一股说不出的气势，竟在他的身上出现。

随着他话语的传出，他身上的气势越来越强，四周众人一个个都神色诧异。

尤其是杜凌菲，眉头紧锁，仔细地看着灵植，白小纯所说的那些药草，她都知道，全部都是草木前三篇所记录的，可偏偏她无法在这灵植上看出丝毫。

"看来你是真的要把草木前三篇都背一遍，这样你的确蒙中的比我多，你若真能一个不剩地背下来，那么你赢这一场，我也认了。"杜凌菲冷哼一声，她依旧还是不相信白小纯是真的辨认出来。

"没错，你若有本事，把草木前三篇都背一遍，自然就是你赢了!"

"故弄玄虚，什么浅薄的见识，什么观看天地，我看你才是浅薄，认不出就直接承认，在那里装神弄鬼，让人瞧不起!"四周众人也都冷笑讥讽。

白小纯冷眼看向杜凌菲，又看了看众人，忽然笑了，收回目光，他淡淡开口：

"百草根，三十年成百草，取其经脉烘焙，添入灵水，嫁接在天荒叶上，可成此地斑点。"白小纯右手一指，一股指风落在了灵植上，露出了一片叶子下的一个细微的斑点。

"天荒叶，每九叶融在一起，化作一叶，吞噬白灼花而成长，它在这里!

"白灼花，百年以下不成花，百年花开一瞬间，百息内立刻嫁接到四叶参上，便可滋养天荒叶，这朵白色的花，就是白灼!

"四叶参，用灵火温烤，使其叶枯萎，精华融入参体，可促进平贝子的发育，融合归一!

"还有平贝子……"白小纯声音平静，每一句说出，都会指风一扫，在那灵植上找出嫁接的痕迹，说得非常仔细，甚至连方法都说了出来，四周众人开始还都是带着嘲讽的神情，可渐渐嘲讽不见了，一个个面色纷纷变化，随后呼吸急促，陆续地大变，到了最后四周每一个外门弟子，竟都露出难以置信的神情。尤其是更有几人，直接骇然失声：

"这不可能！！"

"天啊，怎会如此！"

白小纯每一句话回荡，都如同无形的巴掌，直接扇在这些人的身上，此地众人都是药童，之前他们看不出灵植上的秘密，可眼下在白小纯如此详细的介绍中，他们全部都立刻认了出来。

白小纯所说，竟丝毫没错，完全正确，他赫然是一个人，去打了此地所有外门弟子的巴掌！

"这白小纯的草木造诣，居然……到了如此惊人的程度！！"那些外门弟子心神早已轰鸣，之前的嘲讽，此刻成为脸上火辣辣的刺痛。

更是让他们骇然的是白小纯这种介绍的方法，分明就是逆向推演，从一株嫁接好的灵植上，直接推出嫁接之法，这种逆向推演需要一个人在草木上的造诣，达到不可思议的程度才可以做到。

"这……这是逆向推演，他……他对草木的了解，竟到了这种程度……

"身为药童，去推演掌座培育出的灵植，这……这……"孙长老也睁大了眼，带着不可思议。

李青候目中露出强烈的光芒，这一刻的白小纯，让他也觉得难以置信。

杜凌菲面色瞬间苍白，身体踉跄地退后，以她的草木造诣，一听白小纯的话，就立刻明悟，甚至好多次都有恍惚之感，这种感觉，让她难堪到了极致。

此刻的白小纯，他没有动用任何术法，可凭着他口中说出的话，凭着他对草木的了解，那一句句话如同神通法宝，让杜凌菲根本就招架不住，只觉得脑海轰鸣，如有天雷炸开，连连退后，面色越发苍白。

"火半夏，九炎天，使此灵珠暴晒天地间而不死，融入半夏果，生出黑头花！这是我能看出的，最后一株灵草。"半炷香后，白小纯说完最后一句，他目光如炬，扫了一圈众人后，看向杜凌菲。

"杜师姐，诸位同门，草木之道博大精深，没有绝对，否则的话，你们的草木造诣，也就仅止于此了，你们既然要求我把草木前三篇全部背一遍，此事有何难度！"白小纯抬起下巴，袖子一甩，竟站在那里一个个背诵起来。

"灵冬竹……

"地龙果……

"水墨根……"他朗朗开口，神色淡然，随着不断的背诵，四周相对寂静，唯有白小纯的声音回荡，仿佛之前一巴掌打了所有人后，又抡起了手掌，再次扇出了第二巴掌。

渐渐听得四周人即便无脸见人，也都忍不住吸气之声再次传出，甚至立刻有人拿出草木玉简，去对照起来，慢慢地那些对照之人，一个个都身体颤抖，眼中骇然更为强烈。

杜凌菲的面色越发苍白，身体再次后退，看向白小纯时，如同见了鬼一样。

她之前是讥讽之下才那么说，实际上她还从没见过有人可以把三万种药草，全部这般地背诵出来，这种事情在她看来是不可思议的，若真的有人能做到，那么此人的草木造诣，已经是逆天了。

时间流逝，白小纯背诵得飞快，竟一口气背诵了一个时辰，这一个时辰对于此地众人来说，根本就不知是如何度过的，他们几乎全部都拿出了玉简去对照。

直至一个时辰后，当白小纯说完最后一株药草时，此地众人在死一般的寂静后，爆发出了惊天动地的哗然之声，甚至传遍四周，让不少广场外的外门弟子，都隐隐听到。

"天啊……一个没错，全部正确，这……居然还有这种事！！"

"整整三万种药草……这白小纯的草木造诣，竟然到了如此惊天的程度，他……他在草木石碑的排名是多少？"

"杜凌菲在草木造诣上与白小纯去比较，这根本就是以卵击石！"

在这四周众人彻底轰鸣中，杜凌菲望着白小纯，心中升起无限的苦涩，即便是之前的打斗，她都没有如此过，可眼下，在这草木造诣上，可以说是被完完全全地碾压。

她怎么也没想到，眼前这个运气好、法宝多的白小纯，竟在草木造诣上，到了一个自己仰望都看不清的程度。

这种打击，让她惨笑一声，扔出凌云香，转身赶紧离去，在这里多停留一息，她都觉得难堪。

杜凌菲一离去，四周的外门弟子也都纷纷尴尬，大都向着白小纯遥遥抱拳，赶紧离去，可以想象，他们此刻心中的震撼，将持续好久。

很快地，这演武场上，弟子都走得差不多了，就剩下白小纯站在那里，他干咳一声，觉得自己之前似乎……有些把事情搞大了，赶紧捡起凌云香，回头小心翼翼地望了李青候一眼。

"弟子……先走了。"白小纯说着，连忙退后，一溜烟地跑没影了。

演武场上，孙长老望着白小纯的背影，目中残留着震撼。

"掌座，此子……不凡！"孙长老轻声开口。

李青候仰天大笑，笑声中带着开怀，大袖一甩，走向山顶。

第三十五章
又见许宝财

半个月后，宗门小比中，白小纯最终碾压杜凌菲的事情，已经被那些弟子传了出去，在这宗门内掀起了一波不小的轰动。

以至于每次白小纯外出，都有外门弟子遇到后含笑打招呼，这让白小纯立刻觉得自己也算一个名人了，于是很喜欢外出，每次遇到外门弟子，都主动上前攀谈，然后等待对方问自己是谁时，忍着得意说出自己的名字。

这种悠闲的生活，让白小纯很是愉悦，杜凌菲的那枚丹药，也被他炼灵三次后吞了下去，修为顺利地突破了凝气五层的大圆满，到了凝气六层。

举重若轻之法，也在白小纯的练习下，越发地精进，甚至他已经开始研究紫气驭鼎功的第二个境界：举轻若重。

看起来似乎不难，可实际上白小纯尝试了好久，也始终不得入门。

这一日，他正盘膝坐在院子里，练习举轻若重时，神色微动，收起木剑，抬头看向院子外，不多时，有敲门声传来。

"白师兄在不在？"门外传来一个白小纯有些耳熟的声音，他微微诧异，他的这院子，平日里很少有人来，此刻右手抬起一指院子的门，大门嘎吱一声自行打开，露出了门外一个干瘦的青年。

这青年穿着外门弟子的衣衫，在门开的一刻，神色肃然，向着院子抱拳深深一拜。

"许宝财，拜见白师兄。"

"是你？"白小纯一怔，门外之人，正是当初在火灶房时，与白小纯之间有过争斗的许宝财，这许宝财也到了凝气三层，眼下成为外门弟子。

"怎么，成为外门弟子，还不服气，要与我再打一次？"白小纯一扫，就看出对方凝气三层的修为，顿时放下心来，神色摆出严肃的模样。

许宝财闻言连忙摇头，脸上露出苦笑，向着白小纯再次一拜。

"以前不懂事，白师兄别嘲讽我了，此番许某是来向白师兄赔罪，化解当年的事。"许宝财神色带着真诚，他是真的想要来化解，毕竟如今也都成为外门弟子，对于曾经的事情，已经看得不那么重了。

最重要的是如今白小纯在香云山，也算有名气之人，而许宝财也选择了香云山成为外门弟子，自然不愿因为以前的事情引起不必要的麻烦，这才到来。

白小纯眨了眨眼，想起当初，不由得想到了火灶房，此刻这许宝财也算是故人了，于是起身邀请许宝财进入院子，二人坐在一起，感慨一番。

"说起来，我当时不理解你为啥写了那么多血色的'杀'字，后来虽然理解了，可还是好奇，你用血写那么多字，真的不痛么？"白小纯问了一句，他始终难以忘记对方的那份"血杀"的战书。

许宝财脸都红了，他如今回想当初，也觉得匪夷所思，尴尬地避开话题。

"白师兄，你要小心监事房的那些人，我之前听人说过，当初被你推上山的陈飞等人，始终对你怀恨在心。"

"陈飞？"白小纯立刻警惕，脑海里浮现出监事房的那位虎背熊腰的大汉。

"他现在什么修为？"白小纯凝重地问道。

"听说已是凝气四层大圆满。"许宝财连忙开口，他告诉白小纯这些，也是为了以示清白，化解恩怨。

白小纯一听才凝气四层，顿时放下心来，摆出一副风轻云淡的样子。

许宝财也没继续多说，而是与白小纯谈了谈宗门，渐渐地白小纯发现这许宝财居然知道的比自己还多，仿佛这灵溪宗南岸，大事小情，都了如指掌，甚至一些隐秘的事情，也都津津乐道，尤其是对于一些弟子间的八卦，更是说起时活灵活现，仿佛亲眼看到一样。

"白师兄，说起我灵溪宗，有五大美女，这五大美女任何一个，都是绝色容颜，我辈修士，若能得一就可此生无憾。"

白小纯听得很感兴趣，催促许宝财多说几句。

许宝财眼看白小纯喜欢听，而他这里也的确喜欢打探消息，于是眉飞色舞地说了起来。

"这五大美女，单纯从相貌上来讲，已经是平分秋色，不相伯仲了，不过地位上有不同，排在第一的，是紫鼎山的许媚香许师姑，那真是国色天香，绝世妖娆……对了，她还是张大胖的师尊。"

"啊？"白小纯这次真的震惊了，他听张大胖说过几次自己的师尊，每次都是一口一个老妖婆，尤其是白小纯想到当初去看张大胖时，对方之所以变瘦，是因为那个老妖婆不喜欢胖子。

想到这里，白小纯不由得产生了一些奇怪的联想，干咳一声，赶紧收了思绪，觉得这么想下去，太危险了。

"我香云山上，也有两位，分别是周心琪周师姐，还有杜凌菲杜师姐。"许宝财侃侃而谈，说起周心琪后，又引出了天骄。

"白师兄你应该知道，我灵溪宗南岸，有'三大天骄'，其一是我香云山的周心琪，还有一个是紫鼎山的吕天磊，最后一个……则是青峰山的上官天佑！说起这三人，那都是绝世之才！"许宝财双眼露出羡慕之意。

"这么厉害，不也还是外门么，和我一样。"白小纯嘴巴一撇，上官天佑与吕天磊他不了解，不过周心琪这里，他还是有过接触的，口袋里的玉佩，就是周心琪给的。

许宝财咳嗽一声，心底鄙夷，可不敢去贬低白小纯，于是苦笑开口。

"白师兄，这三人若不是因门规，任何弟子都需从外门做起，他们早就是内门了，不过虽然如此，可他们三位在各自的山中，都是外门当之无愧的第一，就连内门弟子也都对他们忌惮，因为这三人只要修为达到，成为内门，就必定是翘楚！而对他们来说，内门只是跳板，他们的目标是成为我灵溪宗的传承弟子！"

白小纯还有些不服气。

"其中周心琪是草木灵脉，日后必定传承李掌座衣钵，成为我灵溪宗另一位药师；而那吕天磊，此人少时家贫，骨瘦如柴，可却具备罕见的雷灵脉，在紫鼎山上就行雷道术法，掌门都亲口说过，此子日后不俗！"

"啊。"白小纯惊讶，他此刻不是刚刚修行之人，对于修真界了解不少，听到"雷灵脉"这三个字，他都觉得有些吃味了，这种灵脉，可让人术法威力暴增，且修行极少有阻碍瓶颈。

"还有那位上官天佑，更是了不得，此人具备剑灵之身，甚至有传闻他是某个剑修大能转世之体，因某种原因，苍天愧疚，故而一生福泽无数，三岁走路就可捡到上古残剑，七岁天空落下一头赤云兽的幼崽认他为主，十三岁得到金光护体，故而名为天佑，他的出现，都轰动了宗门的太上长老。"许宝财看到白小纯终于出现了正常人知道这些事的表情后，才说出了第三个人。

"苍天愧疚！！三岁……这什么运气啊，什么……还是转世大能？"白小纯睁大了眼，倒吸口气，神色露出愤愤之意，心底打定主意，决不去招惹这老天都愧疚的上官天佑。

"这三人，都是必定能筑基的，白师兄，我辈修士，杂役成为外门，都说是鱼跃龙门，可实际上，凝气突破踏入筑基，才是真正的鱼跃龙门，从此生命层次都不同，如同褪去凡俗，走上真正仙路，寿元一下子增加一百年。"许宝财眼看白小纯越发吃惊，心底满足，可说起筑基，却轻叹一声。

他这里还在叹息，白小纯这边在听到了增加一百年寿元后，双眼瞬间露出这小半辈子从来没有过的强烈光芒，甚至身体都哆嗦了一下，双眼通红，只觉得脑海嗡鸣不断，一把抓住许宝财的手臂。

"你刚才说，筑基之后，可以增加一百年寿元？"

许宝财一愣，看到白小纯此刻双眼都是血丝，有些恐惧，连忙点头。

白小纯呼吸刹那就急促起来，整个人立刻在这院子里走来走去，双手挥舞似的在抓着什么，眼中冒光，一副疯魔的样子，口中喃喃低语，更时而传出瘆人的笑声。

许宝财更恐惧了，不知道白小纯这是怎么了，只觉得背后凉飕飕的，赶紧起身告辞，白小纯没有去理会，整个人已如魔怔一样。

许宝财深吸口气，觉得白小纯的模样更可怕了，于是快速地离开。

一炷香后，白小纯披头散发，在这院子里猛地停顿，长长地呼出一口气，仰天大笑。

"一百年啊！！筑基，我一定要筑基！"

第三十六章
小乌龟称霸！

白小纯对于筑基的渴望，被许宝财的话掀起后，在之后的几天，他陆续地去了藏经阁好多次，甚至还去了神武殿。

神武殿内，专门讲述了修真界内很多的常识，对于筑基也有较为详细的描述，当看到里面所写，的确与许宝财所说的差不多后，白小纯顿时燃了。

他觉得，只要能筑基，那么自己的长生之路，将会迈出一大步。

尤其是当他了解到，筑基居然有三种方式，且增加的寿元都不一样后，更为激动，随着他不断的钻研，数日后，他终于对于筑基，有了清晰的明悟。

"天地人，三种筑基……

"人道筑基，需服用筑基丹，概率不大，若能成功，顿增百年寿元。

"地道筑基，融入地脉之气，成就惊天之力，概率更小，可一旦成功，增加二百年寿元！

"最后就是传说中的……天道筑基，罕见至极，可遇不可求，但一旦有此机缘筑基成功，则增五百年寿元！"白小纯仔细地研究，觉得天道筑基缥缈不可求，而地道筑基需要在特定的地方才会有地脉之气。那么摆在他面前最简单的，就是人道筑基，此法需要筑基丹。

"我现在就要对未来规划了，需要做完全的准备，稳妥打算，筑基丹必须要有……"白小纯深吸口气，放下玉简，目中露出光芒。

"筑基丹价格昂贵，而且为了以防万一，我需要多准备一些筑基丹，那么……最好的方法，自然就是自己能炼制！"白小纯眼中光芒一闪，他本就是立志要成为炼制出长生不老丹的伟大药师，此刻对于自己的这份理想，更为执着。

"药童，药徒，药师……我现在就是药童，想要成为药徒，去真正炼丹，需要去晋升考核……考核需要至少掌握草木五篇，可这样不稳妥，我要把灵兽五篇也都了如指掌，就稳妥了。"白小纯眼中露出坚定，拿出草木第三篇的玉简，仔细地看了一遍后，确定都牢牢记住，立刻起身冲了出去。

但很快就又跑了回来，在院子里沉思片刻，拿出不少衣物，把自己乔装打扮一番，这才放下心来，快速走出。

"那些周心琪的倾慕者太可怕了，对外传出声音，要将我大卸八块……害得我不得不低调。"白小纯内心不忿。

"哼，等我以后筑基了，一定要在万众瞩目下，告诉所有人，我白小纯就是龟爷，到时候看谁敢来卸我！"白小纯衡量了一下自己与周心琪的那些倾慕者之间的差距，发下誓言。

万药阁一向都是人山人海，不但香云山的外门弟子在这里，青峰山与紫鼎山中，对于草木知识有所渴求的弟子，也会来到这里。

此刻白小纯钻入人群内，趁着四周人没注意，走进了草木第三篇石碑下的木屋中，片刻后他推开门，快走几步融入人群内。

有心立刻离去，可还是忍不住翘首等待，没多久，惊呼之声传出，此地所有人都看到了草木第三篇的石碑上，一个小乌龟的图案，骑在宝瓶上面。

白小纯暗自得意，没忍住，在众人惊呼时，也摆出诧异吃惊的模样，跟着吼了几声，可很快周心琪的那些倾慕者就出现了，一个个凶神恶煞的样子，让白小纯这里握紧了拳头。

"就是这些人，害得我必须如此低调。"白小纯愤愤地瞪了那些人一眼，转身赶紧离去。

之后的日子里，有关小乌龟再现的消息，传遍香云山的外门，人人议论，毕竟这一年来，小乌龟的图案，在那石碑上很是显眼。

可就在这议论刚刚消散，一个月后的一天，万药阁的弟子突然看到，第四座石碑上，小乌龟居然又一次出现了，依旧是骑在宝瓶上面，成为第一。

哗然顿起！

"就快要超越周心琪师姐，这小乌龟已是四碑第一！"

"他是四碑，周心琪师姐是五碑，这小乌龟到底是谁……"人群内的白小纯，尖叫起来，心底暗自舒爽，眼看周心琪的那些倾慕者发狂而来，他干咳一声，带着不忿，低头隐藏。

数日后，周心琪出现在了万药阁，望着那四座石碑，她的神色露出凝重，走入第十座石碑内，出来时，第十座石碑的第一，已被她占据。

到了这个时候，香云山的所有外门弟子，都在关注万药阁了，周心琪六碑，小乌龟四碑……

他们都在猜测，那小乌龟是否下个月会再次出现，拿下第五碑，与周心琪并驾齐驱。

甚至这些外门弟子都开始了下注，去赌小乌龟能不能五碑第一，即便是香云山的那些长老，也都留意此事。

白小纯也发了狠劲，每拿下一个第一，换取了玉简后，他都没日没夜地去研究，再加上他恨那些周心琪的倾慕者，所以每个月去万药阁拿下第一后，都会在人群里尖叫一番，抒发自己对小乌龟的崇拜之情。

渐渐地，他在人群内都认识了不少一样对小乌龟崇拜之人，当然这里面也有他的功劳，他几乎是不放过任何一个去宣传小乌龟的机会，如侯小妹那里，此刻对于小乌龟已是崇拜到了极致。

终于在一个月后，风和日丽的一天，第五座石碑的宝瓶，蓦然一闪，竟落下了一位，在宝瓶的上面，那只小乌龟再次出现。

这一刻，香云山的外门弟子轰动，无数人赶来观望，甚至彼此之间在之后的日子里，所谈论的也大都是这小乌龟。

"这小乌龟必定是草木造诣到了无法形容的程度，才可以如此惊人。"

"厉害，这小乌龟与周师姐不相伯仲……"

人群内，也不是没有人猜测对方是白小纯，甚至周心琪的那些倾慕者，在发狂之下，一切可疑的目标都不放过，自然也对白小纯这里重点关注。

白小纯心底更为不忿，为了洗去嫌疑，只能唉声叹气地故作姿态，当着所有人的面，去了一趟第四石碑，在里面发呆片刻，发誓以后一定要让那些人好看，这才走出。

多次之后，渐渐那些倾慕者又将怀疑的目标落向了其他人，毕竟这种事情，没有证据，真的很难找出答案。

可狠言却数次放出，告诉所有人，这一次若找到那小乌龟，不是大卸八块的问题了，是准备大卸八十块！

白小纯知道后，想了一下自己被卸成八十块的样子，哆嗦了一下，可咬了咬牙，狠劲又上来了。

"你们不是不高兴么，你们越不高兴，我就越是要这个第一！"白小纯咬牙，与对方隔空，直接以这种方式干了起来。

一个月后，第六座石碑，小乌龟第一！

又一个月，第七座石碑，小乌龟再次第一！

七碑全部第一的瞬间，整个万药阁四周，爆发出了强烈的欢呼之声。

"七碑第一，小乌龟加油，开创一个周师姐都没有达到的十碑第一！"

"哈哈，我看好这只小乌龟，他一定能成！"

在这无数人欢呼时，四周有十多个青年，面色阴沉，尤其是里面有几个内门弟子，更是目光阴冷，其中一人，脸上有不少麻子，穿着内门弟子的长衫，他的目光最是凌厉。

"诸位师弟，若有人知晓这小乌龟是谁，告知钱某，钱某承诺一个人情！"这麻脸青年，忽然开口，声音带着某种震动，一下子把所有人都压了下去。

不少人立刻看向这麻脸青年，认出了他的身份，连忙避开眼神，可还有不少人，虽露出愤怒，只是却不敢多言。

"是加入执法堂的内门弟子钱大金，钱师兄……"

"听说此人对周师姐以及杜凌菲，都在追求……"

白小纯也在人群内，目睹这一幕后，与身边人一起，一脸义愤填膺地怒视那位麻脸青年，直至回到了院子，白小纯一想起对方，就心中来气。

"反正你也找不到我，我偏偏要和你斗一斗！"白小纯抬起下巴，灵兽五篇，他在研究时更是执着，随着了解那些灵兽体内可以炼制灵药的材料，他的草木造诣，精进了不少。

尤其是相互结合后，触类旁通，白小纯的草木造诣，与日俱增。

一个月后，第八座石碑，小乌龟的图案代替宝瓶，成为第一！

随后又一个月，第九座石碑，小乌龟再次第一！

至此，九碑第一！

此事让万药阁的外门弟子，全部都沸腾起来，纷纷振奋，渐渐呼唤小乌龟去争取十碑第一的声音，越来越多。

即便是周心琪的那些倾慕者，也都无法阻止，只能眼睁睁地看着小乌龟的声望，被掀起到了超越周心琪的高度。

终于在最后一个月，白小纯于晌午时，万药阁弟子最多的时候，乔装打扮一番，神色内露出坚定，趁没人注意，排队等待片刻，悄然踏入第十座石碑下的木屋中。

在踏入的刹那，白小纯盘膝坐在木屋内的碑文下，右手抬起，按在上面，脑海轰鸣间，出现在了熟悉的虚无里。

他看着面前闪烁出的上百万的草木以及灵兽的残片，目中露出执着，双手瞬间飞舞，开始进行考核，刹那一株株完整的药草与灵兽材料，就被他组合出来。

一千、五千、一万……

三万、五万、八万……

这是他所经历的所有考核中，最难的一次，渐渐他额头沁出了汗，双眼有了血丝，整个人如疯魔一样，忘记了一切，沉浸在这草木灵兽的组合上，甚至双手都刺痛，甚至大脑翻江倒海，可他依旧咬牙坚持。

不知过去了多久，当这第十碑的考核结束的一瞬，白小纯右手微微颤抖，将最后一株药草拼凑出来，整个人如虚脱一样，眼前模糊，再次清晰时，已回到了木屋内。

他呼吸急促，眼中却露出满足，擦去汗水，用力地握了一下拳头，目露振奋。

第三十七章
举轻若重

十碑，第一！

灵溪宗南岸三山，彻底轰动。

万药阁内外，在这一刻声音鼎沸，传遍四方，不少人都飞快地来到万药阁，看着那十座石碑全部都是第一的小乌龟，纷纷倒吸口气。

"十碑第一，这小乌龟居然真的做到了！"

"我灵溪宗上一次出现十碑第一，还是在千年前，没想到我有生之年，居然能看到这一幕！"

人群内惊呼不断，这种事情，尽管大家心里有些预料，可真正发生时，依旧震撼，尤其是最后的三个月，几乎是连在了一起，每个月拿下一座石碑，这种速度，让所有人回想起来，根本就无法平静。

"这小乌龟，到底是谁……这才半年的时间，他就从第三座石碑开始，一路横扫，如碾压一样，成就赫赫声名！"

"他的草木造诣，完全超越了周心琪，莫非我香云山日后除周心琪外，还会再多出一位药师？"

与此同时，在十座石碑全部第一的瞬间，这十座石碑全部震动了一下，传出阵阵轰鸣之声，这些声音融合在一起后，居然从香云山的山顶，传出了阵阵鼎声！

仿佛有巨木撞击药鼎，传出闷闷之声，回荡整个香云山，传遍灵溪宗南岸，甚至还有阵阵药香，无形地扩散，笼罩八方，使得香云山的云雾也都肉眼可见地浓密起来。

香云山顶，一处洞府内，周长老正以灵食喂养他珍爱的那些五彩灵禽，忽然听到鼎鸣，目中露出惊讶。

"香云鼎鸣？"他神识蓦然散开，立刻就察觉到万药阁十座石碑的变化，神色一动，踏空而去。

紧接着，孙长老的身影也出现，还有其他筑基修士，全部都被鼎鸣吸引，纷纷走出，看去时，一个个都露出惊喜。

最后一个出现的，是李青候，他原本正在打坐，听到鼎鸣后一样神色变化，外出看了一眼，立刻化作长虹直奔万药阁。

随着鼎鸣的回荡，很快更多人哗然，整个香云山无论是外门还是内门弟子，全部被震动，一个个走出，看向万药阁的方向。

"这是……我香云山至宝香云鼎的声音！"

"万药阁内，出现了十碑第一，开创千年内所未有！"

即便是青峰山与紫鼎山，这一刻也都被惊动，张大胖正垂着头，被身边一个样子妖娆、模样绝美的女子训斥，这女子就是他对白小纯诉苦时提到过的老妖婆，此刻这女子听到这鼎鸣后，神色一动，抬头看去时，张大胖也呆了一下，诧异地观望。

"香云鼎竟传出鸣音，莫非香云山的弟子里，有人在某一样考核中，达到了完美的程度？"

同样的一幕，在青峰山也出现，青峰山的那些长老以及掌座，也都注目观望。

渐渐地，香云山万药阁内外，来人越来越多。

白小纯在人群内，听着四周人的哗然，看着那十座石碑，他少见地没有加入欢呼之中，而是心中升起一丝说不出的情绪，他默默地站在那里，脸上露出笑容，这笑容没有得意，没有傲然，有的只是淳朴与开心。

一年多的时间，从第一个石碑开始，开创了一个奇迹，成就了十碑第一，这些是虚名，而他最大的收获则是对于草木、对于灵兽、对于这些身为灵童需要掌握的知识，已是熟烂于心。

可以说，他给自己打下了一个罕见的厚厚的基础，此刻回想这一年多来，太多个日日夜夜，自己疯狂地研究草木，研究灵兽，白小纯感慨之余，也有唏嘘。

放眼整个灵溪宗，即便是内门弟子，也没有人能在草木造诣的基础上，深厚过白小纯，这一刻，白小纯很满足。

　　很快地，一道道长虹从四周呼啸而来，长虹内露出的身影，每一个都散发出惊人的修为波动，周长老，孙长老……李青候都在其内。

　　他们都凝望十座石碑，看着排在第一的那小乌龟，一个个目中露出明亮的光芒，尤其是李青候，他在看到小乌龟的图案后先是一愣，随后神色慢慢古怪，片刻后哈哈一笑，目光扫过人群，当看到白小纯时，他目中深处有外人看不到的赞赏。

　　许久，大袖一甩，带着笑声离去，他很开怀，他一眼就猜出这小乌龟正是白小纯。

　　在那些长辈离去后，内门弟子的身影逐渐地多了，看着那小乌龟，这些内门弟子也都心惊，他们都是从外门晋升上来的，清楚地知道这万药阁的石碑，只有在外门时才可以去闯，故而其难度之大，根本就难以言喻。

　　"身为外门弟子，能做到如此程度，定是天骄……"

　　"哼，我等身为药徒，重点是炼制灵药，草木造诣再高，炼不出灵药也是没用！"这些内门弟子里，有的赞叹，有的露出不屑，可无论如何，他们对于这小乌龟，已深深记住，甚至在心底，已大都有了忌惮。

　　毕竟虽不知对方日后炼药如何，可一个如此牢固的基础，将使得对方在成为药徒后，顺利太多太多。

　　四周的哗然还在持续，直至周心琪出现，站在蓝绫上，凝望十座石碑上的小乌龟时，众人才慢慢安静下来，一个个都看向周心琪。

　　这种全方位地在十座石碑上被压制的感觉，让周心琪的目中露出不甘心，以往都是她带给别人这种复杂感，可如今轮到自己这里，让她只能沉默。

　　"你到底是谁……"周心琪咬了咬牙，虽不甘，可曾经的几次尝试，让她明白那神秘的小乌龟在草木造诣上已到了一种不可思议的程度，她如今没有什么把握可以超越，沉默许久，对于这个小乌龟，已是牢牢记在了心底。

　　"草木上，你的确比我强，那么等你成为药徒后，在炼药之路上，我不信你可以永远将我超越！"周心琪深吸口气，神色慢慢平静下来，她已参加了考核，已然晋升为药徒，此刻最后一眼看向石碑，转身一晃，蓦然远去。

"这里，只是我成为伟大药师路上的第一站！"白小纯在人群内，也最后看了一眼十座石碑，毅然转身离开。

十碑第一的轰动，在之后的日子里持续了数月，依旧还有人谈论，尤其是每当众人来到万药阁，看到石碑上的小乌龟时，这种议论都会加剧。

同时，周心琪的那些倾慕者，更是漫山遍野地寻找，大有不惜一切代价要找出这个小乌龟的气势，尤其是那位钱姓青年，极为恼火，也加入到了寻找之中。

搅动了整个灵溪宗南岸后，在这无数人每天都在谈论小乌龟时，白小纯在他的院子里，正红着眼，操控身前的一片树叶。

他在研究举轻若重的境界，实际上大半年前，他就经常研究这种境界之法，可却始终只能触摸一丝，无法真正融入。

如今万药阁的事情结束，白小纯眼看那些周心琪的倾慕者不断地寻找自己，内心起了危机感，索性避一避风头，开始全身心地投入到了举轻若重中。

"举重若轻是速度，举轻若重……则是一种掌控之法！"白小纯目中露出沉思，这是他这段日子里的感悟。

"或者说，这种掌控实际上就是一种体内灵气的爆发力！"白小纯双眼一闪，他如今凝气六层，体内灵气如大河一样，在举重若轻的境界，已经可以做到持续不断，发挥出惊人的速度。

早已有种明悟，知晓所谓的境界，实际上就是运用体内灵气的法门，如同是一片叶子舒展开，能吊起一块小木头，可若是卷起来，能吊起一小块石头，但若是撕成一条条编织在一起，则可拽动更沉重的物体。

材质一样，只不过组合的方式不同，所以发挥出的强弱也不一样。

而举轻若重，就是这样一个法门，一旦掌握，就等于踏入到了这个境界里。

白小纯思索良久，挥手间远处一片叶子飞来，飘浮在他的身前，在他这不断的尝试下，这叶子时而速度极快，时而缓慢如有山压。

一次不行就十次，十次不行就百次，百次若还不行……就千次万次。

白小纯不知道自己尝试了多少次，他院子里所有的叶子都碎灭了，于是他外出又寻找了叶片，到了最后，整个香云山所有非灵植的树木花草的叶子都被他取来尝试后，终于在一天黄昏，白小纯目光闪动，掐诀一指，他面前的那片柳叶，看似轻飘飘的，可在落下的瞬间，如同山岩砸地。

轰的一声，院子的地面一震，仿佛这柳叶重若千钧。

"成了！"白小纯眼中弥漫血丝，可神色却振奋，起身右手一甩，小木剑飞出，成为一道黑线，刹那远去，不但速度更快，威力更是比之前强悍了至少一倍，甚至隐隐都出现了尖锐的破空声。

轰鸣中，远处的巨大山岩，直接四分五裂崩溃开来。

这种威力，已经不是凝气六层可比，即便是凝气七、八层看到，也都会大吃一惊，心神震动。

第三十八章
紫气化鼎

白小纯神色兴奋，起身活动了一下身体，又操控小木剑在这院子里来回飞舞，时而快速呼啸远去，时而又骤然停顿，蕴有千钧。

整个木剑，在这院子里变幻莫测，很快就剑气四散，仿佛凭空地掀起了大风，让白小纯这里更为激动。

片刻后，他右手一甩，小木剑刹那消失，回到了他的手心内，看起来五颜六色很是不起眼，可实际上，这把被炼灵三次的小木剑，已从本质上出现了不同的变化。

"举重若轻与举轻若重如都能掌握，那么相互结合之下，就可以凝聚出……紫气驭鼎功内唯一的一个神通之法！"白小纯深吸口气，目中露出期待。

"紫气化鼎！"白小纯收了木剑，闭上眼站在院子里，许久之后，他右手突然抬起，向着半空一指，立刻在他前方半空中，原本看不到的体内灵气，竟闪动光芒出现，仔细一看，灵气如丝，正飞快地勾勒出一个鼎的样子。

似有某种神秘的力量引导，使得这尊鼎，快速地成型。

与此同时，阵阵惊人的威压，也赫然从这鼎上扩散出来，灵压之大，竟比之前飞剑时，还要强悍。

而白小纯这里，面色也飞快地苍白，体内的灵气正急速地消耗，直至耗费了近乎八成，那尊鼎才彻底成型，在半空中散发出更为强烈的灵压，随着白小纯向前一指，此鼎猛地冲出，狠狠一砸。

碰触地面的刹那，鼎先碎，可有大量灵气扩散爆发。

轰鸣之声更为强烈，甚至传遍四周，方圆百丈内的地面，立刻出现了咔咔声，竟有一道道裂缝瞬间出现。

好在这香云山有阵法守护，那些裂缝很快就消失，可这震动之力，依旧让不少外门弟子听到，纷纷诧异。

白小纯倒吸口气，他也没想到这紫气化鼎，居然如此强悍，这一击，甚至给他一种哪怕自己都无法对抗之感。

"紫气化鼎，不愧是紫气驭鼎功内唯一的神通，且需举重若轻与举轻若重都明悟后，才可施展。"白小纯双眼露出明亮的光芒，但很快就皱起眉头，此神通虽强悍，可消耗实在太大了。

白小纯不知道，实际上他只是消耗了八成，这还是因为他的灵力精纯，若是换了其他弟子，即便也明悟了这个神通，但凝气八层以前，极难施展，体内灵气会被消耗一空，唯有到了凝气九层之后才可真正展开，不过也有不小的消耗。

"紫气驭鼎功内对这神通有介绍，分为上中下三品，此刻我所凝聚出的鼎，只是下品而已，若到了中品，可凝聚两尊鼎，到了上品，不但鼎会出现三尊，而且还可以融合在一起，形成一个大鼎！"白小纯若有所思，盘膝坐下后开始吐纳，当明月高挂时，他睁开眼，目中露出灵芒，体内修为已恢复得差不多。

"这一式神通，可以作为我的杀手锏了，这样的话，那些周心琪的倾慕者若是惹急了我，我就砸他们一下。"白小纯刚刚觉得放心，但却想到了那位钱姓内门弟子，眉头再次皱起。

"能成为内门，至少也是凝气八层以上……"白小纯顿时觉得不放心，沉思时看了看自己的皮肤，双眼一闪，起身向前走出几步，速度飞快，右手抬起拇指与食指，黑芒闪耀，向旁刹那一扣。

虚空传来咔咔之声，甚至隐隐有爆裂之感，白小纯这一捏之力，仿佛无坚不摧，他看向自己的两指，迟疑了一下，但很快就平静下来。

"这是杀招……保命用的。"白小纯沉吟少顷，觉得这种保命的杀招，威力越大越好，只是对于不死长生功，白小纯是真的怕了。

他之前不死铁皮修成了后，也尝试继续修行不死长生功，可只要一修炼，那种饥饿的感觉就再一次出现。

而这灵溪宗南岸，灵尾鸡只剩下了鸡崽，实在没吃的了，单单依靠平日里的灵食，白小纯很肯定，自己一定会被饿死。

他也满山都找过其他可以吃的灵兽，可自从偷鸡狂魔名声大噪之后，南岸三山本就不多的饲养灵兽的几处区域，已防护得极为严密。

白小纯也发愁啊，此刻又想起这个问题，顿时愁眉苦脸，正琢磨着有什么办法解决饥饿的问题时，忽然想到了当初的那枚延年益寿丹。

"对啊……"白小纯眼睛一亮，灵药有很多种，不仅仅增加修为，还有的可以补充元气，而白小纯经历了不死铁皮后，也已经发现，修炼不死长生功，实际上需要的就是元气。

"我现在草木造诣大成，虽没有去晋升，可完全可以自己炼药了，且宗门内虽然成品灵药价格不菲，可在草木上却便宜很多。"白小纯越想越觉得这是个办法。

"这样的话，我提前接触炼药，等之后去考核晋升时，把握也会大很多，日后炼制出筑基丹也会更轻松。"白小纯立刻有了决断，摸着下巴目中露出思索，直至第二天清晨，他身体直接跃起。

"炼药需要药方，这个也简单，不需要晋升药徒才可以得到，山下的坊市内，就有贩卖一些零散的药方。"白小纯摸了摸口袋，他到了香云山后，几乎没有花钱的地方，身为外门弟子每个月都可以拿到一些灵石，如今也攒了不少。

对于这些身外物，他从来都不在意，此刻飞奔，顺着小路下了香云山。

从来到香云山后，白小纯这还是第二次下山，当年第一次下山是去买药草换丹药，此刻他几乎刚刚离开香云山，立刻在青峰山上，就有两道身影直奔一处院子。

"陈师兄在不在？"

"陈师兄，白小纯下山了！"这两道身影都很强壮，修为不俗，都是凝气四层，此刻二人目中有兴奋，进入这院子里，一眼就看到了盘膝坐在院子内的一个大汉。

这大汉身体更为魁梧，虎背熊腰，闻言双目张开，有一抹精芒闪过。

"白小纯？他终于下山了么！"大汉狞笑，身体蓦然站起，整个人如一座小山，气势不俗，更有凝气五层的修为之力，化作灵压散开。

他正是当年监事房的陈飞。

当年三人在监事房好好的，在那里几乎要什么有什么，不但有杂役伺候，更是克扣之下，还有灵石补充，却没承想被白小纯等人强行推上了山，成为外门弟子，这两年的苦日子，让他们对白小纯等人恨之入骨。

可觉得张大胖不好惹，黑三胖更是难缠，唯有这白小纯，虽当初实力不俗，可总体感觉是最弱的，本打算找个机会报仇，但一来白小纯几乎从不出宗门，二来在这宗门内，陈飞虽然有些来头，可却不敢触犯门规。

毕竟他最大的来头，也就是一个内门弟子的表哥而已，且平日里对他也不太搭理，在杂役时照顾，已是极限。

故而始终都在等待白小纯外出之时，这一等就是快两年，如今终于等来，且陈飞很有自信，他修为头段日子突破到了凝气五层，也打探了一下白小纯那里的修为，知晓了对方小比虽是第一，可却是取巧胜出。

"当年被他的举重若轻唬住，还真以为他明悟了举重若轻，哼，逼得我等成为外门弟子，这口气，此番要狠狠地吐出！"陈飞眼中露出厉色，他倒没打算击杀白小纯，可却打定主意，要让对方骨断筋伤，至少躺一年才可。

而这种事情，宗门虽还是会追究，可一不是当场抓住，二没有出现死亡，三他陈飞也有来头，就可以大事化小、小事化了。

"技不如人，怨不得我等！"陈飞身体一晃，直奔山下，他身后二人也跟随，三人很快下了山，找到了一处从坊市归来的必经之路，在这里等待起来。

坊市不大，白小纯在这坊市内没用多久，便找到了两张一阶散方，一个是补充灵气，一个是滋养元气，这种滋养元气类的药方，高阶的罕见，可低阶的却有不少，大都是给凡人服用，强身健体。

对于别人来说没用，可白小纯却如获至宝，他有龟纹锅，寻常的丹药炼灵三次后，效果立刻不同。

又用余下的灵石买了多份炼制灵药的草药后，白小纯美滋滋地一拍储物袋，哼着小曲离开了坊市，走在回宗门的山间小路上，脑海里幻想自己炼药有成的一幕幕，更为开心。

可就在他在这山间小路走了没多久，忽然神色一动，脚步蓦然停了下来，凝气六层之后，他的感觉敏锐了很多，立刻就察觉出前方有三个人的呼吸，这三人藏在草木内，在看到自己时，心跳略加快了一些。

眼看白小纯停顿，陈飞三人身影蓦然冲出，站在了白小纯的身前。

"白小纯，当年的恩怨，今天也该了断了！"陈飞盯着白小纯，内心笃定，狞笑开口，他身后二人一样狞笑，快速散开，形成包围之势。

第三十九章

碾压……

"陈飞？"白小纯眨了眨眼，目光飞快扫过陈飞以及绕到自己身后的二人，察觉出他们的修为后，他也笃定下来。

"白小纯，你即便是现在跪地求饶，也都晚了，当初你出的主意，害得我们成为外门弟子，我陈飞等这一天，已很久了！"陈飞大笑，右手抬起一挥，顿时凝气五层的修为，轰然爆发，掀起四周不少落叶，看起来颇为不俗。

"我陈飞进入外门后，所有时间都在修行，终于到了凝气五层，白小纯，今天我就明告诉你，就是要欺负你，让你骨断筋伤！"

陈飞笑声带着嚣张与得意，他右手掐诀，嗡的一声，面前出现了一把青色的飞剑，此剑只有半尺大小，看起来很是古朴，散出微弱的寒芒。

白小纯身后的那两位，也都狞笑，齐齐散开修为，手中各自出现了一把飞剑。

在这三人的包围下，他们有绝对的把握，三打一，必定碾压白小纯，尤其是他们现在见识与以前不一样了，早就分析出白小纯这里，根本就没有完全掌握举重若轻之法。

"你若一直不下山也就罢了，既然下了山，出了宗门，今日让你知晓，当年犯下的错误，要付出多么大的代价！"陈飞只觉得胸口的一口气，此刻随着这番话语说出，吐出了大半。

"你们三个在这里堵住我，不担心门规？"白小纯看着陈飞，好奇地问道。

"门规？哈哈，这里已是宗门外，况且你技不如人，骨断筋伤也怨不得旁人，大不了我等回头道个歉也就结束了！"陈飞得意地笑道，他甚至可以想象白小纯接下来的面色，一定会非常难看，甚至他都准备好了后续的嘲讽。

可很快他就觉得不太对劲，白小纯太镇定了，面对自己三人的包围，神色非但没有出现自己所想的变化，甚至还露出古怪之色，竟摆出高手的姿态，傲然地开口说了一句话。

"原来是这样啊，那我就放心了。"

陈飞双眼一缩，觉得更不对劲了，但此刻容不得他多想，低吼一声。

"出手！"话语一出，他掐诀间立刻飞剑直奔白小纯，与此同时，白小纯身后的二人，也都立刻掐诀，身前飞剑冲出。

眼看这三把飞剑临近白小纯，白小纯脸上露出笑容，他甚至都没有取出法宝，身体向后一步退出，陈飞三人只觉得眼前一花，白小纯的身影就消失了。

出现时，赫然在左侧凝气四层的那个大汉身边，这人汉猛地睁大了眼，还没等反应过来，白小纯右手握拳，一拳轰出。

这一拳太快，直接就落在了这大汉的肚子上，轰的一声，大汉全身颤抖，一口鲜血喷出，身体躬了起来，如被一股大力冲击，顿时倒飞出去，撞在了一旁的大树上。

那大树都颤动了几下，这大汉鲜血再次喷出，竟直接昏了过去。

这一幕变化太快，一旁另一个凝气四层的大汉，此刻骇然看向白小纯，脑海嗡鸣，如有无数雷霆划过，他做梦也想不到，白小纯这里……居然有这么快的速度，而力量之大，竟到了骇人听闻的程度。

陈飞面色猛地变化，倒吸口气，身体下意识地就后退，看向白小纯时，露出难以置信。

"你……"

"太弱。"白小纯摆出高人的模样，似觉得孤傲天下，找不到对手，感慨时身体一步走出，到了另一位凝气四层大汉的面前。

这大汉发出一声狂吼，全身修为爆发，催动面前的飞剑直奔白小纯，可白小纯的速度更快，不死长生功修成不死铁皮后，白小纯的肉身与速度，已很是惊人，此刻一晃就避开了飞剑，依旧是右手握拳，一拳落下。

轰的一声，那大汉发出凄厉的惨叫，鲜血喷出，身体猛地被卷起，他的身后没有大树阻挡，竟被卷出了十多丈外，倒在了地上，五脏六腑都在颤抖，爬不起来，近乎奄奄一息。

"太弱了。"白小纯摇了摇头，看向此刻双腿都在颤抖的陈飞。

"你……你……"陈飞脑海嗡嗡，整个人都快傻了，他无法想象前一刻自己还胜券在握，可下一瞬却发现这白小纯居然如变身一样，堪比凶兽。

那两拳，竟直接将二人打得生生晕了过去，他难以衡量这得需要多么大的力气，此刻下意识地咽下唾沫，身体猛地后退，根本就生不起丝毫要去战斗的心思，整个人脑海里唯一的念头，就是逃。

可他没等退后多远，白小纯速度飞快，瞬间追上，右手抬起还是一拳，这一拳在落下的刹那，陈飞身上突然光芒一闪，一枚小盾出现，阻挡在了白小纯的拳头上。

轰的一声，白小纯轻咦一声，身体微微顿了一下，与此同时那小盾颤抖，灵气都黯淡了，被这一拳直接打飞。

陈飞吓得魂飞魄散，这小盾是他花费不少贡献点买下，即便是凝气六层，短时间也都无法破开，可眼下居然被白小纯一拳轰得与自己都断了联系。

"白小纯，你……你别欺人太甚！！"陈飞骇然，发出凄厉之声。

"哼，我明白告诉你，今天就是要欺负你，打你个骨断筋伤！"白小纯心里都乐开了花，眼看对方恐惧，这种让自己舒爽的事情，他是从来不会放过的，于是不但重复了对方的话，更是全身修为猛地散开，凝气六层的修为之力，顿时爆发，掀起四周狂风，就连他的头发也都飘舞，气势惊人。

"凝气六层……"陈飞眼珠子都快鼓了出来，头皮发麻，踉跄后退时，白小纯已然追上，再次一拳，这一次没有盾牌阻挡，直接打在了陈飞的身上。

陈飞全身一颤，鲜血喷出，惨叫中身体被卷起，可他毕竟虎背熊腰，且还是凝气五层，没有晕倒，而是拼了全力要逃走，他此刻心中苦涩到了极致，更是暗恨自己为什么选择在这里，此地与宗门之间……还有一些距离。

眼看白小纯如凶兽一样再次扑来，陈飞发出凄厉之音。

"白小纯，你就不怕违反门规？！"

"门规？哈哈，这里已是宗门外，况且你技不如人，骨断筋伤也怨不得旁人，大不了我等回头道个歉也就结束了！"白小纯干咳一声，把对方的话再次重复一遍后，上前一脚踢出。

这一脚，直接将陈飞整个人踢到了半空，陈飞再次喷出鲜血，目中露出绝望，惨叫中还没等他落下，白小纯已冲了过去，拳打脚踢。

陈飞恐惧，惨叫之声不断传出，到了最后整个人已臃肿起来，连惨叫都渐渐微弱了。

全身上下骨断筋伤，面色惨白，趴在那里全身都没了知觉，看向白小纯时，已露出强烈到了极致的恐惧。

在他看去，白白净净有些瘦小的白小纯，根本就是一个披着人皮的凶兽，尤其是这白小纯从始至终，居然没有用出任何法宝，只是凭着强悍的身体与那惊人的速度，就将他们直接碾压。

远处凝气四层的两个大汉，此刻也都苏醒，眼睁睁地看着这一幕，只觉得头皮发麻，心惊肉跳，赶紧又装作昏迷的样子，一动也不敢动，生怕引起白小纯的注意。

眼看陈飞奄奄一息，白小纯觉得无趣，收了灵气，在三人的恐惧中，把三人的储物袋都翻了一遍，拿走了所有物品后，还把小盾也都取走，这才继续哼着小曲，顺着山路走向宗门。

"该死的，是谁告诉我这白小纯在香云山小比取巧获胜的！！"望着白小纯的背影，陈飞欲哭无泪，他若早知道白小纯这样恐怖，打死他都不来找白小纯的麻烦。

那两个凝气四层的大汉，哭丧着脸，看向白小纯的背影时，露出强烈的恐惧。

"陈师兄，怎么办……要不我们别惹他了，和解吧，我听说许宝财都和他和解了。"二人眼巴巴地看着陈飞。

陈飞也心底苦涩，沉默片刻后一咬牙。

"报复我自然想，可打不过怎么办……此事我好好想想……"

第四十章
追求极致

哼着小曲，白小纯很是愉悦地踏入宗门，回到院子时，他还感慨了一番。

"修仙是为了长生，这些人啊，总是打打杀杀，脑袋有毛病。"

在院子里，白小纯整理了一下陈飞三人的储物袋，这三人并非富有，口袋干瘪，白小纯收获不大，但也没太在意，他取出自己购买的那些草药，拿在手中仔细地观察，每一个都看得很认真。

虽然他有深厚的草木基础，但却没有太多机会接触真正的草药，此刻随着观察，渐渐与脑海里的知识结合，甚至他还时而轻轻划开草木，细致地观察内部的结构。

一一印证后，白小纯若有所思，又取出了买来的两个散方，补充灵气的散方他只是一眼扫过，重点放在了可以让凡人强身健体的药方上。

"长寿香……"白小纯喃喃低语，这药方需要的药草不多，只有七种，在搭配上也没有什么独到之处，只是用相生相克的原理，激发出这七种药草之力，化作粉末，凝聚成香。

尤其是里面有两种，还是有毒之物，虽不是什么剧毒，对修士来说最多拉半个月肚子，但对凡人而言，也是要命。

"天地间草木灵植众多，有的可以直接服用，有的可以炼丹使得效果更好，可也有不少因有毒，所以只能炼香。"白小纯沉吟中，把炼制长寿香的药草一个个都仔细地观察，直至对于这七种药草了解到了入微。

"还是不稳妥,炼药的重点,是成药的概率,虽然是最简单的一阶灵药,可依旧存在了很高的失败率。"

"我的这些药草每种只有十份,不可浪费了。"白小纯性格谨慎,一切求稳,背诵草木时就已入微,此刻在炼药前,他一样如此,没有立刻炼制,而是研究药方。

时间一天天过去,七天后,当他对这药方已经完全吃透后,闭上眼在脑海里不断地分析推演,直至黄昏时分,才睁开眼,想了想后,又取出了补充灵气的药方,再次研究。

直至半个月后,白小纯双眼都有了血丝,这两份药方以及所有需要的药草,都已被他彻底明悟,这才沉吟片刻,猛地起身,走出院子。

炼药需要丹炉,可丹炉的价格不菲,白小纯换不起,好在宗门内有专门给弟子炼药配备的炼药阁,只需花费不多的贡献点,就可以在里面炼药。

炼药阁在香云山的东面,距离白小纯所在的地方并不是太远,此地平日里不像万药阁那样人山人海,较为安静,毕竟有资格炼药的人,即便是香云山上,也没有太多,且有不少都获得了属于自己的丹炉,也不需要来这里。

缴纳了一定的贡献点,换取了在这炼药阁一个月的时间,白小纯走了进去,此地被分成了上百个单独的房间,每一个四周都有阵法封印,使炼药之人不会受到外界丝毫的打扰。

拿着换来的木牌,白小纯走到序列十三的房间,目光一扫,这房间不大,四周空荡荡的,中间有一口丹炉,丹炉下似有火焰微微燃烧。

盘膝坐下后,白小纯深吸口气,目光落在丹炉上,仔仔细细地观察一番,又看向下面的火焰,尝试用灵气一催,顿时火焰一下子强烈起来,整个房间内热度攀升,丹炉更是肉眼可见地微红。

连续多次尝试,以白小纯能凝聚出紫气化鼎的境界,很快他就对控制火的力度,熟悉起来,觉得可以灵活操控火焰后,他一拍储物袋,将草木取出。

"长寿香对我现在来说非常重要,不可先去炼制,需要对炼药熟悉后,才可去炼,那么现在就拿补灵丹练手好了,此丹一阶,适合凝气五层以下。"白小纯有了决断，神色极为认真，脑海将补灵丹的药方再次回忆一下后，开始炼药。

他取出补灵丹所需的一株药草，拿在眼前右手一挥，立刻这株药草的叶子全部落下，白小纯双眼凝重，体内灵气散出，形成一股大力狠狠一揉，顿时那些叶片被挤压在一起，挤出了九滴汁液，落在了丹炉中。

砰的一声，丹炉内立刻升起阵阵青雾，白小纯的精神高度集中，在这雾气出现的刹那，双手飞快地将手中的药草茎脉剥离，一一扔入丹炉内，又不时地去控制火焰，使得丹炉内的雾气更多。

但偏偏没有散开，而是凝聚在一起，不断地翻滚时，白小纯取出第二株药草，在手中催化，使得这株药草立刻开花，取下花瓣扔进丹炉。

时间流逝，白小纯全身心地投入进去，不断地拿出药草，直至放下了八种后，他目中露出明亮的光芒，盯着丹炉，操控地火缓缓改变温度，只是额头的汗水却在这精神的高度集中下，顺着脸颊滴落。

一个时辰后，一声闷闷的轰鸣从丹炉内传出，与此同时焦黑的雾气扩散，虽然很快就被这房间内的阵法吸走，可白小纯依旧被呛得咳嗽起来，面色难看地望着丹炉内的黑色残渣，皱起眉头。

"失败了……"白小纯坐下后支着下巴，目中露出思索，仔细地回忆炼药的所有细节，没有继续炼丹，他性格谨慎，所以无论是背诵草木还是炼药，都追求最大的保险。

这一想就是三天，三天后他在脑海里将首次炼药的过程回忆了至少上千遍，找出了不下五十处问题，这才深吸口气，略作休息，再次开炉。

真正炼丹的时间实际上不长，两个时辰后，丹炉再次轰鸣，依旧有雾气散开，炉内的残渣再次出现。

白小纯性格中的执着劲上来了，他捞出那些残渣仔细地研究后，结合脑海中炼药的过程，又研究药方，研究草木，这一次竟研究了十天的时间，才红着眼，开了第三炉。

只是这第三炉，在开始的过程中都很平稳，可就在要成丹的瞬间，再次碎裂，轰鸣闷闷回荡时，白小纯跳了起来，死死地盯着丹炉的残渣，沉默了很久很久，坐在一旁闭上眼，再次沉思。

这一次，他思索了差不多半个月，直至在这药方的时间快要结束时，才睁开眼，咬牙之下，开了第四炉。

最终，在炼丹房的时间截止时，这一炉依旧失败了。

这一幕若是被其他药徒看到，定会觉得不可思议，一个月的时间，换了其他人，至少可以炼出数十炉，无论如何，也都可以炼出成果。

哪怕只炼成一粒，也都是收获。

因为在几乎所有人看去，炼药的确是非常非常难，不然的话也不可能真正的药师，整个东林洲就两位而已。

即便是药徒，也并非特别多，且往往大都一生没有希望进阶成为药师。

可实际上，造成这一切的主要原因，就是……没有那么多的资源去让一个药徒成长，若是资源足够，在不断的尝试下，不说必然可以成为药师，可至少概率会大了太多太多。

所以，炼药的成功概率，在所有人看来，想要提高的办法只有一个，那就是不断地练习，增加熟练度！

而众人所追求的，也都是这种熟练度。

只有达到了足够的熟练，便可以使自身成功的把握增加，故而对于炼药失败，药徒都觉得是正常的事情，总结教训后，再次炼制，会慢慢地提高，尤其是这种寻常的丹药，材料又不贵，正是勤加练习的时候。

可白小纯这里，虽然路子是与所有人一样，可在速度上却慢了太多太多，每一次失败，他都是用无数倍炼丹的时间去不断地分析，不断地推演。

这与他的性格有关，他性格谨慎，更是心细，这种心细在他学习草木时只体现了一部分，可在接触炼药后，却是无限地放大，占据了最主要的心态。

因为心细，所以他失败后察觉出的问题比别人多，甚至不是多得一星半点，因为他想得多，看得细，哪怕别人认为不是问题的地方，在他看去，却觉得不对劲。

又因为谨慎，所以哪怕一个细微的问题，他都必须要攻克后才可以去继续炼丹，所以，他思考的时间，才会是炼丹的无数倍。

一个月时间结束，白小纯披头散发，脸上都是黑灰，疲惫地走出炼药阁，回到院子后他沉默了很久，脑海里不断地回忆。

"还有九处地方有问题，这九处只有都解决了，才可以继续炼药。"白小纯咬牙，坐在院子里闭目思索，脑海里不断地分析，时而还拿出药草入微观察。

直至半个月后，他猛地冲出，再次花费贡献点进入炼药阁内。

第五次……失败！

他用了七天去分析原因，找出问题，解决问题，再次炼制。

第六次……失败！

白小纯眼睛通红，耗费了二十天的时间，终于觉得再没有问题了，开了第七炉。

一个时辰过去，轰鸣没有出现，却有丹香扑面而来，白小纯振奋，看着丹炉内的两枚青色的丹药，他深吸口气，这是第七次，他成功了！

随后再次炼制，第八次……成功，出丹三枚！

第九次……成功，出丹五枚！

第十次……依旧成功，只是，这第十次出的丹，只有一枚，且颜色不是青，而是黑色，没有任何香气散出，甚至闻起来，还有一股怪味……

在白小纯诧异时，整个炼药阁内，顿时有了躁动。

第四十一章
炼灵之效

香云山是没有老鼠的，这种修行之地，老鼠除非是灵兽，否则的话不可能存在，只是山中却存在不少蚂蚁。

这些蚂蚁本是自然之物，平日里在一些山石的缝隙内，也不会讨人厌，仿佛本就是山体的一部分，于是也就没有人去在意。

可今天，在这炼丹阁的四周，守护在那里的弟子全身一震，猛地站起，他发现地面上在刹那就出现了无数的蚂蚁，这些蚂蚁直奔炼药阁。

"这……这是怎么回事！"守护在炼药阁的弟子倒吸口气，看着那些数不清的蚂蚁，只觉得头皮发麻。

与此同时，在这炼药阁内的很多房间，不少正在炼丹的弟子，全都惊呼起来，更有轰轰的炸丹之声传出，更多的蚂蚁呼啸而来，即便是有阵法，可这一处处炼丹房本就是在山体内，那些蚂蚁顺着各个缝隙钻出。

直奔一个方向。

这个方向，就是白小纯所在的房间，此刻他好奇地拿起那枚黑色的丹药，神色诧异时，听到了阵阵轰鸣声从外面隐隐传来，与此同时他所在的房间地面上，突然出现了无数的蚂蚁。

这些蚂蚁疯了一样，直奔白小纯。

"香云山居然还闹蚁灾！！"白小纯猛地跳起，觉得全身鸡皮疙瘩都起来了，可随着他跳起，有一些蚂蚁居然也跳了起来，直奔白小纯手中的黑色丹药。

白小纯头皮发麻，眼看这一幕，也不管有用没用，赶紧将手中的丹药扔了出去，几乎就在丹药被扔出的瞬间，那些蚂蚁疯狂地改变方向，直奔丹药扑去。

丹药落地时，眨眼间无数蚂蚁就将其围住，很快形成了一个大球，这一幕看得白小纯面色苍白，神色骇然。

很快，这蚂蚁组成的大球就如坍塌一样倒下，无数蚂蚁钻入缝隙消失，至于那枚丹药，也一点都不剩了。

整个炼药阁内，瞬间再没有一只蚂蚁出现，它们来得快，消失得也快，此事尽管让那些炼丹的弟子郁闷，可却没有办法，守护此地的弟子眼看没有什么损失，虽好奇，可却没有上报。

毕竟只有白小纯看到了那些蚂蚁的疯狂，在其他人看去，只是蚂蚁大量地路过而已。

白小纯心有余悸，想起方才自己炼的丹，似乎没有什么问题，只不过是自己实在太心细了，在炼制手法上，哪怕成功了，也要去精益求精，依稀记得，最后一次炼补灵丹，仿佛调整了一下搭配的比例。

"莫非我最后炼制出的补灵丹，对于蚂蚁来说，也是大补之物？"白小纯挠了挠头，觉得自己似乎很厉害，不但可以炼出人吃的丹药，就连蚂蚁的丹药，也都可以炼制。

走出房间时，听着四周其他房间也出来的那些炼丹的弟子一个个的郁闷之声，白小纯觉得有些不好意思，连忙低头，赶紧离去。

几天后白小纯眼看炼药阁没有什么风传出，这才再次到来，缴纳了贡献点后，选了另一个房间，继续炼药。

这一次，他开始炼制长寿香。

炼香与炼丹虽大同小异，可也有一些手法上的区别，毕竟一个是吃下，一个是点燃吸气，尤其是最后成药时，一个是丹，一个却是凝聚在一起的香块。

有了上一次的经验，白小纯炼这长寿香时，保持谨慎与细心，最终用了两个月的时间，十份材料，成功了七份。

这才满意地离去，拿着手中的七份长寿香，白小纯在他的木屋内，陆续地炼灵三次后，这七份长寿香的颜色已然是深紫色，上面三道灵纹虽黯淡下来，可依旧可以看清，且明显地，这长寿香给人的感觉，与之前截然不同。

白小纯看着手中的长寿香，若有所思，此刻的他不像之前，对于灵药懵懂，随着炼制灵药，他渐渐也明白了很多，知晓任何一种灵药在炼制出来后，大都存在杂质，这些杂质是不可吸收但又很难分离出去的那部分，随着吞下，会沉积在体内，渐渐化作所谓的药毒。

这也是宗门内不少长辈，对于门下弟子吞食丹药有些迟疑的原因所在，理论上讲，一定量的药毒会被排出体外，可若吞下的丹药多了，那么药毒自然越多，渐渐沉积，会阻碍日后的修行。

所以根据灵药杂质的多少，把灵药分为六个等次。

"下，中，上，佳，优，极……"白小纯望着手中的长寿香，喃喃低语，杂质占据九成以上，那是毒丹，不入品，除非万不得已，否则没人会吃下。

若是杂质占据八成左右，则被称为下品，这种灵药最多，而若杂质占据八成左右，则被称为中品，这一类灵药已经不多见了，唯有真正的药师才可以炼制出来。

至于杂质只有四层，则是上品，更是少见，而杂质只有两成的佳品，以及杂质只有一成的优品，只有在一些大型的拍卖会上，才可偶尔出现。

而那没有丝毫杂质的极品灵药，则是传闻中才有。

白小纯凝望长寿香，他之前给灵药炼灵时不懂，此刻这么仔细观察，立刻察觉出灵药的炼灵，不像是法宝那样直接提高威力，而是……改变了灵药的质量！

此刻他手中的长寿香，杂质只有四成，竟是佳品！

这一发现，让白小纯很是振奋，他沉吟片刻后，去了一趟紫鼎山，不是去找张大胖，而是去灵溪宗南岸，只有紫鼎山才有的炼灵堂！

门下弟子，可以在这里付出贡献点，让炼灵堂的长老帮助炼灵，虽失败概率不小，可还是有不少弟子热衷于此。

在这炼灵堂，白小纯观察一番，又找人问询，离去时他已确定，对灵药炼灵，的的确确是可以达到祛除杂质的功效。

重新回到香云山，白小纯高兴地看着自己炼出的灵药，点燃一根深吸一口，立刻感受到身体明显地有种吃饱的撑感，且那阵阵香气融入全身，使得全身上下都暖洋洋的，如果生命是一团火，那么这一刻，他有种这团火被加入了一根小木柴的感觉，旺盛了一些。

于是一边闻着长寿香，一边修行不死长生功，只要出现饥饿感，他深吸一口，那种感觉就会散去很多。

七份长寿香，支撑了白小纯修行不死长生功半个月，半个月后他明显感受到自己的不死铁皮，更为坚韧，身体更强。

白小纯昂扬，整理了一下储物袋，立刻下了山去了坊市，在那里卖掉了陈飞三人的那些物品，又买下了数十份炼制长寿香的材料，再次炼药。

他炼制长寿香的成功率，也在他不断的谨慎与心细下，快速地提高，从成药七成到了八成，直至最后，竟做到了保持在十成上。

只不过白小纯还是有些不满意，因为他虽然成功率提高到了十成，可炼制出的灵药，却都是下品而已。

但此事短时间他难以提高，也就只能用炼灵来祛除杂质，平日里修行，不时地拿出长寿香，狠狠地吸上一口，那种感觉，让他觉得整个天地都是快乐的。

在这修行中，他的不死长生功与日俱增，甚至修为也都有所提高，渐渐接近凝气六层大圆满。

而进步最快的不死长生功，只差一些，就可不死铁皮大成，白小纯全身上下，坚韧的程度超出之前太多，施展碎喉锁时，双指的黑色，也都加深了一些。

可到了这个时候，长寿香的功效却慢慢地降低，直至最后，效果所剩无几，白小纯只能叹息，他明白这是因同一种灵药吸收太多，身体已适应，所以才没了效用。

想要继续修行，必须要换一种比长寿香更好的灵药才可，只是这一类灵药的药方控制得严格，坊市内没有的卖，想要获取，只能晋升为药徒后，以贡献点去宗门换。

再或者去一些更大的坊市，可那些坊市距离宗门都很远，白小纯思来想去，目中露出果断。

"去晋升药徒！"

他琢磨着以自己的炼药经验，配合草木造诣，晋升药徒应该问题不大，可为了保险，在之后的日子里买下了其他几种散方，每一种都炼制两三次，总结失败，渐渐心中把握大了后，才去药师殿报了名，申请晋升。

这种晋升的考核，不会为一个人开启，只有人数差不多后，才会进行，又等了一个月，这一天白小纯正在思索炼制灵药上的一个问题，忽然储物袋内的身份令牌震动，取出时，一个苍老的声音在他心神内回荡。

"明日清晨，药师阁前，药徒晋升考核开始。"

第四十二章
晋升考核

药师阁，在香云山的南侧，四周绿树葱葱，一条青石小路蜿蜒，与香云山主路连接，此地平日里没有晋升考核时，几乎无人到来，唯有在晋升考核时，才会来者众多。

除了要考核的弟子外，更多的则是这些人的朋友，又或者是想要参加，却觉得没有把握者，希望多观察几次，总结经验。

药师阁远远一看，仿佛一个人在盘膝打坐，惟妙惟肖，人前还有一个巨大的丹炉，这丹炉下方是空的，如被挖开了一个大洞，可以让人通过，走入阁前的广场。

此刻在广场上，放着二十个丹炉，这些丹炉都是一模一样，没有什么区别，旁边各放着一个口袋，里面装着炼药所需的草木。

清晨时，白小纯担心又迷路，所以来得很早，可当他到了这里后却发现，比他早的大有人在，四周数十人，三三两两地低声交谈，还有几个似性格孤僻，独自盘膝打坐。

白小纯显然不愿打坐傻等，于是目光一扫，竟看到了许宝财，上前时许宝财也注意到了白小纯，连忙抱拳，相互杂七杂八地说了起来，不外乎都是许宝财最近知晓的宗门弟子的消息。

"白师兄，你听说了吗，陈飞三人半年前外出时，不知遇到了什么对头，被打得几乎不成人形，现在还在躺着呢，偏偏这三人不知为何，竟没有对外说出谁打的。"许宝财一边说着，一边打量白小纯。

白小纯打了个哈哈，正要吹嘘几句，忽然人群内议论声多了，他更是有种似乎被人注视的感觉，连忙侧头一看，就看到了小路上有一个女子，迈步走来。

这女子穿着外门弟子的长衫，可却无法遮掩凹凸的身材，腰细如柳，身姿在那几个弧形的勾勒下，展现出美妙绝伦，尤其是长长的大腿，还有紧绷的翘臀，随着走近，越发地让人望眼欲穿。

此女面孔更是美艳动人，肌肤雪白，似吹弹可破，浑身上下无不散发出阵阵对男弟子致命的吸引力。

甚至白小纯都听到了身边不少人咽口水的声音，尤其是许宝财，更是这样，他顿时鄙夷。

"是杜凌菲杜师姐……我南岸五大美女之一啊，她是我心目中的仙子……啊，她向我看来了！！"许宝财舔了舔嘴唇，目中露出痴迷，低声开口时，忽然激动了。

"她是在看我！"白小纯鄙视道。

只见这杜凌菲走来后，凤目内突然多出了一丝煞气，狠狠地瞪了白小纯一眼，对于白小纯的草木造诣，她虽服气，可对此人却总是说不出地厌恶，轻哼　声，走到了另一边。

许宝财一副失魂落魄的样子，目光始终在杜凌菲身上，没有理会白小纯的鄙夷，目中的痴迷更多了。

"这杜凌菲也来考核……"白小纯看了看远处广场上的二十个丹炉，定下心来。

"没事，我又不是和她比，这一次是宗门考核，不是选出第一，任何人只要合格，都可晋升成功。"

不多时，陈子昂也出现，他到来后看到了白小纯，迟疑了一下，向着白小纯含笑打了声招呼，白小纯也笑着抱拳后，陈子昂在一旁盘膝等待。

还有那在任务处白小纯见过的赵一多，也来到了这里，渐渐地，此地的人多了起来。

片刻后，药师阁的大门，吱嘎一声打开，从里面走出一个老者，这老者满头白发，目光深沉，在走出的瞬间，四周人立刻安静下来。

他神色如常，背着手，一步步走来，站在广场上，遥望外门的众人，半晌后才点了点头，缓缓开口。

"老夫姓徐，主持这一次灵童晋升药徒的考核。

"此番考核，分草木资格与炼药两种，走过此门者，通过草木资格。"这徐姓长老似不愿多说，淡淡两句话说完，就闭上眼谁也不理会。

白小纯眨了眨眼，没有第一个上场，很快地，人群内就走出一个青年，这青年长脸，相貌一般，遥遥向着徐姓老者一抱拳，当先走出，直奔那丹炉形成的门洞。

在他靠近这座门洞的刹那，有一道光瞬间出现，笼罩他这里，很快光芒消失，这丹炉猛地一震，传出五声闷闷之音。

"五声，这代表的是草木造诣到了第五篇的程度……"许宝财不愧是百事通，此刻低声对白小纯说道。

白小纯眨了眨眼，他在来这里前，不知道居然是这么考核，闻言好奇地打量了一下那石制的丹炉，隐隐觉得此物与万药阁的石碑，应该是有些联系。

"这怎么办……周心琪的那些倾慕者都在满山地找我呢……"白小纯有些迟疑。

很快地，陆续有人走出，大都是五声，可当其中一人走入门洞内，传出的声音是四声时，徐长老大袖一甩，直接将那位弟子卷得退后。

"徐长老，以往不是草木四篇就可以参加考核吗？"这被卷退的弟子面色一变，赶紧开口。

"规矩改了，五篇才可。"

"这……"青年呆了一下，苦涩地抱拳，不敢多说什么，只能离去。

四周众人都看了过去，不少低声议论，许宝财也露出诧异，赶紧取出一个小本，在上面记录起来，白小纯看了一眼，发现那上面密密麻麻写着很多蝇头小字，都是记录宗门内的大事小情，不由得对许宝财的认真，有些敬佩。

就在这时，赵一多站起，走入门洞后，轰轰之声回荡，竟一连响动了六下，徐长老也睁开了眼，微微点头后，赵一多抱拳踏出门洞。

陈子昂双眼一闪，他与赵一多一向不和，此刻冷哼一声，也迈步走出，一样在踏入门洞时，传出六声轰鸣。

与赵一多针锋相对地看了一眼后，陈子昂盘膝坐在一处丹炉旁。

眼看二人都是六声，四周众人纷纷羡慕起来，与此同时，杜凌菲也目光一闪，起身走近门洞，当她走过时，六声轰鸣回荡，四周的观望者，一个个羡慕之意更多。

"陈子昂，赵一多，还有这杜凌菲，他们三人在外门里，也都是翘楚之辈，草木五篇全部掌握，更是掌握了灵兽第一篇，此番考核，几乎七八成的肯定，能晋升药徒了。"

"以往的晋升药徒，草木造诣能达到六石碑者，只要不是在炼药上表现太差，绝大多数都成功晋升了。"

在这四周人议论时，白小纯一咬牙，顾不得周心琪的那些倾慕者了，正要上前，突然地，远处山路上有一道身影，快速来临，这身影是一个中年男子，这男子披头散发，可目中却炯炯有神，人还没到，声音就传遍四周。

"我韩建业闭关七年，终草木造诣大成，此番出关，不但要晋升药徒，更要成为这一次晋升中的第一药徒！"他声音带着傲然，回荡时身影一闪，蓦然冲来，直奔丹炉门洞。

徐长老没有理会，依旧闭着眼，可四周的众人，却是在听到韩建业这个名字后，一个个露出诧异。

"韩建业，谁啊，没听过这个名字。"

"看他的年纪，应该是七八年前的外门弟子了……想要成为这一次的第一药徒，这难度太大了。"

就在这四周人诧异时，韩建业临近门洞，神色傲然，带着绝对的自信，踏入其内，就在他踏进这门洞的刹那，阵阵轰鸣声蓦然传出。

一声、两声……五声、六声、七声……还没等众人反应过来，第八声轰鸣，直接从这丹炉内回荡开来。

徐长老的双眼，瞬间张开，看向中年男子时，他的脸上露出一丝笑容，目中有赞赏。

"草木五篇，灵兽三篇，不错！"

韩建业振奋，向着徐长老一抱拳，转身看向杜凌菲等人时，目中傲然之意更为明显，大袖一甩，选择了最中间的一处丹炉，带着自信盘膝坐下。

到了这个时候，四周众人才纷纷深吸口气，传出惊呼。

"八声巨响，这是草木大成后，更达到了灵兽三篇才会出现的！"

"此人方才说要成为这一次的第一药徒，看来并非不可能！"

白小纯在人群内，看到这一幕本没什么感觉，可发现四周人的惊呼后，却觉得不可思议了。

"不就是灵兽三篇么，这些人怎么大呼小叫的？"他诧异地问向许宝财，他记得妖兽第三篇的石碑，闯过之人有上千，就算是第十碑，也有数百人都过了。

许宝财翻了个白眼，心底满是鄙夷，可当着白小纯的面，却不敢露出，咳嗽一声后，这才开口。

"白师兄，这你就不懂了，草木五篇大成本就难，而灵兽篇更是难上加难，能达到六本就是让人羡慕，达到八者，自然让人惊呼了，你以为谁都是周心琪、小乌龟那两个绝世天骄啊，不说他们，草木五篇、灵兽五篇全都过者，放眼香云山如今的上千外门弟子，不足五十位！

"这五十位，哪一个不是人中龙凤，你看到的万药阁石碑，里面显示的人是多，可实际上是这一千年的名单，里面还有不少如今已是内门，留下的是他们当年的名次！

"而且这种晋升考核，达到五就可进行，此人到了八才来，显然是如他所说，要拿第一药徒，获得五千贡献点了。"许宝财话语里多少带了一些鄙夷的语气，可这些白小纯就不在意了，他美滋滋地看着许宝财，追问了一句。

"你刚才说周心琪与小乌龟，是绝世天骄，这么厉害？"

"当然是了，尤其是那小乌龟，更是惊人，开创千年内首次十碑第一，白师兄我劝你还是不要好高骛远了。"许宝财心底更是鄙夷，正说到这里，白小纯哈哈一笑，越看许宝财越是顺眼，拍了下他的肩膀，走了出去。

许宝财一愣，看到白小纯向着门洞走去，心底虽诧异，可也不多，毕竟白小纯的草木造诣也有些名气，战胜过杜凌菲，来参加这考核，也是应有之事。

可紧接着，许宝财的眼珠子都瞪了出来，只见白小纯大步流星迈入门洞内，光芒一闪后，阵阵轰鸣声滔天而起。

一声、两声、三声……六声、七声、八声！

四周人全部寂静，可这轰鸣没有停顿，继续传出第九声，直至……第十声！

轰！

在这第十声轰鸣传出的瞬间，那位徐长老双眼猛地睁开，目中露出前所未有的精芒，直接看向白小纯，即便是他，也都露出吃惊。

要知道如今香云山外门上千弟子，能达到草木灵兽共十篇者，本就不多，这些人早就参加了考核，能有耐心，等到草木灵兽篇都大成后，才来考核的，至今为止，他只在今天看到过。

即便是周心琪，也是在第九碑后参加了考核晋升。

杜凌菲睁大了眼，呆呆地看着门洞内的白小纯，她尽管知道白小纯的草木造诣比自己高，可她怎么也无法想象，不是高得一星半点，而是达到了草木大成、灵兽大成的惊人程度。

她脑子一下嗡鸣起来，整个人都呆了，脑海里浮现出的，是当时与白小纯小比时，自己要求比草木造诣，对方小心翼翼问自己的排名时那种忐忑的模样，还有就是最后白小纯同意时，那种愁眉苦脸的样子。

"白、小、纯！！"杜凌菲狠狠地咬牙，她此刻才明白，当时的白小纯心底必定是笑开了花。

陈子昂与赵一多，也都倒吸口气，看向白小纯时露出震撼，呆在那里。

至于那位闭关多年的韩建业，此刻身体颤抖，死死地盯着白小纯，脑海嗡鸣，如有大浪翻滚，他已经将白小纯当成了自己生平的大敌。

"药徒晋升的重点，是炼药，此人虽强，可我不信他在炼药上，能与我去比，我为了这一次考核成为第一，闭关七年啊！！"

与此同时，四周的那些观望的外门弟子，一个个都倒吸口气，传出了比方才还要强烈的惊呼，甚至不少人失声。

"竟是……十声，这岂不是说，他灵兽五篇已经在万药阁全过了，整个香云山的外门弟子，能做到这一点的，不到五十人！"

"这家伙也太能忍了，都过了万药阁第十碑，竟才来参加晋升考核！"

第四十三章

很慢……很慢……

"难道……他就是小乌龟？！"众人哗然。

与所有人比较，这里最震惊的，是许宝财，他呆呆地看着白小纯，眼珠子感觉都要冒出来一样，他方才还心底鄙夷白小纯不拿灵兽三篇当回事，此刻看去，白小纯的确应该不当回事……

"草木大成，灵兽大成……白小纯这里，他方才分明就是在调侃我！！不过这也太不可思议了，他才入门几年啊……莫非他是小乌龟？"许宝财深吸口气，赶紧拿出一个小本，将这一切记录下来，心底暗中庆幸自己与对方化解了恩怨，也庆幸方才没有把鄙夷的话说得太明显。

就在这所有人都震惊时，白小纯走出了门洞，叹了口气，实际上若能不显露草木灵兽十碑的造诣，他是不想这么露出的，毕竟周心琪的那些倾慕者里面还有内门弟子存在。

可如今没办法，他总不能因此不去晋升，此刻虽然无奈，可看到了四周众人的神情，也听到了他们的声音，白小纯心中忍不住升起感动。

"都是一些好同门啊，要是所有人都这样该多好啊。"白小纯感慨，走出门洞，在众人的瞩目下，选择了一口丹炉，坐了下来。

徐长老看了白小纯一眼，若有所思，嘴角有一抹笑容露出，很快消失，重新平静下来，淡淡开口：

"你们面前的口袋，有十份草药，可炼十次一阶灵药，墨灵香！

"以成功概率作为考核依据，两次合格，最多者……奖励五千贡献点，开始。"

就在徐长老话语传出的瞬间，四周观望考核的外门弟子，纷纷心神一震。

"这一次居然考核的是墨灵香！"

"这墨灵香虽不是一阶里最难炼制的灵药，可也难度不小……不像是凝灵香等灵药，很多灵童都提前练习过。"

"哼，越是如此，越考验一个人的炼药资质，你们没看出来吗，之前的草木四篇变成了五篇，如今灵药难度也增加，以后估计会越来越难。"

在这四周人低声议论时，广场上坐在丹炉前等待考核的众人，一个个都神色凝重，尽管听到"墨灵香"后不少都心中叫苦，可却容不得分心，纷纷打开口袋，检查药草。

白小纯之前就听许宝财说过五千贡献点的事情，此刻听到徐长老的话语后，更是内心一动，他的贡献点已所剩不多了，以后无论是换药方还是购买草药，都需贡献点。

"要是能拿到这五千贡献点，会让我省很多事，不用再花费心思去赚取了。"白小纯想到这里，打开面前的口袋，里面除了十份药草外，还有一枚玉简，捏在手中一看，正是墨灵香的药方。

没有立刻去炼药，白小纯定气凝神片刻，仔细地研究药方。

他研究的速度很慢，这与他的炼药习惯有关，哪怕一个细微的问题，他都需要去完全攻克，才觉得稳妥。

这么一研究，就是一个时辰。

这一个时辰内，杜凌菲等人早就检查完了草木，开始炼药了，甚至动作快的，第一炉都已炼制了大半。

放眼整个广场，除了白小纯外，其他人都在炼药，只有白小纯拿着玉简在思索，这怪异的一幕，让许宝财在内的那些外门弟子，都纷纷诧异。

就在这时，第一炉灵药陆续出现了结果，阵阵闷闷的轰鸣传出，不算白小纯，参加此番考核的十八人，大都沉默，他们的丹炉内升起阵阵黑烟，第一炉失败。

唯独韩建业仰天大笑，他面前的丹炉震动时，有药香散出，在丹炉底，赫然出现了三寸大小的墨灵香块。

四周观望的外门弟子，一个个立刻看去。

"第一炉居然就成了！"

"这韩建业，在炼药上有其独到之处！"

韩建业脸上露出振奋，傲然地看了一眼四周其他的考核者，尤其是在看向白小纯时，发现白小纯居然还在研究药方，目中不免露出不屑，低头取出第二份草木，再次炼药。

杜凌菲等人面色都有些难看，纷纷咬牙，再次炼制。

时间流逝，当第二个时辰结束时，众人的第二炉灵药，陆续地出炉，闷闷的轰鸣声再次传出，这一次……所有人，竟没有一个成功，全部失败。

也就是在这个时候，白小纯终于放下了玉简，他脑海里关于这墨灵香的药方，已完全吃透，可当所有人认为他要开始炼药时，却一个个愕然地发现，白小纯居然取出了一株灵药，在那里又研究起来，认真的样子，极为专注。

"这白小纯在干吗？药方他研究了两个时辰也就罢了，这草木有什么可研究的？"

"就算是检查，也不至于这么慢吧……"

许宝财也睁大了眼，觉得不可思议，再看其他人，都开始第三炉了。

就在这众人的费解中，第三个时辰到来，这一次那十八个考核者，再次全部失败，随后第四个时辰、第五个时辰结束时，有四个人，成功炼制出了墨灵香，杜凌菲、陈子昂、赵一多都在其内，成功炼制出了第一块墨灵香。

随着香气的扩散，韩建业得意一笑，他是第一个炼制出第二块墨灵香之人，此刻环看四周，神色越发傲然，对于白小纯那里，轻蔑更多。

而此刻，白小纯正在研究第四种草木，甚至还不时撕开一小条观察，不但四周众人越发诧异，就连徐长老也都多看了他几眼。

时间再次飞逝而过，第六个时辰很快到来，这第六炉灵药，其他人全部失败，只有韩建业一个人成功。

这一刻，四周人都哗然，哪怕是徐长老，也都微微点头。

"这韩建业，炼出了第三块，其他人都还是一块！"

"以往的考核，成功率两成合格，四成天骄，这韩建业后面还有数次，只要再成一块，就是天骄！"

在这四周众人纷纷议论时，韩建业目中露出强烈的自信，他喃喃低语。

"第四块墨灵香，我一定可以炼出，成为天骄，拿下第一！"他大袖一甩，意气风发，开了第七炉。

杜凌菲面色铁青，狠狠一咬牙，与其他人一起，都开了第七炉。

第七个时辰结束的瞬间，杜凌菲眼中露出喜色，她面前的丹炉内，赫然有药香散出，随着身边不少人废药的黑雾升起，这第七炉，居然只有她一个人成功！

"合格了，我可以晋升了，但仅仅合格还不够！"杜凌菲忍着激动，深吸口气，在韩建业铁青的面色中，再次炼制。

第八个时辰，瞬间而过，这一次轰鸣声陆续传出时，所有人，再一次……全部失败。

至此，参与晋升考核的十九人，韩建业成功三次，杜凌菲成功两次，陈子昂与赵一多成功一次，其他人……全部一次都没有成功过。

而白小纯这里，此刻开始研究最后一株药草。

"这一次的考核，难度太大了……"

四周观望的外门弟子，也都感受到了氛围的紧张，几乎所有考核者的面前，如今只剩下了两份材料，除了杜凌菲与韩建业已经稳稳合格外，陈子昂以及赵一多，若是后面的两次全部没成功，那么这一次的考核，就失败了。

相比于他们四位，其他的十多人更是忐忑苦涩，因为摆在他们面前的机会，只有一次了，第九次若失败，也就没必要去进行第十次了，徐长老也不会让他们去这么浪费草木。

一旦第九炉失败，则考核……失败！

在这众人的紧张与忐忑中，他们一个个用了全部精神，去开了第九炉……任何一个环节，所有人非常凝重，合格之人希望获得更好的成绩，没有合格的，想要去奋力一搏。

只有白小纯……坐在那里拿着最后一株药草，似乎遇到了什么难题，皱着眉头冥思苦想，他这里……现在已经被其他人直接忽略了。

这第九个时辰过得似乎很慢，在此地几乎所有人的等待中，当这第九个时辰结束的刹那，一声轰鸣传出，那是一个从始至终没有成功一次的弟子，他面色瞬间苍白，惨笑一声站起身，向着徐长老一拜，黯淡离去。

四周人沉默，渐渐地，陆续有轰鸣声传出，一个个弟子默默起身，离开了广场，最终广场上剩下的，只有六个人的丹炉，还在炼药。

不多时，这六人的丹炉，再次传出了轰鸣，只有一个丹炉上，散出了药香，正是赵一多的丹炉。

赵一多狠狠地握了一下拳头，呼吸急促，他的双眼红了，这一刻内心的激荡到了极致，他终于完成了考核的要求，两次成功，已然合格！

有人欢喜有人忧，失败的五人里，两个之前没有成功过的弟子惨笑，轻叹一声站起了身，离开了广场。

陈子昂觉得整个人都被刺激了，他死死地盯着赵一多，心底苦涩中呼吸急促，目光收回，看着面前最后一份药草，眼珠子都红了。

杜凌菲皱起眉头，闭上眼思索，韩建业压力最小，可他不甘心卡在成药三成概率上，他想要突破，成为天骄。

"最后一炉！"四周人纷纷倒吸口气，看着广场上的这一幕幕，此刻留在广场上的，只剩下了五个人，韩建业、杜凌菲、赵一多、陈子昂，还有就是……白小纯。

前三位，已合格，陈子昂只剩一次机会，至于白小纯……众人只看了一眼，就再次忽略了，他们甚至怀疑白小纯此番到来，研究药方与草木就用了九个时辰，甚至还没结束……莫非是来凑个热闹？

带着前所未有的认真，广场上的杜凌菲四人，一个个万分凝重地开启了第十炉灵药的炼制，在这众人的注目下，第十个时辰，慢悠悠地过去。

轰的一声，赵一多面前的丹炉，升起了黑雾，他叹了口气，虽失败，可毕竟已合格。

可就在赵一多失败的刹那，陈子昂面前的丹炉，出现了药香，不但是他这里，杜凌菲的丹炉，还有韩建业的丹炉，也都出现了药香！

药香瞬间扩散，三人神色内都露出狂喜，全部成功！

"我成功了，四块墨灵香，我是第一！！"韩建业猛地站了起来，笑声带着激动，回荡八方，杜凌菲也松了口气，虽没有达到天骄，可成功三次已是惊人。

陈子昂甚至有种起死回生之感，一样大笑。

这一刻，四周人压抑了一个时辰后，也随之爆发。

"这一次考核太难了，在这种难度下，那韩建业都可以成功四次，此人的确称得上天骄！"

"杜凌菲三次，陈子昂与赵一多都是两次……但都符合晋升条件，若非是此番难度增加，这三人估计也都可以达到四成的成功率！"

众人都在议论，也有人身为这杜凌菲等人的朋友，在一旁欢呼，徐长老也微微点头，尤其是看向韩建业时，目中露出赞赏。可就在他要宣布结果时，突然地，白小纯动了。

第四十四章
天都亮了

他研究完了最后一株草木，解决了最难的一个问题后，没有去在意四周人的欢呼，他从之前拿起玉简药方的那一瞬，就沉浸在草木药道中，整个人已是处于一种忘我的状态。

除非是天雷滚滚，否则的话，外面的一切嘈杂，都无法让他分心丝毫，也没有关注其他人已炼丹结束。

他这一动，立刻引起了四周人的注意，包括许宝财在内，一个个都神色古怪地看着白小纯，纷纷有一种似乎白小纯的时间观念，与所有人都不一致的感觉。

"这白小纯太慢了，别人都炼完了，他才刚刚开始，这次考核应该结束了吧？"

"嗯？我似乎没听说……晋升药徒的考核，有时间限制……"就在这众人议论时，不知谁说出了最后一句，立刻所有人都愣了一下，看向徐长老。

徐长老迟疑了，晋升药徒的考核，的的确确，没有时间限制，于是站在那里，看着白小纯炼药。

韩建业没有丝毫压力，淡淡一笑，目中闪过不屑，他原本还觉得白小纯是个劲敌，可此番考核后，他不相信白小纯能超越自己。

杜凌菲皱起眉头，怎么看白小纯怎么觉得不顺眼。

白小纯动作飞快，目中露出精芒，整个世界里，只剩下了眼前的丹炉，那一株株药草在他的手中飞速地被改变，要么揉捏成汁，要么化作粉末，全部落入丹炉后，他右手掐诀向着丹炉一指，炉下的地火瞬间燃烧。

很快一个时辰过去，瞬间浓郁的药香从丹炉内直接扩散开来，白小纯右手隔空一抓，顿时一块四寸大小的墨灵香飞出，被他拿在手中看了起来，看着看着，他的眉头紧锁。

这一刻，四周的众人都神色一凝，徐长老那里目中有光芒闪动，可就在大家等待白小纯开第二炉时，却慢慢发现，白小纯拿着那块墨灵香，居然……又研究起来。

"他想干吗？？"

"既然成功了，怎么不去开第二炉啊？"四周众人一个个都愣了。

此刻的白小纯，他望着手中的墨灵香，心底并不满意，虽然成了，可按照他的预料，是应该七寸大小才对。

"什么地方出了问题呢？"白小纯沉吟起来，这一思索……就是三个时辰。

直到四周人都已完全不耐烦时，白小纯眼中露出光芒，取出草木，再次炼药，四周众人纷纷精神一振，再次看去。

依旧是一个时辰后，比方才还要浓郁更多的药香，豁然散开，丹炉内，出现了一块五寸大小的墨灵香。

杜凌菲神色一变，陈子昂以及赵一多，也都纷纷吃惊，韩建业目光一闪，看似平静，可心底却紧张了。

他们紧张的，不是白小纯成功两次，而是……连续成功！

在众人纷纷吃惊时，白小纯袖子一甩，第三份草药飞出，目光凝重，直接展开了第三炉，四周的那些外门弟子，顿时一个个都凝望。

在寂静了一个时辰后，突然地，丹炉猛地震动，一股比方才还要磅礴的药香，翻滚中蓦然扩散开来，丹炉内，一块六寸大小的墨灵香，骤然出现！

"连续三次，这……这怎么可能！！"

"这白小纯，他是怎么做到的，莫非他以前炼过墨灵香？！"四周众人立刻惊呼，这种连续成功，在所有人看来，都不可思议。

杜凌菲呼吸急促，死死地盯着白小纯，心中一样掀起大浪，陈子昂与赵一多全部呆在那里。

"连续三次……他一定对墨灵香很熟悉，且运气极好，下一次，他必定失败！"韩建业的拳头已经握住，眼睛里有血丝。

就在所有人都期待白小纯第四次开炉时，白小纯却拿着面前的六寸墨灵香，再次皱起眉头，托着下巴思索。

这么一等……就是五个时辰。

若是换了最早的时候，此地的众人必定会散了大半，不会去等，可眼下白小纯连续成功三次，只要第四次一成功，立刻就超越其他人，达到韩建业的程度，他们心中好奇，只能等待。

"这白小纯也太慢了，仅仅是一阶灵药，他怎么思考这么长时间！"

尤其是杜凌菲与韩建业，更是盯着白小纯，也不愿离去。

就在这时，白小纯眼中一亮，眉飞色舞，双手一挥，草木飞出时，开了第四炉，这一刻，四周众人纷纷精神一振，齐齐看去。

一个时辰后，轰鸣之声传出，不是失败的声音，而是因药香太多，充斥丹炉后扩散开来形成的声响，更为浓郁的药香，眨眼间四散，丹炉内，赫然出现了七寸墨灵香！

第四炉，再次成功！

四周众人顿时哗然。

"连续四次！"

"这种事情，居然还能发生……这白小纯他最终到底可以成功几次？"

"两次合格，四次天骄，我记得周心琪周师姐，当时晋升时是七次！"四周众人惊呼时，杜凌菲面色难看，尽管她知道白小纯的草木造诣远远超越自己，可此刻看到对方在炼药上也与自己有如此大的沟壑后，她心里很是复杂。

至于韩建业，此刻已然咬牙切齿，狠狠地握住拳头，身体都颤抖了，他不愿去相信，可眼前这一幕让他无法视若无睹。

"四次，四次就是他的极限了，他必定后面全部失败！"

就在这所有人轰动，对白小纯之后的成功率升起了浓郁的期待时，他们无奈地发现，白小纯居然拿着墨灵香，又开始思索了。

"这家伙，怎么又在研究了？"尽管无奈，可四周众人此刻岂能离开？只能一个个望着白小纯，期待他这一次可以少研究一会儿。

时间流逝，八个时辰后，白小纯深吸口气，他的目中出现了一些血丝，方才第四次炼药时，外人不知道，可他明白，只差一点就失败了。

"这墨灵香比我之前炼制的灵药，难了很多。"白小纯性格稳妥，更是心细，仔细地回想之前炼丹的一幕幕，找出了问题所在，直至确定了再没有任何遗漏后，这才开了第五炉。

至于四周人的话语，他置若罔闻，一旦炼药，他的执着超乎想象，即便外人说得再多，可若没有把握，他绝对不会轻易炼制。

此刻第五炉一开，四周众人一个个从开始熬到现在，大都疲惫不堪，一个个强挺着精神，纷纷看去。

很快，一声巨响回荡，药香向着四周骤然扩散，仅仅是闻到香气，所有人就心头一跳！

第五炉，成功！

韩建业呆呆地坐在那里，心中升起无尽的苦涩，半晌之后长叹一声，默默无语。

这一次没有让四周众人多等，白小纯袖子一甩，继续炼制第六炉。

不多时，巨响再次出现，香气更强烈地散开时，第六炉，成功！

白小纯双眼一闪，没有停顿，拿起药草，开始炼制第七炉，可就在这第七炉即将完成的刹那，突然地，一丝焦味传出，虽然很轻微，只有白小纯可以闻到，可却让白小纯内心咯噔一下。

他右手掐诀一指，顿时地火温度降低，最终勉强结束后，第七炉，再次成功！

只是出现的墨灵香，只有三寸大小，且杂质很多，只差一些就跌落下品，成为毒香，虽然如此，可在众人看去，依旧是成功！

到了这一刻，四周众人的精神已被彻底地激起，一个个呼吸急促，尤其是许宝财，更是目中带着不可思议。

"七次成功……天啊，这白小纯居然真的做到了七次！"

"与周心琪师姐一样！我记得似乎只有传说中当年一位叫作王青山的师兄做到过八次，此人如今已是高高在上的传承弟子了！"

"至于九次……前所未有，无人成功过！"

在这众人哗然时，白小纯沉默下来，盯着丹炉，他的双眼慢慢出现了血丝，他早就没去关注考核，而是沉浸在炼药中，对于方才的险些失败，他冥思苦想，又取出药草再次观察一番，慢慢找到了原因。

"是这种叫作墨灵果的灵植，每一个内部蕴含的墨素都有细微的不同……"白小纯盯着手中的墨灵果，脑中不断地分析与推演。

时间一点点过去，四周的众人一个个看着白小纯沉思的模样，都苦笑起来，虽然振奋，可白小纯每次炼药前的思考，实在是慢得让人发指。

不愿就此离去，四周外门弟子一个个索性在这里盘膝打坐，等待白小纯，还有一些，疲惫之下，直接靠在一旁的岩石上，居然睡了起来。

徐长老神色古怪，咳嗽一声，也盘膝坐下。

杜凌菲，韩建业，自然也不愿离开，可被白小纯耗得身心俱疲，两眼泛红，此刻不得不纷纷打坐。

四周慢慢寂静，不多时甚至还有呼噜声传出，可也有一些人熬在那里，始终望着白小纯，许宝财就是其中之一。

数个时辰后，有人醒了，一看白小纯居然还在思考，不由得感慨。

"他居然还在研究？"

"天都亮了……"

终于，在十多个时辰后，白小纯双眼血丝弥漫，猛地抬头。

第四十五章

弄死你不难！

白小纯呼吸急促，他早已忘我，没有去考虑自己成功了几次，也没有去关注这一次考核的结果，他眼睛满是血丝，此刻所想只有一个，那就是如何让自己在下一次开炉时，可以有十足的把握。

没有把握，决不开炉！

他喜欢稳妥的性格，在炼药上，发挥到了极致。

可思索至今，他发现自己无论怎么去想办法，都无法解决问题，除非可以去固定墨灵果内的墨素，可如此一来，虽不算改变药方，可也是一种细微的调整，白小纯沉默片刻，目中露出果断。

"只能跳出药方，去按照需要调整了！"他一把捏碎了手中的墨灵果。

咔嚓一声，无数的汁液洒落，但却没有掉入丹炉，而是被凝聚在半空，在白小纯的操控下，按照他所需要的浓度，不断地融合在一起。

这一幕，其他人看到没觉得什么，只是诧异，甚至白小纯自己也没觉得有什么出奇的地方，他只是觉得这么做，才会稳妥，所以才如此。

可徐长老却猛地睁开眼，目中深处首次露出震惊，要知道就算是之前白小纯成功了七次，他也只是惊讶而已，可眼下，这种震惊，超出之前太多。

"这白小纯，他竟尝试调整药方，此子不俗，难怪掌座上个月临外出时，让我关注此子！"徐长老若有所思。

片刻后，白小纯右手猛地挥舞，将多余的墨素驱除后，只留下指甲盖大小的部分，扔入丹炉中，这才取出其他药草，一一放入，开了第八炉！

丹炉肉眼可见地变红，甚至都没有到一个时辰，也就是两炷香左右，丹炉通体一震，药香猛地散开时，第八炉，成功！

徐长老一眼就看向丹炉内，立刻就看到了里面赫然有一块足有十寸大小的……墨灵香，颜色黑中带紫！

"近乎中品！"徐长老目中露出奇芒。

白小纯也看出了这一次炼制的墨灵香的不同之处，他神色内露出恍惚，在这一刻猛然地明白了自己为何之前炼制的所有灵药，都是下品。

"药方不是固定……根据自己的需要去炼制，才有可能炼出……中品以上的灵药！"白小纯顿时有种豁然开朗之感，精神颇为振奋，还没等四周之人哗然再起，挥手间，开了第九炉！

这一刻，四周众人呼吸急促，每个人都不再说话了，他们已被彻底震撼，尽管之前有所期待，可当亲眼看到白小纯连续八次成功后，每个人都觉得无法置信。

这不但超越了周心琪，更是与如今成为传承弟子的王青山不相伯仲！

还没等四周众人从这震撼中恢复，这一次白小纯炼药的速度，更快了一些，只用了一炷香的时间，丹炉轰然震动，香气更为狂猛，第九炉……再次成功！

"前所未有！！"

"从来没有人达到过九次，尤其这还是墨灵香，这白小纯他虽然思索的时间长得让人发指，可……可他的成功率，一样骇人听闻！！"

许宝财脑海嗡鸣不断，早已彻彻底底地目瞪口呆，杜凌菲只觉得脑海掀起无尽大浪，不由得想到了当初小比时，对方道出嫁接草木的一幕幕。

韩建业反倒松了口气，苦涩虽有，可却不再抓狂了，若白小纯只是比他多了一点，他还会较真，可如今，他服了……

"还剩最后一次，白师兄已开创了一个前无古人的纪录，他到底能否……开创一个奇迹？"

"这一次值了，哪怕在这里熬了好几天，也都值了！"

此地所有人，在这一瞬，全部注目白小纯这里，他们的呼吸粗重，目中都露出强烈的期待，哪怕是徐长老，也都目不转睛，他心中的震惊更多。

很快，白小纯动了，他神色凝重，将最后一份材料取出，一一整理后根据不同的时间与搭配，放入丹炉内，双手掐诀，催发地火。

时间流逝，四周一片寂静，甚至人们都可以听到自己的心跳声，在这等待里，一炷香后……

一声剧烈的轰鸣巨响，蓦然间从丹炉内传出，没有失败时的雾气散开，可也没有任何药香扩散，让四周众人纷纷提起了心。

"失败了么？"许宝财觉得口干舌燥。

白小纯也愣了一下，心中有了一些猜测，双眼顿时明亮起来。

就在这时，四周所有人都立刻看到，那丹炉内竟有彩光，顺着缝隙向外散出，随着光芒的出现，徐长老猛地上前，望着丹炉内通体紫色、只有一寸大小的墨灵香，眼中露出狂喜。

"中品！"

徐长老大笑，袖子一甩，就将所有丹炉以及口袋，还有被炼制出的墨灵香全部一股脑地收于手中。

"此番考核，白小纯、韩建业、杜凌菲、陈子昂、赵一多，你等五人成功晋升药徒，白小纯……第一，获五千贡献点！"

他话语一出，四周众人爆发出一阵欢呼，轰鸣之声传遍四方。

"十次，十次全部成功！！"

"那最后一次炼制的，竟是……中品，身为药徒，竟能炼出中品灵药！！"

无论是许宝财，还是杜凌菲，又或者韩建业，此刻所有人，全部震撼。

白小纯有些无奈，他还没仔细地观察自己炼制的唯一一个中品灵药，此刻眼看被徐长老拿走，站起来后心底很是不满，可看对方的样子，分明没有给自己的可能。

白小纯叹了口气，此刻疲惫不堪，走下广场，一路上四周众人看向他时，目中都带着狂热与敬佩，他们此刻也自然看出白小纯之所以十次成功，绝非侥幸，那一次次的思索，更不是寻常人可以做到的。

"恭喜白师兄开创奇迹，成就前所未有！"

"白师兄，佩服，佩服！"

"白师兄，小妹这里有些草木上的不解，白师兄能帮小妹一下吗……"

白小纯眨了眨眼，他方才炼丹时太投入，此刻看到众人的样子，立刻知道自己把事情闹大了，但发现四周的同门如此热情，白小纯心中感动，连忙向着众人抱拳。

心里美滋滋的，之前小乌龟的时候，他没找到机会在万众瞩目下出风头，此刻总算找到了一些被追捧的感觉。

对于那些让他帮忙的女弟子，白小纯毫不犹豫地点头同意，还不时提醒那些叫自己白师兄的弟子，自己叫白小纯，生怕别人不知道。

正得意时，忽然他看到人群内有一个青年，狠狠地盯着自己，白小纯一眼认出对方居然是周心琪的倾慕者之一，立刻神色一动，发现对方面相不善，于是赶紧挤了出去，快速离开。

白小纯一路小跑，回到了自己的木屋后，只觉得头晕晕的，数日的炼药，心神消耗极大，倒在床上就睡着了。

这一觉直睡了两天。

第三天晌午，白小纯睁开眼，疲惫与眩晕感一扫而空，想起自己炼制的唯一一块中品灵药，就这么被徐长老拿走了，白小纯叹了口气，查看一下，发现自己的身份令牌内多了五千贡献点，才觉得略有安慰。

有了贡献点，白小纯准备继续炼药，修行自己的不死长生功，于是外出一趟，在宗门换取了七八个药方，选择里面一种补充元气的，换了大量的药草。

过程很快，可他却心惊肉跳，发现一路上有些人看到他后，都神色变化，甚至还有一个周心琪的倾慕者，在看到他后，露出冷笑，取出玉简似在传音。

白小纯紧张了，换完药草后，没有回院子，直奔炼药阁，以余下的贡献点，直接买下了一年的时间，钻了进去。

"这次大意了……哼，等我出来，我出来后不死铁皮大成，有来惹我的，来一个我揞一个，来十个……我就去找掌座！"白小纯冷哼一声，在这炼药阁的房间里，不再出去，开始炼药。

他自己也能猜到，在沉睡的那两天时间里，有关他晋升药徒时发生的事情，必定会渐渐传出，可以想象，用不了多久，会传遍整个香云山。

事实上也的确如此，此刻的宗门内，已经有人怀疑，白小纯，就是小乌龟！

不然怎么会这么巧，都是草木灵兽均大成，尤其是白小纯炼出中品，更是晋升炼药十次全部成功。

周心琪的那些倾慕者，更是出动，甚至杜凌菲的倾慕者们，也都加入进来，但他们没想到白小纯居然这么警惕，竟没有回住所，而是留在了炼药阁，尤其是当他们托人打探到，白小纯居然买下一年的炼药时间后，众人纷纷恼怒。

只是炼药阁他们不敢闯；而且白小纯的身份，也使得他们有些顾忌，毕竟这样一个弟子，他们也不敢真的拿白小纯怎么样，可狠狠地收拾教训一番，宗门还是不会管的，毕竟技不如人，怨不得旁者。

可眼下没别的办法，众人只能恨恨离去，不过人群内却有一个麻脸青年，冷眼看着炼药阁，嘴角慢慢露出一抹阴冷。

"以为藏在这里，我就拿你没办法了吗，打了我表弟陈飞也就罢了，还欺负我心爱的周师妹，又欺负我最爱的杜师妹，就连我最近看上的侯师妹都口中总是有你，白小纯，你虽然有些草木资质，可我想弄死你，也并非难事！"青年心底冷笑，他正是那位钱姓内门弟子，钱大金！

白小纯在炼药阁的房间里，悠闲自在，每天要么炼药，要么就修行不死长生功，日子一天天过去，他的不死长生功，正在突飞猛进。

全身的皮肤，更为坚韧，速度与力量也超出从前。

"再有两天，我的不死铁皮，将会彻底大成！"白小纯深吸口气，目中露出昂扬之意。

可就在这一天黄昏，突然地，一道青光从宗门任务处飞出，直奔炼药阁，竟无视阁楼的防护，瞬间出现在了白小纯所在的房间内。

白小纯一愣，仔细一看，那是一片令牌！

第四十六章
执法堂的任务!

这令牌漆黑,唯独在中间的位置,有一个凸起的"法"字,使人看去时,不由得会升起一股肃杀之意。

就在白小纯愣住的同时,一个冰冷的声音,蓦然间从这令牌内传出,回荡整个房间。

"外门弟子白小纯,经执法堂查探,你入门数年,只完成一次种养灵植任务,触犯门规,故强征参与三天后外出任务,不得有误!"

声音森冷,透出阵阵冰寒,似乎若白小纯敢拒绝,那么等待他的,将是执法堂的严酷责罚!

"执法堂!"白小纯眼睛猛地瞪起,内心更是咯噔一声时,这令牌化作一道黑芒,消失无影。

四周寂静,白小纯面色不断变化,取出自己的身份令牌后,发现在里面强行出现了一个自己要去完成的任务。

他的确是疏忽了宗门内每年需要至少完成一次任务的事情,可这执法堂的令牌来得突然,白小纯无论怎么想,都觉得此事蹊跷。

他沉默片刻,走出房间,离开了炼药阁后,直奔山顶。

"此事不对劲,总感觉背后凉飕飕的……我上山多年,从来没主动找过掌座,此番要去拜见一下,问清到底怎么回事。"白小纯一路心事重重,可到了山顶后问了李青候的道童,却得知李青候在数月前外出,至今没回。

白小纯内心叫苦,心里不安,转身离去时没有立刻回炼药阁,而是去找许宝财,毕竟对方百事通,白小纯琢磨着或许能从对方那里,得到一些线索。

许宝财身为香云山外门弟子，居住的院子在山的另一面，白小纯一路疾驰，此刻黄昏，天色渐暗，一路上倒也没看到几个人影，很快就到了许宝财的院子外。

这里不如白小纯的院子那般僻静，而是与七八个院子挨在一起，此刻夜色中，可以看到这些院子里都有烛火之光散出。

白小纯低头，没有敲门，身体一晃直接飞跃进去，立刻就看到了许宝财正低头在一个小本上写着什么。

"许宝财。"白小纯低声开口，他话语一出，许宝财被吓了一跳，猛地抬头看到白小纯后，才反应过来。

"白师兄。"许宝财诧异，赶紧起身，让白小纯进了房间。

"白师兄不是在炼药阁闭关吗，怎么到我这里来了？"许宝财好奇地问道。

"许宝财，你对执法堂了解多少？"白小纯立刻开口。

"执法堂分为南北两堂，各自有权监察所属区域的所有外门弟子与杂役，不过一般不会出面，除非是犯下了一些严重的门规。"许宝财觉得不对劲了，眼看白小纯面色阴沉，他连忙开口。

"可一旦出面了，他们的权力极大，强行安排一些事情不说，对于叛逃宗门者，更可直接击杀，这么说吧，执法堂就是一把刀，一把悬在外门弟子头顶的刀，使得任何一个外门弟子，都不敢去触犯门规。

"一旦触犯门规，被执法堂盯上，不死也要被扒一层皮下来……

"不过执法堂虽权力不小，可限制也极多，只要不触犯门规，那么就没必要理会执法堂。"许宝财说得很详细，把他所了解的有关执法堂的消息，都告诉了白小纯。

甚至说着说着，他还将自己听到的所有关于被执法堂盯上的弟子最后的凄惨，也都告诉了白小纯。

"五百年前，我灵溪宗出了一个叛徒，被执法堂追杀七天灭杀，身魂俱灭！

"三百年前，一位外门弟子犯下大过，执法堂给予机会，可却不知悔改毫不理会，结果被执法堂禀告宗门，被责罚在黑风口，整日受烈风撕割，至今还在受罚。

"一百年前，周山道叛乱，执法堂警告后对方依旧不知悔改，故而出动，灭杀周山道除凡人外所有修士，轰动四方。"

白小纯越听面色越难看，内心不断地咯噔咯噔的。

"你的意思是说，执法堂做事，一般先是警告，若不知悔改，就会严加处理？"

"是啊，这就是对执法堂的限制之一，不然执法堂岂不是权力大得没边了。"许宝财看了白小纯一眼，心底隐隐猜到对方或许被执法堂盯上了，但此事太敏感，许宝财明哲保身，说些消息可以，但却不敢过多参与进去。

只是最后，在白小纯临走时，许宝财迟疑了一下，想起白小纯的草木造诣，低声向白小纯说了一句话：

"白师兄，你可知道青峰山的内门弟子……钱大金？他是陈飞的表兄，此人也是执法堂的成员之一。"

一炷香后，白小纯离去，走在宗门的小路上，看着天空的明月，白小纯想着许宝财说的那些，与自己之前所了解的一一印证，确定属实后，长叹一声。

"宗门内我没得罪谁啊，若真说有，陈飞算一个，再就是那些周心琪的倾慕者了……钱大金，钱大金！"白小纯咬了咬牙，回到了炼药阁后，盘膝坐在房间里，望着面前的丹炉，他面皮抽动了一下。

"差不多明朗了，我没有完成每年的任务是一个诱因，这等事情，实际上若没人来查，算不得大事，毕竟不可能只有我一个人没完成，那钱大金身为执法堂一员，这是公报私仇！"白小纯沉默，半晌之后，眼中有了血丝。

"我若去执行任务，此人必定会在途中有所行动，不然的话，不会费这么大的心思，可虽然如此，但毕竟是藏着的，他不敢让宗门知晓，总体来说，他是被动的。"

"可若是我不理会，那么正中他下怀，他不再被动，而是可以凭着执法堂的身份，主动对我责罚！"

思索许久，左也不是，右也不行，白小纯拿出身份令牌，仔细地研究了一下任务，很快地，就在里面看到了一个熟悉的名字。

"侯云飞？"白小纯一愣，想起了自己刚刚成为外门弟子时，正是侯云飞带着自己详细地介绍了宗门，当看完后，他闭上眼沉思。

这任务不难，侯云飞在数年前接下一个任务，外出执行，每个月都会固定向宗门传回信息，这是任何一个接下长期任务的弟子，都需要做的事情。

可在两个月前，却失去了联系，没有信息传回。

所以才有了这一次的任务，让三个外门弟子出动，去调查此事，可却没有要求必须找到全部线索。

这种任务，在宗门里很常见，一般来说只是搜寻一下，调查一番，找到些线索就够了，回禀宗门后，宗门自会处理。

况且一个外门弟子失踪，对于宗门而言，算不上太大的事情，可毕竟也是宗门弟子，所以对于失踪的事情，也需处理。

这才有了此番的任务。

白小纯沉吟片刻，衡量之后一咬牙。

"这任务，去了！"白小纯呼吸急促，红着眼，立刻炼丹，他要在外出执行任务时，让自己的不死铁皮大成。

两天后，白小纯全身轰鸣，震动时他全身的皮肤，在这一刹那漆黑一片，那黑色的皮肤很快就恢复如常，可仔细去看时，隐隐能看到有一丝红，在皮肤上一闪而逝。

"黑为铁，红为铜！"

白小纯按了一下自己的皮肤，竟传出阵阵金铁之声，起身一晃，速度之快更超从前。

又尝试了一下力量，最后他身体瞬间一跃，拇指与食指狠狠一捏，碎喉锁展开，虚无传出的不再是咔咔声，而是闷闷的轰鸣之音，虽然不大，可白小纯明显感受到了自己的碎喉锁，威力比曾经大了何止一倍。

"不死铁皮，大成！"白小纯振奋，对于外出任务的事情，把握更大了一些。

"可惜我如今只能炼适合凝气五层以下的一阶灵药，即便是炼灵，服用的效果也不是很好。"白小纯站在房间里，觉得有些可惜，只是时间紧迫，他还无法炼出适合凝气八层以下的二阶灵药。

所以在修为上进展不多，只是到了凝气六层大圆满。

"明日清晨，就要外出了……"白小纯心底紧张，他拜入灵溪宗后，这还是首次真正意义上的外出，心里觉得没有安全感，于是将口袋里从陈飞那边获得的盾牌，也炼灵三次，觉得还是不稳妥，他将小比时穿着的那几件皮衣，也都去炼灵。

最后又想了想，连夜去找了张大胖，借来他的那口据说有地火阵法的大黑锅，可依旧还是不放心，但没别的办法了，白小纯愁眉苦脸，没有回炼药阁，坐在他的院子里，等待天亮。

"钱大金，等我到了筑基，我一定让你好看！"白小纯越想越紧张，渐渐眼睛红了，他怕死啊，如今他已不是刚刚入宗门之人，对于修真界已经有了一定的了解。

一夜胡思乱想……渐渐，天亮了。

第四十七章
小纯出宗门

清晨，当第一缕阳光落下时，白小纯感受到了身份令牌的震动，他站在自己的院子外，回头看了一眼居住了两年多的宅子，长叹一声。

"此行一定要小心谨慎，可不能把小命给弄丢了……"白小纯愁眉苦脸，把七八件皮衣都穿上，又背起张大胖的大黑锅，他原本瘦小，此刻这么一装扮，竟如一个球。

带着浓重的心事，白小纯离开了香云山，向着南岸的山门走去，途中不少外门弟子看到他，都被白小纯的装扮弄得愣住。

白小纯哭丧着脸，若是遇到熟人，就挥挥手告别，渐渐到了南岸的山门旁，刚一临近，他就看到在那里有两个人，其中一个青年盘膝打坐，另一个则是女子，看背影，白小纯觉得有些眼熟，这女子此刻正在山门旁不耐烦地走来走去。

"杜凌菲？"白小纯一愣。

此刻杜凌菲也看到了白小纯，她也愣了一下，尤其是发现白小纯这么一副装扮后，她皱起眉头。

"调查侯师兄失踪任务的最后一个人，是你？"

"是我啊，好巧……"白小纯干咳一声，目光似随意地扫向杜凌菲身边的青年，这青年面无表情，可身上却有一些煞气弥漫，在白小纯看向他时，他睁开眼，似笑非笑地看了白小纯一眼。

白小纯内心一动，他来之前已然分析过，在这次任务中，钱大金会如何行动，其中最简单的就是找一个同样执行这个任务的同门，在远离宗门后，暗中出手，这样就可神不知鬼不觉。

此刻无论是杜凌菲还是这青年，白小纯心底都在怀疑，可表面上他自然不会露出，甚至还对着那青年憨笑起来。

"在下白小纯，不知师兄是……"

"青峰山，冯炎。"青年一样笑了，缓缓开口。

"原来是冯师兄，冯师兄一看就绝非寻常之辈，我第一次外出执行任务，还望冯师兄多提携一二。"白小纯连忙抱拳，已察觉出对方的修为是在凝气七层的样子。

"好说好说。"冯炎目中有微不可察的轻蔑一扫而过，他之所以会参与这个任务，是因内门弟子钱大金对他许下重诺，让他极为心动，这才同意在执行任务时，将这白小纯坑杀。

这对他来说，很简单，甚至都不需要自己直接出手，稍微使一个绊子，就可以让这白小纯意外身亡。

唯独需要注意的，是不好让杜凌菲看到，不过在他看来，这任务既然有杜凌菲，显然也是钱大金的推动。

杜凌菲皱起眉头，她没想到外出执行任务，居然也能与眼前这个让人厌恶的家伙碰到一起，这一次的任务，并非别人强加给她，而是她主动接下，毕竟这种任务虽有一定的危险，可总体还是简单的，且贡献点很是不菲。

而她卡在凝气五层大圆满很久，想要获得足够的贡献点，再换一根凌云香来突破，一想起凌云香，她对白小纯就更是讨厌。

"胆小如鼠！"杜凌菲看到白小纯那副样子，心底更为厌恶，尤其是对方全身上下穿得跟一个球似的，还背着一口大黑锅，怎么看都是一副怕死到了极致的模样。

此刻冷哼一声，没再理会白小纯，向着冯炎一抱拳。

"冯师兄，人已齐了，还请取出风行帆，早早完成了任务，也好尽快回来。"

冯炎微微一笑，右手拍下了储物袋，立刻一道白光飞出，迎风见长，很快就在半空中化作了一艘两丈长短的白色舟船。

阵阵灵力的波动从这舟船上散开，形成威压，颇为不俗。

"冯师兄，这是什么？"白小纯看了后啧啧有声地打量起来，此物他还是首次看到，尤其是对于这舟船飘浮在半空，一看就是可以乘坐之物，更觉得不凡。

杜凌菲目中露出轻蔑，一旁的冯炎笑了笑。

"此物就是风行帆，我等外出执行任务，若是去的地方遥远，宗门会租给我们这种舟船，不需要消耗太多灵力就可操控，使用起来很方便，只是对灵石的耗费很大。"冯炎说着，身体一跃跳起，落在了舟船内。

杜凌菲紧随其后，白小纯也赶紧跳了上去，这舟船不大，里面的空间也不多，不过容纳三人还是绰绰有余，白小纯坐在最后面，摸摸这里，看看那边，越发觉得此物不错。

"等我以后，也弄一艘。"白小纯自语道。

"你就是把自己给卖了，也买不起！"杜凌菲看着白小纯一副土包子的模样，开口讥讽。

白小纯斜眼打量了下杜凌菲，闻言点了点头。

"那把你卖了，估计就可以买了。"

"你！"杜凌菲凤目一瞪，正要开口时，风行帆在冯炎的操控下，呼的一声化作长虹，直奔远处天边。

速度飞快，掀起了呼啸之音，不过却有一层光幕升起，阻挡了狂风，使得白小纯三人在这舟船里，虽可以听到外面的风声，但却不会有不适之感。

远远看去，舟船长虹渐渐消失在了天边。

与此同时，在香云山上，药师殿内，那位负责晋升药徒考核的徐长老，手中拿着一枚玉简，眉头微微皱了一下。

"执法堂竟绕开我香云山，强征白小纯去执行任务？"徐长老仔细看了眼玉简，半晌后眉头松开，他看出这任务简单，虽有一定危险，可却不会伤及性命。

"此子懒散惯了，略做小惩也可。"徐长老想起李青候临走的嘱托以及所说白小纯的性格，于是放下玉简不再理会，继续炼药。

同一时间，青峰山上，内门弟子所在之地，其中一处洞府外，钱大金站在那里，遥望远去的舟船，脸上露出一抹阴冷之笑。

"以冯炎的修为，暗中坑杀这白小纯易如反掌，白小纯……你草木造诣是不错，可惜，你没有成长起来的可能了，此番，你必死无疑！"钱大金目中深处，有一抹阴寒闪过，微微一笑，转身回了洞府。

蓝天如洗，碧波万里，在这舟船上，白小纯虽然紧张，可依旧忍不住在看到大地于脚下变得渺小后，心神振奋。

他探头向下看去，可以看到一座座山峰如剑，一条条山脉如龙，尤其是他看到了一条惊天动地的大河！

"通天河……"白小纯深吸口气，他成为外门弟子后，翻看了很多资料，知道整个修真界，实际上都是依靠这条通天河而修行。

这条河，是一切灵气的根源所在。

故而但凡宗门，都会建立在靠近通天河的地方，而越是上游，灵气就越是浓郁。

灵溪宗所在的地方，只能算是中游罢了，可尽管如此，也能屹立万年不倒，白小纯看到的资料里曾说，万年前的灵溪宗，不是在此地，而是在下游，是出了一位了不得的老祖，生生从下下游的无数宗门与修真家族中杀出，获得了上宗的赏识，这才具备了于中游开辟宗门的资格。

"据说在这通天河更上游的宗门，其强大的程度，数个灵溪宗都无法相比，而在源头，传说……还有更恐怖的宗门存在。"白小纯压下心中的激荡，他此刻出行，内心很是警惕。

这通天河就在下方不远处，河水金色，如海一样不断地翻滚流淌，河的另一边，有四座山峰冲天，灵气惊人。

"那里就应该是灵溪宗的北岸了。"白小纯遥望北岸的四座山峰，更是看到了灵溪宗的主峰，那座横跨通天河形成的桥山！

"种道山！"白小纯当初被李青候带来时，也曾看到这些，只是那个时候他还是凡人，而眼下已是外门弟子，再次看去，感受截然不同。

舟船速度飞快，渐渐远离了宗门，顺着下方的那条滚滚流逝的通天河，直奔下游飞去。

"杜师妹，白师弟，想必你们也都看了任务，此次我们要去的地方，是在通天河下游的落星山脉，候师弟最后一次传信，就是在那里，

315

这落星山脉是我灵溪宗势力范围的边界了，山脉的另一头就是血溪宗的范围。"冯炎淡淡开口，声音在这舟船内被风声混淆，有些模糊不清。

"此行或许会有一定程度的危险，不过我等接下任务，也都有了心理准备，所以只要谨慎一些，也不会有什么大碍。

"只是我们要去的地方太远，灵石消耗不小，所以大多数时候还是走路吧，一些难以跨越的地方，再以此舟代步。"冯炎说完，目中深处有寒芒一闪，坐在前方闭上眼打坐。

杜凌菲不愿理会白小纯，靠着边，一样吐纳。

白小纯内心颇为警惕，虽盘膝打坐，可心底却始终在琢磨，眼前这两个人，到底谁才是钱大金派来的。

"杜凌菲的可能性最小……那么这冯炎，十有八九，就是他了！"

第四十八章
这个世界

一天后，当舟船内的第一块灵石消耗没时，冯炎收了风行帆，三人在一处山顶落下，此刻是黄昏，远处天边可依稀看到夕阳落下，大地渐渐漆黑。

山下一片丛林，有鸟兽之声时而传出，四周潮气很多。

"过了这片森林，我们再休息好了，你们觉得呢？"冯炎淡淡开口，看向杜凌菲与白小纯。

"天都要黑了，这丛林里说不定有些凶兽，我们还是再以风行帆飞过去吧。"白小纯提议道。

"要休息你自己休息，一片丛林而已。"杜凌菲冷哼一声，看不惯白小纯这副怕死的样子，身体一晃，当先冲出。

冯炎目中深处也有轻蔑闪过，可表面上却向白小纯笑了笑，一样向山下飞奔。

白小纯眉头紧锁，眼看二人如此，他叹了口气，更加警惕，随着二人身后，下了山，冲入丛林。

丛林内更为潮湿，甚至时而还可以看到一些沼泽，不时有各种鸟兽出没，可三人都是凝气修士，身体灵活，速度不慢，在这丛林内不断穿梭，渐渐向着深处前行。

时间流逝，天色慢慢暗了下来，明月高挂时，三人已走了小半，一路上没有遇到什么凶兽，很是顺利，看到白小纯在最后面，一副仿佛稍微有些动静，就会跳起来的模样，杜凌菲心中更为鄙夷。

"小心！"白小纯忽然开口，脚步停顿，神色内露出不安。

杜凌菲冷笑，正要讥讽。

可就在这时，突然地，四周有阵阵狂风扫来，在这风声中带着腥味，杜凌菲面色一变，抬头时立刻看到远处丛林间，出现了无数双眼睛。

那些眼睛一个个都是赤红色的，几乎在看到这些眼睛的刹那，阵阵翅膀拍动的声音猛地传出，一只只巴掌大小，可却有两个头的蝙蝠，成群地飞了出来。

"双首蝠，它们的爪牙上有剧毒，溶血封喉！

"分开走，在丛林的另一头的山顶聚集。"冯炎面色一变，立刻惊呼，身体一晃改变方向，速度竟一下子爆发。

杜凌菲也双眼收缩，挥手时身前出现一张符纸，慢慢燃烧散出蓝光，化作一层光幕笼罩全身，一样速度快了起来，改变方向赶紧分开，回头时她愣了一下，发现本应该在最后的白小纯，此刻竟早就没了影子。

白小纯这里，早在之前风声出现的刹那，就瞬间后退，他喜欢稳妥，更是心细如发，故而对于危险，有种超乎于常人的敏锐。

此刻后退时，那些来临的蝙蝠，嗡的一声，竟分成了三股，分别追向三人。

丛林内，冯炎嘴角露出冷笑，快速把手中一截香收走，之所以会出现这些蝙蝠，正是此香导致，而选择在这里停顿，穿梭丛林，也正是因为他曾经一次外出执行任务，察觉到这片丛林内，有这种双首蝙蝠。

"任何一只，都有不弱于凝气三层的修为，白小纯，不要怨我，是有人要让你死。"冯炎淡淡一笑，一拍储物袋，取出一根黑色的木头，微微一吹，这木头燃烧，散出黑烟，顿时他身后追来的那些蝙蝠，一个个发出尖锐之声，似对此烟颇为厌恶，一哄而散。

冯炎笑了笑，很轻松地向前走去，渐渐消失。

丛林内，白小纯速度飞快，他身后那些蝙蝠呼啸追击，可任凭这些蝙蝠如何加速，都始终追不上白小纯，没过多久，就被白小纯彻底地拉开了距离，时而剑光一闪，就有一只蝙蝠发出尖锐之声，掉了下来。

白小纯一路小跑，一炷香后停顿下来，看了眼身后，眉头却皱起。

"这些蝙蝠来得蹊跷啊。"白小纯沉吟中顺着原路回去，捡起了一只被他以飞剑灭杀的蝙蝠，仔细地看了看后，忽然眼睛一亮。

"这不是双首蝠，这是紫纹蝠，虽一样有毒，可牙齿却是炼制二阶灵药燃血香的主要材料！"

"这种材料在宗门内，五十个贡献点才可以换取一份。"白小纯立刻惊喜，这是灵兽第五篇的内容，能认出者不多。

他心动之下，赶紧搜集蝙蝠的尸体，没过多久就找到了十多只，纷纷拔下牙齿后，他颇为心动。

"这蝙蝠很弱的样子……"白小纯呵呵一笑，身体外防护光幕出现，在这丛林内开始寻找起来，很快就有一群紫纹蝠发现了他，呼啸而来。

白小纯右手掐诀，飞剑速度刹那暴增，直奔蝙蝠而去，速度太快，那些蝙蝠还没等靠近，一个个发出凄厉的尖叫，纷纷被穿透，掉落下来，即便有几只临近，可却一头撞在白小纯身体外的防护光幕上，被弹起老高。

白小纯上前全部收起，发现的的确确没有任何危险，更为放心了，昂首挺胸，再次寻找。

就这样，他一个人在这丛林内，不断地寻找，搜集的牙齿越来越多……

两个时辰后，冯炎离开了这片丛林，去了约定好的山峰，盘膝坐在那里，嘴角带着微笑，默默等待。

又过去了一个时辰，杜凌菲满身狼狈地冲出，她心有余悸地回头看了一眼漆黑的丛林，赶紧离去，到了山顶后看到了冯炎，目光一扫，没有发现白小纯。

"白小纯还没来？"她问了一句。

"白师弟自求多福吧，可惜这丛林内的双首蝠在夜里最是活跃，我们若再冲进去，怕是自身难保。"冯炎轻叹一声，苦笑摇头，为了逼真一些，他索性没有休息，而是摆出紧张担心的样子，目不转睛地望着下方丛林。

杜凌菲沉默，她虽厌恶白小纯，可还不至于到那种希望白小纯死的程度，毕竟是同门，此刻盘膝坐下，遥望下方的丛林，许久之后，轻叹一声。

时间流逝，很快天亮了。

等了一夜，杜凌菲始终不见白小纯出现，心底多少已有了一些预感。

"至今还没出来，白小纯怕是……凶多吉少了。"

"都怪我，若不是我提出走这片丛林，白师弟也不会……唉！"冯炎起身，一夜没休息，他目中已有了血丝，神色悲愤，望着丛林。

"冯师兄不要自责，我们也没想到这里居然会有双首蝠，或许白小纯还没死，即便是真的死了，我们身为同门，也要把他的尸体带走！"杜凌菲心底有些复杂，她也不知道是什么个情绪，想起白小纯的样子，虽然还是厌恶，可更多的却是不忍，毕竟二人之间，没有什么过深的仇恨。

"杜师妹说得是，无论如何，我们也不能放弃。"冯炎深吸口气，凝重地点了点头，二人正要下山去寻找。

可就在这时，他们看到山下的丛林内，白小纯打了个哈欠，晃晃悠悠地走了出来，甚至在走出时，还伸了个懒腰。

杜凌菲睁大了眼，一旁的冯炎更是目中露出不可思议，呆呆地看着白小纯很轻松地顺着山路，渐渐走了上来。

尤其是对方的样子，仿佛是睡了一顿很好的觉，精神振奋的模样，反倒是他们二人，这一夜没怎么休息，略有疲惫。

不多时，白小纯上了山，看到二人后，连忙跑了过来，打了声招呼。

"早啊，冯师兄、杜师姐，这丛林里太可怕了，我小命差点就没了。"白小纯的确休息得很好，他几乎把这丛林内所有的蝙蝠都干掉了，不但收获很大，最后还在蝙蝠的山洞里，美美地睡了一觉。

杜凌菲面色难看，盯着白小纯，冷哼一声，看到对方的样子，又想起自己之前的复杂不忍，她忽然觉得这白小纯更可恶了。

冯炎目中深处有寒芒一闪，但表面上却露出喜悦。

"白师弟没事就好，我们担心了一晚。"

白小纯呵呵一笑，看似如常，可他的目中深处，一样有寒芒闪过。

不久，三人继续赶路，没有乘坐舟船，经过此事后，白小纯建议夜晚舟船飞行，白天徒步，杜凌菲也少见地没有反对，冯炎略一思索，点了点头。

三人慢慢远去，顺着通天河，向着下游疾驰。

时间慢慢过去，很快就是一个月。

这一个月，是白小纯这小半辈子，走过的最多路了，他看到了一座又一座大山，看到了一片又一片丛林，四周荒无人烟，整个天地如同蛮荒。

一次，他们三人正赶路时，突然大地颤抖，白小纯骇然地发现，在远处的一片山脉之间，居然有一个全身长着无数毛发的巨人，缓缓地一步步走过，这巨人每一次脚步落下，地面都在震动。

这个巨人，让白小纯倒吸口气。

还有一次夜里，他们的舟船正在飞行，突然远处闪电轰鸣，白小纯看到了一只……足有香云山大小的巨禽，呼啸而过，无数的闪电在它身上游走，在夜里看起来极为惊人。

而最让白小纯记忆深刻的，是他们在一个白天，看到了一个四肢短小，可头颅却如小山一般的凶兽，在通天河的岸边，被一条足有万丈长的金色鳄鱼，从通天河内一跃而出，一口吞噬，冰冷的目光，还遥遥地看了一眼躲在远处、被这一幕骇然的白小纯三人。

仅仅一眼，三人全部脑海嗡鸣，嘴角溢出鲜血，头痛欲裂数日，才勉强恢复。

"太可怕了，外面，太可怕了！"白小纯浑身哆嗦，一连嘀咕了好久。

第四十九章
落陈家族

冯炎尽管多次外出任务，可这么遥远的一次，还是从未有过，见识了那一幕幕后，他也都头皮发麻，更不用说杜凌菲了。

好在一路上遇到的所有这样强悍的生物，对于他们都没有发起任何攻击，最多只是看一眼而已，似乎他们身上有什么气息，不会引起这些生物的反感。

白小纯猜测或许是因为他们是灵溪宗的弟子，而这里……无尽方圆的范围内，毕竟是属于灵溪宗的势力笼罩。

就这样三人在这惊战中，不断地前行，每个月都会在固定的日子，给宗门传信所在方位，直至两个月后，终于来到了灵溪宗的势力边界：落星山脉。

途中，冯炎不是不想再暗中出手，可这一路的各种震撼，让他也没了心情，整日心惊胆战，再加上白小纯颇为谨慎，总是靠近杜凌菲，让他顾忌太多，找不到机会下手，于是始终隐忍。

此刻到了落星山脉，冯炎望向白小纯时，目中有外人察觉不到的阴芒闪过。

"这是铁了心要弄死我啊……多大的仇啊。"白小纯心底发愁，他心细如发，眯起小眼睛，对于冯炎的心思，已了如指掌。

落星山脉是一片南北纵横的山峦之地，放眼看去望不到尽头，如同一条龙蛇趴伏，好似将大地分割。

甚至远远一看，仿佛山脉另一边的天空都与这里不大一样，隐隐出现血色。

传说中，在不知多少年前，有一颗星辰从天外落下，轰在了此地，使得地面坍塌，可却有一部分高高鼓起，这才形成了这一片山脉。

其内丛林弥漫，凶兽众多，但也有各种珍稀草木，使得此地虽充满危机，可总是会有修士冒险闯入。

"这里就是落星山脉了。"杜凌菲缓缓开口，这一路所遇，让她备感疲惫，此刻终于到了目的地，她心底也松了口气。

"侯师弟最后一次与宗门联系，标记就是这片区域。"冯炎一拍储物袋，手中多出了一个罗盘般的法器。

这法器上有一根针，此刻正飞速地转动。

"按照宗门的规定，外出的弟子每个月都要把所在的方位传给宗门，这灵溪盘可以让我们找到侯师弟最后一次传出方位的地点。"他正说着，手中的罗盘指针忽然一顿，指去一个方向。

"找到了！"冯炎身体一晃，直奔前方，杜凌菲也神色一动，跟随而去。

白小纯望着眼前这片落星山脉，此地草木成林，无边无际如一片林海，时而有鸟兽之声传出，甚至遥遥地还可以听到一些从深处传出的凶兽低吼。

白小纯神色凝重，激发玉佩的防护之光，确保任何风吹草动自己都会第一时间察觉后，这才小心翼翼地前行，与冯炎保持一定的距离。

冯炎与杜凌菲前行时没有丝毫停顿，在这落星山脉内疾驰，速度飞快，渐渐深入一片山谷中，此地树木众多，且这些树木一看就有不少年头，纵横交错，乍一看如同一条条蟒蛇，每隔一段就有一个鼓起的结包，若是夜晚，定然让人触目惊心。

一个时辰后，三人在这山谷的深处，猛地停顿，冯炎低头看着手中的罗盘，上面的指针清晰地指着一旁的一棵需要十人环抱的大树。

"白师弟，你去查看一下。"冯炎看向白小纯，一指那棵大树。

白小纯迟疑了一下，仔细地打量了那棵大树，确定无碍后，右手一按腰上的玉佩，顿时本就覆盖全身上下的青光，更浓郁了一些，甚至还取出了一些符纸贴在身上，这才三步一停地慢慢靠近那棵大树。

"这么怕死，还来修行！"杜凌菲冷哼一声，她本就对白小纯厌恶，这一路上虽然自己也多次惊险，可白小纯那里的表现，每一次都仿佛怕死到了极致，如今到了目的地，竟还是如此，让她越看越不顺眼。

白小纯没时间理会杜凌菲，谨慎地靠近了这棵大树后，拿出一把飞剑，去扒开了树皮，看出了一块似新长出的区域，将其豁开，发现里面藏着一枚玉简。

将这玉简慢慢地取出后，白小纯神识一扫，面色微变，扔给了冯炎。

玉简内只有一句没头没尾的话：

我查出了一些别的线索，要去落陈家族印证……

冯炎看后，皱起眉头，又将玉简扔给了杜凌菲，杜凌菲看完后，一样皱眉，沉吟起来。

"落陈家族……"半晌后，杜凌菲喃喃低语，转头遥望落星山脉的更深处。

落星山脉很大，资源众多，这样一个地方，又属于灵溪宗范围，且还是与血溪宗的交界处，灵溪宗自然安排人来守护，这守护的家族，就是落陈家族。

落陈家族族人不少，驻守在这落星山脉已有千年，每一代都有筑基老祖存在，无论是震慑还是守护，都已足够。

白小纯三人的任务中甚至还有交代，若遇危险，可与落陈家族联系。

但此刻侯云飞的玉简，居然指向落陈家族，而且似乎……他是在去落陈家族印证某些事情时，从此失踪。

"你们觉得呢，我们要不要去这落陈家族看一看？"冯炎目光看似随意地扫了白小纯一眼，望向杜凌菲。

"冯师兄、杜师姐，找到这枚玉简，我们的任务已算完成了……安全为主，何必多此一举？"白小纯赶紧开口，目光看向四周，此地让他感觉有些压抑。

杜凌菲迟疑了一下，如果就这么回去了，她琢磨着贡献点只能获得基础，可若是调查出的线索再多一些，那么贡献点也会更多。

冯炎眼看杜凌菲迟疑，眉头微微一皱，若就这么回去了，他担心找不到机会弄死白小纯，于是平静开口：

"我的想法是去这落陈家族看一看，既然来了，怎么也不能这么离去，问清楚侯师弟到底发生了什么意外，况且说不定也可让落陈家族的人帮助搜寻，这样的话，我们获得的贡献点也会多了不少。

"况且……此行我们只要不进入落星山脉的深处，只是在边缘，也没有什么危险，至于那落星家族，哼，我灵溪宗范围内所有的修真家族，他们的血脉内都有灵溪宗的印记，生生世世都无法背叛，怎么敢对我们无礼？"冯炎语速缓慢，说完后望着杜凌菲。

杜凌菲点了点头，心底觉得冯炎所说有道理。

"好，我们就去这落陈家族看一看，说不定侯师兄是离开落陈家族后，才意外失踪。"

看到杜凌菲同意，冯炎笑了笑，看向白小纯时，目中深处有一抹冰寒闪过。

"既已完成任务，又何必节外生枝？"白小纯皱起眉头。

"你若怕死，就别跟着了。"杜凌菲没有理会白小纯，转身一晃，直奔前方。

"白师弟，冯某此番也负责任务的考核，我三人同进同退，你若不去的话，回到宗门后，会让我很难做。"冯炎似笑非笑地看着白小纯，一样向前走去，他断定白小纯一定会跟上来，否则的话，有杜凌菲做证，自己给他一个玩忽职守的评论，单单执法堂那一关，他就过不去。

白小纯面色阴沉，血液流动都快了起来，看向冯炎的背影时，目中渐渐出现了血丝，他虽怕死，可如今只有自己反客为主，先解决了这冯炎，才是最稳妥的办法。

"冯炎，这是你逼我的！"白小纯站在那里沉默数息，目中的血丝更多，最后低头一晃，冲了出去，跟在冯炎与杜凌菲身后，三人渐渐消失在了丛林中。

两个时辰后，在三人不间断的赶路下，天色已是黄昏，随着远处夕阳落下，丛林内也慢慢暗了下来。

"到了！"冯炎忽然开口，三人脚步一顿，抬头时都看到了在他们的前方，树木渐少，地面有不少青石，铺展成了一片区域。

在这区域中，有几个四合院，组成了一个不小的宅子，看起来可以居住数百人的样子，只是此刻明明还是黄昏，本应是一个家族里最热闹的时候，可偏偏这宅子内一片漆黑，寂静无声，仿佛与夜色融在了一起，给人一种荒凉之感。

唯有大门前挂着的两个灯笼，发出昏暗的光，四周没有风，可这两个灯笼却轻轻摇摆，使得灯笼下竖在门前的两尊石狮，神情明暗不定。

这一幕，让冯炎与杜凌菲，都神色一变。

至于白小纯，他在看到这宅子的刹那，心中猛地升起危机感，仿佛全身每一块血肉都在向他发出尖叫。

"有些不对劲……"冯炎也内心咯噔一下，可他话语还没说完，突然地，吱嘎一声，宅子的大门，缓缓地打开，一股阴风吹出，依稀间，似有一个身影，无声无息出现在了门内。

第五十章
诡异庭院

在这宅子大门打开的刹那，杜凌菲三人立刻警惕地看去，白小纯心底紧张，更是拿出一大把符纸贴在身前，全身噼里啪啦地一顿乱响。

那出现的身影，手中提着一个灯笼，站在打开的大门内，整个身子似与黑暗融合在一起，幽幽地望着三人。

"三位暮色中来我落陈家族，不知有何事？"

在那灯笼昏暗的光芒中，三人依稀看清这是一个青年，他目光平静，面色苍白，仿佛没有任何血色，穿着一身青色的长袍。

看到有人出现，冯炎与杜凌菲都松了口气，之前的那种此地阴森的感觉虽然还在，可却少了很多。

"这位道友，我等三人是灵溪宗弟子，此番拜访，有要事问询。"冯炎抱拳开口。

杜凌菲这才注意到白小纯身上那一层层防护光幕，眉头皱起。

白小纯没注意杜凌菲，他也不知为什么，这宅子也好，走出的青年也罢，都让他有强烈的危机感。

"原来是灵溪宗的道友，那么就进来详谈吧……"青年平缓开口，在头顶灯笼的晃动中，于那昏暗的光里，面孔看起来也是明暗不定，他说完退后几步，转身走去。

宅子的大门敞开，似在等待白小纯三人的进入。

冯炎迟疑了一下，当先走去，杜凌菲跟随在后，白小纯看了看四周，咬了咬牙，小心翼翼地跟在后面，进入了宅子。

在他们进入之后，砰的一声，大门关闭，两个灯笼摇晃得更厉害，下面的那两个石狮子，突然眼珠转动了一下，慢慢成为血色。

宅子内，有一条青石小路，四周有些草木假山，只是即便有月光在，看起来也都一片朦胧，唯独最前方的青年，手中的灯笼散出微弱的光，随着青年的前行，一晃一晃。

四人走在这青石小路上，四周阴冷寂静，仿佛与外面是两个世界。

在众人的右侧，有几棵果树，树上长着很多红色的果子，宅子内明明没有风，可这果树却突然自行晃动起来，发出沙沙之音。

杜凌菲与冯炎立刻警惕，白小纯在最后面，不断地向着四周看去，尤其是那几棵摇晃的果树，更是让他觉得诡异。

慢慢地，他闻到了一股血腥味，这味道虽很淡，可的确存在。

白小纯内心咯噔一下，正要开口时，突然地，那几棵果树上的果子，一个个从树上掉了下来，摔在了地上后向前滚去，在这果子的表面，居然出现了一张张孩童的笑脸，就像是有人故意画上去似的，冲着白小纯等人笑了起来。

"啦啦啦，你们好。"

它们的身上还长出了手脚，一个个拉着手，动作迅速地向着白小纯等人跑来，将面色变化的冯炎、杜凌菲以及白小纯团团围住，发出欢快的笑声。

"姑姑说，要听话，不能哭，只能笑，熟透的果子最美妙。"这些果子绕着白小纯三人不断地转着圈，声音悦耳。

随着它们的靠近，一股香甜扑面，可这甜意闻到鼻里，却让人似要把五脏六腑都呕吐出来。

有几个果子甚至还跑到了最前方的青年面前，这青年置若罔闻，一脚踩下后，将几个果子踩碎，可这些碎裂的果子依旧爬了起来，带着笑容，继续唱着莫名其妙的歌谣。

"什么鬼东西！"冯炎目中露出精芒，袖子一甩，立刻有风吹出，卷着不少果子飞起，落地后一一碎裂，但还是爬起来，重新围住众人，欢笑依旧。

白小纯更是全身鸡皮疙瘩都出来了，身体外所有防护光幕，全部开启。

杜凌菲面色苍白，看着那些手拉手唱歌的果子，她神情惊恐，忍着心底作呕之意，银牙一咬，凤目露出厉色，正要掐诀时，忽然地，这些果子一个个神色上露出恐惧，竟快速倒退回到了果树旁，跳起来回到了各自的位置上，笑脸消失，恢复成正常的果子。

"这是老祖从落星山脉深处，带回的一种灵果，总是喜欢唱歌，三位道友觉得它们唱得怎么样？"前方的落陈家族青年，没有回头，继续前行时传出声音。

冯炎与杜凌菲面色难看，冷哼一声，迈步走去。

白小纯在后面，心底升起寒意，正继续前行时，他忽然发现，这里的脚步声，似乎……多了一个！

啪啪、啪啪、啪啪……

不知从什么时候开始，这里的脚步声不再是四个人的，而是……五个人！

或许，从他们进入宅子后，就一直是有这个脚步声，只不过被那些果子吸引没有注意，此刻寂静后，听起来很是清晰。

白小纯仔细一听，全身猛地一颤，他发现，那多出的脚步声，就在自己的身后，他脖子凉飕飕的，似有人靠着自己身后在呼吸。

"你们……有没有听到，脚步声……多了一个？"白小纯觉得汗毛全部竖起，前方的冯炎也一样神色变化，他也听到了这多出的脚步声。

杜凌菲瞳孔收缩，呼吸急促。

三人脚步瞬间停顿，随着他们的停顿，那脚步声也消失了。

白小纯心底发毛，咬牙猛地回头，可就在他转头的瞬间，突然地，他看到了在自己身后，竟站着一个红衣女子！

这女子红衣飘摇，面如死灰，微笑地望着白小纯，双唇微动，似乎在说着什么。

"火不够了，帮帮我。"

这突如其来的一幕，让白小纯猛地跳了起来，发出一声凄厉的尖叫，身体退后时，那红衣女子刹那化作一道红影，一闪消失。

白小纯面色苍白，立刻看去，可四周什么都没有……只有他的声音，化作了回音，在这四周回荡。

杜凌菲与冯炎吓得心神一震，纷纷看向四周，虽然没察觉出什么身影，可二人此刻已都心惊肉跳。

就在这时，有一个女子的歌声，在这漆黑寂静的宅子内，飘忽而来，这歌声似有若无，仿佛是哄着婴儿睡觉的摇篮曲，可在这寂静昏暗的宅子里，却让人头皮发麻。

"孩子乖，快睡觉，风儿吹来火在摇，不要挠，也别叫……"

"装神弄鬼！"冯炎紧张，掐诀间立刻一把飞剑出现，在四周环绕。

与此同时，前方的拿着灯笼的青年，渐渐转过身，在手中灯笼的昏暗之光下，他整个人看起来也都模糊了。

"怎么不走了？来啊，来啊。"青年脸上露出笑容，这笑容很是诡异。

"我们还是不进去了，我们来此是调查一位同门失踪之事，不知道友可记得五个月前，有我的同门来此地？"冯炎深吸口气，目中露出凌厉问道。

杜凌菲早已取出了法器，此刻精神高度集中。

"没有。"拿着灯笼的青年，轻声开口，声音飘忽不定，似与那女子的歌声，融在了一起。

"道友家族的族人，怎么都不在？"杜凌菲忽然问道。

"有事外出，你们问完了么？"青年笑容更盛，甚至嘴角都掀起老大，看起来很不协调。

"问完了，我们告辞。"冯炎开口的同时，身体立刻后退，杜凌菲一样快速退后，至于白小纯，早就在他们之前，已然倒退。

"既然你们不愿进来，那么就留下好了……留在这里，陪着我们……"青年笑声传出，他的嘴角竟直接撕开成为一道巨大的裂口，几乎要将他的头部分割！

他手中的灯笼，更是在这一瞬，直接变成了绿色，使得整个宅子，刹那更为昏暗，而他的身体，也在话语传出的同时，直接飘起，直奔冯炎。

冯炎面色一变，掐诀一指，飞剑呼啸而去，可那青年毫不闪躲，轰的一声，任由飞剑穿透身体，带着诡异的笑容，下巴挂在脸上，扑向冯炎。

冯炎呼吸急促，身体不断后退，更是咬牙之下取出一枚黑色的丹药，直接向着地面砸去，轰鸣之声惊天回荡，那丹药在碰触地面的瞬间，直接爆开。

向冯炎扑来的青年首当其冲，被冲击了身体，倒退时，他的身上出现了无数破损的地方，可似乎不知晓疼痛，依旧诡异地笑，如风筝般转了个弯，继续扑来。

而丹药轰开的地方，却出现了无数纵横交错的条纹，那些条纹似一缕缕死气组成，正在快速地编织，似要愈合。

"这里有阵法，这是阴冥阵！！"冯炎看到那些条纹后，惊呼失声。

与此同时，在杜凌菲的脚下，那些青石板竟动了起来，出现了一双双眼睛，甚至还长出了双手，那一只只手骨瘦如柴，如同干尸，仔细一看，还可以看到一条条丝线状之物在里面钻来钻去……一把抓住杜凌菲的腿。

"你踩得我们好痛……"

"来吧，来吧，和我们一起在这里吧……"那些青石板内，更有声音传出，这些声音森然，让人听了后会心神震动。

杜凌菲面色苍白，掐诀一指，立刻她的储物袋内飞出一杆小旗，形成了两条雾兽环绕身侧守护，而她的面前，也有一把飞剑呼啸而出，剑光闪耀时，斩断抓住自己小腿的手臂，身体快速后退。

而白小纯这里，在这一瞬，他耳边那女子的歌声，突然大了起来！

"不要挠，也别叫……"

第五十一章
冯师兄是个好人啊

白小纯头皮要炸开，双眼赤红大吼一声，大量的符纸被他拿出猛地按在了身上，轰轰轰，他身体外的防护光幕，一瞬间暴增，足有半丈多高。

就在这光幕出现的瞬间，之前出现的红衣女子，猛地在白小纯的身侧从黑暗中走出，向着光幕撞击过来。

砰的一声，这女子竟深入光幕内三尺，可却被阻挡，无法继续时，女子发出尖锐之音，这声音具备穿透力，使得白小纯震耳欲聋，神志有些模糊。

他骇然地狠狠一咬舌头，在清醒的瞬间，看到红衣女子化作了无数红色的甲壳虫，从四面八方试图钻入防护内。

可白小纯的防护层太厚了，那些红色甲壳虫用了全力，也都无法穿透最后的七寸防护，被猛地弹开，在半空中凝聚在一起后，赫然形成了红衣女子的身躯。

她盯着白小纯，咯咯一笑，再次扑来。

与此同时，阵阵呼啸声从四周传来，只见那些假山一个个蠕动，竟站了起来，成为石人，而那些果树也都在摇晃中长出手脚，从地面拔出，迈着大步，从四周蓦然出现，冲向三人，尤其是那些果树上的果子，此刻一个个再次露出笑脸，继续唱出了童谣。

其中一棵果树，距离白小纯很近，此刻紧随那红衣女子身后，直奔他来。

"傀儡！"杜凌菲惊呼。

白小纯身体哆嗦，这种危险，他长这么大都没遇到过，此刻眼睛都红了，眼看那女子又来临，他连忙掐诀，用了全部灵气，向着女子一指。

他的木剑刹那飞出，速度之快如一道黑色的闪电，掀起阵阵狂风，轰的一声，直接就穿透了这女子的头颅。

女子发出凄厉的惨叫，身体成为无数红色甲壳虫落下，那些甲壳虫挣扎，在落下的途中，纷纷碎裂。

木剑之力没有消散，这是白小纯危机下的全力一击，在穿透女子的头颅后，又直奔女子身后的果树人。

刹那而过，这果树人身体一顿，头颅直接爆开，其上的果子一个个肉眼可见地干瘪，可直至死亡，依旧在欢快地唱歌。

这一幕，让白小纯心底更为发毛，好在木剑之力极大，此刻还在疾驰，直接撞在了一旁的墙壁上，巨响滔天，墙壁碎开，更有一个巨大的窟窿出现，可以看到大量的条纹飞舞，如一条条须子，似要重新编织。

"冲出去！"杜凌菲急声开口，身体一晃，直奔那缺口而去。冯炎距离这缺口最近，他忍着心痛再次取出一枚黑色丹药，直接炸在与他交手的青年身前，巨响回荡，冲击扩散时，他借力冲出，直奔缺口。

呼的一声就到了缺口旁，正要冲出，可冯炎忽然神色一变，只见两头巨大的石狮子，赫然从这缺口外冲了进来，仰天一吼，一头杀向冯炎，一头冲向白小纯。

这两头石狮子，赫然就是之前守护在大门外的石狮！

"你们走不掉，灵溪宗……都该死！"与冯炎交手的青年，此刻笑声回荡，身体一晃，再次缠住冯炎。

眼看那缺口正快速愈合，冯炎大吼一声，双手掐诀，立刻他的身体外竟出现了数个头颅大小的火球，散发高温，边缘扭曲，向着四周轰轰爆开，形成火浪四散。

那石狮子都被逼得后退了一些，至于落陈家族的青年，面色一变，还有两个果树人，被轰在身躯上，一个直接爆开。

另一个则是在后退时，被冲来的杜凌菲一剑碎灭了身躯。

轰轰之声回荡，这两个果树人的身体散出了大量绿色的液体，居然在它们的体内，分别露出了一个奄奄一息的身影，都是全身干瘦，如被抽走了大半生机。

其中一个昏迷，另一个则是勉强睁开了眼，在看到杜凌菲后，露出激动。

"侯师兄！"杜凌菲惊呼，认出对方居然是侯云飞，上前一把将侯云飞扶起。

"落陈家族叛变，快逃出去，向宗门传信！！"侯云飞虚弱，一把抓住杜凌菲的手臂，将体内最后一丝灵力灌入进去。

杜凌菲全身灵气猛地外涨，银牙一咬，扶着侯云飞蓦然冲出，速度暴增，直奔缺口。

白小纯一眼看去，立刻认出此人居然是侯云飞，他身体一晃，避开来临的石狮，冲向缺口。

此刻三人都在疾驰，杜凌菲距离缺口最近，冯炎与白小纯在后，距离不远，可明显白小纯的速度最快，甚至都要靠近了杜凌菲。

冯炎面色苍白，那火球之法对他来说消耗极大，此刻注意到白小纯的速度后，他眼中冷芒一闪，右手翻转时，再次出现了一枚黑色的丹药。

"杜师妹快走，将消息带给宗门，我助你一臂之力！"他声音传出时，右手的黑色丹药猛地一扔，位置正是杜凌菲与白小纯之间的半空。

轰的一声，这丹药蓦然爆开，形成的冲击力，推动杜凌菲的速度再次快了一些，她整个人一跃而起，砰的一声撞在了缺口上，如融入水面般，一冲而出。

可白小纯这里，却被这冲击阻挡，身体顿了一下，立刻被一头石狮子拦住，白小纯眼珠子都红了。

"冯炎！！"白小纯低吼时，四周风声呼啸，那石狮子直接扑来，白小纯正要闪躲，偏偏有三个果树人也都在此时临近，四头傀儡联手，在白小纯无法闪躲中，直接轰击到了他的身上。

砰的一声，白小纯全身的防护之光，在闪动了几下后，立刻碎灭，甚至连玉佩的青光，也都于黯淡中碎开，虽然抵消了大半的外力，可那石狮子不凡，余力一样落在白小纯的胸口上。

巨大的冲击力，使得白小纯全身一震，身体被击飞出去。

"白师弟……"冯炎眼看这一幕，嘴角冷笑，可口中却传出痛心疾首的声音，速度不减，刹那临近缺口，小半个身子都融入了缺口的水面内，眼看就要冲出去，可就在这时，那落陈家族的青年，忽然发出了一声尖锐之音，身体竟瞬间碎开，化作无数没有血的肉块，直奔冯炎。

在冯炎要冲出的刹那，这些血肉蓦然临近，将冯炎的身体直接缠绕，猛地一拽。

冯炎怒吼，再次被拽离了缺口处，而此刻的缺口，已所剩不多。

他焦急中狠狠一咬牙，竟咬破舌尖喷出鲜血，落在自己的飞剑上，使得飞剑眨眼赤红，没有斩向任何人，而是轰的一声碎裂开来，化作无数碎刃，直奔自身而来。

竟是以这种近乎自残的方式，使得无数碎刃从他身上穿透而过，在伤了自己的同时，也成功地将缠绕在自己身上的那些血肉，直接斩断！

身体一松，冯炎全身无数伤口，血肉模糊，使得他眼前发晕，好在那些碎刃之前在他的操控下，避开了自己的要害，此刻咬牙，一晃冲向缺口。

与此同时，白小纯这里，被那石狮子一巴掌轰在胸口，身体倒退，发出惨叫，可这惨叫刚刚传出就戛然而止，白小纯眨了眨眼，低头看着自己的胸口，发现尽管衣衫破损，尽管那些皮衣也都碎裂了不少，可……自己却没感觉疼痛。

他诧异地飞快检查了一下，确定了……从自己出手到现在，看似凶险，可实际上……他全身上下连一个小伤口都没有。

他虽被那石狮子的一巴掌拍飞，可竟没什么感觉。

正惊喜时，他四周的果树人追来，一拳打在了他的后背上，白小纯身体向前一冲，发现依旧没感觉后，仰天大笑。

"原来我这么强，他奶奶的，那我还怕个什么啊。"白小纯精神抖擞，此刻更是信心十足，展开速度，嗖的一声，直奔缺口，速度竟比方才要快上太多太多，眨眼就出现在了缺口处。

此刻冯炎的半个身子已经伸了出去，白小纯的速度太快，他根本就没察觉，在他看来，白小纯方才被数只傀儡轰击，早就死了。

眼看冯炎要走，白小纯眼中露出一抹恨意，他右手猛地抬起，一把抓住冯炎露在外面的肩膀，狠狠一拽。

"终于可以出来了！"此刻冯炎正在惊喜，可猛然间肩膀一痛，还没等他反应过来，整个人就被一股大力，呼的一声拽回缺口内。

"不！！"冯炎怒吼，还没等他看清自己是如何被拽回来的，先是储物袋一松，随后整个人被那股大力狠狠一甩，身体直接被甩出老远。

他此刻才看到，缺口处白小纯的身影。

"白小纯！！"冯炎双眼赤红，可紧接着就被那两头石狮子直接围住，轰鸣间，他的惨叫回荡。

"冯师兄！！"白小纯发出痛心疾首的声音，身体一晃，直接踏入缺口，在这缺口即将愈合的刹那，整个人钻了出去。

就在他钻出的瞬间，这缺口直接收拢。

出口处，已不是落陈家族的宅子内，而是在大门外，杜凌菲逃出后不敢停顿，在远处丛林边缘焦急地等待，不时看向四周，此刻看到白小纯冲出，正要呼唤时，却见白小纯发出凄厉之音，眼睛通红。

"冯师兄！！你为了救我，不但把储物袋给了我，居然还自己去阻挡那些傀儡，冯师兄！"

"白小纯，我们快走！"听到白小纯的话，杜凌菲心底悲伤，眼看缺口消失，白小纯还在那里悲恸欲绝，连忙喊道。

白小纯眼中带着泪水，赶紧跑了过来，与杜凌菲一起扶着侯云飞，直奔丛林。

"冯师兄是个好人啊……"白小纯哭丧着脸，还不时回头。

杜凌菲苦涩，她没想到这一次的任务，居然凶险到了这种程度，想到之前若是听从白小纯的话，不来这落陈家族，或许冯炎就不会死。

尤其是看到白小纯那副悲哀得恨不能捶胸的样子，她心底更难过，轻叹一声。

"白师弟，我们得尽快逃走，落陈家族叛变，他们不会让我们把消息传回宗门的，我方才也尝试了，这里已被隔绝了一切波动……传音玉简，已不能用了。"杜凌菲看向白小纯，涩声说道。

白小纯身体一震，立刻意识到了危险。

第五十二章
落陈叛变

落陈家族所在的宅子地底，赫然存在一处庞大的地宫，此地有一处血湖，血湖内有无数骸骨浸泡。

四周有阵法光芒闪耀，无数落陈家族的族人，正一个个跪在四周，男男女女老老少少，密密麻麻，每一个族人跪的地方，都是这阵法的一个节点。

他们每个人都沉默，右手划开，鲜血落下，融入身边的节点内，汇集全族所有族人的鲜血，凝聚在中心的血湖内。

湖水中心，有一个老者盘膝打坐，这老者白发苍苍，可却不怒自威，此刻打坐时每一次呼吸，血湖都在沸腾。

就在这时，老者的双眼猛地睁开，其内露出一抹血光。

"怎么回事？"他阴冷的声音在这地宫内回荡。

距离他最近的一圈族人里，有一个青年低声开口。

"老祖，灵溪宗有三个外门弟子到来，他们来得太突然，晚辈措手不及，担心影响我族大事，以我在外的傀儡之体，本打算用阵法配合其他傀儡将三人击杀，可惜……晚辈无能，只击杀了一人，让其他两人逃走，至于之前被擒的那位弟子，也被……救走了。"这青年正是白小纯三人所看到的那位与他们厮杀之人。

他心底也郁闷，灵溪宗弟子失联，一般至少需要半年时间才会被确定失踪，也只有那个时候，才会安排弟子去探查，这样的话，到了落星山脉，往往需要九个月左右。

可如今只过去了四个月，居然有灵溪宗弟子到来，别说是他，整个落陈家族都没想到，毕竟只是一个外门弟子，且他们家族之前也没露出什么征兆，按照道理来说，是不可能这么快的。

至于那侯云飞，如果不是查出了他们落陈家族的秘密，他们也不愿将其擒住，原本按照他们的计划，只需半年就可完成，一旦完成，从此家族就可海阔天高，摆脱灵溪宗的掌控！

可如今还差一个月……

"两个外门弟子……哼，老夫已开启阵法，封印四方，你安排人去将他们尽快击杀，只要再过一个月……一切就足矣！"老者淡淡开口，倒也没有太放在心上，重新闭上了眼。

青年深吸口气，低头称是。

不多时，有七道身影，从落陈家族的宅子内蓦然走出，当首者正是那位青年，此刻真身修为显露，竟是凝气八层的样子。

其他六人，最弱的也是凝气六层，还有两人是凝气七层。

"他们逃不了多远，追！"七人身体一晃，一个个目中露出杀意，直奔丛林。

丛林内，白小纯与杜凌菲扶着昏迷的侯云飞，向前疾驰而去，他也尝试取出了飞行舟船，只是此地的阵法不但隔绝了信息的传送，甚至连舟船都无法运转。

这一幕让白小纯与杜凌菲，面色更为难看。

一路沉默，二人扶着侯云飞咬牙奔驰。

白小纯面色苍白，他此刻的危机感已到了极致，全身的每一寸血肉都在尖叫不说，甚至仿佛都在传递给他一个强烈的诉求，在告诉他，一定要快逃！

稍微慢一点，就会死在这里！

这种死亡的危机，比冯炎带给他的还要强烈无数倍，毕竟冯炎就算要对他出手，也是有顾忌的，需要暗中坑杀。

而他只要警惕，虽避不开全部，可却能避开大半，甚至能找到机会去反击。

可眼下……白小纯一想到自己等人掌握的消息，就心在颤抖，额头不断流下冷汗，这种关乎一个修真家族叛乱的消息，别说是落陈家族了，就算是白小纯这里，也都会毫不犹豫地去击杀。

对方必定是不惜代价，也要将自己等人彻底灭口。

不会是暗中出手，而是如雷霆一样直接灭杀。

甚至不可能给他们时间逃得太远，说不定如今落陈家族的族人，就在后方追击而来。

"该死的执法堂，这任务……这任务根本就不是外门弟子能接的！！"一想到落陈家族还有筑基老祖存在，白小纯更是哆嗦了。

"筑基啊……凝气与筑基强者比较，仿佛凡人与凝气之间的差距……"白小纯呼吸急促，眼睛都红了。

"我修行……是为了长生啊……"白小纯欲哭无泪，看了眼侯云飞，他总不能为了速度快一点，把侯云飞扔下，这种事情，他做不出来。

杜凌菲面色苍白，她修为最弱，体内灵气有些恢复不过来，此刻泛起阵阵苦涩，她知道这一次必定九死一生，甚至十死无生，若是冯炎在的话还好，毕竟以其凝气七层的修为，只要对方的筑基老祖没出现，或许还有一拼之力。

可如今冯炎死亡，她自己这里只是凝气五层，始终无法突破，而白小纯……对于怕死的他，杜凌菲没有任何指望。

"想不到第一次外出执行任务，就要死在这里。"杜凌菲惨笑，可却银牙一咬，不到最后，她决不会放弃生机，此刻一拍储物袋，取出丹药吞下，看了看面色苍白哆嗦的白小纯，杜凌菲轻叹，这个时候，她对白小纯也都没有什么轻蔑了，拿出一个丹瓶扔给白小纯。

"白师弟，注意体内灵气要随时补充。"

白小纯一愣，接过药瓶，沉默中打开，吞下一粒，似想起了什么，从冯炎的储物袋内取出了两个丹瓶。

"冯师兄这里也有丹药。"他说着，分给了杜凌菲一半。

杜凌菲默默接过，二人速度不变，再次疾驰，渐渐地，来到了当初发现侯云飞玉简的地方，看着那棵大树，杜凌菲心底长叹一声。

可此刻后悔没用，二人扶着侯云飞再次飞奔，渐渐地杜凌菲的速度越来越慢，白小纯着急，一把拉着杜凌菲的手臂，带着她与侯云飞狂奔。

杜凌菲早就发现白小纯这里速度始终飞快，此刻被他抓住手臂，她下意识地就要挣扎，可看到白小纯苍白的面孔以及目中露出的恐惧，她心底一叹，任由白小纯抓着自己的手臂，一同冲出。

就在这时，侯云飞身体一抖，慢慢睁开了眼，目中露出疲惫。

"白师弟，不想数年一别，你我竟是在这里相遇。"侯云飞苦笑，看着扶着自己的白小纯与杜凌菲。

杜凌菲一看侯云飞苏醒，连忙拿出丹药递了过去。

"侯师兄……"白小纯望着侯云飞，也叹了口气。

"我们还是有希望的，那落陈家族为了一己私利肆戮凡俗，取骨换血，而那位筑基老祖，要主持逆血大法，不可能亲自追来，而且整个落陈家族如今都在阵法内，所以……追来的人不会太多！

"此地虽无法向宗门传出信息，可只要逃出一定的范围后，必定可以！

"而这种大事，一个修真家族的叛乱，只要宗门知晓，会以最快的速度赶来！"侯云飞笑了笑，从杜凌菲那里拿过丹药，吞下后目中精芒一闪，不再让白小纯扶着，而是咬牙与二人一起飞奔。

如此一来，三人速度更快了一些，渐渐已看到了落星山脉的边缘，不多时，三人一冲而出，杜凌菲立刻拿出玉简试图联系宗门，可面色却更为苍白，苦涩地摇了摇头。

"还是不行……"

白小纯心底咯噔一下，侯云飞沉默。

三人没有说话，纷纷闷头继续前行，可就在这时，他们的身后有呼啸声瞬间传来，在三人面色变化的刹那，七道身影，在嗖嗖之声中，于丛林的另一个方向，蓦然冲出。

当首者，正是那位凝气八层的青年，他一眼就看到了白小纯三人，目中杀机一闪。

"我之前就说过，你们……逃不掉！记住，杀你们的人，叫陈越！"

"杀了他们！"落陈家族的众人，各自取出法器，一个个目中露出寒芒，蓦然冲来。

白小纯三人面色大变，一个个咬牙速度再增。

陈越冷笑，大袖一甩，立刻一个紫色的骷髅头出现，迎风见长，化作半丈大小，发出森森笑声，直奔白小纯三人，瞬间临近后，在陈越遥遥一指之下，居然自行地崩溃爆开。

轰的一声，形成了一股冲击，直接将三人分开，使得杜凌菲与侯云飞身体猛地被阻挡停顿下来，立刻就被落陈家族的族人追上围绕。

而白小纯速度本就极快，之前要带着杜、侯二人，此刻散开后，他没有想太多，速度自然而然地全力展开，风声呼啸，竟一下子暴增一大截，落陈家族的族人还没等将其围住，他就刹那冲了出去，此刻已跑出了数十丈外，且看起来，似乎速度还在增加。

他的速度这么一暴增，无论是那位凝气八层的陈越还是其他落陈家族的族人，都愣了一下。

"跑得倒快，先杀了这两位，再去追此人！"陈越淡淡开口，挥手时，杀意滔天，直奔杜、侯二人。

轰鸣间，杜凌菲喷出鲜血，勉强支撑，全身上下血迹斑斑，被数人围住，她心知必死无疑，此刻遥望白小纯远去的背影，她惨笑起来。

白小纯怕死，此事她早就知道，虽然心中难免复杂，可更多的，则是苦涩与绝望。

"白师弟，希望你能逃出去……"杜凌菲掐诀间，飞剑呼啸而去，凭着举重若轻的速度，与身边众人再次对抗，鲜血又一次喷出，身体已摇摇欲坠。

侯云飞也惨笑，眼中露出精芒，他低吼一声，哪怕此刻灵气近乎枯竭，可依旧不准备放弃，甚至他咬牙之下，准备即便是死，也要争取拉着对方几个人一起同归于尽，为白小纯那里，争取更多的时间。

第五十三章
勇气！

白小纯面色苍白，心底颤抖，那种全身上下无处不传来的危机感，让他整个人已是惊魂不定，那种随时会死的感觉，更是让他不断地哆嗦。

他从来没这么害怕过，无论是在村子里点香听到雷声，还是在宗门内被李青候带去万蛇谷，又或者是这一路上看到的各种强悍的生物。

那些时候，他虽紧张，可却知道自己……不会死！

但如今，他很清楚地明白，自己……真的会死！！

此刻飞奔中，他忽然察觉身边没人了，愣了一下后立刻回头，一眼就看到远处数百丈外，被落陈家族七个人围攻的杜凌菲与侯云飞。

也看到了杜凌菲喷出的鲜血，换了任何人都可以看出，杜凌菲与侯云飞，根本就坚持不了多久，随时会被斩杀身亡，形神俱灭。

白小纯身体猛地一顿，站在那里，望着这一幕，他的身体颤抖得更厉害，他的双眼渐渐血丝弥漫，他可以强烈地感受到自己的身体，自己的灵魂，都在向自身呐喊，让自己展开全力逃遁。

甚至白小纯也有一定的自信，凭着自己的速度，有杜凌菲与侯云飞这么去阻挡，他有很大的可能……逃出生天！

一旦逃出，就可以活命，就可以继续修行，可以去追求他的理想，去长生不死，而且宗门非但不会去责罚他，反而会给出奖励。

可……如果就这么逃走，如果眼看着杜凌菲与侯云飞死亡，白小纯他会内疚一辈子，他觉得自己的身体此刻好似被分裂成了两个意识，一个在告诉他赶紧逃走，否则会死，另一个则是告诉他，如果扔下同门逃走，他白小纯这辈子心都不安！

白小纯呼吸急促，发出阵阵没有含意的低吼，他的额头青筋鼓起，他的身体抖得如同一个筛子，他此刻没有想太多，也无法去思考什么后果，他狠狠地握住拳头，他只知道一点……

"我白小纯虽怕死，可我……不能就这么走了！"白小纯猛地一捶胸口，眼中彻底被血丝弥漫，仰天发出一声如雷霆的嘶吼，整个人猛地冲出，直奔杜凌菲与侯云飞所在的地方，冲去！

他速度太快，竟掀起了阵阵风声呼啸，传遍四方，侯云飞身体一颤，他看到了白小纯，神色内分不清是什么色彩，似错愕，似欣慰，他忽然笑了起来，目中露出果断，竟不再防护，而是施展全力，向着落陈家族的族人冲去。

同样在这一瞬，此刻被一剑险些穿透了身体，被划开了一道鲜血淋漓的伤口的杜凌菲，也都听到，抬头时，她看到了双眼赤红、发狂般冲回来的白小纯。

杜凌菲整个人如被天雷轰击，她怔在那里，眼泪控制不住地流下，她不知道自己此刻是什么情绪，有感动，有激动，也有震撼。

她知道白小纯怕死，可此刻当她看到白小纯冲来时，看着对方赤红的双眼，颤抖的身体，她无法想象对方需要多么大的勇气，才可以……不再逃走，选择归来。

"快走啊，你这个笨蛋，快走，不要来送死！！"杜凌菲流着眼泪，向着白小纯大声喊道，没有注意身后一个落陈家族凝气六层的弟子，一掌落下。

轰的一声，杜凌菲鲜血喷出，眼前都有些模糊了，身体被抛起，不远处一把飞剑，此刻在另一位落陈家族族人的操控下，直奔杜凌菲的头部呼啸而来。

白小纯眼看这一幕，他发出一声更为强烈的大吼，身体的速度竟在这本已极致中，再次爆发，轰的一声，似身体都被拉扯，直接划破长空，居然整个人一跃而去，以巨大的冲击力，带动瘦小的身体，形成了一道长虹，瞬间临近，在那把飞剑要靠近杜凌菲的刹那，他出现在了杜凌菲的身边，一把将其抱住，转了一个圈后，右手握拳，向着那飞剑一拳轰去。

轰的一声，飞剑颤抖，竟被白小纯这一拳直接打得飞起。

这一幕，让落陈家族的众人大吃一惊，陈越双眼一闪，露出一抹吃惊，但很快目中杀意冰寒。

"好一个深藏不露的家伙，在冥阵时，我就应该注意你了，你等不要理会其他二人，杀了他！"他话语一出，四周的落陈家族的族人，一个个目中杀意弥漫，瞬间冲向白小纯。

在白小纯怀中的杜凌菲，此刻整个人呆住，还没等她反应过来，已被白小纯放在了一旁，他身体一晃，直奔落陈家族来临的族人而去。

白小纯的双眼血一样地红，他此刻早就忘记了死亡，忘记了一切，他的脑海里只有一个念头，救下侯云飞，救下杜凌菲，杀了面前这所有人。

他的速度之快，瞬间就与落陈家族一个凝气六层的族人靠近，这凝气六层的族人掐诀间，一个小锤散出光芒，直奔白小纯狠狠砸来。

"滚！"白小纯大吼，右手猛地抬起，向前狠狠一巴掌扇了过去，呼的一声，那小锤子猛地颤抖，在与白小纯的手掌碰触时，光芒立刻碎灭，竟被一巴掌打飞。

那凝气六层的族人看到这一幕倒吸口气，神色露出骇然，正要后退时，白小纯右手猛地掐诀一指，他的木剑刹那飞出，如一道闪电，直接出现在了这凝气六层族人的面前，在他无法闪躲，甚至来不及反应的瞬息，向他的眉心蓦然刺去。

一声凄厉的惨叫传出，木剑直接穿透，带起一片鲜血时，在半空中转了一个弯，直奔另一个人。

与此同时，一个凝气七层的族人身影一闪，掐诀间四周出现大量雾气，形成一个巨大的雾人将其身体笼罩后，直接靠近了白小纯，正要偷袭时，白小纯身体颤抖，可左手却猛地伸出，他的拇指与食指，黑芒一闪，竟无视这雾气的防护，一把穿透雾气，直接伸了进去。

碎喉锁！

咔嚓一声，这位凝气七层的族人，身体外的雾气消散，他睁大了眼，看着面前抓着自己脖子的手臂，他的脖子，在这一瞬，直接断开。

这一切太快，从白小纯冲来，直至现在，也就是几个呼吸的时间，落陈家族的两位族人，就被他电光石火间，瞬间击杀！

这一幕，让一旁后退到了杜凌菲身边的侯云飞，倒吸口气，眼睛睁大，露出前所未有的震撼。

杜凌菲已彻彻底底地呆住了，她看着眼前这个与自己记忆里截然不同的白小纯，呼吸急促起来，难以置信这就是怕死的白小纯。

就在这时，其他几个落陈家族的族人，终于杀来，这几人全部心惊，此刻都拿出了杀手锏，呼啸间一把飞剑，一颗珠子，还有一个小鼎，直奔白小纯砸来。

赫然是三人联手！

这三人两个凝气六层，一个凝气七层，此刻出手时极为狠辣，不惜一切代价，趁着白小纯无法闪躲，蓦然击杀。

白小纯眼中露出血芒，在这三人临近，在他们的法器来临的瞬间，他整个人猛地缩成了一个球，背后那口一路上在杜凌菲看来可笑的大黑锅，此刻将白小纯的身体笼罩在内。

一声惊天动地的巨响猛地传出，那个凝气七层族人的法器小鼎，直接砸在了大黑锅上，这大黑锅颤抖，出现了无数的裂缝，可却没有崩溃，阻挡了小鼎。

紧接着，那颗珠子蓦然临近，再次砸去，轰鸣中，大黑锅无法支撑，直接爆开，化作无数黑色的碎片，向着四周倒卷时，白小纯的身影从其内一冲而出，竟直接撞向那凝气七层的族人。

这凝气七层的族人是个中年男子，此刻面色大变，想要后退可却晚了，白小纯速度太快，整个人轰鸣而来，竟全部撞在了这中年男子身上。

任凭这中年男子全身上下的防护之宝，也都无法阻挡，全部崩溃，咔咔的骨碎之声传出时，白小纯一把抓住中年男子的身体，用自己的头，狠狠地再次撞击。

轰轰轰。

"不！！"这中年男子鲜血喷出，目中露出绝望，无法挣脱。

此刻旁边的那两个凝气六层的族人，都被这一幕吓到了，其中一人颤抖中操控飞剑，呼啸间直奔白小纯。

白小纯红着眼，根本就不去理会那飞剑，再次撞击。

直至飞剑临近，一剑刺在他的身上，可惊人的一幕出现了，这一剑竟无法刺入，连皮都没破，就被直接弹开。

与此同时，白小纯大吼一声，狠狠撞击之下，被他抓着的中年男子，发出凄厉的惨叫，直接气绝身亡。

靠近白小纯的那两个凝气六层的族人，此刻看着披头散发，红着眼如凶兽一般的白小纯，头皮发麻，在白小纯看向他们二人时，这二人没有任何迟疑，蓦然后退。

不远处的陈越，更是被这一幕震撼，脑海轰鸣滔天，无法置信。

第五十四章
道义在心！

眼看那两个凝气六层的族人要逃走，白小纯掐诀一指，小木剑呼啸间，立刻从身边一个凝气六层的族人脖子上飞过。

直至死亡，这凝气六层的族人目中，都带着前所未有的骇然与恐惧。

他们本应该是追杀者，可如今……却反了过来，成为了被击杀者！

短短的时间，白小纯连杀四人！

那方才联手围攻白小纯的最后一个凝气六层族人，此刻面色惨白，拼了全力倒退，心脏怦怦跳动，身体都在颤抖，他无法想象，眼前这个瘦小的、白白净净的灵溪宗弟子，居然……如此恐怖。

白小纯眼中露出凶芒，正要追击，可就在这时，忽然内心升起危机感。

与此同时，杜凌菲焦急的声音，也在这一刻传来：

"小心！"

白小纯身体蓦然后退，就在他退后的刹那，一个一丈大小、紫色的骷髅头，速度极快，瞬息出现在他方才所在的地方，蓦然自爆。

轰的一声，这自爆之力掀起的冲击，让白小纯全身一震，他的不死铁皮，首次感受到了疼痛，嘴角溢出鲜血，身体不断后退。

出手的，正是那位凝气八层的陈越。

他面色难看，目中带着凝重，救下了自己的族人后，身体一晃，直奔白小纯而去，他的身后，那两个凝气六层的族人，此刻狠狠一咬牙，也都跟随。

三人直奔白小纯。

侯云飞挣扎着想要去帮助，可他本就虚弱，之前拼杀时耗费了最后一丝灵气，此刻嘴角溢出鲜血，无法出战。

杜凌菲也是重伤在身，此刻焦急中她看着白小纯，自己之前对白小纯的所有敌意、所有偏见，早就消失得无影无踪。

白小纯面色苍白，再次溢出鲜血，身体摇摇欲坠，速度也都慢了下来，陈越三人眼看如此，追击更近。

可就在三人靠近的刹那，白小纯忽然眼中凶芒一闪，之前陈越的术法轰击，他的不死铁皮尽管无法全部阻挡，可也消散了大半之多，看似虚弱，嘴角还有鲜血，这一切都是他刻意装出。

此刻速度一下子暴增，不是倒退，而是以这种瞬间激增的速度，直接与陈越交错而过，他的目标，赫然是那两个凝气六层的陈家族人。

陈越面色一变，正要阻挡，呼啸声蓦然回旋，白小纯的木剑直奔他这里，陈越掐诀一指，立刻身前出现骷髅头，轰鸣间无法阻拦白小纯。

他眼中露出厉色，大袖一甩，立刻一个灯笼出现，直接化作一个火球，呼的一声直奔白小纯。

与此同时，那两个凝气六层的弟子骇然，发出惊呼，急速后退，可白小纯的身影已如闪电般，全面爆发，速度飞快，直接追上一人，右手抬起时拇指与食指黑芒闪耀，向着面前的陈家族人，狠狠一捏。

碎喉锁！

咔嚓一声，这陈家弟子惨叫中，脖子被白小纯生生捏断，白小纯身后火球临近，高温扩散，他来不及闪躲，轰的一声，这火球直接落在了他的身前。

爆发时，有一片火海将白小纯全身笼罩，这一幕让杜凌菲与侯云飞发出惊呼：

"白小纯！！"

不远处的那位凝气六层的族人，神色露出惊喜，他眼看白小纯被火焰吞噬，顿时大笑。

可就在这时，火海内有一个身影，蓦然冲出，速度飞快，一瞬就靠近了在大笑的陈家凝气六层的族人面前，在此人睁大了眼，身体要后退时，被白小纯一脚落下，把脑袋砸进了身体内，连惨叫都无法传出，直接灭亡。

做完这一切，白小纯气喘吁吁，他眼中血丝更多，全身上下多处皮肤出现烧伤，嘴角溢出鲜血，抬头时，死死地盯着此地最后一个陈家族人：陈越！

陈越被盯得心里发毛，他修为凝气八层，在整个家族里也算是天骄之一，虽不如少族长，可在族内也颇受老祖欣赏，平日里在落星山脉内与凶兽厮杀，经历数次生死磨炼，自身战力不俗。

对于灵溪宗的弟子，他是瞧不上的，虽然对方的身份地位比自己高，可他一向认为，那些宗门内的修士，都是圈养的花朵，虽一个个神通不凡，可生死相斗时，绝不如自己。

但眼下，他在白小纯这里，却是感受到了恐惧，尤其是此刻白小纯的目光，甚至比他在落星山脉内遇到的那些凶兽还要可怕。

那目光内蕴含的凶残，似要将他生生吞噬一样，使得陈越心底不断升起寒意。

尤其是想到对方在短短的时间内，居然连杀六人，这种手段，让他心神被强烈地撼动，更让他觉得无法置信的，是他已然看出，对方的修为……居然只是凝气六层大圆满。

"他的力气太大，速度极快，此人修炼了某种炼体之术，且修到了一定的程度，所以才可以一击杀人！

"尤其是他的防护，太可怕！

"他虽没什么术法，可他操控飞剑绝非寻常之辈，不但速度超乎想象，每一剑的力量更是惊人，而那木剑也非同小可，品阶极高，所以才可以瞬杀凝气六层！

"这种人物，必定是灵溪宗有名的天骄，可为何我之前从未听过他的名字，白小纯！"陈越心惊时，也升起了更强烈的战意，他右手一挥，立刻身前出现了三个拳头大小、玉石打造的骷髅头。

他的神色凝重，望着白小纯。

"我之前小看了你，现在不会了，就看看是你灵溪宗的术法厉害，还是我陈家的厉鬼杀道锋利！"

话语一出，陈越掐诀间，立刻他四周的三个骷髅头，纷纷如活了一样，发出低吼，不断地变大，竟每个都达到了一丈大小，直奔白小纯而去。

白小纯呼吸急促，他此刻脑子里是空白的，没有任何思绪，早就忘记了死亡，有的只是要干掉对方的冲动。

眼看那些骷髅头来临，他右手猛地掐诀，向前一指，小木剑呼啸而出，同时还有两把飞剑，也刹那出现，竟是操控三把飞剑，化作大量剑光，随着身体直接冲出。

更有一片小盾在身体四周环绕，散出宝光。

刹那间，白小纯的飞剑就与那些骷髅头碰到了一起，轰轰之声回荡时，他与陈越二人，都速度极快，激战起来。

陈越凝气八层，修为比白小纯深厚，可在力气与防护上不如，二人交战掀起巨响，竟一时之间不相伯仲！

这一幕，让杜凌菲心头提了起来，她握紧了拳头，指甲陷入肉中都不觉得痛。

那在小比时可恶的白小纯的身影不见了，取而代之的，则是此刻全身如铁血一样，与落陈家族陈越交战的白小纯！

"我之前错怪他了……这才是真正的白小纯……

"他的确是怕死，可他能回头与人拼死厮杀，他所需要的勇气，是寻常之人的无数倍大……"杜凌菲望着白小纯，目中慢慢多出了神采。

"他哪怕害怕死亡，可心中却有坚持，有他的道义，不会因为害怕死亡而放弃伙伴……"

不多时，声响震耳欲聋，白小纯的三把飞剑，此刻碎灭两把，唯独木剑还在，而那三个骷髅头，此刻都黯淡无比，被伤了灵意，飞回陈越身边。

与此同时，白小纯趁机杀来，陈越喷出鲜血，闪躲不及，被白小纯的碎喉锁，直接按在了手臂上，咔嚓一声，他的左手骨头直接断裂，虽然如此，可他口中却飞出一把小剑，直接刺在了白小纯的肩膀上，刺入一寸！

不死铁皮都难以阻挡，鲜血流下时，陈越立刻后退，可还没等他退后多远，白小纯不顾伤势，红着眼，蓦然追来，速度之快，掀起呼啸。

陈越面色难看，此刻危机中他狠狠一咬牙，掐诀一指眉心，身体立刻颤抖，全身气血翻滚，他大吼一声，猛地一拍额头。

"白小纯，今日不是你死，就是我亡！"若是换了其他时候，陈越早就不战了，可如今关乎全族大事，他必须要击杀白小纯，此刻一口体内的生命之血喷出，瞬间被那三个骷髅头贪婪地吞噬。

"厉鬼狰杀！"陈越低吼，展开了秘法神通，他面前三个骷髅头猛地双眼露出幽光，竟直奔陈越而来，疯狂地撕咬，眨眼间就把陈越的身体吞噬了不少的血肉，钻入他的体内。

这一幕诡异，看得杜凌菲与侯云飞倒吸口气，与此同时，陈越发出凄厉之吼，身体颤抖，表情狰狞，身体外出现大量黑气，竟化作了一尊一丈多高的厉鬼！

"死！"他声音森然，右手抬起向着白小纯狠狠一按。

"是你死！"白小纯低吼，双手掐诀时一指半空，立刻他体内的灵气如脱缰的野马，蓦然爆出，在半空中飞快地勾勒出了一个巨大的鼎！

正是：

紫气化鼎！

第五十五章
少主陈恒！

"紫气化鼎！"侯云飞与杜凌菲，同时惊呼，二人神色内都露出更强烈的震撼。

尤其是杜凌菲，她已然掌握了举重若轻，清楚地知晓这紫气化鼎的难度，那是整个南岸，即便是紫鼎山也都没有多少人能掌握的神通。

轰鸣间，这巨大的鼎，直接与那厉鬼砸到了一起，地面都震动了一下，那厉鬼发出凄厉之音，身体瞬间崩溃，化作无数黑气向着八方扩散，露出了其内奄奄一息的陈越。

陈越鲜血喷出，身体轰的一声落在了地上，他苦涩地望着那消散的大鼎，喃喃低语："紫气……化鼎……"说完，他挣扎地看了白小纯一眼，身体不动了，气绝身亡，他之前施展秘法，本就五劳七伤，此刻被紫气化鼎破了神通，就连饲养的厉鬼都碎灭，他又岂能继续活下去？

直至死亡，他都睁着眼，望着白小纯。

白小纯眼看陈越死亡，身体一下子松弛了，体内灵气消耗太多，以至于头都晕了，仿佛泄了气的球，站在那里瑟瑟发抖，身体摇摇欲坠，他面色惨白，有些不敢相信自己居然击杀了所有人。

回想方才的一幕幕，白小纯只觉得口中一甜，鲜血再次溢出。

"我流血了……我……我差点就被干掉了！！"白小纯觉得全身上下都痛，尤其是肩膀更是抬起时剧痛难忍，皮肤很多地方都被烧焦，那种丝丝咧咧的疼痛，让白小纯想起之前的战斗，后怕得哆嗦了。

"我……我怎么就回来了……刚才一个不小心，说不定小命就丢了……我白小纯稳妥了小半辈子，这次怎么就冲动了呢……"白小纯正后怕得有些后悔时，忽然地一个具备惊人弹性，凹凸有致，甚至带着处子幽香的娇躯扑了过来，直接到了他的怀里，正是杜凌菲。

白小纯一愣，立刻表情肃然，一把抱住杜凌菲，淡淡开口。

"杜师姐不怕，有我白小纯在，任何人也休想伤害你一丝一毫！"说着，他的手不知不觉地摸到了翘起的地方……

"谢谢你，谢谢你……"杜凌菲激动，眼泪流下，等反应过来时发现自己居然在白小纯的怀中，也察觉到了臀部多了一只乱摸的手，脸顿时红了，赶紧退后几步，嗔怒地看向白小纯。

白小纯干咳一声，心中颇有回味，暗道这杜凌菲不愧是南岸五大美人之一，单单这身材，就足以傲视天下了。

此刻侯云飞神色古怪，干咳一声，笑着看向白小纯。

"白师弟，以后有的是时间去回味，落陈家族一定还会出动下一批追杀者，这一次，估计将是除了筑基老祖外的最强者，我们要抓紧时间逃走。"

白小纯一听此话，顿时心颤，方才这些人，他拼了一切才胜出，一想到对方还会出动更多个如陈越般的强者，白小纯哆嗦了，面色惨白，四下乱看后，缩着脖子赶紧点头。

"对对对，快走，我们赶紧逃！"他说着，立刻就向前跑去，这一副怕死的样子，与方才的铁血，形成了强烈的对比，可杜凌菲却不觉得厌恶，反倒觉得可爱，于是也跟了过去，看向白小纯时，想起对方救下自己以及方才铁战的一幕幕，目中神采更多。

侯云飞摇头，将落陈家族的族人身上的储物袋都拿走，追上白小纯，递给了他。

"白师弟，这些是你的战利品。"

白小纯也没细看，扔到了怀里，此刻他控制不住地哆嗦，脑海里唯一的念头，就是逃命。

落星山脉内，落陈家族地下的地宫中，在白小纯击杀了第一个落陈家族的族人时，血湖四周的阵法节点上，有一个节点轰的一声，直接碎裂，里面的血液也都干枯。

这一幕，让四周的落陈家族族人，纷纷一愣，猛地看去时，还没等他们反应过来，紧接着第二个节点，第三个、第四个、第五个……在那不断的轰鸣中，陆续地碎裂开来。

这一幕，立刻让落陈家族的族人全部吃惊，一个个面色大变的同时，血湖内的落陈家族老祖，也都缓缓睁开了眼。

就在他睁开眼的瞬息，又一声轰鸣，从之前陈越所在的节点上，蓦然传出。

"陈越……居然也被斩杀！"

"都死了，出去七个人，竟都死了！"

"这怎么可能，他们七人只是去追杀两个外门弟子而已，莫非灵溪宗知道了我们的事情，派来了筑基修士？"四周的落陈家族族人，一个个再也无法忍住，全部哗然，甚至不少人都露出恐惧。

"聒噪！"就在他们惊呼时，一个苍老冰冷的声音，从血湖内的老者口中传出，如一声天雷炸开，直接回荡在此地所有族人的心神内，使得众人身体一颤，一个个收声，忐忑地看向自家的老祖。

"逆天改命，驱除血脉中的印记，本就是我族千年内才有的一次机会，既已决定，就不要胡思乱想，若有筑基修士踏入老夫阵法内，老夫会第一时间察觉，如今……还没有筑基修士到来，更没有任何消息传出，你们慌什么！"老者缓缓开口，他的面色也很是难看，若非是此刻他主持这重要的阵法，无法亲自外出，必定会自己出去灭杀白小纯等人。

而一旦他外出，摆脱灵溪宗掌控的家族逆血阵法，就会功亏一篑，甚至反噬之下，他或许还可勉强活下去，但所有族人，会瞬间血液逆转而亡。

"能将陈越等人击杀，不一定需要筑基修士，这两个外门弟子身上，要么就是有人隐藏修为，要么就是具备重宝！

"即便是隐藏修为，最多也就是凝气八层而已，至于重宝……威力越大，凝气修士施展就限制越多。

"恒儿！"老者目中精芒一闪，右手抬起一拍身边的血湖，立刻湖水强烈翻滚，竟从湖水内，慢慢升起一个穿着血袍的青年。

这青年俊美非凡，棱角分明，此刻双眼猛地睁开，露出一抹血光，使得整个人在这一瞬，气势骤然升起，竟在他的四周，出现了九个血色的模糊厉鬼，向着四方发出无声的狰狞嘶吼。

四周的落陈家族族人，一个个在看到这青年时，全部精神振奋，齐齐低头拜见。

"恒儿，你身为我落陈家族的少主，更是家族内除老夫外的最强者，修为凝气九层……足以胜任此任务，你带九人一同前去，务必……将灵溪宗那三个外门弟子，全部击杀！"老者望着青年时，目中露出少见的慈祥与欣赏，语气也都柔和了一些。

"他们若不死，我不会回来。"青年目光冰冷，闻言点了点头，身体一跃飞起，四周的九个血色虚影在他的脚下形成了血雾，使得他腾云驾雾，飞出血湖，飘浮在了半空，点了九个家族族人后，十人蓦然离去。

很快地，落陈家族的宅子内，十道身影呼啸而出，在那叫作陈恒的青年挥手间，每个人的脚下都出现了血雾，竟带着众人，全部飞行。

速度之快，远非在大地奔驰可比，眨眼间就循着陈越等人死亡的地方，按照家族血脉指引，呼啸远去。

这十人，除了陈恒是凝气九层外，其他人最弱的也都是凝气七层，其中更有五人与陈越一样，都是凝气八层。

这种阵容，已是落陈家族此刻能出动的最强之力。

也就是一炷香的时间，陈恒十人呼啸中冲出了落星山脉的丛林，出现时，已在陈越七人死亡的地方。

看着触目惊心的尸体，除陈恒外其他人都神色一变。

陈恒神色冰冷，望着地面上一具具尸体，尤其是看着那几个被捏断了脖子的族人，目中露出一抹幽芒。

"炼体之修！"

他身体一晃，出现在了陈越的尸体旁，低头看了几息，若有所思，右手突然抬起，向着地面一按，双目闭合，很快他双眼蓦然睁开。

"有意思，竟是紫气化鼎的残余波动……

"这是一个法体同修之人，强悍的肉身之力，惊人的术法之威，难怪能斩杀陈越等人。

“此人应该是灵溪宗的天骄之一，上官天佑，还是吕天磊？”陈恒眼中出现凶残之芒，在那光芒的深处，则是浓浓的战意。

“你等各自选择一个方向寻找，但有所察，立刻发出信号！”陈恒起身，声音冰寒，身边九人一个个低头称是，各自散开，全力寻找。

“阵法范围极大，没有半个月的时间走不出去，而你们……逃不掉！”陈恒冷哼，也选择了一个方向，蓦然飞出。

第五十六章
相依为命

此刻已是第二天黄昏，白小纯三人飞奔疾驰，不时拿出传信玉简尝试，可始终无法联系宗门，尽管心急，可却没有办法。

好在丹药足够，落陈家族被白小纯击杀的七人储物袋内，也有一些，虽然不如灵溪宗，可在如今这个时候，总比没有好。

在丹药的维持下，杜凌菲与侯云飞打起精神，压下伤势，与白小纯一起在夜色中前行。

一路上白小纯胆战心惊，任何风吹草动都会让他出一头冷汗，心神始终绷着，双眼血丝更多，尤其是身体上丝丝咧咧的疼痛，更是让他不时地龇牙咧嘴。

这疼痛不是不可忍，与他修行不死长生功时比较，远远不如，只是不死长生功的痛是为了修行，可如今，他看着自己身上很多地方血肉模糊，担心伤势恶化，会危及生命，不由得愁眉苦脸。

若是换了往常，杜凌菲一定轻蔑不屑，越发看不起白小纯，可眼下她态度完全逆转，目中露出柔和，在白小纯身边不断地安慰。

"没事的，白师弟不怕，这点伤看起来严重，可实际上不会危及性命的。

"你别动，我给你擦一些药膏……"

看着白小纯龇牙咧嘴的样子，哪怕在这危机中，杜凌菲也都掩口轻笑，那笑容里带着一丝说不清的思绪。

她知道白小纯怕死，可越是知道这一点，她就越是被白小纯之前的回归撼动心神，她觉得眼前这个白小纯身上，有一种远超旁人的勇气。

这种勇气，凝聚出了一个铁血的身影，令她难以忘记。

在杜凌菲的安慰下，白小纯心底也忍不住得意起来，暗道自己这一次拼命，似乎还不错的样子，这杜凌菲小美人，居然对自己这么温柔。

侯云飞看着这一幕，目中也有笑意，在这逃遁中，他们难得地拥有了一丝温暖，尤其现在三个人相依为命，彼此的关系更进一层。

"若我们能回到宗门，白师弟、杜师妹，此恩，一生不忘！"侯云飞凝重地说道。

"若能回到宗门……"杜凌菲目中露出憧憬，可很快轻叹一声，望了白小纯一眼，心底苦涩，她明白，自己三人此番能活着回去的可能……真的是微乎其微。

白小纯也沉默了。

时间流逝，一晃两天过去，三人几乎没有任何休息，全力疾驰，途中多次拿出传信玉简尝试，始终失败。

侯云飞的伤势加重了，杜凌菲也是面色渐渐苍白，疲惫加上伤情，使得二人心神憔悴。

"可惜我们无法躲藏，要尽快传信给宗门，那落陈家族的仪式按照我的估算，就快完成了，一旦完成……那位筑基老祖就会亲自出现，我们躲得再严密，也都必死无疑。"侯云飞轻叹，向着白小纯与杜凌菲说道。

就在这时，白小纯忽然神色一变，拉着杜凌菲与侯云飞，直奔一旁山坳，猛地蹲下。

侯、杜二人面色变化，立刻收声。

没过多久，忽然地，天空上有一道长虹呼啸而过，那长虹是一片血雾，雾气内有一个凝气八层的落陈家族的族人，正低头四下打量，因白小纯之前躲避得及时，这落陈家族的族人没有在此地停留太久，远远离去。

白小纯心脏怦怦跳动，看着对方远去的身影，目中血丝更多，可他明白自己不能出手，除非可以瞬杀此人，不然的话，怕是用不了多久，更多的落陈家族的族人就会出现。

"他们追上来了……"杜凌菲心底轻叹，看着白小纯，犹豫了一下，正要说些什么时，却被白小纯一把拉住，向前疾驰。

一路三人越发沉默，四周的天地仿佛都压抑起来，让人心底升起强烈的不安，似乎死亡的阴影，越来越大，要将三人压垮。

"我们还有希望！"侯云飞忽然说道。

"那落陈家族的老祖身为筑基修士，虽强大远超我等，但他的阵法，不可能无边无际，我侯家老祖也是筑基修士，我曾有幸看到他老人家布置过一个阵法，可覆盖方圆万里，这还需要提前去烙印一些节点才可。"

"侯师兄的意思，是说哪怕这落陈家族的老祖再提前准备，就算超过万里也不会太多？"杜凌菲目中露出光芒，立刻说道。

"没错，所以我们距离落陈家族越远，使用传信玉简联系宗门的机会就越大，只要把消息传回了宗门，我们就得救了！"侯云飞坚定地说道。

"万里范围，按照我们的速度，差不多还需要八九天……"白小纯喃喃，咬着牙，继续前行。

一路上他们躲躲藏藏，一连遇到了数次落陈家族族人的身影，每一次都在白小纯对危机特殊的敏锐中避开。

可这种精神的高度集中，再加上不停歇的飞奔，又拉着杜、侯二人，他的疲惫感越来越强，面色也慢慢苍白起来。

而侯云飞与杜凌菲的伤势，也越来越严重，速度逐渐缓慢，到了最后，几乎是白小纯一个人拉着他们两个在前行。

这一次白小纯更谨慎小心，他性格稳妥，心细如发，又对危险敏锐，在他的警惕中，这一次一连熬过了三天。

这三天，三人躲躲藏藏，白小纯疲惫不堪，神色憔悴，在进入一处山谷时，没走出几步，白小纯心神忽然一跳，立刻带着杜、侯躲在一处大石后，可却慢了一下，有呼啸之音瞬间从天空传来，白小纯猛地一推二人，身体急速后退。

轰的一声，一道白光刹那从半空落下，直接轰在了这块石头上，大石崩溃四散，侯云飞喷出鲜血，杜凌菲也嘴角鲜血溢出，就在这时，一声冷哼从天空上传来：

"原来你们躲在这里！"

只见一个凝气七层的弟子，站在血雾上，左手拿着一片镜子，此刻右手一拍储物袋，手中出现了一枚玉简，正要传信。

"不能让他传信！"侯云飞焦急，杜凌菲面色苍白，正要勉强施展飞剑。

就在这时，后退的白小纯面色苍白，身体颤抖，眼珠子红了，狠狠地一咬牙，身体在后退时猛地一踏，他的右腿哆嗦，全部气血凝聚，轰的一声，他身后的地面直接碎裂，他的身体拔地而起，整个人飞跃，速度之快，化作一道长虹。

在那落陈家族的族人要传信的瞬间，白小纯已呼的一声，直接冲到了此人的面前，这落陈家族的族人面色一变，来不及传信，立刻后退，掐诀间左手拿着的镜子突然光芒一闪，数道白光飞出，冲向白小纯。

白小纯双目露出凶芒，竟没有丝毫闪躲，任由那几道白光轰在了身上，身体一个前冲，在那落陈家族族人骇然的瞬间，到了他的近前，右手双指黑芒一闪，直接卡住了他的脖子，狠狠一捏。

碎喉锁！

咔嚓一声，这凝气七层的族人睁大了眼，口中鲜血喷出，气绝身亡，直至死亡，他也没来得及传信。

白小纯此刻嘴角也溢出鲜血，一把抢过对方的储物袋，回到杜凌菲身边时，他身体一晃，险些摔倒，咬了一下舌头，强打精神。

"走！"他一把拉向杜凌菲与侯云飞。

"放开我！"侯云飞忽然开口。

"你们两个走，这样你们的速度会快上不少。"侯云飞望着白小纯与杜凌菲，果断开口。

"白师弟，你自己……"杜凌菲深深地望着白小纯，侯云飞的这句话，在数日前她就想说了，此刻正要开口。

"闭嘴！我这么怕死的人都拼命了，你们不能让我白白拼命，要走一起走！"白小纯怒吼，打断侯云飞与杜凌菲的话语，拉着侯云飞与杜凌菲，猛地冲出，二人沉默，没有继续开口，可那种感动，已深深在了心底。

白小纯更谨慎了，不断改变方向，数次避开了落陈家族的追杀，在又过去了三天后，黄昏时，天空有闪电划过，乌云弥漫，渐渐雨水落下，豆大的雨水洒落大地，使得整个天地都传来哗哗之声。

更有寒气扩散开来，侯云飞与杜凌菲身体一颤，被这寒气一激，面色更苍白了，白小纯焦急，知道二人熬不过寒气，于是找到了一处山洞，生起了火。

堵住火光不让光芒露出后，白小纯盘膝坐在那里，望着杜凌菲二人。

火堆发出啪啪的燃烧声，散出的温暖，渐渐驱散了外面的寒冷，杜凌菲与侯云飞面色渐渐恢复了一些，可还是苍白。

在这山洞里，三人沉默不语，都望着火，每个人的心中都升起疲惫。

"还有三天，我们就可以逃到万里之外了，哈哈，等我们回到宗门，立下这种大功，你们说宗门会怎么奖励我们？"白小纯呵呵一笑，打破了沉默。

杜凌菲望着白小纯，目光柔和。

侯云飞想要笑，可张开口时，一口鲜血喷出，面色更为苍白，身体摇摇欲坠。

这数日的逃亡，丹药都用完了。

白小纯立刻站起，刚要过去查看，忽然他神色一变，袖子猛地一甩，挡在了二人身前时，挡在洞口堵住火光的那些石块，此刻被人在外以大力，直接轰开！

第五十七章
我们都要活下去！

巨响回荡，石块激射，被白小纯挥散时，随着外面寒气的涌入，火堆摇晃，借助火光，可以看到山洞外，站着一个大汉。

这大汉极为魁梧，手持一把长枪，眼中露出寒芒，一身修为凝气八层，看起来比那陈越还要强悍一些的样子。

"少主判断得正确，如此寒雨天，你们有伤势在身，受不得寒气，定会躲避起来，陈某一连搜寻上百座山峰，果然找到了你们。"

几乎在这大汉开口的瞬间，白小纯身体蓦然冲出，他眼睛露出凶残之意，瞬间就与这大汉交手，轰轰之声回荡，大汉看似狂傲，可心中始终警惕，根本就没进山洞，身体立刻后退。

眨眼间，白小纯就追出了山洞，在那雷雨交加中，在那雨水的洒落里，与不断退后的大汉战在了一起。

可明显地，这大汉根本就不攻击，全力防护，白小纯眼见如此，内心咯噔一下，知道不妙，咬牙之下，不惜受伤，疯狂地厮杀过去。

寒风顺着山洞吹来，火堆熄灭，侯云飞挣扎要站起，可却再次喷出鲜血，杜凌菲银牙一咬，勉强操控飞剑，起身追出，在山洞外掐诀一指，帮助白小纯一起激战这大汉。

片刻后，一声凄厉的惨叫在这雷雨夜里传出，那大汉的胸口，被一把木剑直接穿透，而他手中的长枪，也在临死之际，刺入白小纯的右腿，尽管没有穿透，可却刺入了小半。

"你们逃不掉，少主很快就会到来！"大汉死死地盯着白小纯，口中吐出鲜血，脑袋一歪，气绝身亡。

白小纯面色苍白，身体颤抖，为了尽快击杀此人，他不得不以伤换杀，此刻右腿传来阵阵剧痛，低头时雨水落在他的身上，整个人湿漉漉的，血水染红脚下地面，他半个身子都寒冷了。

杜凌菲跟跄地跑了过来，看到白小纯的右腿，她的眼泪流下，到了近前，帮白小纯将那把长枪缓缓地拔了出来。

这中间的过程，如同是在撕裂血肉骨头，白小纯身体颤抖，可却没有哼出一声，对方死前的话语，还有明显拖延的举动，让他的心早已深深沉了下去。

他甚至都感受到了四周风声的波动，他明白，要不了多久，此番追杀来的所有的落陈家族族人都会出现。

不多时，在杜凌菲的搀扶下，二人回到了山洞内，那把长枪被白小纯收走，山洞内，白小纯呼吸急促，他右腿酸麻，好在没有伤到骨头，此刻被包扎住，虽有影响，可如今生死关头，这些也算不得什么了。

"我们现在就走，落陈家族随时会来！"白小纯深吸口气，站起身。

再看侯云飞，此刻已是奄奄一息，数日的折腾，他的伤势压制不住了，杜凌菲整个人憔悴，她的经脉一路受损，已断了一些，之前帮助白小纯时，她是颤抖中咬牙才完成，此刻抬头，凝望白小纯。

夜色下，她的双眸很美，有种特殊的神采。

"白师弟……

"不要管我们，你的速度快，你自己……走吧！"杜凌菲柔声开口，一旁的侯云飞也挣扎着坐起，疲惫地望着白小纯，点了点头。

"还有三天我们就可以逃到万里外，你们闭——"白小纯眼睛通红，话语还没说完，就被侯云飞虚弱地打断。

"白师弟，你逃出去后，传信给宗门，我和杜师妹或许还有一丝生机……"

白小纯惨笑，这种谎言，他又不是三岁孩童，岂能相信？他很明白，等自己逃出去后，等宗门到来时，哪怕再快……侯云飞与杜凌菲，也都必死无疑。

"也好，我死了，你就能走了。"眼看白小纯似要拒绝，侯云飞忽然笑了。

白小纯内心一颤，眼看侯云飞全身不多的灵气震动，似要自碎经脉。

"白师弟，你走，还是不走？"侯云飞平静地望着白小纯。

白小纯悲恸欲绝，身体退后几步，望着侯云飞与杜凌菲，他的苦涩复杂到了极致。

"如果……还有希望，如果……还有来生，我希望能有一个重新认识你的机会……白师弟……活下去！"杜凌菲挽了一下被寒风吹起飘在面前的发丝，别到了耳后，秀脸在这一刻尽管苍白，可却有比以往更动人的美丽，凝望白小纯，轻声喃喃。

"活下去"这三个字在传出的刹那，白小纯身体猛地震动，仿佛是被一个重锤，轰在了胸口，让他觉得胸口很痛，他怔怔地望着杜凌菲，望着侯云飞，沉默下来，半晌后他不知道自己是什么思绪，一言不发，身体蓦然后退，消失在了二人的面前，出了山洞，在那雷雨中直接飞跃到了半空。

眼看白小纯选择了离去，侯云飞心底一松，杜凌菲默默凝望，目中露出祝福与诀别，她真的希望……可以时光倒流，回到当初第一次看到白小纯时，那样的话，她就可以重新地去……认识白小纯。

四周寂静，可就在这时，突然地，侯云飞与杜凌菲，凝望山洞外半空中的白小纯时，面色猛地大变。

只见半空中的白小纯，他的修为在这一瞬，轰然爆发，体内灵气不断地释放出来，向外扩散时，就连那些雨水都被扭曲。

如同是黑夜中的熊熊燃烧的火把，就连冰寒的雨水也都无法将其浇灭，距离很远都可以清晰地感受。

天空闪电雷霆轰鸣而过时，这四方冲向此地的落陈家族的族人，全部察觉。

尤其是陈恒，更是目光一闪，这一刻所有人都被白小纯吸引。

白小纯身体一晃，蓦然向着远处疾驰冲击，飞跃山洞所在山峰时，杜凌菲与侯云飞的身边，传来白小纯低沉中带着坚决的声音：

"我引走他们，你们找机会……快走！"

杜凌菲眼泪流下，她的心底此刻翻起滔天大浪，侯云飞更是身心全都在颤动。

与此同时，白小纯速度之快，爆发出了全力，向着另一个方向，呼啸而去。

"都死了，都死了，落陈家族，我灭不了你们家族，可灵溪宗，一定会到来灭你全族！"白小纯一边飞奔，一边发出凄厉的惨笑，疯狂的声音，在这一刻蓦然传出，他冲去那处方向，看起来似乎一样可以逃出万里范围，且他给人的感觉，明显是歇斯底里，哪怕死亡，也要冲出去传出信息的模样。

这一幕，让陈恒面色一变，来不及多想，所有人都爆发全部速度，轰轰间，在这雷雨内向着白小纯，全部追杀过去。

雷雨交加，天地闪电轰鸣，片刻后，漆黑的山洞内，杜凌菲狠狠一咬牙，擦去眼泪，目中露出强烈的坚决。

她知道唯一救白小纯的方法，就是自己冲出这片范围，将消息传回宗门。

此刻她看向侯云飞，侯云飞目中露出一样的坚定。

"不用扶我，我们分成两路，无论是谁第一个冲出去，都立刻让宗门来救白师弟！"侯云飞已决定，哪怕自己死，只要有最后一口气，也要冲出去，让宗门救白小纯。

二人深吸口气，冒雨冲出，在山洞外分开，向着远处拼了一切地飞奔而去，他们的身体已到了极致，可他们的意志，在这一刻似乎超越了身体的极限，成为了一股强烈的执着。

雷声轰鸣，闪电划过，白小纯此刻全力狂奔，右腿早已失去了知觉，此刻他眼睛通红，死亡的危机充斥全身。

他害怕，他怕死，他觉得死亡已快要追上自己，要将自己拖入深渊。

他不知道自己方才的举动是不是冲动了，也不知道自己会不会后悔，毕竟他修仙是为了长生，这些他没有答案。

甚至在这一路上，他的心底也有一个声音在告诉自己……独自逃走吧……

他只是忘记不了这段日子的相依为命，同生共死，忘记不了脑海里，侯云飞以死来要挟自己，让自己逃命的身影，忘记不了杜凌菲苍白的脸上，那比往常更美丽的笑容。

在怕死与情谊之间，他选择了后者！

"杜师姐、侯师兄，我们都要活下去！"白小纯咬了咬牙，玩命地飞奔。

"落陈家族，你们如此赶尽杀绝，那么就来吧！"白小纯眼中露出凶芒，好似绝境之中伸出利爪的野兽。

第五十八章
困兽犹斗！

雨夜，雷鸣轰隆，闪电划过苍穹，使得天地忽明忽暗，巨响回荡，豆大的雨滴不断地洒落大地，发出哗哗之音。

远远看去，整个天地间都笼罩在雨幕内，一片模糊，滋生无边肃杀。

地面上，白小纯身体颤抖，双眼赤红，正爆发出全部速度，飞奔前行，时而狠狠一踏地面，顿时跃起，一路如离弦的利箭，呼啸而去。

"活下去，我们都要……活下去！"白小纯哆嗦，口中不断说着这句话，杜凌菲与侯云飞的身影，在他的脑海里浮现。

死亡的阴影降临，似与雨水融在一起，使得四周越发地冰寒。

在他的四周，此刻从各个位置，有八道身影，正急速追击，尤其是陈恒，他虽距离最远，在众人之后，可速度却极快，正从远方化作长虹，一路穿梭雨幕，越来越快，那雨幕在他的面前，竟发出阵阵音爆之声。

"你逃不掉，没有人可以逃出我落陈家老祖布置的阵法！"陈恒眼中杀机一闪。

这一路追杀对方三人，就算是他也没想到，这几个灵溪宗的外门弟子，居然这么能逃，如今还有数日，甚至就可以逃出老祖阵法范围，尤其是此刻正被自己追杀之人，修为不俗，能击杀陈越不说，这一路还灭杀了他带来的几个陈家族人。

这让他更为确定，对方必定是灵溪宗南岸声名赫赫的上官天佑、吕天磊这二人之一，毕竟这片范围，属于南岸掌控，北岸一般情况下不会出现。

"灵溪宗天骄……"陈恒目中杀机更强，甚至还隐隐出现了兴奋之意。

雷霆轰鸣，白小纯咬牙疾驰，他的呼吸急促，他体内的灵气正快速地消耗，天地一片模糊，仿佛一尊远古凶兽张开大口，遮盖了四方苍穹。

猛然间，白小纯蓦然抬头，血色的目中，凶悍顿起，看向前方时，他前方数十丈外，雨水突然波动，一股大力砰砰传出，竟让无数雨滴碎裂，直奔白小纯而来。

在那雨幕后，赫然出现了此番第一个拦击白小纯的落陈家族族人！

那是一个中年男子，他脸上有一道疤痕，整个人看起来很是凶恶，一身修为凝气七层大圆满，此刻迈步来临，右手中拿着一把巨大的战斧，如一阵狂风，在临近的瞬间，大吼一声，双手持斧，迎面向着白小纯，狠狠一斩！

"给我滚回去！"中年男子声音如闷雷炸开，回荡四方。

白小纯眼珠子通红，身体竟没有半点停顿，在对方斧头落下的刹那，一头冲去，左手蓦然抬起，直接去按向斩来的斧头！

中年男子冷笑，双手凝聚修为更多，使得斧头在落下时，掀起狂风。

白小纯的左手在抬起的刹那，黑芒一闪，不死铁皮在这一刻爆发，使得他的左手看起来，已成黑色，瞬间就与斧头碰到了一起。

轰的一声，白小纯的左手，一把抓在了斧刃上，力道之大，竟使得四周的雨水全部翻滚四溅。

剧痛传来，鲜血留下，可不死铁皮的强悍，尤其是此刻被白小纯全力展开，使得他的手掌虽有鲜血溢出，可却没有断裂。

中年男子皱起眉头，用力一拽，可白小纯的手如铁钳一样，死死地扣住了大斧，这中年男子一拽之下，竟无法撼动丝毫。

这一幕，立刻让这中年男子面色一变，他抬头时，看到的是靠近自己的白小纯目中的疯狂！

这种疯狂，他从来没有在任何人身上看到过，只在落星山脉内的那些处于绝境的凶兽目中，似曾见过。

这一幕，让中年男子内心猛地咯噔一下，全身上下瞬间出现了数道防护之光，双手没有任何迟疑松开斧头，身体蓦然后退。

他快，可白小纯更快！

白小纯左手在扣住这大斧的瞬间，右手一样出现黑芒，在闪电划过天空的刹那，他漆黑的右手直接就出现在了这中年男子的面前。

刹那临近，穿透中年男子身体外的防护之光，咔咔之声回荡时，那些防护之光一一碎开，白小纯的右手势如破竹，瞬间就穿透一切，更是在这一刻，似乎于白小纯这种极致的状态下，他的碎喉锁与平常出现了不同！

竟然……有一股吸力，从他的手掌内爆发出来，使得中年男子的退后，猛地一顿，还没等他反应过来时，眼前的世界，已被白小纯右手的黑色，彻底取代！

轰的一声，白小纯的右手直接就卡在了中年男子的脖子上，面部凶狠地狠狠一掐！

咔嚓一声！

中年男子目中露出无法置信，口中鲜血溢出，甚至都无法传出惨叫，随着脖子内所有的骨头在这一刻被生生捏碎，他的头颅立刻耷拉下来，气绝身亡！

直至临死，他都双眼带着骇然，他虽知道对方强悍，也始终有准备，方才出手不是为了击杀对方，而是要去阻挡周旋，拖延时间，可却没想到，这瘦小的灵溪宗外门弟子，居然强悍到了这种程度。

就在这中年男子死亡的瞬间，远处有两道身影，急速靠近，其中一人赫然是与陈越一样的凝气八层。

"陈忠！！"眼看中年男子死亡，这来临的二人顿时悲吼。

"这是你们逼我的！"白小纯右手一甩之下，将中年男子的尸体扔出，他呼吸急促，身体一晃改变方向，再次狂奔，他全身颤抖，可他的双眼内，凶暴之意，比之前还要强烈。

他知道自己不能被阻拦停顿，而他原本的打算，就是引走落陈家族族人，此刻骤然改向，所去之处，可以遥遥看到那里有一片连绵不绝的山脉之地。

此山脉不是边界，所以无名，可山脉之纵，不在落星山脉之下，甚至看起来更为磅礴，尤其惊人的，是天地的雨水在那里，仿佛倾斜得更多，甚至闪电雷霆，也大都是在那里凝聚。

抬头看去，还可以看到无数闪电连接成为一个个闪电球，此刻正随着雨水轰隆隆地炸开。

呼的一声，白小纯飞奔，他身后那两个落陈家族的族人，正死死地追击，甚至四方在这一刻，也都能遥遥看到其他的落陈家族的族人。

尤其是远方一道长虹，如同匹练，正是陈恒，也在飞速靠近。

随着四周落陈家族的族人不断临近，白小纯距离那片山脉丛林越来越近，已不到数十丈，他全身湿透，狠狠一踏地面，身体飞跃而去，眼看就要冲入山脉丛林内。

"拦住他！"远方陈恒传出阴沉之声。

就在这时，距离白小纯最近的落陈家族两位族人，其中那位凝气八层的男子，低吼一声，一把抓住身边的凝气七层的族人，二人对望一眼，立知对方心思，凝气七层的族人全身立刻收缩在一起，成了一个球形时，被那凝气八层的男子向前狠狠一扔。

轰的一声，全部修为之力的凝聚，在这一刻爆发下，那缩成一个球的凝气七层的族人，身体猛然间速度暴增，呼啸中穿梭雨幕，竟眨眼间就追上了白小纯。

刹那临近时，这凝气七层的族人，修为蓦然展开，击杀来临，巨响回荡，白小纯身体停顿，转身时掐诀一指，木剑呼啸而去，可那落陈家族的族人，竟不顾生死，任由木剑穿透身体，在死亡的刹那，他嘴角露出诡异的笑容。

他身体轰的一声爆开，化作无数血肉，成为一条血肉绳索，要将白小纯缠绕。

白小纯面色一变，身体立刻后退，但就在他这分心退后的刹那，一声尖锐的破空之声蓦然从他身后传来，那是一支箭！

正是那凝气八层的族人射出，他手中拿着一把大弓，此刻弓弦还在震动。

取的正是白小纯无法闪躲的关键时刻，与之前不惜死亡的凝气七层族人，配合得极为巧妙！

危急关头，白小纯眼中一闪，他身体强行停顿，似主动地靠近那支来临的利箭。

呼的一声，这支掀起破空之声的利箭，直接落在了白小纯的身上，剧痛传来，白小纯面色苍白。

而这支箭穿过他的右侧肩胛骨时，似巧合一样被骨头卡住，因此箭材质不俗，更是凝气八层射出，力道极大，被骨头卡住后，竟带着瘦小的白小纯直接飞出，避开了血肉绳索的缠绕！

当的一声！

这支箭带着白小纯的身体，狠狠地刺在了丛林边缘的一棵大树上，将白小纯的身体，死死地钉在了上面！

不远处那位射出此箭的凝气八层族人，眼中露出狂喜，身体一晃，在急速靠近的同时，右手开弓，要射出势在必得、灭杀白小纯的第二箭！

远处，其他的落陈家族族人，也都一个个露出残忍之色，呼啸靠近，可就在这时，急速来临的陈恒，却面色一变。

"小心！！"

第五十九章
你死我活！

几乎在陈恒声音传出的瞬间，被钉在了大树上的白小纯，猛地抬头，他目中露出悍戾，左手抬起，竟一把抓住了右肩外的箭尾，不顾此箭于体内有倒刺，向外狠狠一拽。

鲜血大量地喷洒出来时，那支箭被他带着几块血肉一把拽出，白小纯痛得身体强烈地哆嗦，但却没有任何犹豫，紫气驭鼎功在这一刻全面爆发，凝聚为举轻若重，向着来临的那位凝气八层的落陈家族族人，直接一甩而去。

尖锐的破空声在这一刻蓦然传出，回荡四方时，这支箭以更快的速度，呼啸直奔凝气八层的落陈族人。

举轻若重之下，这支箭的力度之大，如同山岳。

与此同时，白小纯身体坠落，双手掐诀一指，立刻木剑呼啸飞出，形成双杀，顿时肃杀之意惊天。

那位正要开弓射出第二箭的落陈家族族人，此刻面色大变，他没想到白小纯这里居然这么狠，甚至此刻回想，方才对方选择中箭，或许本就存在了这个目的。

他身体猛地退后，作为凝气八层大圆满的族人，他常年在落星山脉内与凶兽交战，经验丰富，此刻虽失去了主动，处于危机，可他在这后退时，竟没有立刻施展防护，而是用这闪瞬即逝的宝贵时间……将那拉开了一半的弓，完全拉开！

"你挡不挡？"他低吼时，第二支箭呼啸而出，直奔白小纯，目中露出狰狞。

在他看来，白小纯必定会用木剑去阻挡，如此一来，他这里面临的就不是双杀，就可以化解危机，从被动变为主动。

可就在这时，白小纯血红的眼珠子内，露出疯狂，他不能留给对方丝毫机会，一旦被缠上，很快其他人就会临近，到了那个时候，自己必死无疑。

他一咬牙，没有操控木剑去阻挡丝毫，任由那支箭临近，从自己的腹部穿透而过，而他的箭，也在这一瞬大力爆发，从落陈族人的胸口猛地刺入，带起鲜血时，这凝气八层的族人发出凄厉的惨叫，目中露出震惊，身体借力正要后退。

可就在这时，白小纯的木剑，如索命一般，刹那来临，在这凝气八层的族人脖子上一绕，眨眼间，头颅掉落。

做完这些，白小纯喷出一口鲜血，没有丝毫停顿，转身直奔身后丛林冲去，很快消失在了丛林中。

也就是十几个呼吸的时间，一道道从四周直奔此地的落陈家族的身影嗖嗖而来，纷纷心惊，他们方才亲眼看到了那一幕幕，对于白小纯的狠辣，他们触目惊心。

落陈少主陈恒，也身体一晃，出现在了丛林边缘。

他望着失去了头颅的那位凝气八层的族人，又看了眼化作血肉绳索的那位，沉默下来，目中露出更强烈的杀机。

"陈风、陈古，你们两个去搜寻其他范围，防止被此人调虎离山，其他人……跟我进去，不取出此人头颅，决不回来！"陈恒袖子一甩，当先踏入丛林内，在他身后，五个落陈家族的族人，三个凝气八层，两个凝气七层。

那两个凝气七层倒退，遵从陈恒的命令，外出搜寻，而那三个凝气八层，则是一个个目中凝聚杀意，随着陈恒冲入丛林。

无名山脉丛林内，白小纯头晕眼花，他的肩膀、腹部、右腿，此刻全部都有严重的伤势，在这雨夜中寒气侵入，使得他本就颤抖的身体，更哆嗦了。

"要死了吗……"白小纯惨笑，他看着自己身上的众多伤势，那种入骨的刺痛，让他的眼泪在眼圈里打转。

他的脑海中浮现了当初爹娘病逝前，自己望着他们逐渐冰冷的尸体害怕的一幕幕。

或许，是从那个时候起，他开始特别地害怕死亡。

"我要活着！"白小纯抬起左手擦去眼角的泪，他狠狠地咬着冰冷的牙，在这丛林内急速飞奔，他不知道要去什么地方，也不知道以后会如何，他脑海里此刻只有一个强烈的念头：

"活下去！"

对于死亡的恐惧，在这一刻同样也爆发出了无穷的力量，支撑着白小纯，在这雷雨夜里，急速前行。

甚至他慢慢发现，自己的修为在这几次的生死交战后，竟出现了松动，似乎距离突破凝气六层，已经不远。

渐渐地，远处的天边出现了初阳，一束束阳光穿透树叶，落在林间的雨珠上，折射出美妙的光芒，只是雨水却始终没有停下。

白小纯的身后，丛林内陈恒等四人，也在急速飞奔，陈恒的面色越来越难看，对方的速度太快，哪怕是有重伤在身，可于这丛林内，自己等人竟始终无法追得上，甚至此刻追了一夜，居然有些找不清对方所在的方向。

尤其是这场雷雨，洗去了所有的痕迹，就算他们身为居住在落星山脉的修真家族，常年在丛林内与凶兽打交道，于这大雨天，也都无法看出踪迹。

"分散寻找，此人重伤，逃不出太远，你们三个间隔百丈，一旦发现此人，不要开战立刻后退，传信给我！"陈恒咬牙，一字字开口时，他身后的三个凝气八层的族人心底迟疑了一下，纷纷点头，各自散开。

时间流逝，一天后，白小纯全身的疲惫，已到了一个临界点，若非是强烈求生的意志在支撑，早就倒下了。

他双唇干裂，面色憔悴，就连速度也都慢了下来，又前行了一炷香的时间后，忽然地，他面色一变，看向右侧时，看到了一道身影从那里飞跃而起，不是冲向自己，而是向后逃遁。

这是一个长脸青年，正是三个凝气八层的落陈家族族人之一，他此刻后退时，右手拿着一枚玉简，狠狠一捏，立刻传信出去。

白小纯心底一沉，身体猛地加速，向着丛林深处疾驰。

长脸青年面色变化，对于白小纯，他已心存忌惮，正迟疑是否追击时，立刻眼中露出喜色，只见在远处百丈外，此刻有两个身影，正急速而来。

这二人都是凝气八层，而更远处，一道长虹飞天而起，正是陈恒。

三人向着这里，呼啸临近，看他们的速度，那两个凝气八层的族人，十息就可临近，而陈恒，最多二十息，也会出现。

长脸青年大笑，有了决断，全身修为轰然爆发，更有大量的防护之光出现，右手一拍储物袋，立刻手中出现了一把大剑。

这大剑足有七尺之长，外表看起来很是古朴，被长脸青年拿在手中，挥舞时划破四方，锋利无比，他目中杀机一闪，狞笑中展开全速，直奔白小纯追击。

"灵溪宗的天骄，杀起来定然很让人愉悦，比杀那些散修应该更有成就感！"长脸青年笑声传出，手中长剑向前狠狠一斩，顿时一道剑光划破四方，形成了破空的风声，左手掐诀时，向前一指，立刻一个拳头大小的火球出现，飞向白小纯。

轰的一声，尽管有雷雨，可这火球依旧在爆开时，散出炽热，使得四周掀起冲击，白小纯身体一顿，转头时眼中露出杀机，他知道若不解决了对方，自己无法继续逃走。

但就在白小纯转身的瞬间，长脸青年忽然后退，目中露出讥讽，他绝不会给白小纯机会，也绝不会靠近，他的目的只有一个，牵扯白小纯。

白小纯握紧了拳头，身体一晃再次疾驰，可很快地，那长脸青年又来干扰，几个呼吸后，另外两个凝气八层的族人，也都临近，看到了白小纯后，二人全身修为爆发，直奔白小纯。

与此同时，那长脸青年大笑一声，不再避开，而是速度全部展开，与另外二人一起，从三个不同的方向，杀向白小纯。

三位凝气八层，此刻在这击杀下，远处飞来的陈恒，也都心底松了下来，知道这一次，对方即便是再有什么手段，也都必死无疑。

"可惜，你没有成长起来的可能了。"陈恒淡淡开口，可眨眼间，他面色突然一变。

只见远处的白小纯，他的四周三道身影呼啸临近，各自展开神通术法杀来时，白小纯右手掐诀，木剑呼啸而出，直奔其中一人，同时右手握拳，向着另一人一拳轰去。

巨响回荡，木剑被阻挡，他的那一拳落下，使得一个凝气八层的族人嘴角溢出鲜血，身体虽退后，可白小纯这里一样鲜血喷出，伤口裂开，还没等他后退，长脸青年蓦然靠近，手中的长剑散出锋利之芒，一剑刺来。

危急关头，白小纯勉强避开心脏的位置，那把长剑瞬间从他的胸口穿透，剧痛使得白小纯全身汗水控制不住地泌出，他哆嗦了一下时，长脸青年笑声传出，正要抽回长剑，突然地，白小纯一把抓住胸口的长剑，身体竟猛地向前一冲，任由长剑在身体内摩擦而过，只余剑柄。

以此为代价，他整个人，直接就出现在了长脸青年的面前，在这长脸青年一愣之后骇然，头皮都要炸开，被强烈的生死危机笼罩，猛地松开手要后退时，白小纯闪烁黑芒的右手，一把抓住了长脸青年的脖子。

"你……"长脸青年睁大了眼，可话语没等说完……

咔嚓一声！

直接捏碎！

第六十章
生死激战

这一幕太快，电光石火间，三位凝气八层的落陈家族族人，就立刻死亡一人，其他二人倒吸口气，但此刻来不及多想，杀向白小纯。

白小纯嘴角溢出鲜血，哆嗦中身体倒退，直接撞在身后的大树上，胸口的长剑被猛地撞出时，他右手一把抓住此剑，蓦然拽出，向着其中一人一剑横扫，可在对方避开的同时，另一个凝气八层的落陈家族族人已然临近，右手掐诀，一股大力爆发。

轰的一声，白小纯身体飞起，在半空中，他鲜血喷洒，全身衣服都成为血色，那两个落陈家族族人，同时追来，眼看生死危急，可白小纯依旧没有绝望，强烈的求生之意，让他发出一声低吼，掐诀时一把长枪，一把大斧，还有两把飞剑，同时被白小纯取出。

以他的紫气驭鼎功，向外狠狠激射开来。

那两个落陈家族的族人面色变化，施展术法，化作无数黑雾立刻阻挡，巨响回荡，冲击扩散时，那些法器都散落在四方，白小纯嘴角鲜血不断，跟跄后退。

"该结束了！"两个凝气八层的族人，第三次冲来，这一次速度更快，修为之力爆发到了极致，眨眼临近，就要击杀白小纯。

"活下去，我要活下去！"白小纯目中疯狂，体内灵气油尽灯枯，他发出一声沙哑的嘶吼，在这嘶吼中，他体内这些年来，积累在无数细微的经脉内、无数血肉骨头中的微弱灵力，如百川纳海一样，全面地爆发。

轰轰轰！

这些细微经脉内的灵气，之前在白小纯多次生死战时，就已经松动，此刻在这危急关头，终于全部苏醒，齐齐向着白小纯的主干经脉内涌入，眨眼间，就汇聚成为了一条大河，游走全身时，阵阵啪啪之声如敲鼓一样回荡，一路势如破竹，将不少经脉都冲击开。

与此同时，一股凝气七层的修为波动，在白小纯的身上，骤然爆出。

那两个来临的凝气八层的族人，察觉到白小纯身上凝气七层的波动，面色全部大变，甚至目中都有骇然与无法置信。

"战斗中突破！！"

"这……这怎么可能！！"二人心底骇然时，白小纯猛地抬头，他目中露出精芒，这股多出来的灵力，虽无法缓解白小纯的伤势，可却让他油尽灯枯的状态，涌入了甘洌，再次焕发出生机。

他身体一瞬冲出，竟直接出现在了一人的面前，在这落陈族人的惊呼中，他的右手全部漆黑，碎喉锁蓦然展开。

咔嚓一声，这凝气八层的族人，根本就无法闪躲，身体不受控制地直奔白小纯的右手，如主动送上去一样，被白小纯一把捏碎脖子。

另外一人，此刻头皮发麻，眼看白小纯看向自己，立刻发出凄厉之音，身体猛地后退，他的目中露出强烈的恐惧，对于白小纯，他已被震慑了心神。

"少主救我！！"在后退时，这最后一个凝气八层族人，发出焦急之声。

此刻的陈恒，距离这里不到三十丈，眼看这一幕在眼前发生，他发出怒吼：

"你找死！！"

白小纯看都不看陈恒一眼，右手掐诀一指，立刻四周散落的那些法器，在这一刻全部颤抖，发出强烈的嗡鸣声，如同响应白小纯的呼唤。

刹那全部飞起，速度之快，比之前超出太多，一瞬就直奔此刻已然来临，正要靠近这里的陈恒，去阻挡他的脚步。

砰砰之声回荡，被那些法器阻挡，即便陈恒凝气九层的修为，也都无法瞬间碎灭，被阻挡了一下。

在陈恒被阻挡的同时，白小纯身体一晃飞出，临近那位逃遁的凝气八层族人，眼中杀机弥漫，一拳轰去。

轰的一声，凝气八层的族人喷出鲜血，正要继续后退，却没有看到白小纯的左手早已掐诀，一把木剑从这凝气八层族人的身后，无声无息，一瞬而来，刹那就穿透这凝气八层族人的头颅，沾染鲜血，出现在了白小纯的面前。

那凝气八层的族人睁大了眼，呆呆地看着整个世界，身体砰的一声，坠落地面，抽动了几下，口中不断溢出鲜血，很快目中黯淡，气绝身亡。

做完这些，白小纯身体一个踉跄，他虽修为突破，可方才这一系列的击杀，将修为消耗一空，此刻嘴角鲜血不止，他身体猛地后退，再次逃入丛林内。

他知道，此刻对方只剩下了最后一人，而此人也正是最强者，那一身凝气九层的修为，白小纯早就感受。

"凝气九层……"白小纯心底苦涩，可强烈的求生意识，让他心中有血火在燃烧，他明白，这一次，不是对方死，就是自己亡！

没有第三个选择。

几乎在他后退的瞬间，陈恒发出一声惊天的怒吼，全身血雾向外轰隆隆地扩散，那些法器在这一刻，一个个都颤抖中出现了碎裂的征兆，很快就轰然崩溃，血雾内，陈恒瞬间飞出，他呼吸急促，看着四周的三位族人的尸体，发出更为愤怒的嘶吼，一样红着眼，向着白小纯离去的地方，急速追去。

二人一个逃，一个追，在这无名山脉丛林内，向着深处越走越远，天空雷霆轰鸣，虽是白天，看不清闪电，可这雨水却越来越大。

"你是上官天佑，还是吕天磊？"陈恒带着杀意的声音传出，他掐诀间，四周有九道血雾，如同九条血蟒，在他前方不断穿梭，时而吐出血光直奔白小纯。

"我是你爷爷！"白小纯面色苍白，可灵觉敏锐，多次避开，眼看身后的那位落陈家族的少主越来越近，白小纯哆嗦中身体突然跃起，向着前方摆出要飞奔的模样，在他身后陈恒也猛地要跃起的瞬间，白小纯一脚踏在前方的大树上。

这大树猛地震动摇晃时，白小纯的身体借助这股力量蓦然弹起，在半空转身，直奔身后追击的陈恒。

"不管你是谁，今天你死定了！"陈恒眼中杀机一闪，右手掐诀猛地一挥，四周的九条血蟒，向着来临的白小纯，张开大口就要吞噬。

白小纯眼珠子通红，低吼一声，双手掐诀时，体内不多的灵气散出，立刻一尊紫色的鼎，蓦然出现，将他身体笼罩在内，任由那九条血蟒吞噬而来，速度都没有减缓半点，一路轰鸣，向着陈恒砸去。

"雕虫小技！"陈恒冷笑，掐诀间那九条血蟒瞬间化作雾气，眨眼凝聚在一起，赫然形成了一个血色的骷髅头，飘浮在了头顶，与那砸来的紫鼎，直接就撞在了一起。

轰轰之声滔天，紫鼎颤抖，咔咔声下立刻碎裂，到了最后，直接就崩溃爆开，而那血雾骷髅虽然消散了大半，可却依旧还在。

几乎在这撞击声传出的刹那，崩溃的大鼎内，白小纯一冲而出，瞬间穿过碎裂的大鼎，直奔下方雾气。

与此同时，雾气内的陈恒目中一闪，在雾气稀薄的刹那，他身体在血雾下猛地向上冲出，右手掐诀中，整个右手被雾气缠绕，于手心内幻化出一个狰狞的鬼脸。

就在他冲出的同时，他迎面看到了白小纯。

二人目光对望，直接就碰触到了一起，一个是拳头，一个是手掌，一个是黑光闪耀，不死铁皮爆发；一个是术法妖异，鬼脸狰狞。

声响震耳欲聋，蓦然传出时，白小纯鲜血喷出，全身传出啪啪之声，整个人如断了线的风筝倒退，一路撞断了大量树枝。

而那陈恒只是身体一震，面色微微苍白，体内气血翻滚，对于白小纯的力量之大，也是心惊，此刻身体一晃飞出，刹那追上白小纯，右手抬起时，他四周雾气轰然扩散，竟覆盖十多丈范围，形成一张巨大的人脸，随着他一起，向着白小纯镇压过去。

白小纯目中露出被逼到了死亡边缘后的凶狠，身体在半空狠狠一扭，转身时右手猛然抬起，向着陈恒一指，这一指之下，他的紫气驭鼎功蓦然爆发。

不是去操控物品，而是去操控陈恒的身体，这种用法，陈恒前所未闻，立刻感受一股大力笼罩四周，如有一个看不见的手掌要抓住自己的身体。

陈恒冷笑，修为猛地扩散，身后血色人脸发出一声低吼，咔咔声回荡，白小纯的灵气直接断开，可陈恒也因此身体微微一顿。

在他一顿的瞬间，木剑呼啸而去，直奔陈恒，同时白小纯身体也猛地冲出，不惜代价，全身不死铁皮运转，轰鸣而去。

"可笑！"陈恒袖子一甩，身后血色人脸穿透他的身体，向着下方镇压，轰鸣中与木剑碰触，木剑颤抖，可却没有崩溃，而是穿透了这血色人脸，豁出了一个缺口。

白小纯的身体顺着缺口，凭着不死铁皮，拼着受伤，直接冲出，陈恒双眼一闪，右手掐诀再次一指。

立刻有一道弧形血光出现，如一把弯刀，直奔白小纯。

刹那间，这弧形血光从白小纯身上直接轰落，白小纯胸口血肉模糊，可他的拳头，凝聚全身修为，同样　拳落下。

巨响传出时，陈恒身体一震，退后几步，面色苍白了一些，但白小纯的攻击没有结束，他的速度，在这一刻近乎透支，不要命地……全面爆发。

轰轰轰轰！

第六十一章
绝命一击！

白小纯的速度太快，此刻绕着陈恒，根本就不给他任何反应的机会，一拳一拳，一脚一脚，形成了一片狂风。

陈恒面色难看，掐诀间全身防护之光扩散，更有大量雾气散开，与白小纯在这丛林内，在这雷雨中，不断地交战，传出连成了一串的轰鸣声。

越战，陈恒越是心惊，对于眼前这个灵溪宗的外门弟子，他之前已给出了极高的评价，可如今亲自感受，还是明白自己低估了对方。

能连续击杀十多位族人，灭杀凝气八层并非困难，这种本事，绝非寻常凝气弟子可以做到，即便是灵溪宗身为大宗门，弟子明显比外面的修真家族获得的资源要好很多，可也不至于差距这么大。

"他的肉身太坚韧，这是什么炼体之法，居然能做到这种程度，而他的力气与速度，也都是炼得到！"陈恒大袖一甩，身体外的雾气猛地扩散，要将白小纯逼开，可白小纯不顾伤势，再次冲上来，轰鸣间，陈恒的面色越发苍白。

"而他最可怕的，是恢复力！若他的修为到了凝气八层……那么我不是他的对手！"陈恒无法想象一个人受了这么多伤，居然还能有这种爆发力，要知道那些伤无论换了谁，此刻估计早已昏死过去。

可偏偏白小纯这里，虽已是快要油尽灯枯，可却还能坚持。

"速战速决，早些杀了此人，免得节外生枝！"陈恒目中寒芒一闪，可就在这时，突然地，白小纯双眼闪动，身体蓦然后退，双手掐诀时，紫气化鼎再次出现，轰鸣间，这巨大的鼎直奔陈恒而去。

陈恒眯起双眼，身体外所有雾气蓦然凝聚，化作一只大手，向着大鼎阻挡，在双方碰触的刹那，大鼎竟没有任何力道，一碰就碎。

陈恒眼看如此，知道上当，可神色却没有什么变化，只是目中凌厉。

"红魔大法！"他淡淡开口，全身上下竟在这一瞬，出现了大量的血色，眨眼间，他整个人就成为一个红皮人。

几乎在他成为红皮人的刹那，白小纯的左脚直接绕出一个半圆，向着陈恒一脚卷来，掀起破空的风声，力度之大，已是全力。

陈恒冷笑，在白小纯左腿来临的刹那，他右手猛地抬起，向着身边一甩，直接就与白小纯的左腿，碰到了一起。

轰！

巨响传出，如同闷雷滚滚，其内更有咔咔之声回荡，白小纯痛得眼泪流下，身体蓦然后退，他睁大了眼看着陈恒，心底咯噔一下。

"这家伙的力量，怎么一下子这么大了，红魔大法，这全身变成了红色，竟使得他这么厉害！"白小纯痛得心头发颤，他的左腿此刻已扭曲，皮肤虽没有破，可血肉已被碾碎，骨头断裂。

陈恒那边，他的右手看似如常，可仔细去看，可以看到他的手在颤抖，皮肤更红了，至于内部，骨头弥漫着裂缝。

"你有炼体之法，我落陈家族，一样也有！"陈恒身体向前冲出，速度竟比之前快了不少，甚至超越了白小纯，仿佛此刻他换了一个人，力大无穷。

二人眨眼间在这丛林内，再次激战起来。

轰轰之声回荡，在这激战中，白小纯右腿有伤，左腿又碎裂，身体不稳，节节后退，那种死亡的危机，越来越强烈，而眼前的陈恒，更是白小纯至今为止遇到的最强敌人。

眼看危机到来，白小纯眼中血丝弥漫，右手突然抬起，手掌漆黑，碎喉锁之力展开，如同一道黑色的闪电，直奔陈恒脖子而去。

陈恒目中露出强烈的光芒，这一招他之前就看到过，早就提防，此刻全身红光一闪，在白小纯右手靠近的刹那，他一把抓住白小纯的右手，狠狠一捏，咔嚓一声，白小纯的整个右臂骨头顿时碎裂。

这一幕让陈恒皱起眉头，他没想到会这么简单，可紧接着心头就震动，想起之前与白小纯交手时，对方以伤换杀的狠辣手段，此刻立刻后退，脖子更是向后狠狠一扭。

与此同时，白小纯的左手带着黑光，蓦然临近，从陈恒的脖子前呼啸而过，没有停顿，而是一把扣在了陈恒的肩膀上。

碎喉锁之力爆发，咔嚓一声！

陈恒面色立刻苍白，汗珠流下，左侧肩膀的骨头，在这一刻全部碎裂，那种剧痛，让陈恒发出低吼。

他全身红光闪耀，传出一股大力，一把抓向白小纯的左手，白小纯想要收回，但此刻的陈恒，速度一样飞快，一把就抓住白小纯的手掌。

"死！"他眼珠血丝弥漫，低吼时左手掐诀，正要一指白小纯眉心。

白小纯目中狠辣之意浮现，身体竟猛地一抖，咔嚓一声，任由左手的手指断裂，抢起身子，使得右腿掀起破空之音，轰的一声卷在了陈恒的身上。

陈恒喷出鲜血，身体倒退开来，抓着白小纯的手，也不由得松开，使得白小纯快速后退。

这一退，二人之间空出十多丈的范围，白小纯双手已废，整个右臂碎裂，虽左臂还可以抬起，可手指都扭曲，无法施展碎喉锁。

尤其是他的双腿，此刻更是颤抖，左腿完全变形了，右腿鲜血弥漫，方才那一脚，使得他右腿的伤势更严重了。

此刻站不稳身子，只能靠在一棵大树上，狠狠咬了下舌头，强忍着不昏迷，气喘吁吁，他已到了极限，此刻全身上下，只有左臂可以动，其他的地方都麻木了，但却摆出一副依旧可以再战的样子。

而陈恒这里，此刻双眼赤红，他的左侧肩膀彻底碎灭，左手无法抬起，已然废掉，而胸口内更有几根骨头断裂，使得鲜血从嘴角不断溢出。

"我小看你了！"陈恒盯着白小纯，沙哑地开口，他没想到以自己的修为，击杀这重伤的白小纯，居然这么艰难，对方的炼体，在他看来近乎不死秘法一样，如此伤势，竟还没死亡。

而他这里也几乎施展了所有术法，就连红魔大法都展开了。

"不过，这场斗法，该结束了！"陈恒深吸口气，全身上下的红色，眨眼间如气化一样，从身体内升起，凝聚在半空，化作阵阵血雾，而他的身体也快速恢复正常的肤色，整个人似虚弱了不少，可却不知为何，给白小纯的感觉，却比方才还要危险数倍。

"红魔秘法，血刀……斩！"陈恒咬破舌尖，喷出一口鲜血，瞬间那鲜血就化作血雾，融入他四周的雾气内，雾气立刻翻滚，眨眼间竟化作了一把血色的长刀！

此刀虚幻，足有一丈多长，其内赫然有无数面孔幻化，一个个发出痛苦的嘶吼，随着陈恒一指，这血色的长刀直奔白小纯！

施展这秘法后，陈恒整个人再次虚弱，扶着一旁的大树，面色苍白，头发都花了一些。

"死吧！"他望着白小纯，目中露出残忍。

一股前所未有的强烈危机，在这一刻从白小纯的体内轰然爆发，甚至他有种强烈的预感，无论自己如何闪躲，都无法避开，如同被冥冥中锁定。

甚至他前方的地面，此刻都裂开了一道缺口，他身后的大树，都刹那枯萎，那把血色长刀，迎头……直接斩下！

白小纯身体颤抖，瞳孔收缩，他不想死，他害怕死亡，此刻身体颤抖时，眼看那长刀来临，他忽然脑海如有灵光一闪，没有任何迟疑，抬起左臂，向前一挥，这一挥之下，一道乌光从他体内蓦然飞出，眨眼扩大，阻挡在了他的身前，化作了一口……大锅！

正是龟纹锅！

在这大锅出现的一瞬，那血色长刀直接就斩在了锅上，传出了震耳欲聋的惊天之声，在这声音回荡时，那血色长刀颤抖，竟……寸寸碎裂，砰的一声，化作无数碎片崩溃开来。

而那龟纹锅，甚至连一道细微的裂纹都没有出现，只是被这股大力撞击，化作一道乌光，消失在了白小纯的体内。

"不可能！！"陈恒身体一颤，鲜血大口喷出，他无法置信自己看到的这一幕，他施展此法本就虚弱，此刻功法被破，体内反噬之下，灵力顿时枯竭，眼前都有些昏暗了。

"那是……那是什么东西?!"

"那是你龟爷!"白小纯死里逃生，嘴角溢出鲜血，站不稳身体，顺着身后的大树滑倒下来，坐在那里，他笑了，笑声带着惨烈。

"可惜，没有武器了……"他已感受到体内的生机正飞快地黯淡，眼前的一切，实际上都已模糊了，他想要再召唤木剑，却没有了力气，想要召唤龟纹锅，却发现就连召唤的灵气，也都没有了，更不用说打开储物袋了。

"不管你有什么秘密，死亡后，一切都没用了。"陈恒气喘吁吁，一样在此刻油尽灯枯，可终究是比白小纯好了一些，他盯着白小纯，沉默几息后，勉强直起身子，从储物袋内取出一把长剑，向着白小纯走去。

白小纯也望着他，沉默不语，目中露出茫然，他想到了村子，想到了大胖，想到了李青候，想到了灵溪宗，还有好多身影，杜凌菲，侯云飞……

一步一步，陈恒走到了白小纯的面前，低头望着整个人死气弥漫的白小纯，他看出了白小纯全身上下已废了，就连储物袋都无法打开，体内灵气更是枯萎。

"记住我的名字，杀你者……落陈家族，陈恒。"陈恒缓缓抬起手中的剑，这平日里他甩袖就可飞出的剑，此刻拿在手中都觉得沉重。

"杀死一个天骄，这种感觉非常好。"陈恒忍着要昏迷的疲惫感，目中露出凶残，右手拿着长剑，向着白小纯的胸口，狠狠刺去。

可就在他刺去的瞬间，白小纯唯一能动的左臂，猛然间向着一旁的地面狠狠一戳，咔嚓一声，手臂的骨头顿时碎裂，一截锋利的骨尖穿透了皮肤，蔓延出来足有四寸多长。

他的身体，在这一刻骤然撑起，左臂挥舞，速度之快，爆发出生命中最后一丝力气，在长剑刺入自己胸口的瞬间，他的手臂也落在了陈恒的脖子上，骨尖……直接刺入陈恒一侧咽喉。

做完这一切，白小纯身体倒下，气若游丝，整个人彻底地昏迷过去。

陈恒身体一震，这一切太快，快到他没有任何准备，快到他此刻疲惫的身躯，根本就无法避开，口中，脖子上，鲜血大量地喷洒出来，染红了四周的地面时，陈恒怔怔地看着白小纯左臂上染血的骨尖，他觉得荒唐，觉得不可思议，目中露出不甘心，他的未来，他的追求，他的一切，在这一刻，化作了一声惨笑。

　　"临死一击吗……"陈恒踉跄地退后几步，缓缓倒下，气绝身亡，直至死亡，他的双眼大睁着。

第六十二章
牛刀杀鸡!

　　无名山脉,丛林深处,雷雨不知从什么时候,渐渐弱了,直至黄昏时分,雨水停下,远处尽管只有黯淡的夕阳,可依稀还能看到一些残缺的彩虹。

　　似乎随着夕阳落下,这彩虹也渐渐地支离破碎。

　　从林内很寂静,就连血腥味也都消散,只有那一路上的尸体,见证着在这里,曾经发生了一场激烈的决杀。

　　陈恒倒在地上,直至死亡他的目中似乎都有一股意志存在,有不甘心,有不可思议。

　　在他的尸体旁,白小纯一动不动,如果他的生命是一团火,那么此刻这团火已经熄灭了九成多,只剩下一个火苗,在那里求生地挣扎。

　　许久,有脚步声从远处传来,踩着浸在泥水中的落叶,一步步临近,直至站在了陈恒的面前,脚步声消失。

　　那是一个老者,穿着一身黑色的长袍,一头白发飘摇,脸上的皱纹很多,一股浓浓的岁月沧桑之意,在他的身上遮盖不住,仿佛他在这片天地内,存活了太久太久,甚至这沧桑已化作了死气,笼罩四方。

　　"执念凝魂……身死却魂不散,可堪一用。"沙哑的声音,带着虚无缥缈之意,回荡在四周时,陈恒尸体的眉心突然裂开一道缝隙,一丝丝青色的气飘散出来,直至凝聚在半空时,化作了一个巴掌大小的模糊魂影。

　　正是陈恒,只不过他的目中露出茫然,仿佛失去了一切神志,瑟瑟发抖。

老者右手抬起一指，立刻陈恒的魂飞出，融入他的手指内消失不见。

这神秘的老者收走了陈恒的魂后，转头默默地望向白小纯，神色有些复杂，渐渐目中露出追忆。

"没想到，又看到了……不死长生功……"老者闭上了眼，半晌之后轻叹一声，这叹息似乎改变了四周的虚无，使得这一片区域，仿佛时间的流逝与往常不一样了，如与世界隔绝。

无数草木摇晃，眨眼间如寂灭般，化作了尘埃。

陈恒的尸体，肉眼可见地枯萎，也就是几个呼吸的时间，他整个人都成为骸骨，直至化作了灰尘，融入泥水里。

唯独白小纯，他不但没有腐朽，反而有大量的生机无形来临，融入他的身体内，飞速地修复他重伤的身躯。

老者闭着眼，站在那里，如一尊雕像，一动不动，他的身上若仔细去看，似乎……没有气息，没有生机，整个人仿佛并不存在于这片世界里，如一缕不愿往生的残魂。

与此同时，在陈恒死亡的瞬间，落星山脉内，落陈家族中，那位落陈老祖，他猛地睁开眼，心中升起阵阵不安，他目光扫过四周族人，尽管看到了派出去的十个族人，死亡了七位，可陈恒的魂魄依旧还在，心底这才安稳了一些。

"只不过三个外门弟子而已，怎么会这么久……或许现在恒儿已将那三位小辈击杀，正在回来的路上。"落陈老祖沉吟时，那种不安的感觉还是存在，他双眼一闪，又派出几个凝气七层的族人，外出探查。

做完这些，他目中露出强光，深吸口气。

"不论如何，还有一天的时间，逆血大法，就可以成功了！"落陈老祖一咬牙，将一切不安的思绪压下，他明白自己没有退路，也没有别的选择，只要再熬过一天……一切足矣！

同样是在这个时候，在距离落陈老祖的阵法范围，不到十里的一片山谷内，侯云飞面色惨白，无法继续前行，整个人喷出鲜血，惨笑中倒下。

"白师弟……对不起，没能救你……"他昏迷前，死死地握着拳头，心中充满了悲伤与无助。

另一个方向，杜凌菲披头散发，整个人憔悴到了极致，她全身的经脉已断了七七八八，样子看起来也都与往日的明媚截然不同。

她双眼无神，如同行尸走肉，全凭着一股惊人的意志支撑，此刻踉跄地疾驰，她的手中拿着一枚玉简，此刻脑海里只有一个强烈的念头。

冲出去，传信宗门，救……白小纯。

一步一步，摔倒了就再爬起来，哪怕全身衣衫破损了不少，哪怕鲜血已都快干枯，哪怕她的眼前早就模糊，可她依旧……坚持地向前飞奔。

时间缓缓流逝，杜凌菲早就忘记了身体的伤势，忘记了自己的生命，她不知走了多久，直至在迈出一步时，全身猛地一颤，仿佛从水面出来了的感觉，让她无神的双眸内，在这一刹那出现了强烈的神采。

"出来了吗……"杜凌菲双唇干裂，此刻颤抖中一把捏住手中的玉简，这半个月来始终没有动静的玉简，在这一刻猛地震动了一下，似乎一条无形的通道，穿越一切空间，将她这里与宗门……连接到了一起。

"落陈家族叛变，冯师兄战死，侯师兄生死不明，白师弟……为救我们引走敌人，正被追杀，弟子杜凌菲，求宗门……速速救援。"杜凌菲传出音讯后，整个人一下子瘫软下来，坐在那里，回头望着身后的天地，眼泪流下。

她忘记不了白小纯归来时的铁血身影，忘记不了白小纯冲出引走落陈家族时的悲壮，也忘记不了这一路上的种种事情。

"白师弟、侯师兄……活下去……"杜凌菲哭了，泪水不断地滑落时，整个人也支撑不住，昏迷过去。

几乎在杜凌菲传信宗门的瞬间，灵溪宗内，南岸香云山的任务阁，此时热闹非凡，不少外门弟子来来往往，在这阁楼深处，一个穿着道袍的中年男子正整理宗门的任务，他的面前放着数千枚玉简，但凡是接下任务的弟子，这里的玉简都会随时记录。

突然地，其中一枚玉简光芒一闪，中年男子神色如常地招手，玉简飞来，他神识扫过后猛地睁大了眼，身体蓦然站起。

"落陈家族叛变！！"他呼吸急促，此事太大，不管是真是假，他都需要立刻上报，这种事情若有人敢压下，那么将是灭绝的大罪，中年男子不敢耽搁，立刻从身上取出一枚紫色的玉简，赶紧传信。

这份情报直接就传送到了执法堂，钱大金尽管是执法堂的人，可他的地位低微，此事也远非他可以碰触，整个执法堂在接到这份情报后，立刻开动，搜寻信息，这捍卫灵溪宗的执法堂，在这一刻爆发出了惊人的效率。

只是用了一炷香的时间，就立刻确定了这份情报属实。

很快地，整个南岸传出了阵阵战鼓之声，回荡八方时，所有的南岸弟子都愣了一下，那些外门弟子不知晓这战鼓是什么，可南岸三座山的内门弟子，无论是谁，在听到这战鼓的刹那，都神色大变，猛地抬头。

"发生了什么事？"

"战鼓起，不见血，不灭族，灵溪不归！！天啊……"

就在这所有人都惊骇时，突然地，一个苍老却森然的声音，在整个灵溪宗南岸，蓦然传开：

"老夫执法堂欧阳桀，南岸三山，所有内门弟子，全部取消一切任务、一切活动、一切闭关，限二十息之内集结山门前！不得有误！"

随着话语传出，青峰山，香云山，紫鼎山，所有内门弟子，无论在做什么事情，都全部身体一颤，一个个没有任何犹豫，全部急速冲出。

即便是有再大的事情，此刻也不敢耽搁丝毫，因为欧阳桀这个名字，代表的是执法堂的长老，同时也代表着……冷酷无情！

他有一个道号，叫作"豺道人"，一旦他出现，那么就表示出了什么让宗门勃然大怒的事情，需要……杀人，需要……灭族！

轰轰轰，无数身影呼啸而去，直奔山门，放眼看去，整个南岸三山，内门弟子足有一两千人，这些人平日里看不到几个，可如今全部出现后，让所有外门弟子都震撼。

更有一群穿着黑色长衫的执法堂弟子，有数百人的样子，第一时间冲出，当首之人是个老者，这老者一头红发飘摇，整个人杀气弥漫，他正是欧阳桀。

此刻在这山门四周，足有两千多人，一个个都神色肃杀。

"落陈家族叛变，奉掌门之命，将此族……鸡犬不留，全部灭杀，请种道传送！"欧阳桀大袖一甩，立刻灵溪宗正中间的种道山上，猛地一震，爆发出一道光柱。

这光柱在半空中，立刻化作了一个巨大的传送阵，蓦然降临，笼罩山门内外两千多弟子，轰鸣一起，传送即将开始。

南岸所有外门弟子，此刻全部都倒吸口气，看着这一幕幕，他们心中很快升起强烈的自豪以及对宗门的认同感。

落陈家族，与灵溪宗比较，只是一个小家族而已，只有一位筑基修士，可如今，灵溪宗居然为了几个外门弟子，出动了两千多人，更有铁血的欧阳桀出现，这显然……是为了威慑！

威慑所有灵溪宗范围内的修真家族，这不是杀鸡焉用牛刀，这是杀鸡定要用牛刀！

而这样一个为了哪怕是外门弟子，也可以不惜代价出动如此之力的宗门，对于所有弟子而言，那种认同，强烈到了极致。

灵溪宗万年不倒，从一个微小的宗门一步步走到如今，自然有其惊人之处！

就在这时，突然地，香云山，山顶的大殿内，李青候面色铁青，身影轰鸣而出，一股滔天的煞气，在他的身上于这一刻惊天地爆发出来，形成了狂风，轰鸣四方，直奔阵法而来。

第六十三章
碾压落陈！

李青候刹那临近，站在阵法内，他的神色阴沉无比，整个人如一把出鞘的刀，煞气弥漫。

欧阳桀看了李青候一眼，双目微微一缩，整个南岸，三山的掌座内，他最在意的就是这李青候，同时对方也是整个灵溪宗所在意之人。

除了药师的身份外，李青候的天资之高，也是极为少见，如今修道才百年，就已是筑基后期，甚至被誉为宗门内，最有可能突破筑基踏入金丹的希望之一。

"听说那四个外门弟子里，有一人与李青候有些关联……"欧阳桀若有所思时，四周阵法轰鸣而起，无数光芒刺目闪耀，眨眼间，巨响滔天，连同他以及李青候在内，此地两千多人，顷刻身影模糊，眨眼间消失。

白小纯三人当时需要数月才可以走到的地方，此刻在灵溪宗的阵法传送下，只是几个呼吸的时间，就瞬间降临。

轰轰之声如天雷翻滚，在昏迷的杜凌菲的上方，整个天空一下子阴暗，无数云层如被一双无形的大手直接撕开，巨响滔天时，一个巨大的阵法之影，瞬间出现。猛地向着大地砰然落下，直接烙印在了地面上，使得方圆百里的范围，地面颤抖，如起了火焰，一条条沟壑出现，一瞬就烙印出了一个巨大的阵法印记。

在这百里内，一切草木，一切山石，包括一座山峰，都在这一瞬，灰飞烟灭，消散无影，这阵法之力太霸道，降临时毁灭所有。

杜凌菲所在的四周，在这阵法降临的瞬间就被保护，使得她没有受到丝毫的伤害，此刻随着阵法落下，大地颤抖中，一道道身影从模糊中快速地清晰。

很快地，两千多南岸内门弟子，全部出现，他们身上还残留着传送之力，还可传送一次，欧阳桀与李青候，快步走出，直奔昏迷的杜凌菲，早有几个内门女弟子上前，给杜凌菲喂下丹药，盖上衣服，以自身灵气滋养，使得杜凌菲慢慢睁开了眼，神色内先是恍惚，在看到了宗门众人后，她哭了，那种激动之意，直接充斥全身。

尤其是她身为香云山的外门弟子，在看到香云山的掌座李青候后，眼泪更多，在身边同门的搀扶下焦急开口。

"掌座，救白师弟……"杜凌菲面色苍白，声音带着哀求。

"白小纯怎么了？"李青候一步走来，刹那出现在了杜凌菲的面前，目中压着愤怒与焦急，急声开口。

"白师弟……他为了救我和侯云飞侯师兄，独自飞出，将落陈家族追杀者引走……"杜凌菲哭泣，将这一路上白小纯的事情，全部说出。

四周两千多弟子，他们几乎都不认识白小纯，可渐渐地，听着杜凌菲的话语，他们全部神色动容，这过程的惨烈，让他们每个人都倒吸口气。

冯炎为了保护同门而战死，侯云飞与杜凌菲拼了一切生死逃亡，而落陈家族，竟派出了两拨人，数个凝气八层，还有凝气九层……

这样的追杀，换了其他内门弟子，独自一人怕也是九死一生。

尤其是杜凌菲话语中的白小纯，就是一个有情有义，甚至已是天骄般的人物。

他本可以独自逃走，可却归来救下同门，越阶击杀强敌数人，一路奔波，带着两个重伤的同门，生生逃了十多天，走了近万里路。

最后，更是舍生取义，引走强敌，给同门留下活下去的希望，这才有了杜凌菲的传信，否则的话，怕是此刻宗门还不知晓落陈家族的叛变之事。

慢慢地，白小纯的身影，在此地所有内门弟子心中，已清晰无比，那是一个充满了情义，高大无比，如同一个英雄的铁血汉子。

就连执法堂的人，也都纷纷心神震动，钱大金也在其中，他呆了一下，他实在无法将白小纯的形象，与杜凌菲所说的那个人重叠在一起，他当初一时冲动暗中使坏，后来也有忐忑宗门调查，心底本也并非完全确定白小纯就是小乌龟，但他为人心胸狭窄，因嫉生恨，想的是宁杀错不放过，此刻心中也松了口气，冯炎一死，这就神不知鬼不觉了。

有着"豺道人"之称、铁血无情的欧阳桀，也都在这一刻深吸口气，目中露出敬重，以他的修为，自然一眼看出杜凌菲没有说谎，甚至她所说的，怕是不足真实情况的一半。

"这样的一位弟子，我灵溪宗决不允许他陨落在此！"欧阳桀大袖一甩，立刻安排了数百内门弟子，全力搜寻，寻找侯云飞与白小纯。

李青候沉默，缓缓抬起头，他的目中露出一抹血丝，心中泛起苦涩，白小纯的做法，让他觉得自己没有看错那个孩子，可他明白在这样的环境下，白小纯生存的可能……微乎其微。

"你是我带上山的……"李青候全身煞气轰然爆发，身体向前一步走出，全身光芒一闪，借助灵溪宗残存在众人身上的传送之力，他身影刹那模糊，直奔落陈家族而去。

欧阳桀轻叹，他听了杜凌菲的话后，心底也明白，白小纯凶多吉少，此刻身体一晃，带着余下的两千人，全部传送。

巨响滔天，回荡八方，李青候与欧阳桀，带着两千内门弟子，赫然出现在落星山脉，落陈家族宅子的半空中。

这一次，半空中的云层刹那碎裂，化作一股冲击向着四周横扫，天地之力蓦然爆发，宅子内传出无数惊呼的同时，阵法之影骤然降临，直奔落陈家族而去。

轰轰轰！

阵法落下，烙印大地，落陈家族四周所有的青石地面，在这一刹那全部崩溃，成了飞灰，还有那宅子，也在这一瞬摇晃，直接坍塌。

一声声怒吼从宅子内传出，一道道身影急速飞出，带着愤怒，带着绝望，发出凄厉之音。

门前的两个石狮子，还有宅子内的那几棵果树，立刻化作傀儡，向着四周扑杀，李青候第一个走出，大袖一甩，顿时那两个石狮子轰的一声崩溃，果树颤抖，上面的所有果实全部落下，向着四周逃命时，立刻被人全部灭杀。

轰鸣不断，此地被灵溪宗弟子彻底围绕，灭绝而来。

李青候身体直接飞入落陈家族的宅子废墟中，右手掐诀一指，一团青色的火出现，向着四周一挥，他的头发飞扬时，一股惊天动地之力，轰然爆发。

四周火海瞬间扩散，冲击废墟，使得这落陈家族的宅子，顿时被卷起，而那几个冲来的族人，也都一个个发出凄厉的惨叫，身体燃烧，眨眼灭绝。

李青候右脚抬起向着地面狠狠一踏，他脚下大地直接碎裂，一道巨大的裂缝，如被生生地撕开，露出了下面的地宫。

在这地宫出现的瞬间，一片血湖蓦然卷出，其内落陈家族的老祖，急速飞出。

他在看到李青候后，神色绝望，灵溪宗来得突然，他的阵法眼看就要完成，若是来的是别人，他凭着曾经的准备，或许还可周旋一下，可来的居然是李青候与欧阳桀！

他身体急速后退，口中发出悲哀的凄厉之音。

"逃，能逃出几个，就逃出几个！"

地宫内，所有落陈家族的族人，一个个颤抖，向着四周快速疾驰，可这八方都被围绕，在面无表情的欧阳桀的挥手间，所有的内门弟子，立刻冲杀过去。

李青候双眼一凝，看着落陈老祖身体外的那些血湖之水，神色动容，不但是他这里如此，欧阳桀也是在看到血湖后，露出怒意。

"肆戮凡俗，此族不灭，天理难容！"李青候大袖一甩，四周火海蓦然爆发。

与此同时，四周凄厉之音不断传出，灵溪宗内门弟子围剿而来，这不是杀戮，这是碾压！

两千人，击杀数百人。

眼看族人一个个死亡，无论是自己的儿孙还是其他血脉族人，都在灵溪宗的灭绝下，全部惨死，落陈老祖仰天凄吼，后退更快。

可就在他退后的瞬间，轰鸣传出，一片火海从八方卷来，速度之快，气势之强，铺天盖地，直接将落陈老祖笼罩，李青候面色阴冷，右手抬起，狠狠一捏。

轰！

落陈老祖发出凄厉的惨叫，全身被火焰凝聚，瞬间血肉模糊，眨眼的工夫，整个人成为飞灰，竟被李青候……一击灭杀！

这一幕，让四周所有内门弟子，都倒吸口气，就连欧阳桀，也都猛地睁大了眼，看向李青候时，心中震撼。

李青候站在半空，许久一挥手，他四周火海再次爆发，笼罩落陈家族，将这里的一切全部焚烧后，他遥望远方，神色内有些没落，轻叹一声。

"白小纯，我李青候……对不住你们白家。"他苦涩中向着远方走去，他不放心别人去找白小纯，但凡有一丝希望，他都要自己去搜寻一番。

随着李青候远去，身后火海滔天，四周那些内门弟子，一个个在火光中渐渐露出振奋，宗门越是强大，则他们的未来，就越是辉煌。

第六十四章
精神与葬礼

"分散开，全力寻找白小纯，找到者，老夫亲自给予贡献点奖赏，途中若看到落陈家族在外的族人，全部灭杀！"欧阳桀收回看向李青候背影的目光，缓缓开口，四周所有弟子，顿时扩散开来。

方圆万里，两千多人全面寻找，一连寻找了一个月。

这一个月的时间，方圆万里几乎被全部搜寻一遍，可惜始终没有人找到白小纯，但这一路上，被白小纯击杀的那些落陈家族族人的尸体，随着一具具被发现，越来越多的内门弟子，心中震撼。

那些落陈家族的族人，大都是一击毙命，这让所有人很难去想象，一个凝气六层的外门弟子，到底是如何做到的。

钱大金也连连吸气，他忽然觉得白小纯还是死了好，不然，如此生猛，怕是自己也非其对手，且他看到了李青候的愤怒，心中忐忑已到了极致，暗自叫苦。

"该死的，你有如此背景，早说啊，你要说了，我才不招惹你！"

尤其是在那无名的山脉丛林内，他们看到了三位凝气八层落陈族人的尸体，看着那里的惨烈，脑海里都出现了画面，每个人都心神强烈地震撼。

搜寻了一个月，渐渐大家都明白，白小纯……应该是死了，死亡的地点，就是这片无名的山脉丛林，此地凶兽不少，有太多的方法可以让一个人在死亡后，别人发现不了尸体。

尤其是他们从一个落陈家族的族人口中，知道追杀白小纯的，极有可能是修为凝气九层的落陈少主后，已意识到，白小纯……真的死了。

一个月后，众人结束了搜寻，回归宗门，侯云飞被找到了，他伤势虽重，可在宗门的力量下，并无大碍。

他与杜凌菲，此番为宗门立下不小的功劳，可他们的心中却没有丝毫的振奋，有的只是悲哀，只是回忆。

他们两个都不想回去，可伤势太重，被带回宗门，李青候留了下来，他独自一人，在这片无名的山脉丛林内，又搜寻了整整两个月，除了一些就算是他也都无法踏入的区域外，几乎将这片山脉走遍。

甚至为了寻找，他还在这片山脉丛林内，与不少强悍的凶兽交战，自身也有了伤，直至两个月后，他苦涩地看着一棵大树，那树上有干枯的鲜血，有一片衣服角。

"若我没有带你上山……"李青候闭上眼，脑海里浮现白小纯在帽儿山上，在雷霆中怕死的模样，回想起自己拎着对方，走在万蛇谷内时惨叫的样子，回想起宗门小比，还有那十座石碑第一的一幕幕。

沉默中，他长叹一声，整个人似乎都老了一些，将那片衣服收起，这一路，他已搜到了七八片这样染着血的衣服碎片。

最后，李青候默默地走出丛林，化作一道长虹，飞向远方。

这场落陈家族的叛乱，至此结束，灵溪宗以雷霆手段，直接灭绝叛乱者，此事轰动四方，使得通天河东脉，占据四大洲的东脉修真界，无数修真家族与宗门知晓，对于独占东林洲、东脉修真界四大宗门之一的灵溪宗，更为忌惮。

而关于落陈家族叛变的缘由，也在灵溪宗的追查下，找出了很多的线索，血脉印记只是一方面，还有更深层次的幕后之因，这些线索组合在一起后，灵溪宗震惊了。

一旦此事灵溪宗没有来得及阻止，那么将牵一发动全身，若落陈家族成功，那么灵溪宗范围内所有的修真家族，都将闻风而动，一一叛乱，若此时有大敌入侵，那么将引起不可逆转的严重后果，甚至会动摇宗门。

而杜凌菲三人的功劳，在这一刻，至关重要，尤其是白小纯这里，若没有他的舍生取义，那么这个消息，也很难传回。

尤其在这次事件里，白小纯没有扔下同门独逃，为救同门引走敌人，此事让所有人动容，修真界自私的人很多，如白小纯这样的人，已经很少了，这样的弟子陨落，让包括掌门在内的所有宗门长老，都心中痛惜。

此次事情背后牵扯太大，随着更多的线索被查出，灵溪宗沉默了，出于某种原因，他们没有继续追查，但整个宗门内的筑基修士，却一个个平日里警惕了很多。

仿佛……山雨欲来。

南北两岸的七个掌座，连同掌门以及诸多长老，在进行了数日的沟通与研究后，达成了一致。

杜凌菲，侯云飞，还有陨落的冯炎，立下功劳，尤其是白小纯……他这一次立下了大功！

"山雨欲来前，更需要……一股精神存在，那是我们灵溪宗万年来不变的精神，白小纯用生命立下如此大功，我等当厚待，为其举行葬礼，但凡为宗门做出贡献者，宗门永久不忘！"这是灵溪宗掌门郑远东最终说出的一句话。

之后的日子，关于落陈家族叛变之事的幕后缘由，灵溪宗虽没有追查下去，可宗门内却借助这一次的机会，用了很大的宣传力度，大力弘扬白小纯的那种为了同门舍身、为了宗门取义的壮举。

他的事迹，被宗门传开，使得南北两岸所有山峰的弟子，都知道了白小纯，都知道白小纯为了救同门所做出的一切事情。

同时，宗门对于这种有情有义的弟子，绝不会让其寒心，明明一个李青候就可以灭绝的家族，宗门却倾南岸两千多内门弟子出动，声势浩大，以牛刀杀鸡。

此事让宗门内的所有弟子，在记住了白小纯这个名字的同时，也都无比感动，哪怕这里面有宗门刻意而为的做法，但这种刻意，每一个弟子都渴望存在。

这是灵溪宗的传统，万年不变的传统！

动我弟子者，虽远必诛！

任何一个灵溪宗弟子，在外出时，他绝不是一个人，只要灵溪宗在，那么他的身后，宗门，就是永久的后盾。

而这，将化作更强烈的认同感，使得所有弟子，愿意为宗门去付出一切，包括自己的生命，来捍卫宗门，捍卫自己的家园。

这，就是灵溪宗……一个万年前，只有数十人的微小宗门。

而对于白小纯的生死，甚至掌门都出面，请宗门的一位擅长推演天机的太上长老，亲自施法，展开天机之术，可惜无法找到白小纯存活在世间的痕迹，只能察觉一股死气弥漫，这才确定了白小纯……已经为宗门战死。

数日后，清晨，天空阴雨绵绵，一声声带着悲哀的钟鸣，回荡在整个灵溪宗，无数弟子穿着黑色的长袍，默默走出各自的居所，神色哀伤，渐渐会聚到香云山的半山腰。

在那里，有一座墓碑，墓碑上有白小纯的画像，画像中他笑得很开心。

张大胖怔怔地站在人群里，看着会聚而来的众人，又看着那座墓碑上，写着的白小纯的名字，雨水落在他的身上，打湿了他的衣衫，他哭了，他想起了与白小纯的一幕幕，想起了一起偷吃灵珠，一起大声欢笑，一起去卖外门名额，一起去偷鸡……

"九胖……"张大胖神色哀伤，心里空落落的，那种伤心的感觉，仿佛整个世界都是阴暗的。

火灶房的其他胖子师兄，还有黑三胖也在人群内，一个个难过悲戚，眼泪不止。

还有许宝财、陈子昂、赵一多，还有徐长老、周长老，所有从白小纯上山后，认识他的人，都在人群里，神色哀伤。

周心琪也来了，她默默地望着墓碑，她听到白小纯的事情后，第一个想到的，就是当年白小纯寻找偷灵尾鸡贼的热心。

侯云飞被侯小妹搀扶着，站在人群里，他的拳头死死地握住，身体颤抖，神色悲恸。

"白师弟……"侯云飞惨笑，他回到宗门后，以酒度日，忘记不了白小纯引走强敌时的身影。

四周来人越来越多，很快这香云山的半山腰，已密密麻麻无数弟子，每个人都沉默，望着墓碑。

杜凌菲在前方，面色苍白，雨水落在她的脸上，分不清是雨还是泪，她的神色甚至都有些恍惚，本就美丽的容颜，此刻多出了凄美。

"你明明可以活下去的……我活着，你走了……"

杜凌菲悲痛凄怆，这段日子，她整个人憔悴了，她每次梦中都会出现白小纯的身影，那铁血的归来，那转身的离去，这一幕幕，让杜凌菲的心如刀割，眼泪更多。

悲哀的钟鸣，始终传出，久久不散，在这钟鸣的回荡里，有众多长虹从远处缓缓走来，七座山峰的掌座，灵溪宗所有的长老，还有掌门，穿着黑色长袍，都出现在了墓碑下，一个个望着墓碑，神色哀伤。

李青候心底苦涩，深深自责。

"白小纯，灵溪宗香云山外门弟子，药道骄阳，道徒天骄，与落陈家族一战中，击杀众多落陈叛逆，为同门舍身，为宗门取义，他用生命为宗门创下盖世贡献，我灵溪宗所有弟子，当永生永世，铭记此事！"掌门缓缓开口，声音在这一刻传遍四方。

他的声音带着悲哀，在传出时，杜凌菲的哭声控制不住，泪水更多，侯云飞，张大胖，无数人在这一刻，都流下了眼泪。

"今日，特追封白小纯，为我灵溪宗耀荣弟子！"掌门声音再次回荡时，四周无数弟子心神一震，"耀荣弟子"这四个字，撼动众人。

荣耀弟子，是整个灵溪宗至高无上的荣誉，地位之高，超出内门，即便是传承弟子也都无法相比。

在这之前，万年来灵溪宗一共出现了九个荣耀弟子，每一个都是为宗门立下大功战死后，被追封的，如今，出现了第十个。

没有人觉得此事不恰当，这一切，是白小纯以生命换来的。

"白小纯进入宗门后，直至牺牲，都还没有师尊，这用生命为宗门立下大功的孩子，我等决不允许他在阴冥孤独，今日老夫代故去的师尊，灵罗真人，收白小纯为弟子，让其在阴冥，能继续追求大道。"掌门沉痛地开口时，李青候轻轻点了点头，望着墓碑，他的眼中露出悲伤。

"所有人……默哀！"掌门闭上了眼，向着墓碑缓缓低下头，四周所有弟子，在这一刻全部低头。

数息后，当默哀结束时，杜凌菲已悲痛泣不成声。

就在所有人默哀的同时，那片无名山脉的丛林中，白小纯，睫毛一颤，缓缓睁开了眼，打了个喷嚏。

《网络文学名家名作导读丛书》已出版书目

第一辑：

辰东与《遮天》/ 肖惊鸿 著

骷髅精灵与《星战风暴》/ 乌兰其木格 著

猫腻与《将夜》/ 庄庸 著

我吃西红柿与《吞噬星空》/ 夏烈 著

血红与《巫神纪》/ 西篱 著

第二辑：

子与2与《唐砖》/ 马文运 著

林海听涛与《冠军教父》/ 桫椤 著

忘语与《凡人修仙传》/ 庄庸 安迪斯晨风 著

希行与《诛砂》/ 肖惊鸿 薛静 著

zhttty 与《无限恐怖》/ 周志雄 王婉波 著

第三辑：

天蚕土豆与《斗破苍穹》/ 夏烈 著

萧鼎与《诛仙》/ 欧阳友权 著

耳根与《一念永恒》/ 陈定家 著

蝴蝶蓝与《全职高手》/ 张慧伦 张丽军 著

图书在版编目（CIP）数据

耳根与《一念永恒》/ 陈定家著 . -- 北京：作家出版社，
2020.12

（网络文学名家名作导读丛书）

ISBN 978 – 7 – 5212 – 1268 – 6

Ⅰ . ①耳…　Ⅱ . ①陈…　Ⅲ . ①网络文学 – 长篇小说 –
小说研究 – 中国 – 当代　Ⅳ . ①I207.425

中国版本图书馆 CIP 数据核字（2021）第 033213 号

耳根与《一念永恒》

作　　者：陈定家
责任编辑：王　烨　袁艺方
装帧设计：天行云翼·宋晓亮
出版发行：作家出版社有限公司
社　　址：北京农展馆南里 10 号　　　邮　　编：100125
电话传真：86 – 10 – 65067186（发行中心及邮购部）
　　　　　 86 – 10 – 65004079（总编室）
E – mail: zuojia@zuojia.net.cn
http:// www.ZUOJIACHUBANSHE.com
印　　刷：天津中印联印务有限公司
成品尺寸：152 × 230
字　　数：365 千
印　　张：26.25
版　　次：2021 年 3 月第 1 版
印　　次：2021 年 3 月第 1 次印刷
ISBN 978 – 7 – 5212 – 1268 – 6
定　　价：48.00 元